es 1682

edition suhrkamp

Neue Folge Band 682

Als Paul de Man 1983 starb, war er der wohl bekannteste und einflußreichste Vertreter einer Richtung der Literaturkritik und ihrer Theorie, die allgemein als »dekonstruktiv« bezeichnet wird. Kennzeichnend für diese Richtung ist eine erneute Konzentration auf die innere Verfaßtheit der literarischen Texte. Eine erste Auswahl dieser methodisch vorbildlich wie brillant geschriebenen Texte ist 1988 unter dem Titel *Allegorien des Lesens* in der edition suhrkamp erschienen. Die vorliegende Auswahl konzentriert sich auf die methodologischen und theoretischen Prämissen dieses Vorhabens, wie sie die Abhhandlungen über die Zeitlichkeit der Literatur, über Shelley und über die Autobiographie deutlich machen.

Sich auf die immanente Verfaßtheit und Bewegung von Texten einzulassen ist nach de Man kein selbstzweckhaftes, folgenloses Unternehmen. De Man beansprucht vielmehr für seine »Rückkehr zur Philologie« eine allgemeine Bedeutung; die Literaturkritik ist zugleich philosophische und politische Kritik. Damit ist der zweite Schwerpunkt dieser Auswahl bezeichnet. De Man erläutert diese These zum einen in kritischer Auseinandersetzung mit der Philosophie Jacques Derridas. Zum anderen zeigt er an zentralen Texten der ästhetischen Tradition, an Kant und Hegel, daß ihr falsches – »ideologisches« – Verständnis literarischer Texte unter der Kategorie des »Ästhetischen« ebenso weitreichende philosophische wie politische Konsequenzen hat.

Christoph Menke, geb. 1958, Studium der Philosophie und Literaturwissenschaft, Promotion über ästhetische Erfahrung, ist seit 1991 wissenschaftlicher Mitarbeiter an der FU Berlin. Im Suhrkamp Verlag erschien von ihm: *Die Souveränität der Kunst* (suhrkamp taschenbuch wissenschaft 958).

Paul de Man
Die Ideologie des Ästhetischen

Herausgegeben
von Christoph Menke

Aus dem Amerikanischen
von Jürgen Blasius

Suhrkamp

Aesthetica
Herausgegeben von Karl Heinz Bohrer

edition suhrkamp 1682
Neue Folge Band 682
Erste Auflage 1993

Drucknachweise am Ende des Bandes
Deutsche Erstausgabe

Satz: MZ-Verlagsdruckerei GmbH, Memmingen
Druck: Nomos Verlagsgesellschaft, Baden-Baden
Umschlagentwurf: Willy Fleckhaus
Printed in Germany

2 3 4 5 6 – 98 97 96 95 94

Inhalt

Kritik der Ästhetik

Phänomenalität und Materialität bei Kant

Auf die Möglichkeit, daß Ideologie und kritische Philosophie nebeneinander bestehen können, welche für das gegenwärtige Denken ein hartnäckiges Problem darstellt, hat Michel Foucault in seinem Buch *Die Ordnung der Dinge* als eine historische Tatsache hingewiesen. Zur gleichen Zeit, als französische Ideologen wie Destutt de Tracy versuchen, das gesamte Feld der menschlichen Ideen und Repräsentationen zu entwerfen, nimmt Kant das kritische Projekt einer Transzendentalphilosophie in Angriff, die, wie Foucault sagt, »den Rückzug des Denkens *(pensée)* und des Wissens *(savoir)* aus dem Raum der Repräsentation« markiert.[1] Foucaults anschließende historische Diagnose, in der die Ideologie als verspätete Manifestation des klassischen Denkens erscheint und Kant als der Beginn der Moderne, soll uns hier weniger interessieren als das Wechselspiel zwischen den drei Begriffen Ideologie, kritische Philosophie und Transzendentalphilosophie. Der erste Begriff dieser Triade, »Ideologie«, ist am schwierigsten zu fassen, aber es steht zu hoffen, daß seine Wechselbeziehung mit den beiden anderen sich bei einem solchen Vorhaben als hilfreich erweisen wird.

Einen möglichen Ansatzpunkt bietet eine Stelle in Kants Einleitung zur *Kritik der Urteilskraft*, wo er eine schwierige, aber wichtige Unterscheidung zwischen transzendentalen und metaphysischen Prinzipien trifft. Kant schreibt: »Ein transcendentales Princip ist dasjenige, durch welches die allgemeine Bedingung a priori vorgestellt wird, unter der allein Dinge Objecte unserer Erkenntniß überhaupt werden können. Dagegen heißt ein Princip metaphysisch, wenn es die Bedingung a priori vorstellt, unter der allein Objecte, deren Begriff empirisch gegeben sein muß, a priori weiter bestimmt werden können. So ist das Princip der Erkenntniß der Körper als Substanzen und als veränderlicher Substanzen transcendental, wenn dadurch gesagt wird, daß ihre Veränderung eine Ursache haben müsse; es ist aber metaphysisch, wenn dadurch gesagt wird, ihre Veränderung müsse eine *äußere* Ursache haben: weil im ersteren Falle der Körper nur durch ontologische Prädicate (reine Verstandesbegriffe), z. B. als Substanz, gedacht werden darf, um den Satz a priori zu erkennen; im zweiten aber der empirische Begriff eines Körpers (als eines beweglichen Dinges im Raum) diesem Satze zum Grunde gelegt werden muß, alsdann aber, daß dem Körper das letztere Prädicat (der Bewegung nur durch äußere Ursache) zukomme, völlig a priori eingesehen werden kann.« (KU XXIX)[2]

Der für uns in diesem Zusammenhang entscheidende Unterschied zwischen transzendentalen und metaphysischen Prinzipien besteht darin, daß die letzteren ein empirisches Moment implizieren, welches dem Begriff notwendigerweise *äußerlich* bleibt, während die ersteren vollständig im Bereich des Innerbegrifflichen verbleiben. Metaphysische Prinzipien führen zur Identifikation und Definition und damit zur Erkenntnis eines natürlichen Prinzips, das selbst kein Begriff ist; transzendentale Prinzipien führen zu der Definition eines begrifflichen Prinzips möglicher Existenz. Metaphysische Prinzipien stellen fest, warum und wie Dinge sich ereignen oder vorkommen; wenn man sagt, daß Körper sich aufgrund der Schwerkraft bewegen, so gelangt man mit diesem Schluß in den Bereich der Metaphysik. Transzendentale Prinzipien stellen die Bedingungen fest, welche ein Sich-Ereignen oder Vorkommen überhaupt erst möglich machen: Die erste Bedingung, die erfüllt sein muß, damit Körper veränderlich sein können, besteht darin, daß so etwas wie Körper und Bewegung überhaupt existieren oder vorkommen kann. Die Existenzbedingung für Körper wird Substanz genannt; wenn man sagt, die Substanz sei die Ursache für die Bewegung der Körper (wie es Kant in der zitierten Textstelle tut), dann untersucht man kritisch die Möglichkeitsbedingungen, unter denen es diese Körper überhaupt gibt. Metaphysische Prinzipien setzen hingegen die Existenz ihres Gegenstandes als empirisches Faktum voraus. Sie enthalten eine Erkenntnis über die Welt, aber diese Erkenntnis ist vorkritisch. Transzendentale Prinzipien enthalten keine Erkenntnis über die Welt oder über sonst irgend etwas, außer der Erkenntnis, daß metaphysische Prinzipien, denen sie als Objekt dienen, selbst der kritischen Analyse bedürfen, da sie eine Objektivität unterstellen, die für die transzendentalen Prinzipien hingegen nicht a priori gegeben ist. Folglich sind die Gegenstände der transzendentalen Prinzipien stets kritische Urteile über die metaphysische Erkenntnis. Transzendentalphilosophie ist immer kritische Philosophie der Metaphysik.

Insofern Ideologien notwendigerweise empirische Momente enthalten und auf etwas ausgerichtet sind, das außerhalb des Bereiches der reinen Begriffe liegt, gehören sie eher auf die Seite der Metaphysik als auf die Seite der kritischen Philosophie. Die Bedingungen und Modalitäten ihres Auftretens werden von kritischen Analysen bestimmt, zu denen sie selbst keinen Zugang haben. Andererseits können nur Ideologien Gegenstand dieser Analysen sein. Ideologisches und kritisches Denken sind wechselseitig voneinander abhängig, und jeder Versuch, sie zu separieren, reduziert die Ideologie zu einem schlichten Irrtum und das kritische Denken zu Idealismus. Für einen strengen philosophischen Diskurs ist die Möglichkeit, die kausale Verknüpfung zwischen beiden zu bewahren, das ihn kontrollierende Prinzip: Philosophien, die der Ideologie nachgeben, verlieren ihre erkenntnistheoretische Bedeutung; und Philosophien, welche die Ideologie umgehen oder verdrängen wollen, verlieren jede kritische Stoßkraft und riskieren, gerade von dem beherrscht zu werden, was sie für außer Kraft gesetzt erklären.

Die zitierte Textstelle Kants führt auf zwei weitere Fragen. Wenn man von einer *kausalen* Verknüpfung zwischen Ideologie und Transzendentalphilosophie spricht, erinnert dies an die Betonung der Kausalität in Kants Beispiel, seine Hervorhebung der inneren oder äußeren *Ursache* der Bewegung der Körper. Das Beispiel der sich bewegenden Körper ist in der Tat mehr als bloß ein Beispiel, das durch ein beliebiges anderes ersetzt werden könnte; es ist eine weitere Version oder Definition der transzendentalen Erkenntnis. Wenn die kritische Philosophie und die Metaphysik (einschließlich der Ideologien) kausal miteinander verknüpft sind, dann ist ihre Beziehung der in dem Beispiel ausgedrückten Beziehung zwischen Körpern und ihren Veränderungen oder Bewegungen ähnlich. Kritische Philosophie und Ideologie werden dann zur Bewegung des jeweils anderen: Wenn eine Ideologie als feste Entität betrachtet wird (Gehalt, Korpus oder Kanon), dann wird der kritische Diskurs, den sie hervorruft, eine transzendentale Bewegung darstellen, eine Bewegung, deren Ursache sozusagen in ihr selbst ruht, innerhalb der Substanz ihres eigenen Seins. Und wenn das kritische System in seinen Prinzipien als fest angesehen wird, dann wird die korrespondierende Ideologie eine Mobilität gewinnen, die durch ein ihr äußerliches Prinzip verursacht wird; innerhalb der Grenzen des so konstituierten Systems kann dieses Prinzip nur das Konstitutionsprinzip selbst sein, die als Ursache der ideologischen Bewegungen fungierende Architektur des transzendentalen Systems. In beiden Fällen ist es das transzendentale System, als Substanz oder als Struktur, das die Ideologie bestimmt, und nicht umgekehrt. Dann erhebt sich die Frage, wie die Substanz oder die Struktur eines transzendentalen Diskurses bestimmt werden kann. Diese Frage aus dem Kantschen Text selbst heraus in erster Näherung zu beantworten, ist die Absicht dieses einführenden und Umrisse entwerfenden Aufsatzes.

Die zweite aus Kants Textstelle zu gewinnende Frage hat mit der Ästhetik zu tun. Unmittelbar nachdem er zwischen transzendentalen und metaphysischen Prinzipien unterschieden hat, unterscheidet Kant des weiteren zwischen dem »reine⟨n⟩ Begriff von Gegenständen des möglichen Erfahrungserkenntnisses überhaupt« und dem »Princip der praktischen Zweckmäßigkeit, die in der Idee der *Bestimmung* eines freien *Willens* gedacht werden muß« (KU XXX); diese Unterscheidung ist ein Gegenstück zu der ersten, allgemeineren Unterscheidung zwischen transzendentalen und metaphysischen Prinzipien. Die Unterscheidung spielt direkt auf die Unterteilung der Vernunft in reine und praktische Vernunft an und entspricht damit der wichtigsten Einteilung im Kantschen Textkorpus überhaupt. Auch hier ist wieder zu sehen, wie die KU, die *Dritte Kritik*, der Notwendigkeit entspricht, die kausale Verknüpfung zwischen kritischer Philosophie und Ideologie, zwischen einem rein begrifflichen und einem empirisch bestimmten Diskurs zu gewährleisten. Sie entspricht dem Bedarf nach einem phänomenalisierten, empirisch manifesten Erkenntnisprinzip, von dessen Existenz die Möglichkeit einer solchen Verknüpfung abhängt. Dieses phänomenalisierte Prinzip nennt Kant das Ästhetische. Die Rolle des Ästhetischen ist also weitreichend, denn die Möglichkeit der Verknüpfung von transzendentalem und metaphysischem Diskurs und damit der Philosophie überhaupt hängt von ihm ab. Und der Ort in der *Dritten Kritik*, an dem diese Verknüpfung stattfindet, ist die Analytik des Erhabenen; in der Analytik des Schönen geht es hingegen um die Verknüpfung von Verstand und Urteil. In beiden Fällen stößt man auf große Schwierigkeiten, aber deren Gründe sind im Falle des Erhabenen vielleicht leichter zu durchschauen, was daran liegen mag, daß die Vernunft hier eine explizite Rolle spielt.

Die Komplexität und mögliche Ungereimtheit des Begriffs des Erhabenen, ein Thema, das keine Abhandlung des 18. Jahrhunderts über Fragen der Ästhetik sich zu ignorieren erlauben konnte, macht den Teil der KU, der sich mit dem Erhabenen befaßt, zu einer der schwierigsten und ungeklärtesten Passagen im gesamten Werk Kants. Während in dem Abschnitt über das Schöne die Schwierigkeiten wenigstens noch die Illusion vermitteln, sie könnten unter Kontrolle gebracht werden, so gilt beim Erhabenen noch nicht einmal das. Es ist möglich, einigermaßen klar zu formulieren, worum es in diesem Textabschnitt gehen könnte bzw. was wahrscheinlich sein Hauptanliegen ist, und es ist auch möglich zu begreifen, was dabei auf dem Spiel steht. Aber es ist äußerst schwierig zu entscheiden, ob das Vorhaben gelingt oder nicht. Die Komplikationen stellen sich schon gleich im ersten Paragraphen der »Analytik des Erhabenen« ein, wo zwischen dem Schönen und dem Erhabenen unterschieden wird. Unter dem Gesichtspunkt des Hauptthemas der KU, des Problems des teleologischen Urteils oder der Zweckmäßigkeit ohne Zweck, erscheint die Betrachtung des Erhabenen als nahezu überflüssig. Wir sehen, sagt Kant, »daß der Begriff des Erhabenen in der Natur bei weitem nicht so wichtig und an Forderungen reichhaltig sei, als der des Schönen in derselben; und daß er überhaupt nichts Zweckmäßiges in der Natur selbst ... anzeige«. Dies sei eine Aussage, welche »die Ideen des Erhabenen von der einer Zweckmäßigkeit der *Natur* ganz abtrennt und aus der Theorie desselben einen bloßen Anhang zur ästhetischen Beurtheilung der Zweckmäßigkeit der Natur macht« (KU 78). Nach diesem bescheidenen Beginn stellt sich jedoch heraus, daß dieses äußerliche Anhängsel in Wahrheit von entscheidender Bedeutung ist, denn es belehrt uns nicht, wie das Schöne, über die Teleologie der Natur, sondern über die Teleologie unserer eigenen Vermögen, insbesondere über die Beziehung zwischen Einbildungskraft und Vernunft. Daraus folgt, in Übereinstimmung mit dem zuvor Gesagten, daß das Schöne ein metaphysisches und ideologisches Prinzip ist, wohingegen das Erhabene bestrebt ist, ein transzendentales Prinzip zu sein – mit allem, was dazugehört.

Im Gegensatz zum Schönen, das wenigstens einheitlich erscheint, ist das Erhabene mit dialektischen Verwicklungen durchsetzt. Es ist in mancher Hinsicht unendlich anziehend, doch zugleich auch gänzlich abstoßend; es erzeugt eine eigentümliche Art von Lust, doch es erzeugt auch durchweg Unlust. Auf einer weniger subjektiven, eher strukturellen Ebene ist es nicht weniger verblüffend: Es kennt keine Grenzen oder Begrenzungen, und doch muß es als bestimmte Totalität erscheinen. Auf philosophischer Ebene ist es so etwas wie ein Monstrum oder, besser, ein Gespenst: Es ist keine Eigenschaft der Natur (es gibt keine erhabenen Dinge in der Natur), sondern eine rein innerliche Gemütsbestimmung, doch Kant versichert immer wieder, diese noumenale Entität sei notwendigerweise phänomenal dargestellt, was in der Tat nicht nur integraler Bestandteil, sondern auch die Crux der Analytik des Erhabenen ist.

Die Frage stellt sich, ob sich die dialektischen Widersprüche im Begriff des Erhabenen möglicherweise auflösen lassen. Ein erstes Anzeichen dafür, daß dies wahrscheinlich nicht einfach und unzweideutig der Fall sein wird, ist in einer zusätzlichen Komplikation zu sehen, die das Schema des Erhabenen von dem des Schönen verschieden sein läßt. Es mag methodologisch legitim sein, die Auswirkung des Erhabenen auf uns, als Lust oder Unlust, in quantitativen Begriffen zu werten, anstatt, wie beim Schönen, in qualitativen Begriffen. Wenn das aber so ist, warum findet dann die Analytik des Erhabenen nicht mit dem Abschnitt über das Mathematisch-Erhabene und seiner Konzentration auf Quantität und Zahl ihren Abschluß? Warum die Notwendigkeit eines weiteren Abschnitts über etwas, das im Bereich des Schönen nicht vorkommt und das Kant das *Dynamisch*-Erhabene nennt und von dem sich nur schwer ausmachen läßt, ob es in den Bereich des Quantitativen oder den Bereich des Qualitativen gehört? Kant liefert in § 24 eine Art Erklärung dafür, warum dieser Abschnitt nötig ist, aber diese Erklärung wirft mehr Fragen auf als sie beantwortet. Das Erhabene ruft im Betrachter eine emotionale Erschütterung, eine »Bewegung des Gemüths« hervor; diese Reaktion kann (bei dem Mathematisch-Erhabenen) auf die Bedürfnisse des Erkenntnisvermögens bzw. (bei dem Dynamisch-Erhabenen) auf die Bedürfnisse des Begehrungsvermögens zurückgeführt werden. In dem Bereich des ästhetischen Urteils müssen beide als zweckfrei oder interesselos angesehen werden; eine Forderung, der im Rahmen der Erkenntnis vielleicht entsprochen werden kann, die im Rahmen des Begehrens aber weit schwieriger zu erfüllen ist, zumal klar ist, daß dieses Begehren an sich betrachtet werden muß, als subjektive Manifestation, und nicht als vergegenständlichte Erkenntnis eines Begehrens. Und in der Tat, wenn wir zu dem Abschnitt über das Dynamisch-Erhabene gelangen, so stoßen wir auf etwas, das vom Begehren ganz verschieden ist. Die Notwendigkeit der zusätzlichen Unterteilung wie auch des Übergangs von einer Unterteilung zur anderen (vom Mathematisch-Quantitativen zum Dynamischen) ist ganz gewiß nicht leicht zu begründen und bedarf eingestandenermaßen einer Interpretationsanstrengung spekulativen Charakters, deren Erfolg ungewiß ist.

Die in dem Mathematisch-Erhabenen wirkenden Antinomien sind klar definiert, ebenso die Gründe ihrer Relevanz für das ästhetische Urteil. Das Mathematisch-Erhabene nimmt seinen Ausgang vom Begriff der Zahl. Seine Grundidee entstammt der Infinitesimalrechnung, was bei einem Philosophen, dessen Erstlingswerk sich mit Leibniz auseinandersetzte, schließlich auch nicht verwunderlich ist: Es ist der Gedanke, daß endliche und unendliche Entitäten einen Vergleich miteinander nicht zulassen und nicht beide einem gemeinsamen System der Erkenntnis einbeschrieben werden können. Als Rechenkalkül ist diese Aussage selbstevident und bereitet keine Schwierigkeiten, da in dem infinitesimalen Reich der Zahlen »die Macht der Zahlen ... ins Unendliche ⟨geht⟩«, wie Kant sagt (KU 86): Das unendlich Große (oder das unendlich Kleine) kann mittels der Zahl begrifflich erfaßt werden. Aber sich auf diese Art einen Begriff zu machen bedeutet einen völligen Verzicht auf jedes phänomenale Äquivalent; in der Terminologie der Vermögen ausgedrückt übersteigt es die Einbildungskraft, es ist unvorstellbar. Das Erhabene ist nun aber auf diese Weise gar nicht definiert worden. Das Erhabene ist nicht bloße Quantität oder Zahl, und erst recht nicht der Begriff der Quantität als solcher, das Quantum. Eine so begriffene und durch Zahlen ausgedrückte Quantität ist stets ein relativer Begriff, der auf die Konvention einer Meßeinheit rückbezogen ist; rein für sich gesehen ist eine Zahl weder groß noch klein, und das unendlich Große ist zugleich auch das unendlich Kleine: als Meßinstrumente sind Teleskop und Mikroskop ein und dasselbe Instrument. Das Erhabene jedoch ist nicht »das Große«, sondern »das Größte«; es ist das, »mit welchem in Vergleichung alles andere klein ist« (KU 84, Hervorheb. beseitigt). Als solches kann es den Sinnen niemals zugänglich sein. Aber es ist auch nicht reine Zahl, denn im Reich der Zahlen gibt es kein »Größtes«. Es gehört zu einem anderen Erfahrungsbereich, welcher der Ausgedehntheit näher steht als der Zahl. Es ist, mit Kants Worten, »die Größe schlechthin«, oder besser, mit dem von

Kant kurz zuvor gebrauchten Wort, »das Größte schlechthin«, »so weit das Gemüth sie ⟨bzw. es⟩ in einer Anschauung fassen kann« (KU 86f.). Diese Phänomenalisierung kann nicht von der Zahl her gewonnen sein, nur aus der Extension. Der Satz ist eine andere Fassung von Kants erster Aussage, dem Erhabenen komme »Unbegränztheit« und doch »Totalität« zu (KU 75): Das Reich der Zahlen hat zwar keine Grenze, doch die Extension impliziert die Möglichkeit einer bestimmten Totalisierung, einer Kontur. Das Mathematisch-Erhabene muß Zahl und Extension miteinander verknüpfen und sieht sich einem klassischen Problem der Naturphilosophie gegenüber. Die Tatsache, daß es sich um ein periodisch auftretendes Thema der Philosophie handelt, macht dieses Problem weder lösbarer noch erlaubt sie, nur weil einem die Grundgedanken der Argumente vertraut sind, mit deren Hilfe es gelöst werden soll, deren immanente Schwierigkeiten zu übersehen.

Kant versucht Zahl und Extension mittels zweier Überlegungen miteinander zu verknüpfen, von denen die eine sich der Betrachtung menschlicher Erkenntnisfähigkeit verdankt und die andere mit den Begriffen von Lust und Unlust operiert. Keines der beiden Argumente ist wirklich schlüssig. Auf der Ebene des Verstandes kann die Unendlichkeit der Zahl als eine rein logische Progression begriffen werden, die keiner räumlichen Konkretisierung bedarf. Aber auf der Ebene der Vernunft ist diese »comprehensio logica« nicht mehr hinreichend. Es bedarf einer anderen Art des Verstehens, einer »comprehensio aesthetica«, die eine beständige Totalisierung oder Kondensation zu einer einzigen Anschauung verlangt; sogar das Unendliche muß »als *ganz* (seiner Totalität nach) *gegeben*« gedacht werden (KU 92). Aber da das Unendliche keiner endlichen Größe vergleichbar ist, kann die Verknüpfung nicht stattfinden. Sie findet in Wahrheit niemals statt, und es ist gerade das *Mißlingen* der Verknüpfung, was zum charakteristischen Merkmal des Erhabenen wird: Es transponiert oder erhebt das Natürliche auf die Ebene des Übernatürlichen, die Wahrnehmung zur Einbildungskraft, den Verstand zur Vernunft. In dieser Transposition kann jedoch niemals die Bedingung der Totalität sich bilden, die für das Erhabene konstitutiv ist, und sie kann daher nicht das Mißlingen aufheben, indem sie, wie in einer Dialektik, zur Erkenntnis dieses Mißlingens wird. Das Erhabene kann nicht als das Mißlingen des Erhabenen definiert werden, denn das hier in Rede stehende Mißlingen beraubt das Erhabene seines identifizierenden Prinzips. Man kann hier auch nicht sagen, das Erhabene erfülle sich selbst als ein Begehren nach dem, was ihm zu sein mißlingt, denn was es begehrt (Totalität), ist nichts anderes als es selbst.

Auf das gleiche Muster stoßen wir im Zusammenhang von Lust und Unlust. Was dem Erhabenen gelingt, so viel ist klar, ist jedenfalls nicht die Erfüllung der von seiner Position verlangten Aufgabe (die Verknüpfung von Zahl und Extension mittels des Unendlichen). Dem Erhabenen gelingt es, Kenntnis von einem weiteren Vermögen neben Verstand und Vernunft zu verschaffen, nämlich von der Einbildungskraft. Aus der Unlust über das Mißlingen des Versuches, das Erhabene durch ein Anschaulichmachen des Unendlichen zu konstituieren, erwächst die Lust der Einbildungskraft, die in eben diesem Mißlingen die Übereinstimmung ihres Gesetzes (das ein Gesetz des Mißlingens ist) mit dem Gesetz unseres eigenen übersinnlichen Wesens entdeckt. Jenes Mißlingen, mit dem Sinnlichen sich zu verbinden, erhebt es über das Sinnliche. Dieses Gesetz herrscht nicht in der Natur, sondern definiert den Menschen in Opposition zur Natur; nur durch einen Akt, den Kant »Subreption« nennt (KU 97), kann dieses Gesetz fälschlicherweise der Natur zugeschrieben werden. Aber ist nicht diese Subreption ein Spiegelbild einer anderen, vorausgehenden Subreption, durch die das Erhabene sich auf subreptive Weise selbst setzt, indem es behauptet, vermöge der Unmöglichkeit seiner eigenen Existenz zu existieren? Das transzendentale Urteil, das über die Möglichkeit der Existenz des Erhabenen (als das sich räumlich artikulierende Unendliche) entscheidet, funktioniert metaphorisch oder ideologisch, wenn das Erhabene sich selbst auf subreptive Weise in den Begriffen seines anderen definiert, nämlich als Extension und Totalität. Wenn der Raum außerhalb des Erhabenen liegt und dort auch bleibt, und wenn der Raum dessenungeachtet eine notwendige Bedingung (oder Ursache) für die Entstehung des Erhabenen ist, dann ist das Prinzip des Erhabenen ein metaphysisches Prinzip, das sich irrtümlich für ein transzendentales hält. Wenn die Einbildungskraft, das Vermögen des Erhabenen, sich auf Kosten der totalisierenden Kraft des Geistes entfaltet, wie vermag sie dann, wie es der Text fordert, mit dem Vermögen der Vernunft, das diese Totalität konturiert und abgrenzt, in einer Beziehung kontrastiver Harmonie zu stehen (KU 99)? Die Einbildungskraft macht die Arbeit der Vernunft zunichte, und von einer solchen Beziehung kann man nicht ohne weiteres sagen, sie vereinige Einbildungskraft und Vernunft in einer gemeinsamen Aufgabe oder einem gemeinsamen Wesensgesetz. Kants Definition des ästhetischen Urteils, es stelle das subjektive Spiel der Vermögen (Einbildungskraft und Vernunft) »durch ihren Contrast als harmonisch« vor, bleibt hier ziemlich dunkel. Hieraus erklärt sich vielleicht zum Teil die Notwendigkeit weiterer Erörterungen, in denen die Beziehung zwischen diesen beiden Gemütskräften auf eine etwas weniger rätselhafte Weise dargestellt wird; dies kann allerdings erst geschehen, nachdem man sich vom Mathematisch-Erhabenen zum Dynamisch-Erhabenen gewandt hat.

Das Problem läßt sich an einer Verschiebung in der Terminologie zusammenfassend darstellen, die im Text zwar erst später auftritt, sich aber direkt auf die Schwierigkeiten bezieht, denen wir bereits bei dem Mathematisch-Erhabenen begegnet sind. In § 29, in der »Allgemeinen Anmerkung zur Exposition der ästhetischen reflektierenden Urteile«, findet sich die prägnanteste, aber auch vieldeutigste Definition des Erhabenen: »es ist ein Gegenstand (der Natur), dessen Vorstellung das Gemüth bestimmt, sich die Unerreichbarkeit der Natur als Darstellung von Ideen zu *denken*« (KU 115; Hervorheb. von mir, Hervorheb. Kants beseitigt). Das für unsere Absicht entscheidende Wort in diesem Zitat, in dem jedes Wort unzählige Fragen aufwirft, ist das Wort »denken«. Wenige Zeilen später spricht Kant von der Notwendigkeit, »die Natur selbst in ihrer Totalität, als Darstellung von etwas Übersinnlichem, zu *denken*, ohne diese Darstellung *objectiv* zu Stande bringen zu können« (KU 115 f.). Wieder nur wenige Zeilen weiter wird das Wort »denken« herausgegriffen und dem Wort »erkennen« gegenübergestellt, wenn es heißt, daß wir »die Natur als Darstellung derselben ⟨der Idee des Übersinnlichen⟩ nicht *erkennen*, sondern nur *denken* können« (KU 116). Wie haben wir das sich von »erkennen« unterscheidende Verb »denken« in diesen Formulierungen zu verstehen? Die Erkenntnis hat sich außerstande gezeigt, die Existenz des Erhabenen als intelligiblen Begriff zu gewährleisten. Dies ist nur durch »denken« möglich, nicht durch »erkennen«. Was aber wäre ein Beispiel für ein solches, sich vom Erkennen unterscheidendes Denken? »Was heißt denken?«

Noch in § 26, der dem Mathematisch-Erhabenen gewidmet ist, unmittelbar vor der Epistemologie und der Eudämonie des Erhabenen, findet sich eine andere Beschreibung der Art und Weise, wie eine unendliche Quantität in der Einbildungskraft zu einer sinnlichen Anschauung werden kann oder, mit anderen Worten, wie die Unendlichkeit der Zahlen mit der Totalität der Extension verknüpft werden kann (siehe KU 87). Diese eher formale als philosophische Beschreibung ist sehr viel leichter zu verstehen als die sich daran anschließenden Argumente. Um das Erhabene im Raum erscheinen zu lassen, sagt Kant, benötigen wir zwei Handlungen der Einbildungskraft: Auffassung (apprehensio) und Zusammenfassung (comprehensio aesthetica). Die Auffassung schreitet sukzessive fort, als eine syntagmatische, konsekutive Bewegung entlang einer Achse, und sie kann ohne Schwierigkeiten ad infinitum fortschreiten. Die Zusammenfassung jedoch, die eine paradigmatische Totalisierung der von der Auffassung zurückgelegten Bahn ist, wird immer schwieriger, je größer der von der Auffassung bewältigte Raum wird. Das Modell erinnert an eine einfache Phänomenologie des Lesens, bei dem man beständig Synthesen herstellen muß, um die sukzessive Entfaltung des Textes zu verstehen: Das Auge bewegt sich horizontal, Zeile nach Zeile, während der Geist das kumulative Verstehen des bisher aufgefaßten Textes vertikal zusammensetzen muß. Die Zusammenfassung wird bald an einen Punkt gelangen, an dem sie gesättigt ist, sie ist dann nicht mehr in der Lage, noch weitere Auffassungen in sich aufzunehmen: Sie kann nicht über eine bestimmte Größe hinausgehen, welche die Grenze der Einbildungskraft markiert. Diese Fähigkeit der Einbildungskraft, Synthesen herzustellen, ist für den Verstand ein Segen, denn was wäre er ohne dies? Aber dieser Gewinn wird mit einem entsprechenden Verlust bezahlt. Die Zusammenfassung entdeckt ihre eigene Begrenztheit, ihre unübersteigbare Grenze. »⟨Die Einbildungskraft⟩ verliert ... auf einer Seite eben so viel, als sie auf der andern gewinnt« (KU 87). Wenn die paradigmatische Simultaneität die syntagmatische Sukzession ersetzt, tritt eine Ökonomie von Gewinn und Verlust in ihr Recht, die mit vorhersagbarer Effizienz funktioniert, wenn auch nur innerhalb gewisser wohldefinierter Grenzen. Der Wechsel vom Teil zum Ganzen erzeugt Ganze, die sich als bloße Teile erweisen. Kant führt als Beispiel die Beobachtung des Ägyptologen Savary an, der feststellte, daß man den Pyramiden weder zu nahe kommen noch ihnen zu sehr entfernt bleiben darf, will man ihre Größe wahrnehmen. Man erinnert sich dabei an Pascal: »In unserer allseitigen Begrenzung finden wir dieses In-der-Mitte-Stehen zwischen

zwei Extremen bei allen unseren Fähigkeiten: Unsere Sinne sind gegen die Extreme unempfindlich: Zu großer Lärm betäubt uns, zu helles Licht blendet uns; zu weite Entfernung und zu große Nähe behindern das Sehen; ist sie allzu lang oder allzu kurz, dann wird eine Abhandlung dunkel; zuviel Wahrheit verblüfft uns ...«[3]
Es ist nicht überraschend, daß Pascal von Überlegungen über das Sehen und die Wahrnehmung im allgemeinen zur Ordnung des Diskurses übergeht, denn das in Anwendung gebrachte Modell ist eigentlich nicht philosophischer, sondern sprachlicher Natur. Es beschreibt kein Vermögen des Geistes, sei es ein Denk- oder ein Erkenntnisvermögen, sondern eine der Sprache innewohnende Potentialität. Denn ein solches entlang einer paradigmatischen und einer syntagmatischen Achse operierendes System der Substitution, das partielle Totalisierungen im Rahmen einer Ökonomie von Gewinn und Verlust erzeugt, ist in der Tat ein wohlbekanntes Modell – das auch erklärt, warum diese Textstelle im Vergleich zu dem, was vorher und nachher kommt, leicht verständlich erscheint. Es ist das Modell, das den Diskurs als tropologisches System begreift. Innerhalb eines solchen rein formalen Systems findet, wenn auch unter entsprechenden Vorbehalten und mit Einschränkungen, die vom Erhabenen verlangte Verknüpfung statt. Daraus folgt jedoch, daß das Erhabene nur innerhalb der Grenzen eines solchen Systems vorstellbar ist, und das heißt eher als reiner Diskurs denn als Vermögen des Geistes. Wenn das Erhabene sozusagen aus der Sprache in die Erkenntnis zurückübersetzt wird, aus der formalen Beschreibung in ein philosophisches Argument, dann verliert es jeden inneren Zusammenhang und zerfällt in die Aporien von intellektueller und sinnlicher Erscheinung. Es stellt sich auch heraus, daß sogar innerhalb der Grenzen der Sprache das Erhabene nur als singulärer und besonderer Standpunkt vorkommen kann, als ein privilegierter Ort, der sowohl die übermäßige Zusammenfassung als auch die übermäßige Auffassung vermeidet, und daß dieser Ort nur formal und nicht transzendental bestimmt ist. Das Erhabene kann nicht als philosophisches (transzendentales oder metaphysisches) Prinzip begründet werden, sondern nur als sprachliches Prinzip. Infolgedessen kann der vom Mathematisch-Erhabenen handelnde Textteil nicht auf zufriedenstellende Weise abgeschlossen werden, und ein weiteres Kapitel über das Dynamische des Erhabenen wird erforderlich.

Gemäß den Prinzipien des Quadriviums müßte als Erweiterung

des Systems Zahl-Extension zunächst die Bewegung ins Spiel kommen, und von daher hätte man eher die Einführung eines Kinetisch-Erhabenen als eines Dynamisch-Erhabenen erwarten dürfen. Aber die Kinetik des Erhabenen behandelt Kant ganz unvorbereitet als eine Frage der *Macht*: Das erste Wort von § 28 (KU 102), dem ersten Paragraphen über das Dynamisch-Erhabene, lautet »Macht«, bald darauf folgt das Wort »Gewalt« und die Behauptung, Gewalt sei das einzige Mittel, durch das eine Kraft den Widerstand einer anderen überwinden könne. Auf klassische Art käme man von der Zahl zur Bewegung etwa über die Betrachtung der Kinetik physischer Körper, wie es zum Beispiel Kepler tut, der die Bewegung der Himmelskörper als Funktion der als Beschleunigung aufgefaßten Gravitation begreift. Die Gravitation kann auch als Kraft oder Macht aufgefaßt werden, was ihrem Verständnis als Bewegung nahe verwandt ist, wie Wordsworths Vers »keine Bewegung ist nun in ihr, keine Kraft« zeigt; und der Übergang von einer Kinetik zu einer Dynamik des Erhabenen ließe sich dann ganz im Rahmen mathematischer und physikalischer Begrifflichkeit darstellen. Kant geht diesen Weg jedoch nicht, sondern führt ganz unvermittelt den Begriff der Macht ein, und zwar in einem quasi-empirischen Sinne, der von Furchtbarem, von Gewaltanwendung und Zweikampf handelt. Die Beziehung zwischen dem natürlichen und dem ästhetischen Erhabenen stellt er als eine Kampfszene dar, in der die Vermögen des menschlichen Geistes irgendwie die Oberhand über die Kräfte der Natur gewinnen.

Die Notwendigkeit, das Modell des Mathematisch-Erhabenen, das System Zahl-Extension, zum Modell des Dynamisch–Erhabenen als dem System Zahl-Bewegung zu erweitern, wird von Kant in seiner Analytik des Erhabenen genausowenig auf philosophische Weise begründet wie seine Interpretation der Bewegung als empirische Macht; und es können dafür auch (besonders für den zweiten Aspekt, die empirische Auffassung der Kraft als Gewalt und Kampf) nicht einfach historische Gründe ausschlaggebend sein. Die einzige Möglichkeit der Begründung besteht darin, es als eine Erweiterung des sprachlichen Modells zu begreifen, die über seine Definition als ein System von Tropen hinausgeht. Tropen erklären das Auftreten des Erhabenen, jedoch, wie wir gesehen haben, auf eine so restriktive und partielle Weise, daß man nicht erwarten kann, das System würde innerhalb so enger Grenzen seine Beruhigung finden. Die Sprache muß über die Pseudoerkenntnis der Tropen hinaus zu den Aktivitäten der Performanz gelangen – und die performativen Möglichkeiten der Sprache waren schon lange bekannt, bevor Austin sie uns wieder in Erinnerung rief. Der Übergang vom mathematischen zum dynamischen Erhabenen, ein Übergang, der im Text auf verdächtige Weise seine Rechtfertigung schuldig bleibt (§ 28 beginnt ganz abrupt mit dem Wort »Macht«), markiert die Sättigung des tropologischen Feldes als den Moment, wo die Sprache sich von ihren Zwängen befreit und in sich eine Kraft entdeckt, die von den Beschränkungen der Erkenntnis nicht mehr abhängig ist. Das erklärt auch, wieso an dieser Stelle des Textes der Begriff der Sittlichkeit eingeführt wird, allerdings eher auf der Ebene der praktischen als auf der Ebene der reinen Vernunft. Die Verbindung zwischen reiner und praktischer Vernunft, die raison d'être der *Dritten Kritik*, geschieht durch die erweiterte Definition der Sprache als nicht nur tropologisches, sondern auch performatives System. Im Zentrum der *Kritik der Urteilskraft* findet sich daher ein tiefer und vielleicht fataler Bruch. Sie ist abhängig von einer sprachlichen Struktur (Sprache als performatives wie kognitives System), die der kritischen Kraft der Transzendentalphilosophie nicht zugänglich ist. Und natürlich haben, dies muß hinzugefügt werden, Metaphysik und Ideologie erst recht keinen Zugang zu dieser Struktur, denn sie sind vorkritische Stadien der Erkenntnis. Es erhebt sich daher die Frage, ob und wie diese Zerrissenheit, diese Unverbundenheit im Text in einem Moment zum Vorschein kommt, wo die Aporie des Erhabenen nicht mehr, wie noch beim Mathematisch-Erhabenen und den folgenden allgemeinen Definitionen des Begriffs, als explizites Paradox festgestellt wird, sondern sich wegen ihrer gänzlichen Unreflektiertheit den Eindruck eines friedlichen Nebeneinanders von Unvereinbarkeiten gibt. Ein solcher Moment ist in der »Allgemeinen Anmerkung« in § 29 gegeben, welche die Analytik des Erhabenen abschließt.

Das Kapitel über die Dynamik des Erhabenen scheint eher eine weitere Version der Schwierigkeiten darzustellen, denen wir beim Mathematisch-Erhabenen begegnet sind, als deren Weiterentwicklung, geschweige denn deren Lösung. Abgesehen von der Einführung der Dimension des Sittlichen, die in erkenntnistheoretischen oder ästhetischen Begriffen kaum zu begründen ist, unterscheidet sich dieses Kapitel von dem Vorhergehenden hauptsächlich insofern, als es in ihm eher um das Gefühl als um die Vernunft (wie beim Mathematisch-Erhabenen) oder um den Verstand (wie bei der Analytik des Schönen) geht. Der Vorrang des Vermögens der Einbildungskraft bleibt erhalten, da seine Beziehung zur Vernunft erörtert wird, aber diese Dialektik von Vernunft und Einbildungskraft wird nunmehr eher durch Affekte, Gemütslagen und Gefühle vermittelt als durch rationale Prinzipien. Die Veränderung führt eher zur Reformulierung oder Verfeinerung denn zur Umgestaltung des Prinzips des Erhabenen. Die oben bereits zitierte, so konzise Definition des Erhabenen in der »Allgemeinen Anmerkung« zieht zwar Nutzen aus dem Bezug auf die Affektivität, aber letztlich besteht kein wesentlicher Unterschied zwischen ihr und ähnlichen, in den vorhergehenden Paragraphen unternommenen Bestimmungen. Sie ist auch, trotz all ihrer Kontrolliertheit und Konzentriertheit, letztlich nicht weniger dunkel als ihre Vorgänger.

In der »Allgemeinen Anmerkung« findet sich auch eine ziemlich unvermittelte Erinnerung daran, daß für eine transzendentale Ästhetik der Urteilskraft die Gegenstände der Natur, welche fähig sind, den Effekt des Erhabenen auszulösen, auf eine radikal nichtteleologische Weise zu betrachten sind, also völlig abgelöst von jeglichem Zweck oder Interesse, das der Geist mit ihnen möglicherweise verbinden oder an ihnen zu finden vermag. Kant fügt hinzu, daß er den Leser schon einmal auf diese Notwendigkeit aufmerksam gemacht habe, aber es ist nicht klar, auf welche Textstelle er anspielt. Er stellt hier wohl einfach noch einmal ein allgemeines Prinzip fest, das seinem gesamten Unternehmen zugrunde liegt und das er zum ersten Mal mit aller wünschenswerten Klarheit zu Beginn der Analytik des Schönen bei der Behandlung des Geschmacksurteils der Qualität nach formuliert hat. Diesmal jedoch bezieht Kant das Prinzip der Interesselosigkeit speziell auf die Gegenstände der Natur und führt als Beispiele zwei Naturanblicke an:

> Wenn man also den Anblick des bestirnten Himmels *erhaben* nennt, so muß man der Beurtheilung desselben nicht Begriffe von Welten, von vernünftigen Wesen bewohnt, und nun die hellen Punkte, womit wir den Raum über uns erfüllt sehen, als ihre Sonnen in sehr zweckmäßig für sie gestellten Kreisen bewegt, zum Grunde legen, sondern bloß, wie man ihn sieht, als ein weites Gewölbe, was alles befaßt; und bloß unter dieser Vor-

stellung müssen wir die Erhabenheit setzen, die ein reines ästhetisches Urtheil diesem Gegenstande beilegt. Eben so den Anblick des Oceans nicht so, wie wir, mit allerlei Kenntnissen (die aber nicht in der unmittelbaren Anschauung enthalten sind) bereichert, ihn *denken*; etwa als ein weites Reich von Wassergeschöpfen, als den großen Wasserschatz für die Ausdünstungen, welche die Luft mit Wolken zum Behuf der Länder beschwängern, oder auch als ein Element, das zwar Welttheile von einander trennt, gleichwohl aber die größte Gemeinschaft unter ihnen möglich macht: denn das giebt lauter teleologische Urtheile; sondern man muß den Ocean bloß, wie die Dichter es thun, nach dem, was der Augenschein zeigt, etwa, wenn er in Ruhe betrachtet wird, als einen klaren Wasserspiegel, der bloß vom Himmel begränzt ist, aber, ist er unruhig, wie einen alles zu verschlingen drohenden Abgrund, dennoch erhaben finden können. (KU 118f.)

Diese Textstelle ist in vieler Hinsicht bemerkenswert, auch wegen ihrer offensichtlichen Vorwegnahme vieler ähnlicher Passagen, die bald darauf in den Werken romantischer Dichter zu finden sein werden und für die es bereits bei deren Vorläufern im 18. Jahrhundert eine Reihe von Beispielen gibt. Aber es ist unerläßlich, nicht nur Ähnlichkeiten zu sehen, sondern auch den Unterschied von Kants Text zu den symbolischen Landschaften der Dichter herauszuarbeiten. Die in Kants Text vorherrschende Wahrnehmung sieht den Himmel und den Ozean jeweils als einen architektonischen Bau. Der Himmel ist ein allumfassendes Gewölbe, das sich über der Totalität des irdischen Raums erhebt, wie ein Dach ein Haus deckt. Der Raum ist bei Kant wie auch schon bei Aristoteles ein Haus, in dem wir auf dieser Erde mehr oder weniger sicher oder mehr oder weniger dichterisch wohnen. Genauso wird auch der Ozean gesehen, nämlich auf eine Weise, wie nach Kant die Dichter es tun: Seine horizontale Ausdehnung ist wie ein vom Horizont, von den das Gebäude umschließenden und begrenzenden Mauern des Himmels umstandener Fußboden.

Wer, so mag man sich fragen, sind die Dichter, welche die Welt eher auf eine architektonische als auf eine teleologische Weise sehen, und wie kann man vom Architektonischen sagen, es sei dem Teleologischen entgegengesetzt? Was ist unter dem »Augenschein« zu verstehen, in Relation zu den anderen Anspielungen auf die sinnliche Erscheinung, die in Kants Versuchen, das Erhabene zu definieren oder zu beschreiben, in großer Fülle vorkommen? Es ist leichter zu sagen, was in dieser Textstelle ausgeschlossen wird und wie sie sich von anderen unterscheidet, als festzustellen, was sie eigentlich darstellt – aber das paßt vielleicht sehr gut zu Kants Betonung des in erster Linie *negativen* Modus der Einbildungskraft (KU 117). Einer der ersten Dichter, jedenfalls im englischsprachigen Raum, bei dem wir ähnliche Anschauungen finden, ist Wordsworth, der in der Nestraub-Episode im ersten Buch von *The Prelude* die Erfahrung des Schwindels und des absoluten Schreckens beschwört: »Der Himmel war kein Himmel / Der Erde, und mit dieser Bewegung bewegten sich die Wolken!« Auch hier wird der Himmel ursprünglich als ein uns schützendes Dach oder Gewölbe verstanden, das uns in der Welt Halt finden läßt, wenn wir auf einer horizontalen Fläche stehen, *unter* dem Himmel, von dem Gewicht unserer eigenen Schwere auf beruhigende Weise stabilisiert. Aber wenn der Himmel sich plötzlich von der Erde trennt und, mit Wordsworths Worten, kein Himmel *der* Erde mehr ist, dann verlieren wir jedes Gefühl der Stabilität und beginnen gegen die Schwerkraft, sozusagen himmelwärts zu fallen.

Kants Textstelle besagt etwas *anderes*, denn in ihr erscheint der Himmel auf keine Weise mit einem Obdach assoziiert. Er ist kein Bau, unter dem wir im Sinne Heideggers »wohnen« können. In einer weniger bekannten Passage seiner *Logik* sagt Kant: »Sieht z.B. ein Wilder ein Haus aus der Ferne, dessen Gebrauch er nicht kennt: so hat er zwar eben dasselbe Object wie ein Anderer, der es bestimmt als eine für Menschen eingerichtete Wohnung kennt, in der Vorstellung vor sich. Aber der Form nach ist dieses Erkenntniß eines und desselben Objects in beiden verschieden. Bei dem Einen ist es *bloße Anschauung*, bei dem Andern *Anschauung* und *Begriff* zugleich« (LO 33). Der Dichter, der den Himmel in Kants Sinn als Gewölbe sieht, verhält sich eindeutig wie der Wilde und nicht wie Wordsworth. Sein Sehen steht nicht in einem Bezug zum Wohnen, sondern er sieht einfach. Er sieht nicht, um sich eine schützende Zuflucht zu verschaffen, denn nichts deutet darauf hin, daß irgend etwas ihm bedrohlich werden könnte, nicht einmal ein Sturm auf dem Ozean – denn es wird darauf hingewiesen, daß er sich sicher am Ufer befindet (siehe KU 104). Die Verbindung zwischen »sehen« und »wohnen« ist teleologischer Natur, im Falle reinen ästhetischen Sehens ist sie daher nicht gegeben.

Man denkt im Zusammenhang mit Wordsworth vielleicht auch an die berühmte Stelle aus seinen »Lines composed a few miles above Tintern Abbey«:

Dort fühlte ich,
Daß etwas da war, was mich aufgeschreckt
Durch erhabener Gedanken Freude; ein erhabenes Gefühl
Von etwas alles tief Durchdringendem
Das in dem Licht der untergeh'nden Sonne wohnt
Und in dem Kreis des Ozeans und lebend'ger Luft,
Und in dem blauem Himmel und im Geist des Menschen: ...

Vor allem die Erhabenheit der Weite des wie ein riesiger Dom vom Horizont des Gesichtskreises begrenzten Ozeans erinnert hier an Kants Text. Aber die beiden Beschwörungen der erhabenen Natur divergieren bald. Bei Wordsworth ist das Erhabene ein Beispiel für den ständigen Austausch zwischen Geist und Natur, für die chiastische Übertragung von Eigenschaften der sinnlichen und der intellektuellen Welt, die seine bildliche Sprache charakterisiert und die in den an das oben Zitierte unmittelbar anschließenden Zeilen explizit thematisiert wird: »Eine Spannkraft oder Antrieb, in Bewegung setzend / Alles, was denkt, und alles, was bedacht wird, / Durchwaltend alles, was es gibt.« Bei dem von Kant beschriebenen Sehen des Ozeans und des Himmels ist hingegen kein menschlicher Geist im Spiel. Jeder Anteil des Geistes, jedes sich einmischende Urteil verhindert gerade diese Sicht, indem sie sie als Irrtum abtut – denn in Wahrheit ist der Himmel kein Gewölbe, und der Horizont begrenzt den Ozean auch nicht wie Mauern ein Gebäude. Nur dem Auge erscheinen sie so, in der Redundanz eines dem Auge und nicht dem Geist Erscheinens, die in dem redundanten Wort »Augenschein« sich ausdrückt, das in Opposition zu Hegels »Ideenschein«, dem sinnlichen Erscheinen der Idee, zu lesen ist und in dem das Auge auf tautologische Weise zweimal genannt wird, einmal als das Auge selbst und einmal als das dem Auge Erscheinende.

Kants architektonische Welt bedeutet weder die Metamorphose einer veränderlichen, aus fließenden Übergängen bestehenden Welt zu einer Welt von steinerner Festigkeit, noch ist sein Gebäude eine Trope oder ein Symbol, das die wirklichen Entitäten ersetzt. Himmel und Ozean sind als Gebäude a priori, vor aller Verstandestätigkeit, vor allem Verstehen, vor jedem Austausch oder Anthropomorphismus, der Wordsworth erlaubt, im fünften Buch von *The Prelude* von einer Kommunikation mit dem »sprechenden Gesicht« der Natur zu reden. In Kants flacher, in der dritten Person gehaltenen Welt ist kein Raum für eine Anrede.

Kants Sehweise kann daher kaum als ein Sehen im wörtlichen Sinne bezeichnet werden, denn das würde die Möglichkeit seiner Figuralisierung oder Symbolisierung durch einen Akt der Urteilskraft implizieren. Man kann dieses Sehen nur als ein *materiales* Sehen bezeichnen, aber wie diese Materialität mit sprachlichen Begriffen zu fassen ist, ist bisher noch ganz unklar.

Insofern das rein ästhetische Sehen der natürlichen Welt kein Teil eines Tropus oder einer Figuration ist, hat es auch kein Teil am Sonnenlicht. Es ist nicht die plötzliche Enthüllung einer wahren Welt als ein Entbergen, als aletheia im Sinne von Heideggers »Lichtung«. Es ist keine solare Welt, und es wird uns ausdrücklich gesagt, daß wir uns die Sterne nicht als in Kreisen bewegte Sonnen denken dürfen. Wir dürfen sie auch nicht als jene Konstellation auffassen, welche das apokalyptische Ende von Mallarmés *Coup de Dés* überlebt. Der »Spiegel« der Meeresoberfläche ist ein Spiegel ohne Tiefe, der erst recht nicht dazu taugt, diese Konstellation widerzuspiegeln. Bei dieser Weise des Sehens ist das Auge sein eigener Agent und nicht das spiegelbildliche Echo der Sonne. Der Ozean wird nicht deshalb ein Spiegel genannt, weil er etwas reflektiert, sondern um eine jeglichen Anscheins von Tiefe ermangelnde Flachheit zu betonen. Auf die gleiche Weise und in gleichem Maße wie diese Sehweise rein material ist, ohne jede reflexive oder intellektuelle Komplikation, ist sie auch rein formal, ohne jede semantische Tiefe und auf die formale Mathematisierung oder Geometrisierung reiner Optik reduzierbar. Die Kritik der Ästhetik endet bei Kant in einem formalen Materialismus, der allen mit der ästhetischen Erfahrung assoziierten Werten und Kennzeichen entgegengesetzt ist, einschließlich der ästhetischen Erfahrung des Schönen und des Erhabenen, wie sie von Kant und Hegel selbst beschrieben wird. Die Tradition ihrer Interpretation, bei Schiller angefangen, hat allein den figuralen und, wenn man will, »romantischen« Aspekt ihrer Theorien der Einbildungskraft wahrgenommen und dabei ganz übersehen, was wir den materialen Aspekt genannt haben. Und dabei blieben auch der Ort und die Funktion der Formalisierung in diesem verwickelten Prozeß unbegriffen.

Das hier als ein rein erhabenes und ästhetisches hingestellte, von jeder teleologischen Einmischung freie Sehen des Himmels und der Welt steht in direktem Gegensatz zu allen vorhergehenden Definitionen und Analysen des Erhabenen, die sich in den Paragraphen 24 bis 29 finden lassen. Selbst in der verdichteten Definition, die kurz zuvor noch in der »Allgemeinen Anmerkung« zu lesen ist, wird das Erhabene als eine konkrete Darstellung von Ideen gedacht. Wie in der zitierten Stelle aus Wordsworths »Tintern Abbey« ist auch hier von der Verbindung physikalischer Bewegung mit den Bewegungen der Gefühle und der praktischen, moralischen Urteilskraft gefordert, daß sie natürliche und intellektuale Elemente unter einem einzigen vereinigenden Prinzip, nämlich dem Erhabenen, zusammenfaßt. Und Kant hat von Beginn an so viel Wert auf den Umstand gelegt, daß das Erhabene nicht im Naturgegenstand wurzelt, sondern im menschlichen Geist und seinen »Gemütsbestimmungen«, daß der Kern des Arguments gar nicht mehr so sehr die rein innerliche, noumenale Natur des Erhabenen betont, sondern begründen muß, daß das Erhabene trotz allem als äußere, phänomenale Manifestation auftritt. Kann dies in irgendeiner Weise mit der radikalen Materialität des erhabenen Sehens in Einklang gebracht werden, die Kant dann so unvermittelt ins Spiel bringt, als ob es sich um einen nachträglichen Einfall handelte? Wie soll man die konkrete Darstellung von Ideen mit dem reinen okularen Sehen, dem Augenschein, in Einklang bringen?

Die Analytik des Erhabenen (wie auch die des Schönen) ist durchweg in den Begriffen einer Theorie der Vermögen gehalten, die in dem Abschnitt über die Dynamik des Erhabenen mit einer Theorie des sittlichen Gefühls kombiniert wird. »In der That läßt sich ein Gefühl für das Erhabene der Natur nicht wohl denken, ohne eine Stimmung des Gemüths, die der zum moralischen ähnlich ist, damit zu verbinden« (KU 116). Auch im Falle des Schönen ist diese moralische Komponente präsent, obgleich in einer sehr viel gedämpfteren Form. Hier manifestiert sie sich als die Autonomie der ästhetischen Lust in bezug auf die bloße Sinnenlust, als eine Form der Freiheit also, und somit, da in Kants System die Sittlichkeit immer mit der Freiheit verknüpft ist, zumindest potentiell als eine Form der praktischen oder moralischen Urteilskraft. Aber im Falle des Erhabenen ist die Bindung an die Sittlichkeit viel expliziter, denn die Moral ist hier nicht als Spiel, sondern als »gesetzliches Geschäft« involviert (KU 116). Das einzige, was das Erhabene daran hindert, ganz in das Lager der Sittlichkeit überzuwechseln, ist der Umstand, daß das hier entscheidende Vermögen nicht die Vernunft oder wenigstens nicht eine unmittelbare Manifestation der Vernunft ist, sondern daß das Erhabene durch die Einbildungskraft selbst dargestellt wird, die ein Werkzeug der

Vernunft ist. In der arbeitsamen, geschäftigen Welt der Sittlichkeit wird selbst die freie und spielerische Einbildungskraft zu einem Arbeitsinstrument. Ihre Aufgabe, ihre zu leistende Arbeit besteht genau darin, die Abstraktionen der Vernunft in die phänomenale Welt der Erscheinungen und Bilder rückzuübersetzen, deren Gegenwart in dem Wort »Ein*bild*ungskraft« versichert ist.

Warum es zu dieser Inkarnation der Idee kommen muß, wird auf verschiedene Weise begründet. Es besteht zunächst einmal eine quasitheologische Notwendigkeit dafür, die sich zwangsläufig aus unserer Gefallenheit ergibt. Das Bedürfnis nach einer ästhetischen Urteilskraft und einer ästhetischen Aktivität definiert zwar den Menschen, ist aber eher der Ausdruck eines Mangels oder eines Fluches als eines Übermaßes an Kraft und Erfindungsgabe. Es würde kein Bedürfnis danach bestehen, »wenn wir bloß reine Intelligenzen wären (oder uns auch in Gedanken in diese Qualität versetzen)« (KU 119). Eben diese immanente Minderwertigkeit des Ästhetischen (oder, genauer, des Ästhetischen als Symptom einer uns angeborenen Unzulänglichkeit) wird auch im Vergleich zur moralischen Urteilskraft deutlich. Die Sittlichkeit und das Ästhetische sind beide interesselos, aber diese Interesselosigkeit wird in der ästhetischen Darstellung mit Notwendigkeit verunreinigt: Die Überzeugung, daß moralische und ästhetische Urteile gerade durch ihre Interesselosigkeit als solche möglich werden, ist im Falle der Ästhetik notwendigerweise an positiv bewertete sinnliche Erfahrungen geknüpft. Die moralische Lektion der Ästhetik muß durch verführerische Mittel mitgeteilt werden, die, wie wir wissen, so weitreichend sein können, daß es eher erforderlich ist, »Kant avec Sade« zu lesen, als umgekehrt. Anstatt einer rein intellektuellen Schönheit können wir nur die Schönheit der Einbildungskraft hervorbringen. Wie dies zustandekommt, ist Gegenstand eines entscheidenden und schwierigen Absatzes (KU 117f.), in dem Kant die Verknüpfung der Einbildungskraft mit der Vernunft, die gewünschte, zuvor schon verheißene, als »harmonisch« unterstellte Beziehung zwischen Vernunft und Einbildungskraft, detaillierter beschreibt.

In dem betreffenden Textabschnitt ist zum ersten Mal von etwas die Rede, das einige Seiten weiter als eine Modulation zwischen zwei Gemütszuständen oder Affekten bestimmt wird, nämlich der Übergang von erregter Verwunderung zu ruhiger Bewunderung. Die erste Wirkung des Erhabenen, einer plötzlichen Begegnung mit kolossalen Naturdingen wie himmelansteigenden Gebirgsmassen, tiefen Schlünden und darin tobenden Gewässern, ist ein Schock oder, wie Kant sagt, eine Verwunderung, die an Schreck grenzt (KU 117). Durch ein Spiel, durch einen Trick der Einbildungskraft wird dieser Schrecken in Bewunderung als ein Gefühl der ruhigen Überlegenheit verwandelt. Eine Bewunderung, die man für etwas oder für jemanden empfindet, kann man sich ruhig und gelassen erlauben, denn die eigene Überlegenheit wird dadurch nicht in Frage gestellt. Je besser man von jemandem denkt, desto besser wird man von sich selber denken. Wie beneidenswert eine solche Gemütsruhe doch ist, die sich einstellt, indem man über die Anerkennung des Werts eines anderen seinen eigenen Wert bestätigt findet! Edle moralische Größe ist der bestmögliche Ego-Verstärker – obwohl Kant nicht so blind ist, daß er nicht wüßte, wie teuer er mit verborgenem Schrecken zu bezahlen ist.

Kant war nicht immer der Meinung, die heitere Gemütsruhe der Bewunderung, die Gelassenheit matter Emotion sei die erstrebenswerteste Eigenschaft. In seinen frühen, vorkritischen *Beobachtungen über das Gefühl des Schönen und Erhabenen* von 1764 hat er auf die entschiedenste Weise die Feststellung getroffen, das phlegmatische Temperament sei im Zusammenhang seines Themas von keinerlei Interesse, denn es habe weder zu dem Erhabenen noch zu dem Schönen irgendeine Beziehung. Ein Phlegmatiker habe für beides einfach kein Gefühl. Auf der Ebene nationaler Stereotypen findet sich ein Äquivalent zu dieser Auffassung in dem von Kant aufgegriffenen Vorurteil, die Holländer seien als eine sehr phlegmatische Abart der Deutschen nur an den ödesten kommerziellen Dingen und am Geldscheffeln interessiert. Ich fühlte mich noch nie so dankbar für die fünfzig Kilometer, welche die flämische Stadt Antwerpen von der holländischen Stadt Rotterdam trennen. Auch die Betrachtungen in Kants früher Abhandlung über weibliche Trägheit und Passivität und die dagegen positiv gewertete männliche Energie machen die Lektüre dieses Textes nicht einfach. Als er jedoch die *Kritik der Urteilskraft* schrieb, hatten sich seine Anschauungen sehr geändert. »Aber (welches befremdlich scheint) selbst *Affectlosigkeit* (Apatheia, Phlegma in significatu bono) eines seinen unwandelbaren Grundsätzen nachdrücklich nachgehenden Gemüths ist und zwar auf weit vorzüglichere Art erhaben, weil sie zugleich das Wohlgefallen der reinen Vernunft auf ihrer Seite hat« (KU 121f.). Die so erreichte Ruhe und Gelassenheit erhält als moralisch erhabener Gemütszustand das Prädikat »edel«, das dann auf subreptive Weise »auf Sachen, z.B. Gebäude, ein Kleid, Schreibart, körperlichen Anstand u.d.gl.« übertragen wird (KU 122). Wie kann nun aber die Einbildungskraft den edlen Zustand eines solchen Verlustes an Pathos, eine solche Gemütsruhe erreichen?

Sie erreicht ihn auf eine grundsätzlich negative Weise, die philosophisch der Erhebung der Einbildungskraft von einem metaphysischen (und daher ideologischen) zu einem transzendentalen (und daher kritischen) Prinzip entspricht. Solange das Vermögen der Einbildungskraft empirisch betrachtet wird – und es sei daran erinnert, daß beim späten Kant die Anwesenheit dieses empirischen Moments die metaphysischen Dimensionen des Geistes charakterisiert –, verfährt es frei und spielerisch, ist eher Phantasie. Indem sie diese Freiheit aufgibt, sie opfert, in einem ersten Augenblick der erschütternden, aber wohltuenden Überraschung, verbündet sich die Einbildungskraft mit der Vernunft. Warum das so ist, wird nicht sofort klar; in affektiven Begriffen ausgedrückt führt dieses Bündnis zu einer zurückgewonnenen Macht, einer zurückgewonnenen Überlegenheit über eine Natur, deren unmittelbare Bedrohung überwunden wird. Die freie, empirische Reaktion der Einbildungskraft bei einer Konfrontation mit der Macht und Gewalt der Natur besteht darin, den Schrecken ihrer außerordentlichen Größe zu genießen, sich an ihm zu erfreuen. Diesen ergötzlichen, da imaginären Schrecken zu zähmen – es gilt immer die Voraussetzung, daß die Person nicht direkt bedroht ist oder zumindest von der unmittelbaren Bedrohung durch ein reflexives Moment getrennt ist – und ihm das ruhige Wohlgefallen der Überlegenheit vorzuziehen bedeutet nichts anderes, als die Einbildungskraft der Macht der Vernunft zu unterwerfen. Denn das die Überlegenheit des Geistes über die Natur stiftende Vermögen ist einzig und allein die Vernunft; die Sicherheit der Einbildungskraft hängt von der aktuellen, empirisch-physikalischen Situation ab, und wenn eine solche Situation bedrohlich wird, so schlägt die Sicherheit um in Schrecken und in ein Gefühl der freien Unterwerfung unter die Natur. Da in der Erfahrung des Erhabenen die Einbildungskraft jedoch Ruhe erlangt, unterwirft sie sich der Vernunft und erreicht den höchsten Grad an Freiheit, indem sie ihre natürliche Freiheit freiwillig der höheren Freiheit der Vernunft zum Opfer bringt. »Dadurch«, sagt Kant, »bekommt sie eine Erweiterung und

Macht, welche größer ist als die, welche sie aufopfert« (KU 117). Der Verlust der empirischen Freiheit bedeutet einen Gewinn an kritischer Freiheit, die ein Kennzeichen rationaler und transzendentaler Prinzipien ist. Die Einbildungskraft fungiert auf Kosten ihrer empirischen Natur als Stellvertreter der Vernunft und unterwirft durch diesen antinatürlichen oder unnatürlichen Akt die Natur.

Dieses komplizierte und irgendwie abwegige Szenarium vollendet den Zweck des Erhabenen. Die Einbildungskraft überwindet das Leiden, wird apathisch und legt den Schmerz der natürlichen Erschütterung ab. Sie versöhnt Lust und Schmerz und verknüpft dabei als Vermittlerin die Bewegung der Affekte mit der legalen, kodifizierten, formalisierten und stabilen Ordnung der Vernunft. Die Einbildungskraft ist nicht Natur (denn in ihrer Ruhe bestimmt sie sich selbst als weiter und mächtiger als die Natur), aber sie bleibt, anders als die Vernunft, mit der Natur in Kontakt. Sie wird nicht so weit idealisiert, daß sie zur reinen Vernunft würde, denn sie hat keine Kenntnis von ihrer tatsächlichen Lage und von ihren eigentlichen Strategien, sondern bleibt eher reiner Affekt, als daß sie Erkenntnis würde. Sie wird der Vernunft angemessen, jedoch auf der Grundlage ihrer Unangemessenheit mit eben dieser Vernunft hinsichtlich ihrer Beziehung zur Natur. »Diese Reflexion der ästhetischen Urtheilskraft, sich zur Angemessenheit mit der Vernunft (doch ohne einen bestimmten Begriff derselben) zu erheben, stellt den Gegenstand selbst durch die objective Unangemessenheit der Einbildungskraft in ihrer größten Erweiterung für die Vernunft (als Vermögen der Ideen) doch als subjectiv-zweckmäßig vor« (KU 118) – und folglich, so können wir hinzufügen, als zur Vernunft wie auch zur praktischen Urteilskraft gehörend.

Wie verwickelt diese letzte Formulierung auch klingen mag, sie wird doch durch den zu ihr führenden, keineswegs unvertrauten Weg klar und überzeugend. Selbst eine so wenig inspirierte Umschreibung wie meine sollte deutlich machen, daß wir es hier wohl kaum mit einem enggeknüpften analytischen Argument zu tun haben (wie es zum Beispiel bei der Unterscheidung zwischen transzendentalen und metaphysischen Prinzipien der Fall war, von der wir unseren Ausgang nahmen). Was hier vorliegt, ist weniger autoritativ, dafür aber sehr viel leichter zugänglich. Es ist nämlich kein Argument, sondern eine Erzählung, eine dramatische Aufbereitung der Handlungen des menschlichen Geistes. Die Vermögen der Vernunft und der Einbildungskraft werden personifiziert oder anthropomorphisiert, wie die fünf sich zankenden Vermögen, welche Diderot in seiner *Lettre sur les sourds et muets* so übermütig in Szene setzt, und die Beziehung zwischen ihnen wird in Begriffen dargestellt, die eine Art zwischenmenschlicher Beziehung vortäuschen. Was könnte es in analytischen Begriffen bedeuten, daß die Einbildungskraft sich wie Antigone oder Iphigenie um der Vernunft willen aufopfert (denn man kann sich die schlaue und bewunderungswürdige Einbildungskraft nur als die weibliche Heldin einer Tragödie vorstellen)? Und welchen Status haben dieser ganze Heroismus und diese ganze Schlauheit, wodurch der Zustand der A-pathie erlangt werden kann und die es erlauben, durch das äußerste Pathos des Opfers das Pathos zu überwinden? Wie kann man von Vermögen, die selbst nur eine heuristische Hypothese bar jeder Realität sind – denn nur jemand, der zu viel Psychologie und Philosophie des 18. Jahrhunderts konsumiert hat, kann glauben, er habe eine Einbildungskraft oder eine Vernunft nicht anders als er blaue Augen oder eine große Nase hat –, wie also kann man von Vermögen sagen, sie würden *handeln*, oder sogar, sie würden frei handeln, ganz so, als ob sie mit Bewußtsein ausgestattete komplette Menschen wären? Wir haben es hier ganz eindeutig nicht mit mentalen Kategorien zu tun, sondern mit Tropen, und was uns Kant hier erzählt, ist eine allegorische Erzählung. Und der Inhalt dieser Geschichte ist auch nicht ungewöhnlich. Es ist die Geschichte eines Austauschs, eines ausgehandelten Abkommens, in dem Macht in einer Ökonomie von Opfer und Wiederherstellung verloren und gewonnen wird. Es ist auch eine Geschichte von einander entgegengesetzten Kräften, Natur und Vernunft, Einbildungskraft und Natur, Ruhe und Erregung, Angemessenheit und Unangemessenheit, die sich trennen, miteinander kämpfen und sich dann in einem mehr oder weniger stabilen Zustand der Harmonie vereinen und dabei Synthesen und Totalisierungen erreichen, die zu Beginn der ganzen Aktion noch nicht vorlagen. Solche personifizierten Szenen des Bewußtseins sind leicht zu identifizieren: Es sind in Wirklichkeit keine Beschreibungen mentaler Funktionen, sondern Beschreibungen tropologischer Transformationen. Sie werden nicht von den Gesetzen des Geistes regiert, sondern von den Gesetzen figurativer Sprache. Zum zweiten Mal (das erste Mal war es bei dem Wechselspiel von Auffassung und Zusammenfassung beim Mathematisch-Erhabenen) sind wir in

Kants Text auf eine Stelle gestoßen, die sich als philosophisches Argument gibt, in Wahrheit aber von sprachlichen Strukturen bestimmt ist, die sich vom Autor nicht kontrollieren lassen. Was dieses Eindringen sprachlicher Tropen besonders bemerkenswert macht, ist der Umstand, daß es ganz in der Nähe von eben jener mit ihr völlig unvereinbaren Textstelle geschieht, wo in der poetischen Evokation von Himmel und Ozean von der materialen Architektonik des Sehens die Rede ist.

Denn wir sehen uns nun konfrontiert mit zwei vollständig verschiedenen Begriffen des Architektonischen – ein von Kant selbst verwendetes Wort. Das architektonische Sehen der Natur als Bauwerk ist bei Kant, wie wir bemerkten, gänzlich material, ganz ausdrücklich nicht tropologisch und hat überhaupt nichts zu tun mit dem System von Substitutionen und Austauschbarkeiten zwischen verschiedenen Vermögen oder, wodurch das romantische Erhabene Wordsworths gekennzeichnet ist, zwischen Geist und Natur. Aber das Architektonische wird von Kant gelegentlich, wenn auch nicht in der KU, auf eine ganz andere Weise definiert, welche der Allegorie der Vermögen und der Erzählung von der zurückgewonnenen Ruhe, die wir gerade gelesen haben, weit näher steht und sich ebenso in weit größerer Nähe zu der edlen Einfalt und stillen Größe von Winckelmanns Neoklassizismus befindet. Gegen Ende der *Kritik der reinen Vernunft* definiert ein »Die Architektonik der reinen Vernunft« benanntes Kapitel die Architektonik als die organische Einheit von Systemen, »die Einheit der mannigfaltigen Erkenntnisse unter einer Idee«, und diese systematische Einheit ist nach Kant jeder bloß spekulativen »Rhapsodie« weit überlegen, der jeder *esprit de système* fehlt (A 832, B 860). Daß diese Einheit in organischen Begriffen gedacht ist, wird aus der immer wieder verwendeten Metapher des menschlichen Leibes einleuchtend, der eine Totalität von verschiedenen Gliedern und Teilen darstellt (hier sei an den »Gliedermann« in Kleists *Marionettentheater* erinnert). »Das Ganze«, sagt Kant, »ist also gegliedert (articulatio) und nicht gehäuft (coacervatio); es kann zwar innerlich (per intussusceptionem), aber nicht äußerlich (per appositionem) wachsen, wie ein thierischer Körper, dessen Wachsthum kein Glied hinzusetzt, sondern ohne Veränderung der Proportion ein jedes zu seinen Zwecken stärker und tüchtiger macht« (A 833, B 861). Was wird nun aus dieser aristotelischen, zoomorphen Architektonik, wenn sie, wie in der besprochenen Textstelle der KU über den Himmel und den Ozean, aus einer nichtteleologischen, ästhetischen Perspektive betrachtet wird? Es hat nicht zur Folge, daß die Architektonik zusammenbricht und zur bloß rhapsodischen Anhäufung wird, das Gebäude zerfällt darum nicht in zusammenhangslose Trümmer; Ozean und Himmel, wie die Dichter sie sehen, werden dadurch vielmehr erst recht zu Gebäuden. Aber es ist nicht länger mehr ausgemacht, daß sie noch gegliedert sind. Nachdem Kant vom ästhetischen Sehen des Himmels und des Ozeans gehandelt hat, zieht er in dieser Hinsicht auch noch kurz den menschlichen Körper in Betracht: »Eben das ist von dem Erhabenen und Schönen in der Menschengestalt zu sagen, wo wir nicht auf Begriffe der Zwecke, *wozu* alle seine Gliedmaßen da sind, als Bestimmungsgründe des Urtheils zurücksehen und die Zusammenstimmung mit ihnen auf unser (alsdann nicht mehr reines) ästhetisches Urtheil nicht *einfließen* lassen müssen, ...« (KU 119). Wir müssen also unsere Glieder, unsere Hände und Zehen, unsere Brust, kurz: alles, was Montaigne so fröhlich als »Monsieur ma partie« ansprach, an sich selbst betrachten, als getrennt und unabhängig von der organischen Einheit des Körpers ansehen, auf dieselbe Weise, wie die Dichter die Ozeane ohne Beachtung ihres geographischen Ortes auf der Erde in den Blick nehmen. Mit anderen Worten, wir müssen den Körper auf eine Weise zergliedern und zerreißen, die Kleist viel näher steht als Winckelmann, wenn sie auch dem gewaltsamen Ende beider immer noch verwandt ist. Wir müssen unsere Glieder auf dieselbe Weise betrachten, wie der Wilde das Haus betrachtet, nämlich völlig ohne jeden Bezug auf irgendeinen Zweck oder eine Verwendung. Von der Phänomenalität des Ästhetischen (die stets darauf beruht, daß der Geist seinem physischen Objekt angemessen ist, die stets auf dem beruht, was in der Definition des Erhabenen eine konkrete Darstellung von Ideen genannt ist) sind wir zur reinen Materialität des Augenscheins, des ästhetischen Sehens übergegangen. Von dem organischen und doch für architektonisch erklärten Prinzip der *Kritik der reinen Vernunft* sind wir über die phänomenologische, rationale Erkenntnis fleischgewordener Ideen, auf die sich die besten Kantinterpreten des 19. und 20. Jahrhunderts konzentrierten, nun in der letzten Analyse auf einen Materialismus gestoßen, der in der Rezeptionsgeschichte der KU selten oder nie wahrgenommen worden ist. Um die volle Bedeutung dieses Ergebnisses richtig einschätzen zu können, muß man sich vor Augen halten, daß das ganze Projekt der KU mit seinen in das Ästhetische gesetzten Hoffnungen den Zweck hatte, jenes entscheidende Bindeglied zu liefern, welches die architektonische Einheit des ganzen Systems garantieren sollte. Wenn dann das Architektonische gegen Ende der Analytik des Ästhetischen, zum Schluß des Abschnitts über das Erhabene, als die materiale Zergliederung nicht bloß der Natur, sondern auch des Körpers erscheint, dann markiert diese Stelle den Punkt, an dem das Ästhetische als Kategorie scheitert. Die kritische Kraft tranzendentalen Philosophierens macht das ureigenste Projekt einer Transzendentalphilosophie zunichte und läßt uns nur noch einen Materialismus übrig (der keine Ideologie ist, denn transzendentale und ideologische bzw. metaphysische Prinzipien sind Teile desselben Systems), mit dem sich die Interpreten Kants bis jetzt noch nicht auseinandergesetzt haben. Dieses Ergebnis transzendentalen Philosophierens resultiert nicht aus einem Mangel an philosophischer Energie oder rationaler Kraft, sondern im Gegenteil gerade aus der Stärke und inneren Konsequenz dieser Kraft.

Welche Entsprechung besitzt dieser Punkt des Scheiterns in der Ordnung der Sprache? Immer wenn der Bruch hervortritt, sei es, wenn das nichtteleologische Sehen der Natur und des Körpers zur Sprache kommt, oder, verdeckter, aber nicht weniger effektiv, in der unbegründet bleibenden Notwendigkeit, die Überlegungen zum Mathematisch-Erhabenen durch Überlegungen zum Dynamisch-Erhabenen zu ergänzen, oder in der zwischen § 27 und § 28 der KU klaffenden Lücke (die wir so empfinden wie die Lücke zwischen den beiden Strophen von Wordsworths Gedicht »A slumber did my spirit seal« oder zwischen den beiden Teilen seines Gedichts »There was a Boy«), immer wenn also die Gliederung, die systematische Verknüpfung, vom Scheitern bedroht wird, dann stoßen wir auf eine Textstelle (wie die Passage über die Auffassung oder die Passage über die Aufopferung der Einbildungskraft), die sich als Wechsel von einem tropologischen Sprachmodus in einen anderen bestimmen läßt. Beim Dynamisch-Erhabenen könnte man von einem Wechsel vom Tropus zur Performanz sprechen. Im Falle der nichtteleologischen Auffassung der Natur tritt ein etwas anderes Muster hervor. Der Zergliederung und Zerstückelung des Körpers korrespondiert eine Zergliederung der Sprache, da wir hier anstelle von bedeutungserzeugenden Tropen eine Fragmentierung von Sätzen und Propositionen in einzelne, diskrete Wörter oder von Wörtern in Silben oder letztlich in Buchstaben haben. In Kleists Text können wir in der Zergliederung und Zerstreuung des Wortes »Fall« und seiner Komposita einen solchen Punkt des Scheiterns ausmachen, wo der ästhetische Tanz sich in eine ästhetische Falle verwandelt, wie sie sich aus der Hinzufügung eines einzigen stummen Buchstabens ergibt, der aus »Fall« eine »Falle« macht.[4] Auf den ersten Blick scheint bei Kant nichts derart Vertracktes vorzuliegen. Doch versucht man einmal, einen einzigen etwas komplexeren Satz Kants zu übersetzen oder auch nur zu bedenken, welchen Erfolg durchaus kompetente Übersetzer dabei hatten, dann wird man sehr bald feststellen, wie entscheidend in Kants Text das Spiel von Buchstabe und Silbe ist, wie wichtig selbst bei diesem unauffälligsten aller Stilisten nicht allein das Gesagte, sondern, mit Benjamin zu sprechen, immer auch die Art des Sagens ist. Beruht die Überzeugungskraft der gesamten Passage, in der davon erzählt wird, wie die Einbildungskraft nach dem Schock des Erhabenen ihre Ruhe zurückgewinnt, nicht eigentlich eher auf der Nähe der beiden deutschen Wörter »Verwunderung« und »Bewunderung« statt auf dem kleinen Schauspiel, das die Vermögen des menschlichen Geistes aufführen? Und was die nicht bloß paradoxe, sondern echt aporetische Unvereinbarkeit angeht, die darin besteht, daß es der Einbildungskraft einerseits mißlingt, das schlechthin Große zu erfassen, daß sie aber andererseits in der Erfahrung des Erhabenen als Agent der Vernunft erfolgreich ist – was bringt uns dazu, diese zu akzeptieren, wenn nicht das ständige, uns letztlich verwirrende Wechselspiel der beiden Begriffe »Angemessen(heit)« und »Unangemessen(heit)«, das uns die beiden am Ende nicht mehr auseinanderhalten läßt. Den letzten Grund stellt, bei Kant wie bei Hegel, die prosaische Materialität des Buchstabens dar, und kein Verwirrspiel und keine Ideologie kann diese Materialität in die phänomenale Erkenntnis des ästhetischen Urteils verwandeln.

Anmerkungen

1 Michel Foucault, *Die Ordnung der Dinge*, Frankfurt 1974, S. 299.
2 Wir verwenden hier und im folgenden die Siglen A bzw B für die 1. bzw.

2. Auflage der *Kritik der reinen Vernunft*, KU für die *Kritik der Urteilskraft*, LO für die *Logik*. Zitiert wird nach der Akademieausgabe; die verwendete Paginierung entspricht bei der *Kritik der reinen Vernunft* der ersten Auflage von 1781 oder der zweiten von 1787, bei der KU der zweiten Auflage von 1793, ansonsten der Akademieausgabe.

3 Blaise Pascal, *Gedanken*, übers. v. W. Rüttenauer, Birsfelden/Basel o.J., S. 151f. (Aphorismus 315 nach der Zählung Strowskis in Pascal, *Edition définitive des œuvres complètes*, éd. F. Strowski, Paris 1923-1931).

4 Siehe Paul de Man, *Ästhetische Formalisierung*: *Kleists* Über das Marionettentheater; in: ders., *Allegorien des Lesens*, Frankfurt 1988.

Zeichen und Symbol in Hegels *Ästhetik*

Trotz des schrillen ideologischen Tons, von dem die Literaturtheorie unserer Tage gekennzeichnet ist, läßt sich noch immer erkennen, daß es sich bei diesen Debatten, wie kurzlebig und ad hominem geführt sie auch sein mögen, um die äußeren Symptome von Spannungen handelt, deren Entstehungsort von dem Schauplatz der öffentlichen Debatte so weit abgelegen ist wie nur möglich. Doch ihre große Distanz zu dem, was gegenwärtig geschieht, macht die Auseinandersetzung mit ihnen nicht weniger dringlich. Es geht um nicht weniger als um die Vereinbarkeit von Literaturerfahrung und Literaturtheorie. Der Literaturtheorie haftet etwas von Häßlichkeit und öder Abstraktheit an, für das nicht allein die Perversität der Literaturtheoretiker verantwortlich ist. Die meisten von uns fühlen sich hin und her gerissen zwischen dem Zwang, über Literatur zu theoretisieren, und dem weitaus attraktiveren spontanen Umgang mit ihr. Daher rührt auch die Erleichterung, die man verspürt, wenn eine Literaturtheorie vorgebracht wird, die einerseits theoretisch hinreichend streng und allgemein genug ist (und die man daher auch im akademischen Lehrbetrieb vermitteln kann), andererseits jedoch die ästhetische Wertschätzung für ein literarisches Werk intakt läßt oder sogar steigert und das in ihm gegebene Potential an historischer Einsicht nicht beeinträchtigt. Daher ist die Begegnung mit meisterhaften Arbeiten zur Literaturgeschichte, wie sie etwa Renato Poggioli oder Ernst-Robert Curtius vorgelegt haben, oder mit glänzenden formalen und strukturalen Analysen, wie sie zum Beispiel Reuben Brower oder Roman Jakobson zu verdanken sind, so befriedigend: Die methodische Strenge bestätigt die Schönheit des behandelten Gegenstandes. Aber auf dem steinigen Gebiet der Literaturtheorie sollte man sich nicht zu schnell mit seiner eigenen Befriedigung zufriedengeben. Kluge Vorsicht ist die Haupttugend einer theoretischen Disziplin, und die Vorsicht gebietet, mißtrauisch zu sein, wenn man an einer methodologischen Lösung zu sehr Gefallen findet. Die Bereitwilligkeit, mit der man sich ganz instinktiv für die Verteidigung ästhetischer Werte stark macht, ist ein Indiz dafür, daß der tiefere Grund für dieses Mißtrauen in dem Problem der Vereinbarkeit der ästhetischen Dimensionen der Literatur mit den Resultaten der theoretischen Untersuchungen liegen sollte. Wenn das Verhältnis zwischen der Ästhetik der Literatur und ihrer Poetik in der Tat problematisch ist und es sich dabei um eine in der Sache selbst begründete Schwierigkeit handelt, dann wäre es naiv zu glauben, man könne sich der Aufgabe entziehen oder verweigern, diese Schwierigkeit präzise zu beschreiben.

Es ist nicht leicht herauszubekommen, welches Element der Literatur mit ihrer ästhetischen Integrität kollidiert, da die Situation sozusagen von sich aus bestrebt ist, im Verborgenen zu bleiben, und dieses Bestreben vielleicht stark genug ist, jeden direkten Zugang zu dem Problem zu versperren. Man muß sich daher jenen kanonischen Texten der ästhetischen Theorie zuwenden, welche die stärkste und durchdachteste Verteidigung einer Gleichsetzung von Kunst mit ästhetischer Erfahrung liefern, und in dieser Hinsicht stellt Hegels *Ästhetik* die vielleicht größte Herausforderung dar. Nirgendwo sonst scheinen die Struktur, die Geschichte und die Beurteilung der Kunst einer systematischen Durchführung so nahe gekommen zu sein, und nirgendwo sonst beruht diese systematische Synthese so ausschließlich auf einer eindeutig bestimmten Kategorie im vollen Aristotelischen Sinne, nämlich der Kategorie des Ästhetischen. Diese Kategorie hat unter vielen verschiedenen Bezeichnungen in der Geschichte des abendländischen Denkens immer eine bedeutende Rolle gespielt, und daß sie erst gegen Ende des 18. Jahrhunderts ihren gültigen Namen bekam, ist eher ein Zeichen für ihre Allgegenwärtigkeit als für ihre Abwesenheit. Und obwohl die posthum herausgegebene Sammlung von Hegels *Vorlesungen über die Ästhetik*, von stilistischen Mißgriffen geprägt, wie sie nicht ausbleiben konnten, wenn überloyale Schüler die Worte des Meisters aufzeichnen, nicht gerade ein Lesevergnügen ist und auch, nach den bibliographischen Hinweisen zu urteilen, selten gelesen wird, so ist doch ihr Einfluß darauf, wie wir über Literatur denken und sie vermitteln, noch immer überall wirksam. Ob wir es wissen und ob es uns gefällt oder nicht, die meisten von uns sind Hegelianer, und orthodoxe noch dazu. Wir sind Hegelianer, wenn wir bei Betrachtung der Literaturgeschichte davon ausgehen, daß zwischen dem Zeitalter des Hellenismus und dem Christentum oder zwischen der hebräischen und der hellenistischen Welt eine Verbindung besteht. Wir sind Hegelianer, wenn wir die Beziehungen zwischen verschiedenen Kunstformen oder Kunstgattungen nach unterschiedlichen Darstellungsweisen zu systematisieren versuchen oder wenn wir eine historische Periodisierung als eine progressive oder regressive Entwicklung eines kollektiven oder individuellen Bewußtseins zu begreifen versuchen. Das heißt natürlich keineswegs, daß jede Vorgehensweise dieser Art sich ausschließlich Hegel verdanken würde. Aber der Name »Hegel« steht hier für etwas ganz Umfassendes, in dem so viele Strömungen zusammengeflossen sind und aufgehoben wurden, daß man wahrscheinlich fast jede Idee darin auf einen anderen Urprung zurückführen kann, und sei es auf seine eigene Erfindungsgabe. Nur wenige Denker außer Hegel haben so viele Schüler, die niemals ein Wort ihres Meisters gelesen haben.

Im Falle der *Ästhetik* zeigt sich die beharrliche Kraft der philosophischen Synthese in der Fähigkeit des Werkes, unter dem leitenden Aspekt des Ästhetischen eine historische Kausalität mit einer sprachlichen Struktur zusammenzubringen, ein empirisches, erfahrbares Ereignis in der Zeit mit einem gegebenen, nichtphänomenalen Faktum der Sprache. Hegel unterteilt bekanntermaßen und im wesentlichen auch heute noch unangefochten die Kunstgeschichte in drei Phasen – zwei davon sind mit historischen Begriffen bezeichnet (das Klassische und das Romantische, das für Hegel jede nachhellenistische, d.h. christliche Kunst bedeutet), während die dritte Periode »symbolisch« genannt wird: ein Begriff, den wir heute mit sprachlichen Strukturen verbinden und der nicht aus der Geschichtsschreibung stammt, sondern aus der Praxis des öffentlichen und privaten Rechts und der Staatskunst. Die Theorie des Ästhetischen als eines historischen wie philosophischen Begriffs basiert bei Hegel auf einer Theorie der Kunst als symbolischer Form. Die berühmte Definition des Schönen als »das sinnliche *Scheinen* der Idee« (ÄSTH I 117)[1] übersetzt nicht nur das Wort »Ästhetik« und etabliert damit die offensichtliche Tautologie einer ästhetischen Kunst (»die schönen Künste«; »les beaux-arts«), sie läßt sich auch selbst am besten übersetzen durch die Aussage: Das Schöne ist symbolisch. Das Symbolische ist die Vermittlung von Geist und natürlicher Welt, an der die Kunst offenkundig teilhat, sei es als Stein, als Farbe, als Klang oder als Sprache. Hegel sagt dies in dem Abschnitt über die symbolische Kunstform ganz unmißverständlich. Nachdem er kurz den Zeichencharakter des Symbols angesprochen hat (»Das Symbol ist nun *zunächst* ein Zeichen«; ÄSTH I 299, Hervorheb. von mir, Hervorheb. Hegels beseitigt), unterscheidet er zwischen der symbolischen und der semiotischen Funktion und läßt keinen Zweifel daran, auf welcher Seite dieser Dichotomie die Kunst anzusiedeln ist: »In dem Sinne einer solchen ⟨das Zeichen charakterisierenden⟩ *Gleichgültigkeit* von Bedeutung und Bezeichnung derselben dürfen wir deshalb in betreff auf die *Kunst* das Symbol nicht nehmen, indem die Kunst überhaupt gerade in der Beziehung, Verwandtschaft und dem konkreten Ineinander von Bedeutung und Gestalt besteht« (ÄSTH I 299). Ästhetische Theorie und Kunstgeschichte sind also die komplementären Teile eines einzigen *symbolon*. Wer diesen Glaubensartikel in irgendeiner seiner Verkleidungen zu bestreiten wagt, und das gilt heute noch mehr als früher, braucht nicht zu hoffen, er käme glimpflich davon.

Hegels *Ästhetik* präsentiert sich also, ganz traditionell, zunächst als eine Theorie der symbolischen Form. Doch scheint in ihrer Interpretationstradition ein störendes Element am Werk zu sein, welches verhindert, daß sie in dieser Gewißheit ihre Beruhigung findet; und diese Störung scheint an einer persönlichen Unzulänglichkeit Hegels zu liegen. Neben der vertraut klingenden Behauptung, die wir mit Leichtigkeit zu verstehen glauben, daß die Kunst am Schönen teilhat und daher eine sinnliche Manifestation der Idee ist, finden wir nämlich im gleichen Text Hegels beunruhigendere Aussage, daß die Kunst für uns unwiderruflich ein Ding der Vergangenheit sei. Bedeutet das, daß uns eine sinnliche Manifestation der Idee in dieser Form nicht mehr möglich ist, daß wir die Fähigkeit verloren haben, wahre symbolische Kunstformen hervorzubringen? Und ist es nicht eine Ironie der Literaturgeschichte und eine konkrete Widerlegung Hegels, daß er die Kunst in eben dem Augenblick für beendet erklärte, als eine neue Modernität begann, die Macht des Symbols in einer Weise zu entdecken und zu verfeinern, die weit über das hinausgehen sollte, was sich Hegels recht philisterhafter Geschmack vorzustellen vermocht hätte? Es muß doch wohl ein armseliger Symbolist gewesen sein, der Romantik und Symbolismus des 19. Jahrhunderts für eine Totgeburt erklärte, als gerade ein neues Kapitel in einer Geschichte einsetzte, die doch angeblich zu Ende sein sollte.

Die heutige Deutung der *Ästhetik*, selbst wenn sie von Interpreten stammt, die Hegel gegenüber positiv eingestellt sind, wie etwa Gadamer oder Adorno, erkennt diese Schwierigkeit und ist der Meinung, daß Hegel für ein Verständnis der nach ihm kommenden Kunst und Literatur nicht zu gebrauchen ist. Seine Theorie der

Kunst als Symbol mag vielleicht manches vorweggenommen haben, was später kam, aber sein mangelndes Verständnis für seine Zeitgenossen macht ihn unbrauchbar und inadäquat für die entscheidende Aufgabe unserer Selbstbestimmung, unsere eigene Modernität zu verstehen. Ein gutes Beispiel für diese Einstellung ist Peter Szondi, ein kluger und sensibler Interpret der Literatur des 19. Jahrhunderts, dem gewiß nicht vorgeworfen werden kann, Hegel vorschnell abzutun. Im ersten Band seiner *Poetik und Geschichtsphilosophie* beschreibt Szondi das Gefühl, das sich zwangsläufig einstellt, wenn man bei der Lektüre von Hegels *Ästhetik* zu dem Abschnitt kommt, wo er die bewußten symbolischen Kunstformen erörtert: Metamorphose, Allegorie, Metapher, Bild, Parabel und so weiter.[2]

Der Literaturwissenschaftler, der auf der Suche nach Anregungen in Hegels Ästhetik, bislang vor allem mit philosophischen Begriffen, mythologischen Vorstellungen und archaischer Plastik sich zu beschäftigen hatte, scheint hier endlich auf seine Rechnung kommen zu sollen – doch es wartet eine große Enttäuschung auf ihn. Man darf wohl unumwunden zugeben, daß es sich um einen der uninspiriertesten Abschnitte des Werkes handelt. (S. 390)
Vom heutigen Standpunkt der Poetologie, die wohl immer mehr zur Ansicht neigt, in der Metaphorik einen Wesenszug, wenn nicht *das* Wesen des Dichterischen zu erblicken, müssen Hegels Ausführungen recht äußerlich erscheinen. ... Hegel gelangt zu keinem adäquaten Verständnis von Metapher und Vergleich, ... (S. 395)
Wenn bei Proust der schon am Tageshimmel sichtbare Mond mit einer Schauspielerin verglichen wird, die, lange vor ihrem Auftritt ins Theater gekommen, noch ohne Schminke und Kostüm ihren Kollegen zuschaut, so fragt es sich, ob hier zwischen Bedeutung und Bild, zwischen Abstraktem und Konkretem unterschieden werden kann. Der geheime Sinn solcher Vergleiche liegt wohl im Aufspüren von Entsprechungen, von Analogien – jenen *correspondances*, von denen in einem berühmten Gedicht Baudelaires die Rede ist. Sie erscheinen dem dichterischen Blick als Unterpfand für die Einheit der Welt, ... Sowenig nun Hegel vorgeworfen werden darf, daß ihm der Blick für solche Zusammenhänge (die ja nicht erst in der modernen Dichtung auftreten) gefehlt hat, sowenig sollte man sich vor der Einsicht versperren, daß im Grunde Hegels unzureichende Auffassung vom Wesen der Sprache daran die Schuld trägt. (S. 396)
Die oft abschätzige Charakteristik, die er von den in Frage stehenden poetischen Möglichkeiten gibt, lassen die Gründe erkennen, warum dieses Gebiet seiner Erkenntnis sich so gut wie ganz entzog. Indem wir nach diesen Gründen fragen, fällt auch ein Licht auf die Grenzen der Hegelschen Ästhetik. (S. 390)

Hegel ist nach dieser Auffassung also ein Symboltheoretiker, dem es nicht gelingt, die symbolische Sprache zu begreifen. Das gestattet uns noch nicht, seine Ästhetik komplett zu verwerfen, da er sich wenigstens auf dem richtigen Weg befand, aber es berechtigt uns zu sagen, daß wir ihn nicht mehr nötig haben, da wir auf dem von ihm eingeschlagenen Weg so viel weiter gekommen sind als er. Und es ist sicher richtig, daß Hegels Theorie des Symbolischen halbherzig erscheint im Vergleich mit Auffassungen, wie sie seine Zeitgenossen Georg Friedrich Creuzer (den er kritisch erwähnt), Friedrich Schelling (den er in diesem Zusammenhang überhaupt nicht erwähnt) oder Friedrich Schlegel (über den er sich niemals freundlich äußert) vertraten. Aber könnte es nicht sein, daß Hegel über das Symbol und über die Sprache etwas Schwierigeres und Komplexeres sagt, als wir ihm, dessen Ansichten wir so gut zu kennen glauben, zubilligen wollen oder können, und daß dieser Teil von dem, was er zu sagen hat, etwas ist, das wir nicht hören wollen oder können, weil es etwas umstößt, was wir für ausgemacht halten, nämlich den unanfechtbaren *Wert* des Ästhetischen? Die Antwort auf diese Frage beschreibt einen Umweg, sie entfernt sich von der *Ästhetik*, um dann wieder zu ihr zurückzufinden, wobei ich hier nur einige Stationen einer Reise aufzeigen kann, die, so fürchte ich, kein Spaziergang ist.

Hegel kommt zu der Behauptung, die Kunst gehöre uneingeschränkt in die Kategorie des Symbolischen, im Zusammenhang mit einer Unterscheidung zwischen Symbol und Zeichen, die jedoch im Bereich der Kunst nicht anwendbar erscheint. Diese Unterscheidung ist von großer Bedeutung, und dementsprechend durchzieht sie das ganze Werk Hegels, ohne jedoch besonders hervorzutreten. Am deutlichsten ausgesprochen findet sie sich in einem Paragraphen der *Enzyklopädie der philosophischen Wissenschaften* von 1817 (die *Ästhetik* ist von 1830), und zwar im Kontext von Hegels Ausdifferenzierung der verschiedenen Vermögen des Intellekts. Hegel unterscheidet zwischen Anschauung, Vorstellung und Denken, und die Erörterung der Sprache ist ein Teil seiner Darlegungen über das Vorstellungsvermögen. Hegel charakterisiert hier das Zeichen auf eine Weise, die die Willkürlichkeit der Beziehung zwischen den in jeder Bezeichnung notwendig involvierten sinnlichen Komponenten und der intendierten Bedeutung betont. Die rote, weiße und grüne Farbe der Flagge Italiens steht in keiner Beziehung zur Farbe des Landes, das, aus der Luft gesehen, hauptsächlich ockerfarben ist; nur sehr naive Kinder bringen es fertig, darüber erstaunt zu sein, daß Italien in Wirklichkeit nicht die gleiche Farbe hat wie in ihrem Atlas. Das symmetrische Gegenstück zu dieser Beobachtung findet sich bei Roland Barthes und seinen Gedanken zur Naturalisierung des Bezeichneten anläßlich seiner Analyse einer Spaghettiwerbung, bei der die weißen Nudeln, die roten Tomaten und der grüne Pfeffer deshalb so unwiderstehlich wirken, weil sie, wenigstens für den Nichtitaliener, die Illusion vermitteln, sich mit ihnen das Entscheidende italienischer Lebensart einverleiben, verinnerlichen zu können, und zudem noch sehr preiswert. Durch seine Willkürlichkeit, sagt Hegel, ist das Zeichen »vom *Symbol* verschieden, einer Anschauung, deren *eigene* Bestimmtheit ihrem Wesen und Begriffe nach mehr oder weniger der Inhalt ist, den sie als Symbol ausdrückt; beim Zeichen als solchem hingegen geht der eigene Inhalt der Anschauung ⟨das Rote, Weiße und Grüne der Flagge⟩ und der, dessen Zeichen sie ist ⟨Italien⟩, einander nichts an« (ENZ III, §458, S. 270).[3]

An dieser Charakterisierung des Zeichens ist nichts Ungewöhnliches, da seine Willkürlichkeit schon lange vor Saussure häufig genug betont worden ist. Nicht ganz so üblich sind die Werturteile, die Hegel aus seiner Analyse ableitet; es wäre zwar nicht korrekt zu sagen, Hegel stufe das Zeichen höher ein als das Symbol, aber das Gegenteil wäre sogar noch weniger richtig. »Das Zeichen«, sagt Hegel, »muß für etwas Großes erklärt werden« (ENZ III, §457 Zusatz, S. 269). Was ist denn so »groß« am Zeichen? Insofern das Zeichen von den objektiven, natürlichen Eigenschaften der von ihm bezeichneten Entität ganz unabhängig ist und statt dessen durch eigene Kraft Eigenschaften setzt, veranschaulicht das Zeichen das Vermögen des Intellekts, die angeschaute Welt für seine eigenen Zwecke zu »benutzen«, deren Eigenschaften zu tilgen und andere an ihre Stelle zu setzen. Diese Aktivität des Intellekts bedeutet zugleich Freiheit, da sie willkürlich ist, und Zwang, da sie nun einmal der Welt Gewalt antut. Das Zeichen sagt *eigentlich* gar nicht, was es zu sagen meint, oder, um die irreführende anthropomorphe Metapher eines *sprechenden*, mit einer Stimme ausgestatteten Zeichens zu vermeiden: Die in einem Zeichen involvierte Prädikation ist stets als in Anführungen gesetzt zu lesen. Wenn ich sage, »Die rotweißgrüne Flagge bedeutet Italien«, dann stellt dieser prädikative Satz stets etwas dar, was die Scholastik einen *actus signatus* genannt hat, denn er setzt ein implizites Subjekt (oder ein Ich) voraus, das die Aussage bildet und sie in Anführungszeichen setzt: Ich sage (ich erkläre; ich verkünde), daß die rotweißgrüne Flagge Italien bedeutet – eine Spezifizierung, die nicht nötig ist, wenn ich in einer normalen Unterhaltung sage, »Die Stadt Rom und der Apennin liegen in Italien«. Das Zeichen ist so »groß«, von so entscheidender Bedeutung, weil es die Frage nach der in jedem Aussagesatz waltenden Beziehung zwischen Subjekt und Prädikat aufwirft. Von der vom Zeichen aufgeworfenen Frage werden wir durch die Logik der Beziehung selbst auf die Frage nach dem Subjekt gebracht – ein von Hegel oft behandeltes Problem, zu dem er sich vielleicht am bemerkenswertesten gleich zu Beginn des ersten Teils der *Enzyklopädie* äußert.

Der Paragraph 20 der *Enzyklopädie* befaßt sich mit der Definition des Denkens oder mit den notwendigen Bedingungen einer Wissenschaft der Logik. Indem Hegel die Verbindung zwischen den allgemeinen Prädikaten des Denkens und dem denkenden Subjekt herstellt, formuliert er sein Äquivalent zum Cartesianischen *cogito*. Um Gedanken zu verstehen, um über Gedanken nachzudenken, müssen die Gedanken vorgestellt werden, und diese Vorstellung kann nur die eines denkenden Subjekts sein: »der einfache Ausdruck des existierenden Subjekts als Denkenden ist *Ich*« (ENZ I, § 20, S. 72)[4], sagt Hegel in einer stark an Fichte erinnernden Passage seines Textes. Aber dieser relativ einfache und traditionelle, mehr oder weniger Cartesianische, jedenfalls aber sich selbst spiegelnde Begriff des Subjekts führt sogleich zu Komplikationen, die man nicht so ohne weiteres erwarten konnte. Hegel unterscheidet scharf zwischen denkendem und anschauendem Subjekt, und zwar auf eine jene Unterscheidung vorwegnehmende Weise, der wir gerade bei der Unterscheidung von Zeichen und Symbol begegnet sind. Wie das Zeichen sich weigert, den Sinneswahrnehmungen dienstbar zu sein, und von ihnen vielmehr nach Maßgabe seiner eigenen Zwecke Gebrauch macht, so benutzt, im Unterschied zur Anschauung, der Gedanke die Welt und »unterwirft« sie im wörtlichen Sinne seiner Macht. Genauer: Der Gedanke subsumiert die unendliche Einzelheit und Individuation der angeschauten Welt unter Ordnungsprinzipien, die Allgemeinheit beanspruchen. Der Agent dieser Aneignung ist die Sprache. »Indem die *Sprache* das Werk des Gedankens ist«, sagt Hegel, »so kann auch in ihr nichts gesagt werden, was nicht allgemein ist« (ENZ I, § 20, S. 74) – ein Satz, mit dem sich dann Kierkegaard in *Furcht und Zittern* ironisch auseinandersetzen wird. Somit wird das Zeichen, das zunächst zufällig und singulär war, zum Symbol, wie das in seiner Unabhängigkeit von allem Nicht-Ich so *vereinzelte* Ich im allgemeinen Denken der Logik zum umfassendsten, mannigfaltigsten, allgemeinsten und unpersönlichsten Subjekt wird.

Ein solches Subjekt ist auch das uninteressierteste aller Subjekte, das sogar sich selbst tilgt. Da die Gültigkeit eines Gedankens in seiner Allgemeinheit liegt, werden wir, wenn wir uns mit Gedanken befassen wollen, sicher nicht an den privaten, singulären Meinungen des Denkenden interessiert sein, sondern erwarten von ihm einen bescheidenen Akt philosophischer Selbstvergessenheit. »Wenn Aristoteles ⟨den Philosophen⟩ dazu auffordert«, sagt Hegel, »sich eines solchen Verhaltens *würdig* zu halten, so besteht die Würdigkeit, die sich das Bewußtsein gibt, eben darin, das *besondere* Meinen und Dafürhalten fahren zu lassen und die *Sache* in sich walten zu lassen« (ENZ I, § 23, S. 80). Wenn Philosophen bloß ihre Meinung kundtun, dann philosophieren sie nicht. »Was ich nur *meine*, ist *mein*, gehört mir als diesem besonderen Individuum an; wenn aber die Sprache nur Allgemeines ausdrückt, so kann ich nicht sagen, was ich nur *meine*« (ENZ I, § 20, S. 74). Der Zusammenhang von »Meinung« und »mein« (Ich) wird vom Hegelschen System impliziert, denn auch die Allgemeinheit des Gedankens bedeutet die Aneignung, die Inbesitznahme der Welt durch das Ich. Es ist daher nicht nur gerechtfertigt, sondern notwendig, in dem Verb »meinen« eine Verbindung mit »mein« wahrzunehmen, es im Sinne der Inbesitznahme als Verbalform des Possessivpronomens zu verstehen. Das aber macht die harmlose Äußerung über den Philosophen, der in bescheidener Selbsttilgung über seine private Meinung hinausgehen soll, zu einem äußerst merkwürdigen Satz: »Ich kann nicht sagen, was ich (nur) meine« bedeutet dann nämlich »Ich kann nicht sagen, was ich zu dem Meinen mache« oder, da Denken nichts anderes ist, als sich etwas zu eigen zu machen, »Ich kann nicht sagen, was ich denke«. Und da das Denken in dem Ich ganz aufgeht und durch es definiert ist, weil Hegels *ego cogito* sich selbst als bloßes *ego* definiert, sagt der Satz letztlich »Ich kann nicht Ich sagen« – eine Aussage, die gerade unter der Voraussetzung von Hegels eigenem Ansatz provozieren muß, denn für ihn ist die Möglichkeit des Gedankens oder der Denkbestimmung überhaupt davon abhängig, daß es möglich ist, »Ich« zu sagen.

Daß dieser hier eingeschlagene Umweg über die Bedeutung des Wortes »meinen« keine nicht ernst zu nehmende interpretatorische Willkür ist, zeigt sich im weiteren Verlauf des Hegelschen Textes, wo er explizit zur Sprache bringt, was aus dem analysierten Satz bisher nur herauszuhören war. Hegel erörtert anschließend nämlich die der deiktischen oder hinweisenden Funktion der Sprache innewohnende logische Schwierigkeit oder Paradoxie, daß ausgerechnet jene Bezeichnungen für die größte Besonderheit, also »jetzt«, »hier« oder »dieses«, zugleich die mächtigsten Agenten der Verallgemeinerung sind, die Eckpfeiler des von der Sprache gebildeten Denkmals des Allgemeinen. Diese Paradoxie ist vielleicht schon dem griechischen Wort *deiktikos* immanent, das ebenso »auf etwas zeigen« wie »beweisen« bedeutet (wie auch das französische Wort *démontrer*). Wenn dies für Adverbien oder Pronomen der Zeit und des Ortes gilt, dann gilt dies erst recht für das persönlichste aller Personalpronomen, nämlich für das Wort »Ich«. »Alle anderen Menschen haben es mit mir gemeinsam, Ich zu sein, wie es allen *meinen* Empfindungen, Vorstellungen usf. gemeinsam ist, die *meinigen* zu sein« (ENZ I, § 20, S. 74). Kein Wort ist spezifischer deiktisch als das auf sich selbst verweisende Wort »Ich«, und doch ist es auch »die Existenz der ganz *abstrakten* Allgemeinheit« (ENZ I, § 20, S. 75). Daher kann Hegel den folgenden erstaunlichen Satz niederschreiben: »Ebenso wenn ich sage: ›Ich‹, *meine* ich Mich *als diesen* alle anderen Ausschließenden; aber was ich sage, Ich, ist eben jeder; Ich, der alle anderen von sich ausschließt« (ENZ I, § 20, S. 74). In diesem Satz bezeichnet die Andersheit von »jeder« in keiner Weise ein gespiegeltes Subjekt, ein Spiegelbild des Ich, sondern eben das, was mit mir selbst nichts gemeinsam haben kann; im Französischen würde man es nicht *autrui* und auch nicht *chacun* nennen, sondern *n'importe qui* oder sogar *n'importe quoi*. Der Widerspruch zwischen »sagen« und »meinen«, zwischen *dire* und *vouloir dire*, ist eine Erläuterung des vorherigen Satzes »Ich kann nicht sagen, was ich (nur) meine« und eine Bestätigung dafür, daß er gleich nach seiner normalen Bedeutung auch im Sinne von »Ich kann nicht Ich sagen« gelesen werden muß.

So tritt also gleich zu Beginn des ganzen Systems, in den vorbereitenden Überlegungen zur Wissenschaft der Logik, dem Vorhaben ein nicht zu vermeidendes Hindernis in den Weg, das die gesamte folgende Konstruktion bedroht. Das philosophische Ich ist nicht nur selbsttilgend im Sinne der Aristotelischen Forderung von Bescheidenheit und Unauffälligkeit, es ist auch in dem viel radikaleren Sinne selbsttilgend, daß die Setzung des Ich, als der Bedingung des Gedankens, seine Auslöschung impliziert, und zwar nicht wie bei Fichte aufgrund der symmetrischen Setzung seiner Negation, sondern aufgrund der Auflösung und Tilgung jeder erdenklichen Beziehung, sei sie logischer oder anderer Art, zwischen dem, was das Ich ist, und dem, was es sagt, daß es ist. Das ganze Unternehmen der Denkbestimmungen scheint von Beginn an paralysiert zu sein. Es kann nur in Gang kommen, wenn die Erkenntnis, die es unmöglich macht, wieder vergessen wird: die Erkenntnis, daß die sprachliche Setzung des Ich nur möglich ist, wenn das Ich vergißt, was es ist (nämlich Ich).

Das Mittel, mit dem es dem Paragraphen 20 der *Enzyklopädie* gelingt, seine eigenen Feststellungen zu vergessen, ist die Beschreibung der von ihm formulierten logischen Schwierigkeit, die bar jeder phänomenalen oder erfahrungsmäßigen Dimension ist, als zeitliches Ereignis, als eine Erzählung oder eine Historie. Zu Beginn des Paragraphen fügt Hegel seiner apodiktischen Behauptung, der Gedanke produziere das Allgemeine, wie eine Vorsichtsmaßnahme die Bemerkung hinzu, daß diese und andere von ihm vorgenommene Bestimmungen hier noch nicht bewiesen werden könnten. Aber das sei kein Grund, sie bloß als seine »Meinungen« aufzufassen, sie sollten vielmehr als »Facta« gelten. Die Fakten könnten wir auf dem Weg der empirischen Erfahrung unserer Gedanken verifizieren, indem wir überprüfen, ob wir sie in uns vorfinden. Aber dieses Experimentieren sei nur jenen möglich, die über eine »bereits vorhandene Bildung der Aufmerksamkeit und der Abstraktion« verfügen, die also des Gedankens oder der Denkbestimmung fähig sind. Der Beweis der Denkbestimmungen ist nur möglich, wenn wir postulieren, daß das, was zu beweisen ist (daß nämlich das Denken eines Gedankens möglich ist), tatsächlich der Fall ist. Die Figur dieser Zirkularität ist die Zeit. Der Gedanke ist proleptisch: er projiziert die Hypothese seiner Möglichkeit in eine Zukunft, in die hyperbolische Erwartung, daß der Prozeß, der den Gedanken möglich macht, schließlich diese Projektion einholen wird. Das hyperbolische Ich projiziert sich selbst als Gedanken, in der Hoffnung, sich selbst wiederzuerkennen, wenn es seine Bahn durchlaufen hat. Darum fällt Denken für Hegel letztlich mit Erkennen zusammen (worin Wiedererkennen impliziert ist) und ist dem Wissen übergeordnet. Am Ende des schrittweisen Fortschreitens seiner eigenen Tätigkeit, wenn es sich von der Anschauung zur Vorstellung und schließlich zum Gedanken erhebt, wird der Intellekt sich selbst wiederfinden und (wieder)erkennen. Von dieser Anagnorisis, die den Plot und die Spannung von Hegels Geschichte des Geistes ausmacht, hängt alles ab. Denn wenn »⟨d⟩as Tun der Intelligenz als theoretischen Geistes ... *Erkennen* genannt worden ⟨ist⟩« (in einem allumfassenden Sinne) und wenn der Geist sozusagen all sein Glück auf diese zukünftige Möglichkeit gesetzt hat, dann ist von entscheidender Bedeutung, ob es, wenn die Zeit gekommen ist, überhaupt etwas zu erkennen gibt: Davon hängt »die große Frage neuerer Zeit« ab, »ob wahrhaftes Erkennen, d.i. die Erkenntnis der Wahrheit möglich sei« (ENZ III, § 445, S. 242). Die Wahrheit umgibt uns immer und überall. Für Hegel, der in dieser Hinsicht nicht weniger Empirist ist als Locke oder Hume, ist die Wahrheit das, was geschieht, aber wie können wir sicher sein, die Wahrheit zu erkennen, wenn sie sich ereignet? Der Geist muß am Ende seiner Bahn – in diesem Fall am Ende des Textes – erkennen, was zu Beginn gesetzt war. Er muß sich selbst als sich selbst erkennen, das heißt als Ich. Aber wie können wir erkennen, was notwendigerweise getilgt und vergessen wird, da »Ich« per definitionem etwas ist, was *Ich* niemals sagen kann?

Man begreift jetzt die Notwendigkeit des Geistes, sich vor der Selbsttilgung zu schützen, ihr mit allen Kräften des Intellekts zu widerstehen. Dieser Widerstand nimmt die vielfältigsten Formen an, unter denen die Ästhetik nicht die unwirksamste ist. Denn es ist nicht schwierig zu sehen, daß das Problem als Frage der Unterscheidbarkeit von Zeichen und Symbol formuliert werden kann. Wie wir gesehen haben, ist das Ich in seiner Freiheit von jeder sinnlichen Bestimmtheit ursprünglich dem Zeichen ähnlich. Da es sich jedoch selbst für das erklärt, was es nicht ist, repräsentiert es eine bestimmte, wenn auch willkürliche Beziehung zur Welt, das heißt, es erklärt sich zum Symbol. Insofern das Ich auf sich selbst verweist, ist es ein Zeichen, aber insofern es von allem anderen außer von sich selbst spricht, ist es ein Symbol. Die Beziehung zwischen Zeichen und Symbol ist jedoch eine der wechselseitigen Aufhebung bzw. Tilgung; von daher rührt die Versuchung, den Unterschied zwischen beiden zu verwischen und zu vergessen. Die Versuchung ist so stark, daß Hegel selbst, dem die Notwendigkeit dieser Unterscheidung mit aller Deutlichkeit bewußt ist, ihr nicht widerstehen kann, in die von ihm selbst verurteilte Konfusion zurückfällt und uns eine Theorie der Kunst als Symbol anbietet, die bis auf ihre Halbherzigkeit ganz traditioneller Art ist. Aber das bewahrt das Symbol nicht davor, nach Hegels eigenen Maßstäben, ein ideologisches und kein theoretisches Konstrukt zu sein, eine Verteidigung gegen die einer theoretischen Enthüllung innewohnende logische Notwendigkeit.

Diese Ideologie des Symbols ist uns durch die Gemeinplätze unseres eigenen historischen Diskurses über die Literatur wohlbekannt. Sie beherrscht zum Beispiel die Diskussion über die Romantik in ihrem Verhältnis zu ihren neoklassizistischen Vorgängern einerseits und ihrem Nachwirken in der Moderne andererseits. Sie bestimmt die Polaritäten, von denen die Art der in diesen Diskussionen stillschweigend vorausgesetzten Werturteile abhängig ist: so vertraute Entgegensetzungen wie die von Natur und Kunst, Organischem und Mechanischem, Pastoralem und Epischem, Symbol und Allegorie. Diese Kategorien sind unendlicher Verfeinerung fähig, und ihr Wechselspiel kann zu zahllosen Kombinationen, Transformationen, Negationen und Expansionen führen. Die beherrschende Metapher, welche dieses ganze System organisiert, ist die der Verinnerlichung: Die ästhetische Schönheit wird als äußerliche Manifestation eines idealen Inhalts verstanden, der selbst eine verinnerlichte Erfahrung darstellt, das erinnerte Gefühl einer vergangenen Anschauung. Die sinnliche Manifestation (das sinnliche Scheinen) von Kunst und Literatur ist die Außenseite eines inneren Gehalts, der seinerseits ein verinnerlichtes äußeres Ereignis oder eine verinnerlichte äußere Entität ist. Die Dialektik der Verinnerlichung bildet ein rhetorisches Modell, dessen Kraft nationale und andere empirische Unterschiede zwischen den verschiedenen europäischen Traditionen überwinden konnte. Versuche, zum Beispiel zwischen Hegel und englischen Romantikern wie Wordsworth, Coleridge und Keats zu vermitteln, kehren die charakteristischen Topoi der Verinnerlichung oftmals um, etwa in Form einer säkularisierten Version des Sündenfalls und der Erlösung des Menschen (z. B. als Prozeß des Bewußtseins) oder in Form des wenigstens seit Kant mit der Problematik des Erhabenen verknüpften Subjektivismus. In all diesen Fällen kann man sich stets auf Hegel berufen, als das philosophische Gegenstück zu dem, was in den figuralen Erdichtungen der Poeten mit größerer

Zartheit zum Ausdruck kommt. Denn Hegel ist in der Tat, von der relativ frühen *Phänomenologie* bis zur späten *Ästhetik*, vor allem der Theoretiker der Verinnerlichung, der Erinnerung als der Grundlage der Ästhetik wie auch des historischen Bewußtseins. Die Erinnerung als das innere Sammeln und Bewahren von Erfahrung vereinigt Geschichte und Schönheit in ein kohärentes System. Sie ist auch ein integraler Bestandteil der von Hegel zugleich vertretenen und untergrabenen Ideologie des Symbols. Die Frage bleibt jedoch, ob sich die äußere Manifestation der Idee, wenn sie in der folgerichtigen Entwicklung von Hegels Denkbestimmungen zur Darstellung kommt, wirklich als Erinnerung darstellt, als eine Dialektik von Innen und Außen, die verstehbar und verständlich ist. An welcher Stelle des Hegelschen Systems hinterläßt der Intellekt, der Geist oder die Idee eine materielle Spur auf der Welt, und wie findet dieses sinnliche Erscheinen statt?

Ein Hinweis auf die Antwort findet sich im selben Abschnitt gegen Ende der *Enzyklopädie* (ENZ III, § 458, S. 271), mit dem wir begonnen haben, wo Hegel die Struktur des Zeichens erörtert. Nachdem er die Notwendigkeit herausgestellt hat, zwischen Zeichen und Symbol zu unterscheiden, und auf die allgemeine Neigung angespielt hat, das eine mit dem anderen zu verschmelzen, nimmt Hegel anschließend Bezug auf ein Vermögen des Geistes, das er »Gedächtnis« nennt und das »im gemeinen Leben oft mit Erinnerung, auch Vorstellung und Einbildungskraft verwechselt und gleichbedeutend gebraucht wird« – genauso wie Zeichen und Symbol häufig als austauschbare Begriffe gebraucht werden, wenn man sich kommentierend oder kritisch über Literatur äußert. »Gedächtnis« ist hier natürlich in dem Sinne gemeint, in dem man im Deutschen von jemandem sagt »Er hat ein gutes Gedächtnis« und in dem »Er hat eine gute Erinnerung« falsch wäre. Das französische Wort *mémoire*, wie in Henri Bergsons Buchtitel *Matière et mémoire*, ist zwar ambivalenter, aber zwischen *mémoire* und *souvenir* besteht ein entsprechender Unterschied, *un bon souvenir* ist nicht das gleiche wie *une bonne mémoire*. (Proust kämpft mit dem Unterschied in seinen Versuchen, zwischen einer *mémoire volontaire*, die dem Gedächtnis entspricht, und einer *mémoire involontaire*, die eher auf die Erinnerung hinausläuft, zu differenzieren.) Das Überraschende bei Hegel ist, daß der Schritt von der Anschauung zum Gedanken entscheidend von dem geistigen Vermögen des Gedächtnisses abhängt. Es ist das Gedächtnis als eine Unterart der Vorstellung, was den Übergang zum höchsten Vermögen der denkenden Intelligenz bewirkt: Das Echo des Denkens, das in dem Wort »Gedächtnis« nachhallt, gemahnt an die enge Nachbarschaft des Denkens zum Vermögen, etwas zu gedenken. Um das Denken begreifen zu können, müssen wir zuerst das Gedächtnis begriffen haben, aber, sagt Hegel, »es ist einer der bisher ganz unbeachteten und in der Tat der schwersten Punkte in der Lehre vom Geiste, in der Systematisierung der Intelligenz die Stellung und Bedeutung des Gedächtnisses zu fassen und dessen organischen Zusammenhang mit dem Denken zu begreifen« (ENZ III, § 464, S. 283). Die Tätigkeit des Gedächtnisses ist von der Tätigkeit der Erinnerung wie auch von der Tätigkeit der Einbildungskraft scharf zu unterscheiden. Sie verfährt völlig »bildlos«, und Hegel spricht spöttisch über pädagogische Versuche, den Kindern Lesen und Schreiben beizubringen, indem sie lernen, mit bestimmten Wörtern bestimmte Abbildungen zu assoziieren. Aber die Tätigkeit des Gedächtnisses entbehrt nicht jeder Materialität. Wir können etwas nur dann auswendig lernen, wenn wir jede Bedeutung vergessen und die Abfolge der Wörter lesen, als handele es sich bloß um eine Liste von Namen. »Man weiß bekanntlich«, sagt Hegel, »einen Aufsatz erst dann recht auswendig, wenn man keinen Sinn bei den Worten hat; das Hersagen solches Auswendiggewußten wird darum von selbst akzentlos« (ENZ III, § 463, S. 281).

Was in diesem Abschnitt der *Enzyklopädie* über das Gedächtnis gesagt wird, hat nichts zu tun mit den mnemotechnischen Bildern, die Frances Yates in *The Art of Memory* beschreibt, dafür aber um so mehr mit dem Rat des Augustinus, wie die Heilige Schrift im Gedächtnis zu behalten und zu psalmodieren ist. Das Gedächtnis ist für Hegel das mechanische Auswendiglernen von *Namen* oder von Wörtern, die als Namen angesehen werden, und es kann daher nicht von der Notation, der Registrierung oder dem Aufschreiben dieser Namen getrennt werden. Um etwas im Gedächtnis zu behalten, ist man genötigt aufzuschreiben, was man sonst wahrscheinlich vergessen wird. Mit anderen Worten, bei Hegel bewerkstelligt die Idee ihr sinnliches Scheinen als materielle Registrierung von Namen. Das Denken ist völlig von einem geistigen Vermögen abhängig, das durch und durch mechanisch ist und überhaupt nichts zu tun hat mit den Klängen und Bildern der Einbildungskraft oder dem dunklen Schacht der Erinnerung, der für Wörter und Denkbestimmungen unerreichbar ist.

Die Synthese von Name und Bedeutung, die das Gedächtnis kennzeichnet, ist ein »leeres Band« und daher der wechselseitigen Komplementarität und gegenseitigen Durchdringung von Form und Inhalt ganz unähnlich, welche die symbolische Kunst charakterisiert (ENZ III, § 463, S. 281). Sie ist weder im üblichen noch im Hegelschen Sinne des Wortes ästhetisch. Da jedoch die Synthese des Gedächtnisses die einzige Tätigkeit des Intellekts ist, die als sinnliche Manifestation einer Idee auftritt, ist das Gedächtnis eine Wahrheit, als deren defensive, ideologische und zensierte Übersetzung das Ästhetische fungiert. Um ein Gedächtnis zu haben, muß man in der Lage sein, die Erinnerung zu vergessen und die maschinengleiche Äußerlichkeit, die Wendung nach außen zu erreichen, die in dem deutschen Wort vom »auswendig lernen« mitschwingt. »Es ist in Namen, daß wir *denken*«, sagt Hegel (ENZ III, § 462, S. 278). Namen sind jedoch nur hieroglyphische, stumme Notationen, bei denen die Beziehung zwischen dem Angeschauten und dem Begriffenen, zwischen dem geschriebenen Buchstaben und der Bedeutung, nur äußerlich und oberflächlich ist. Hegel sagt, daß »die sichtbare Sprache zu der tönenden nur als Zeichen sich verhält« (ENZ III, § 459, S. 277). In der Tätigkeit des Gedächtnisses, im Denken und damit letztlich auch in der sinnlichen Manifestation des Gedankens als einer Schreib»kunst« haben wir »es überhaupt nur mit Zeichen zu tun« (ENZ III, § 458, S. 271). Das Gedächtnis tilgt die Erinnerung, wie das Ich sich selbst tilgt. Das Vermögen, welches die Gedanken oder die Denkbestimmungen ermöglicht, macht es zugleich unmöglich, daß sie aufbewahrt werden. Die Kunst, die *techné* des Schreibens, die vom Denken und der Tätigkeit des Gedächtnisses nicht getrennt werden kann, vermag nur in dem figuralen Modus des Symbols bewahrt zu werden, in ebenjenem Modus, den sie tilgen muß, wenn sie überhaupt möglich sein will.

Es kann daher nicht verwundern, daß sich Hegels *Ästhetik* als doppelter, vielleicht sogar als doppelzüngiger Text herausstellt. Ist sie ursprünglich bemüht, die klassische Kunst zu bewahren und zu verewigen, so enthält sie doch alle Elemente, ein solches Vorhaben von Anfang an unmöglich zu machen. Theoretische Gründe verhindern die Konvergenz der anscheinend historischen und der streng theoretischen Komponenten des Werks. Daher rühren die rätselhaften Aussagen, die den Lesern der *Ästhetik* so viel Kopfzerbrechen bereitet haben, wie zum Beispiel der Satz, die Kunst sei für uns »ein Vergangenes« (ÄSTH I 22). Man hat diesen Satz in der Regel als eine historische Diagnose interpretiert, kritisiert und manchmal auch gelobt, die durch den Verlauf der Geschichte widerlegt oder bestätigt worden sei. Wir können hingegen jetzt die Feststellung treffen, daß die beiden Aussagen »Die Kunst ist für uns ein Vergangenes« und »Das Schöne ist das sinnliche Scheinen der Idee« in Wahrheit identisch sind. Insofern das Paradigma der Kunst eher der Gedanke als die Anschauung ist, eher das Zeichen als das Symbol, eher die Literatur als die Malerei oder die Musik, ist die künstlerische Tätigkeit auch eher die Tätigkeit des Gedächtnisses als die der Erinnerung. Als solche gehört sie in der Tat zu einer Vergangenheit, die niemals zurückzugewinnen ist, die, wie Proust sagt, nicht wiedergefunden *(retrouvé)* werden kann. Die Kunst ist in radikalem Sinne »ein Vergangenes«, insofern sie, wie die Tätigkeit des Gedächtnisses, die Verinnerlichung der Erfahrung für immer hinter sich läßt. Sie ist ein Vergangenes, insofern sie ihren idealen Inhalt mechanisch-materiell registriert und damit für immer vergißt. Die Versöhnung der beiden Kernthesen der *Ästhetik* gelingt nur auf Kosten der Ästhetik als stabiler philosophischer Kategorie. Was die *Ästhetik* das Schöne nennt, erweist sich letztlich als etwas, das weit entfernt ist von dem, was wir sonst gewöhnlich mit dem Ideenreichtum der symbolischen Form in Verbindung bringen.

Bevor man dieses Schöne als einfach oder schlicht häßlich verwirft, sollte man sich vielleicht in Erinnerung rufen, was Proust im ersten Band seiner *Suche nach der verlorenen Zeit* über Symbole zu sagen weiß, die, anders als Metaphern, nicht meinen, was sie sagen. Solch ein Symbol, sagt Proust, zeichne sich dadurch aus, daß es sich nicht als Symbol darstelle, denn nicht der symbolisierte Gedanke käme zum Ausdruck, sondern das Symbol werde »als Faktum dargestellt«, »als wirklich erlebt und materiell gehandhabt«.[5] Dieses nicht symbolische Symbol besitzt große Ähnlichkeit mit Hegels Theorie einer Ästhetik, die nicht mehr ästhetisch ist; mit dem Subjekt, das »Ich« sagen muß, es aber niemals kann; mit dem Zeichen, das nur als Symbol weiterbestehen kann; mit einem Bewußtsein (oder Unterbewußtsein), das zu einer Maschine für mechanische Gedächtnisarbeit werden muß; mit einer Vorstellung, die bloß eine Registratur oder ein Notationssystem ist. Solche Zeichen, sagt Proust, haben eine »eigenartige Schönheit«, »une étrangeté saissante«, die nicht auf den ersten Blick, sondern erst viel später richtig zu würdigen ist, wenn ein ästhetischer und theoretischer Abstand gewonnen ist, der einen solchen Vorsprung bedeutet, daß diese Schönheit stets »ein Vergangenes« und nicht ein uns innerlich Gegenwärtiges ist.

Die Stelle bei Proust, auf die ich mich hier beziehe, befaßt sich mit Giottos Fresken in der Arenakapelle zu Padua, auf denen Allegorien der Laster und der Tugenden dargestellt sind. Wenn wir uns nun fragen, wo sich in Hegels *Ästhetik* die Theorie der Zeichen konkret manifestiert, dann müssen wir danach in Textpassagen über solche Kunstformen suchen, von denen Hegel ausdrücklich sagt, sie seien nicht ästhetisch oder schön. Ein solcher Textabschnitt ist das kurze Kapitel über die Allegorie gegen Ende der Darlegungen zur symbolischen Kunstform. Die Allegorie wird von Hegel, in Übereinstimmung mit der gängigen Auffassung seiner Zeit (der, was nicht unproblematisch ist, auch Goethes Allegoriebegriff zugerechnet wird), als »frostig und kahl« verworfen (ÄSTH I 387). Sie wird den verspäteten, selbstbewußten symbolischen Kunstformen zugeordnet (Hegel nennt sie »vergleichende« Kunstformen), die, »statt die Sache und Bedeutung selbst ihrer adäquaten Wirklichkeit nach zu gestalten, *nur* ein Bild und Gleichnis derselben abgeben soll⟨en⟩« und daher »untergeordnete Gattung⟨en⟩« sind (ÄSTH I 369). Bevor man mit diesem abweisendem Urteil Hegels gleich auch das ganze Problem als abgewiesen unterstellt, sollte man sich bewußt machen, daß sich in einem wahrhaft dialektischen System wie dem Hegelschen das anscheinend Untergeordnete sehr wohl als das Dominierende herausstellen kann. Verglichen mit der Tiefe und Schönheit der Erinnerung erscheint das Gedächtnis als bloßes Instrument, als bloßer Sklave des Intellekts, so wie das Zeichen im Vergleich zur ästhetischen Aura des Symbols oberflächlich und mechanisch erscheint oder wie die Prosa sich neben dem vornehmen Kunsthandwerk der Poesie als schlichte Akkordarbeit ausnimmt – und, können wir hinzufügen, so wie vernachlässigte Winkel des Hegelschen Textkanons sich vielleicht als meisterliche Zusammenfügungen erweisen, verglichen mit den allzusehr im Vordergrund stehenden synthetischen Urteilen, die als die Binsenweisheiten des 19. Jahrhunderts in der Erinnerung haften bleiben.

Bei dem Textstück über die Allegorie, das so konventionell und enttäuschend daherkommt, könnte es sich sehr wohl um einen derartigen Fall handeln. Die Allegorie, sagt Hegel, ist zunächst einmal eine Personifikation, die zur Gewinnung größtmöglichster Klarheit vorgenommen wird und die als solche stets ein Subjekt setzt, ein Ich. Aber dieses Ich, das Subjekt der Allegorie, ist seltsam konstruiert. Denn es muß einerseits frei von jeder bestimmten Individualität oder menschlichen Besonderheit sein *(»leere Form* der Subjektivität«), um so allgemein wie möglich sein zu können, so allgemein, daß es »gleichsam nur ein grammatisches Subjekt zu nennen ist« (ÄSTH I 387). Allegorien sind Allegorien der spezifisch sprachlichsten aller sprachlichen (im Unterschied zu phänomenalen) Kategorien, nämlich der Grammatik. Andererseits verfehlt die Allegorie völlig ihren Zweck, wenn man nicht in der Lage ist, die Abstraktion, die allegorisiert wurde, zu identifizieren: »die Bedeutungen des Allegorischen in ihrer Abstraktion« müssen *»bestimmte* und erst durch diese Bestimmtheit erkennbar« sein (ÄSTH I 387). Daher *müssen* bestimmte Prädikate des grammatischen Subjekts ausgesprochen werden, trotz des Umstands, daß diese Besonderheiten notwendigerweise mit der Allgemeinheit, der reinen Grammatikalität des »Ich«, in Konflikt geraten: Unsere Lektüre von § 20 der *Enzyklopädie* bedroht die Stabilität des prädikativen Satzes »Ich bin Ich«. Was die Allegorie erzählt, ist daher, nach Hegels eigenen Worten, die »Trennung von Subjekt und Prädikat, Allgemeinheit und Besonderheit« (ÄSTH I 387). Diese Trennung muß stattfinden, weil sonst der Diskurs ohne Bedeutung wäre, doch ist diese Trennung mit der notwendigen Allgemeinheit aller Bedeutung nicht vereinbar. Damit fungiert die Allegorie, in kategorialer wie in logischer Hinsicht, als in sich defekter Grundstein des ganzen Systems.

Hegels Philosophie tritt zwar, wie seine *Ästhetik*, als ein System auf, das Philosophie der Geschichte (und der Ästhetik) und *zugleich* Geschichte der Philosophie (und der Ästhetik) sein will (und so heißen bekanntlich auch zwei seiner Werke), doch müssen wir aus dem von uns Vorgetragenen den Schluß ziehen, daß seine Philosophie in Wahrheit eine Allegorie der Disjunktion von Philosophie und Geschichte ist – bzw., was unsere eingeschränktere Themenstellung betrifft, eine Allegorie der Disjunktion von Literatur und Ästhetik oder, noch spezifischer, von Literaturerfahrung und Literaturtheorie. Die Gründe für diese Disjunktion, die zu beklagen oder zu begrüßen gleichermaßen sinnlos ist, sind selbst weder historischer Natur noch durch historische Methoden aufzudecken. In dem Maße, in dem diese Gründe sprachimmanent sind und aus der Notwendigkeit, die zugleich eine Unmöglichkeit ist, resultieren, das Subjekt mit seinen Prädikaten oder das Zeichen mit seinen symbolischen Bedeutungen zu verknüpfen, wird sich diese Disjunktion, wie das Beispiel Hegels zeigt, stets manifestieren, sobald sich Erfahrung in Denkbestimmungen, Geschichte in Theorie übersetzt. Es ist daher kein Wunder, daß die Literaturtheorie einen so schlechten Ruf hat, zumal das Auftauchen von Gedanken und von Theorie nichts ist, was unser eigenes Denken verhindern oder kontrollieren könnte.

Anmerkungen

1 Hegels *Ästhetik* wird hier und im folgenden als ÄSTH unter Angabe von Band- und Seitenzahl nach der von Friedrich Bassenge besorgten zweibändigen Ausgabe zitiert; Georg Wilhelm Friedrich Hegel, *Ästhetik*, 2 Bd., Berlin/Weimar 1976.[3]

2 Peter Szondi, *Poetik und Geschichtsphilosophie I*, Frankfurt 1974.

3 G.W.F. Hegel, *Werke in zwanzig Bänden*, Bd. 10: *Enzyklopädie der philosophischen Wissenschaften*, Dritter Teil, Frankfurt 1970; hier und im folgenden als ENZ III zitiert.

4 G.W.F. Hegel, *Werke in zwanzig Bänden*, Bd. 8: *Enzyklopädie der philosophischen Wissenschaften*, Erster Teil, Frankfurt 1970; hier und im folgenden als ENZ I zitiert.

5 Marcel Proust, *Auf der Suche nach der verlorenen Zeit*, Band 1, *In Swanns Welt*, Frankfurt 1979, S. 113.

Hegel über das Erhabene

In der gleichen Weise, in der der Ort der Ästhetik im Kanon von Hegels Werk und in dessen Rezeptionsgeschichte nach wie vor schwierig zu interpretieren ist, bleibt auch der Ort des Erhabenen innerhalb des Hegelschen Textes zur *Ästhetik* selbst ganz problematisch. Daß dies auch auf Kant zutrifft, wenn auch auf eigene Weise, macht die Sache nur um so schwieriger. Die daraus resultierenden Unsicherheiten können vielleicht eine Erklärung dafür liefern, wieso der gegenwärtige Diskurs über Literatur ein derartiges konfliktreiches Durcheinander von Irrungen und Wirrungen darstellt. Ein schlagendes Beispiel für eine solche Konfusion ist das Ausschließungsprinzip, das angeblich zwischen der ästhetischen Theorie und der erkenntnistheoretischen Spekulation oder, auf ganz entsprechende Weise, zwischen der Behandlung ästhetischer und politischer Fragen herrschen soll.

Die Konfusion hat merkwürdige Folgen. Der Name Derridas zum Beispiel – um einen sich gegenwärtig anbietenden und bekannten Fall zu nennen – ist für eine Reihe von Literaturwissenschaftlern Anathema, und zwar weniger seiner politischen Überzeugungen und Stellungnahmen wegen, sondern weil er zu diesen Überzeugungen durch seine Tätigkeit als professioneller Philosoph gelangt ist. Die gleichen Leute, die seinen Einfluß für verderblich halten, können Autoren gegenüber sehr tolerant sein, die in politischer Hinsicht viel radikaler auftreten, sich aber nicht des technischen Vokabulars der philosophischen Erkenntnis bedienen. Andererseits wird Derrida von politischen Aktivisten, ob marxistischer oder anderer Couleur, mit großem Mißtrauen, wenn nicht gar mit offener Feindseligkeit behandelt, und das allein deshalb, weil er sich nur auf »philosophische und literarische Texte« bezieht und weil er sich »auf Begriffe und Sprache« beschränkt, statt sich mit »sozialen Institutionen« zu beschäftigen. Reaktionäre erklären ihn in ästhetischen Fragen für inkompetent, da er zu sehr Philosoph sei, während Vertreter eines politischen Aktivismus ihn in politischen Fragen für inkompetent erklären, da er zu stark mit ästhetischen Problemen beschäftigt sei. In beiden Fällen funktioniert die Ästhetik als Ausschließungsprinzip: Das ästhetische Urteil bzw. sein Ausbleiben verschließt dem Philosophen den

Zugang zur Literatur, und das gleiche ästhetische Urteil bzw. sein Übermaß verschließt ihm die Welt der Politik. Auch wenn man diese symmetrischen Gesten nicht gutheißt, so erscheinen sie einem doch ganz alltäglich und leicht verständlich. Doch die Geschichte des Denkens, vor allem aber die heutige Philosophie, lassen die Sache in ganz anderem Licht erscheinen.

Blickt man auf die Geschichte der ästhetischen Theorie, so fungiert die Ästhetik seit Kant beileibe nicht als Ausschließungsprinzip, sondern als ein notwendiges, wenn auch problematisches Bindeglied. Bei Kant ist die Verbindung zwischen den ersten beiden Kritiken, zwischen den Schemata der reinen theoretischen Vernunft und den Schemata der praktischen Vernunft, einzig und allein durch die Vermittlung des Ästhetischen zu gewährleisten, unabhängig davon, ob sie gelingt oder nicht. Die ästhetische Theorie ist kritische Philosophie der zweiten Stufe, sie ist Kritik der Kritiken. Sie untersucht kritisch die Möglichkeit und die Modalitäten des politischen Diskurses und des politischen Handelns, und dieser schwierigen Aufgabe kann sich keine Verknüpfung von Diskurs und Handeln entziehen. Wenn die Behandlung der Ästhetik bei Kant gewiß auch alles andere als in sich schlüssig ist, so ist eines doch sicher: sie ist durch und durch erkenntnistheoretisch wie politisch. Daß etliche Geistesgeschichtler, Europäer wie Amerikaner, es fertigbrachten, das Gegenteil zu behaupten und das Ästhetische bei Kant als »frei von kognitiven und ethischen Konsequenzen« zu beschreiben, ist ihr Problem, nicht Kants.

Bei Hegel liegt der Fall sogar noch klarer. Die Vermittlung zwischen Politik, Kunst und Philosophie durch eine Philosophie der Kunst oder eine Ästhetik ist Bestandteil seines Systems, und zwar nicht in dem banalen Sinn, daß die Ästhetik das Politische zum Gegenstand hätte, sondern in dem viel tiefer greifenden Sinn, daß auch hier der Übergang von der politischen zur geistigen Wirklichkeit – der Übergang, mit Hegel zu sprechen, vom objektiven zum absoluten Geist – mit Notwendigkeit über die Kunst und damit über die Ästhetik als der kritischen Reflexion auf die Kunst verläuft. Bei dem Versuch, den Staat als historische Handlung und als philosophischen Gedanken zu begreifen, stellt Hegel in seiner *Enzyklopädie der philosophischen Wissenschaften* die Kunst an den entscheidenden Punkt, an dem die Verbindung zwischen den fortgeschrittensten Stadien des politischen Denkens hergestellt werden soll. Wie dies zu verstehen ist, ist sicher keine einfache Angelegenheit, weder an sich betrachtet noch in Zusammenhang mit der überkommenen und heute noch gängigen Hegelrezeption; die Lösung ergibt sich aus der Lektüre von Hegels Behandlung der Ästhetik in seinen späten *Vorlesungen über die Ästhetik*. Eines aber kann bereits vorab festgestellt werden: Aufgrund der Struktur des Hegelschen Systems gewinnt die Behandlung der Ästhetik Sinn nur im Kontext der umfassenderen Frage nach der Beziehung zwischen der Ordnung des Politischen und der Ordnung des Philosophischen. Da bei Hegel aber das Ästhetische zu einem fortgeschritteneren Stadium des spekulativen Denkens gehört als die politische Reflexion, wenn es sich auch unmittelbar an diese anschließt, so ist damit nicht weniger gesagt, als daß man zu wahrhaft produktivem politischen Denken nur über eine kritische ästhetische Theorie gelangen kann. Ob man diesen Satz mit oder ohne Hegel liest, er bedeutet jedenfalls nicht, daß politische Weisheit unter das zu rechnen wäre, was wir üblicherweise Ästhetizismus nennen. Er kann aber bedeuten, um zu unserem Eingangsbeispiel zurückzukommen, daß jemand wie Derrida wegen und nicht trotz seiner Konzentration auf literarische Texte politisch wirksam ist. Dafür spricht die historische Tatsache, daß wir einige der einschneidendsten Beiträge zum politischen Denken und politischen Handeln »ästhetischen« Denkern verdanken. Marx selbst ist dafür ein Beispiel mit seiner *Deutschen Ideologie*, dem Modellfall eines kritischen Vorgehens nach Maßgabe von Kants *Kritik der Urteilskraft*; andere, neuere Beispiele sind die Schriften von Walter Benjamin, Lukács, Althusser und Adorno. Jedoch hat das Werk der hier »ästhetische Denker« Genannten wenig Ähnlichkeit mit dem, was die Literaturgeschichte des 19. und 20. Jahrhunderts als Ästhetizismus identifiziert, denn das Werk dieser Denker gestattet zum Beispiel in keiner Weise eine Aufwertung ästhetischer Kategorien auf Kosten intellektueller Strenge oder politischen Handelns, und es läßt auch nicht zu, daß die ästhetische Erfahrung für sich als eine selbstreflexive, selbstbegrenzende Totalität Autonomie beansprucht.

Diese einleitenden Bemerkungen führen uns zu der Aufgabe, Hegels *Vorlesungen über die Ästhetik* zu interpretieren. Allem philosophischen und kritischen Talent zum Trotz, das sich dieser Aufgabe bereits ausgiebig gewidmet hat, hat sie sich hartnäckig als äußerst schwierig erwiesen. Bisher ist es nicht gelungen, eine konsistente Lektüre vorzulegen, besonders wenn, wie im Falle Heideggers und Adornos, die Lektüre der *Ästhetik* beansprucht, Teil einer allgemeinen kritischen Hegellektüre zu sein, die sich auf Hegelsche Schlüsselbegriffe wie den der Aufhebung oder auf die Dialektik selbst beruft. Auf den ersten Blick erweckt die *Ästhetik* nämlich den Eindruck, als sei sie das orthodoxeste und dogmatischste und damit ödeste seiner späten Werke, bei dem die Darlegung des Systems ex cathedra sich im tödlichen Klappern eines didaktischen Mechanismus zu erschöpfen scheint. Man ist daher entweder gezwungen, die *Ästhetik*, wie Heidegger es tut, auf die gnomische Weisheit ihrer rätselhaftesten Aussprüche zu reduzieren – das Ende der Kunst, das sinnlichen Scheinen der Idee – und sie als die stumme Sphinx zu behandeln, die jedes Gespräch zum Erliegen bringt; oder man muß sie, wie Adorno und einige seiner Anhänger, als die Achillesferse des gesamten Hegelschen Systems betrachten, und zwar insofern, als die *Ästhetik* als der Ort begriffen wird, an dem sich die Unangemessenheit der Hegelschen Sprachauffassung offenbart. Dabei zeigt sich, wie sehr das ganze Hegelsche Unternehmen darunter leidet, daß sich durch das gesamte Werk eine implizite Sprachtheorie zieht, die niemals ausformuliert wird, sondern immer nur unterschwellig wirksam ist, weshalb man vor allem den Passagen in Hegels Werk Aufmerksamkeit widmet, in denen eine solche Theorie, gerade weil sie deutliche Gestalt anzunehmen scheint, ihre Mängel offenbart. Peter Szondi, ein Adorno nahestehender Literaturhistoriker, macht eine solche Textstelle in Hegels *Ästhetik* aus, wo von Allegorie und Metapher die Rede ist: »Die oft abschätzige Charakteristik, die er 〈Hegel〉 von den in Frage stehenden poetischen Möglichkeiten 〈Allegorie, Metapher〉 gibt, lassen die Gründe erkennen, warum dieses Gebiet seiner Erkenntnis sich so gut wie ganz entzog. Indem wir nach diesen Gründen fragen, fällt auch ein Licht auf die Grenzen der Hegelschen Ästhetik. ... im Grunde 〈trägt〉 Hegels unzureichende Auffassung vom Wesen der Sprache daran die Schuld.«[1] Die Bedeutung der *Ästhetik* als möglicher Ausgangspunkt für eine Kritik der Dialektik kommt in diesem Zitat klar zum Ausdruck. Denn wenn das Unzureichende der *Ästhetik* sich einer unzureichenden Sprachtheorie verdankt, dann müssen davon zwangsläufig auch die Logik, die Phänomenologie der Erkenntnis und letztlich alle wesentlichen Aussagen des Systems infiziert sein. Es ist das beträchtliche Verdienst dieses Ansatzes, die Aufmerksamkeit auf die in der Tat entscheidenden Fragen und sogar auf die entscheidenden

Textstellen gelenkt zu haben, die einer Interpretation der *Ästhetik* im Weg stehen.

Eine derart für sprachliche Begrifflichkeit und für die Probleme der Sprache sensibilisierte Lektüre kann hoffen, die gängigen Vorstellungen außer Kraft zu setzen, seien sie orakelhaft oder dogmatisch, welche die Interpretation der *Ästhetik* in eine Sackgasse geführt haben. Eine solche Lektüre gestattet zudem einen umfassenderen Blick auch auf andere Textpassagen Hegels, wo er ebenfalls Überlegungen zur Sprache anstellt, so in der *Enzyklopädie*, der *Wissenschaft der Logik* oder der *Phänomenologie des Geistes*. Sie erlaubt eine Verbindung zwischen der Theorie der Sprache, der Theorie des Subjekts und der Theorie der sinnlichen Wahrnehmung. Und schließlich sollte sie die Beziehung von Kunst und Literatur zur Dimension des Vergangenseins klären helfen, die eine notwendige Komponente jedes Geschichte involvierenden Diskurses ist. Wenn die Kunst, die sinnliche oder (besser) phänomenale Manifestation der Idee, für uns, wie die *Ästhetik* behauptet, der Vergangenheit angehört, dann muß dieses Vergangensein eine Funktion ihrer Phänomenalität sein, ihrer Erscheinungsweise. Wo und wie erscheint dann im System von Hegels Werken die Idee, und warum gehört dieser spezifisch ästhetische Moment notwendigerweise der Vergangenheit an?

Die *Ästhetik* scheint nur banale und empirische Antworten auf diese Fragen bereit zu haben. Im Kielwasser Winckelmanns und Schillers historisiert sie das Problem in der ideologisch befrachteten Genealogie der Moderne als eines von der klassischen, griechischen Vergangenheit Abgeleiteten und erzeugt so eine Illusion unangebrachter Konkretheit, welche zumindest teilweise für die armselige Geschichtsschreibung vom frühen 19. Jahrhundert bis heute verantwortlich ist. Diesen historischen Trugschlüssen entspricht eine Vorstellung von Sprache, welche die entscheidende Differenz zwischen den symbolischen und den semiotischen Aspekten der Sprache unterschlägt. Da dies am ausgeprägtesten in der *Ästhetik* geschieht, wird ein Umweg nötig, der aus diesem Text heraus und in andere Texte Hegels hinein führt, in denen eine Erörterung desselben Themas weniger von romantischer Ideologie vernebelt wird.

Dies gestattet uns eine präzisere Antwort auf die Frage nach der Erscheinung der Idee. Es wird am deutlichsten in der *Enzyklopädie*, aber auch in der *Logik*, daß die Idee auf der mentalen Ebene der menschlichen Intelligenz genau in dem Augenblick zur Erscheinung kommt, wo unser Bewußtsein von der Welt, welche solche Vermögen wie Anschauung oder Einbildungskraft mittels der Erinnerung verinnerlicht haben, nicht mehr etwas ist, das erfahren wird, sondern sich nur über das Gedächtnis einstellt. In diesem Augenblick und in keinem anderen läßt sich sagen, die Idee hinterlasse auf der Welt eine den Sinnen zugängliche materielle Spur. Wir können das Flüchtigste anschauen und uns das Wildeste vorstellen, ohne daß sich dafür auf der Oberfläche der Welt die geringste Veränderung abzeichnen muß, aber von dem Augenblick an, an dem unser Gedächtnis tätig wird, können wir ohne eine solche Spur nicht auskommen, sei es als Knoten in unserem Taschentuch, als Einkaufsliste, als Rechentabelle, als psalmodierender Singsang oder einfache Melodie oder in Form irgendeiner anderen Gedächtnisstütze. Nachdem einmal eine solche *Notation* stattgefunden hat, kann die Innen-außen-Metapher der Erfahrung und der Bezeichnung vergessen werden, was seinerseits die notwendige (wenn nicht sogar hinreichende) Bedingung dafür ist, daß das Denken seinen Anfang nimmt. Der ästhetische Augenblick erscheint bei Hegel als das bewußte Vergessen eines Bewußtseins mittels eines materiell verwirklichten Systems der Notation oder der Einschreibung.

Diese Schlußfolgerung läßt sich aus einem Abschnitt der *Enzyklopädie* ableiten, der mit »Psychologie« überschrieben ist und auf den »Das Bewußtsein« genannten Abschnitt folgt. Nichts, das auch nur entfernte Ähnlichkeit damit aufwiese, scheint in den allgemein bekannten Thesen oder Argumenten der *Ästhetik* gesagt zu werden. Wenn wir nicht gerade annehmen wollen, daß der späte, professorale Hegel ein so eifriger Denkbeamter war, daß er sein früheres, spekulativeres Selbst einfach »vergessen« hat – eine Annahme, die den Quellen unseres Lebensunterhalts über Gebühr schmeichelt –, dann sind derartige Inkonsequenzen für einen systematischen Philosophen eigentlich ungewöhnlich, denn normalerweise hat er das, was er früher geschrieben hat, sehr genau im Gedächtnis. Viel wahrscheinlicher ist die Annahme, daß sich in der *Ästhetik* in Wahrheit doch ähnliche oder gleichwertige Behauptungen finden lassen, daß aber die betreffenden Textstellen aus vielen Gründen übersehen, falsch verstanden oder zensiert worden sind. Wenn Hegels Theorie von der Tätigkeit des Gedächtnisses überhaupt von Wichtigkeit ist, dann muß ihre durchdringende Kraft auch in der *Ästhetik* spürbar sein, und sei sie noch so indirekt oder versteckt. Und es zeigt sich, daß das zweite, »Die Symbolik der Erhabenheit« überschriebene Kapitel in dem der »symbolischen Kunstform« gewidmeten Abschnitt der *Ästhetik* einer der Orte ist, wo diese Theorie sich bemerkbar macht – ein Kapitel, das dem von Peter Szondi als Tiefpunkt von Hegels ästhetischer Sensibilität herausgestellten Kapitel über die Symbolik der »vergleichenden Kunstform« unmittelbar voraufgeht.

Der erste Hinweis darauf ist die ziemlich schäbige Art und Weise, auf die Hegel zu Beginn des Kapitels mit Kant umspringt. Er sagt, Kants Ausführungen über das Erhabene seien trotz ihrer Weitschweifigkeit immer noch von einigem Interesse – und dieses Interesse habe auch triftige Gründe. Aber indem Kant die Rolle der einzelnen Gemütsvermögen zu sehr betont habe, wenn er auch das Erhabene richtigerweise im Gemüt und nicht in den sinnlichen Naturdingen suche, habe er das Erhabene trivialisiert. Ob Hegel hier Kants Gemütsbegriff Gerechtigkeit widerfahren läßt, soll offen bleiben; was aber die Gründe für seine Unduldsamkeit mit dem von Kant gezeigten Interesse an Gemüt und Gefühl angeht, so läßt sich folgendes vermuten: Wenn das Ästhetische bei Hegel in der Tat auf irgendeine Weise der Tätigkeit des Gedächtnisses entspricht, dann kann es wohl kaum etwas mit partikularisierten Gemütsregungen zu tun haben, und jeder Versuch, es damit in Verbindung zu bringen, sollte besser von vornherein unterbunden werden.

Noch mehr, wenn auch noch immer in bloß formaler Hinsicht, verrät uns vielleicht der Platz, den Hegel dem Erhabenen im dialektischen Kontinuum der verschiedenen Kunstformen zuweist. »Diese Art der Erhabenheit ⟨der Erhabenheit als Kunstform⟩ in ihrer ersten ursprünglichen Bestimmung finden wir vornehmlich in der jüdischen Anschauung und deren heiligen Poesie« (ÄSTH I 363).[2] Das Erhabene mit der Dichtung des Alten Testaments in Verbindung zu bringen ist nichts Neues, und es ist durch den Einfluß Herders vor allem in Deutschland üblich. Interessant sind aber die Gründe, die Hegel anführt. Für ihn ist die hebräische Poesie erhaben, weil sie ikonoklastisch ist; sie wendet sich gegen eine Kunst der plastischen oder architektonischen Repräsentation, sei es als Tempel oder als Statue. »Denn bildende Kunst kann hier«, so schreibt Hegel weiter, »wo von Gott ein irgend zureichendes Bild zu entwerfen unmöglich ist, nicht hervortreten, sondern nur die

Poesie der Vorstellung, die durch das *Wort* sich äußert« (ÄSTH I 363; Hervorheb. von mir). In seiner ausdrücklichen Differenz zu allem, was angeschaut oder imaginiert werden kann, erscheint hier das Wort in der Tat als die Einschreibung, welche gemäß der *Enzyklopädie* die erste und einzige phänomenale Manifestation der Idee ist. Monumente und Statuen aus Stein und Metall sind nur vorästhetisch. Gewiß sind sie sinnliche Erscheinungen, jedoch keine oder noch keine Erscheinungsformen der *Idee*. Die Idee erscheint nur als geschriebene Notation. Nur das geschriebene Wort vermag erhaben zu sein, und zwar genau in dem Maße, wie es weder repräsentierend (wie eine Anschauung) noch imaginierend (wie ein Phantasma) ist.

Der Abschnitt über das Erhabene bestätigt diesen formalen Befund und entfaltet einige seiner Implikationen und Konsequenzen. Dabei wird bald deutlich, um eine Anregung aus Meyer Abrams' wichtigem Kapitel über das Erhabene in seinem Buch *The Mirror and the Lamp* aufzugreifen[3], daß sich das Erhabene Hegels beträchtlich von dem sich an Longinus orientierenden Begriff des Erhabenen solcher Vorgänger wie John Dennis, Bischof Lowth und Herder unterscheidet, in deren Tradition noch die amerikanische Interpretation der Romantik steht, wie sie sich mit den Namen Wimsatt, Abrams, Bloom, Hartman und Weiskel verbindet. Diese Tradition wurde schließlich, wenn auch nicht unbedingt mit gravierenden Folgen, in Neil Hertz' bemerkenswertem Essay *Lecture de Longin* ironisiert, der üblicherweise in diese Tradition nicht aufgenommen wird, da er zu allem Überfluß in Paris erschienen ist, wo niemand erkennen kann, worum es in diesem Familiendrama geht.[4] Der auffallendste, wenn auch nicht der wichtigste Unterschied besteht in dem Verschwinden der vertrauten Entgegensetzungen von Poesie und Prosa oder von Erhabenem und Schönem. Das Erhabene *ist* für Hegel das absolut Schöne. Jedoch klingt nichts weniger erhaben, jedenfalls in der Bedeutung, wie wir hier das Wort gebrauchen, als das Erhabene, wie es Hegel begreift. Denn man sieht sofort, daß es einen offenen Bruch mit dem sprachlichen Modell des Symbols darstellt, von dem alle Abschnitte der *Ästhetik* geprägt sind. Bereits im Zusammenhang mit den Äußerungen über Kant zu Beginn des Kapitels heißt es, beim Erhabenen verschwinde »der eigentlich symbolische Charakter« des Kunstwerks (ÄSTH I 354). Was dies bedeutet, wird jedoch nur klar, wenn man die innere Logik der betreffenden Stelle entfaltet.

Der Augenblick, den Hegel erhaben nennt, ist der Augenblick der radikalen und definitiven Trennung zwischen der Ordnung des Diskurses und der Ordnung des Heiligen. Es ist seine Auffassung von der Sprache als Symbol, der die *Ästhetik* zutiefst verpflichtet ist, welche ihn dazu nötigt, einen solchen Augenblick zu isolieren – schließlich würde das Ästhetische ohne einen solchen Begriff von Sprache überhaupt nicht zum Gegenstand werden können. Die Phänomenalität des sprachlichen Zeichens kann durch eine unendliche Vielzahl von Kunstgriffen mit der als Wissen (Bedeutung) oder Sinneserfahrung verstandenen Phänomenalität des Bezeichneten in Übereinstimmung gebracht werden, auf das es verweist. Es ist die Phänomenalisierung des Zeichens, welche Bezeichnung konstituiert, und zwar unabhängig davon, ob sie auf konventionalem oder auf natürlichem Wege zustande kommt. Der Begriff Phänomenalität impliziert hier nicht mehr und nicht weniger, als daß der Prozeß der Bezeichnung an und durch sich selbst erkannt werden kann, so wie die Naturgesetze und die auf Konvention beruhenden Gesetze einer Form der Erkenntnis zugänglich sind.

Der Zwang, diese Behauptung fallenzulassen, ergibt sich bei Hegel, weil er dem klasischen und, in diesem Falle, Kantschen kritischen Vorgehen verpflichtet ist, zwischen Erkenntnismodi zu unterscheiden und die Erkenntnis der natürlichen Welt von der Erkenntnis, wie Erkenntnis möglich ist, zu trennen (was auf eine Trennung von Mathematik und Erkenntnistheorie hinausläuft). In der Geschichte der Kunst entspricht dem der Augenblick, wo die unendliche Zerstreuung und Zersplitterung dessen, was Hegel »die *eine* Substanz« nennt und was jenseits der Antinomie von Licht und Gestaltlosem steht, sich in der Bezeichnung dieser absoluten Allgemeinheit als das Heilige oder Gott vereinzelt. Es ist der Übergang von der pantheistischen zur monotheistischen Kunst, und der ist in Hegels durchaus nicht unschuldigem historischen Bilderbogen gleichbedeutend mit dem Übergang von der indischen zur mohammedanischen Poesie. Die Beziehung zwischen Pantheismus und Monotheismus in der Geschichte der Kunst und Religion (die bis zu diesem Punkt zusammenfallen) entspricht der Beziehung zwischen Naturwissenschaft und Erkenntnistheorie: Der Begriff des Geistes (sei es als Lockes Verstand, Kants Vernunft oder Hegels Geist) ist das monotheistische Prinzip der Philosophie als dem einzigen Gebiet einheitlicher Erkenntnis. Das monotheistische Moment (das für Hegel nicht oder noch nicht das Erhabene darstellt) ist wesentlich verbaler Natur und fällt mit der phantastischen Vorstellung zusammen, daß man der einen Substanz einen Namen geben könne – wie etwa »die eine Substanz« oder »das Eine« oder »Sein« oder »Allah« oder »Jahwe« oder »Ich« – und daß dieser Name als Symbol funktionieren könne, aus dem Erkenntnis und Diskurs hervorgehen. Von diesem Moment an ist die Sprache das deiktische System der Prädikation und Determination, in dem wir auf dieser Erde mehr oder weniger dichterisch wohnen. In Einklang mit der Tradition, in der er steht, und seinem Platz im philosophischen Diskurs begreift Hegel diesen Moment als eine sich durch Negation konstituierende Beziehung zwischen Geist und Natur. Aber hinter diesem vertrauten und historisch verständlichen dialektischen Modell verbirgt sich etwas anderes. Denn zu behaupten, die absolute Erkenntnis vollbringe ihre Arbeit auf dem Wege der Negation, ist eine Sache, etwas ganz anderes aber ist die Behauptung, es sei möglich, das Absolute zu negieren, indem man ihm gestattet, wie in dieser Passage, in eine unvermittelte Beziehung mit seinem Anderen zu treten. Wenn »Geist« und »Natur« tatsächlich für das Absolute und sein Anderes stehen, dann erinnert die Erzählung Hegels nur auf einer ersten Ebene des Verstehens an diejenige der dialektischen Aufhebung.

Die Schwierigkeit des »Die Kunst der Erhabenheit« überschriebenen Teiles des Kapitels über die Symbolik der Erhabenheit wie auch des folgenden Kapitels »Die bewußte Symbolik der vergleichenden Kunstform« rührt in der Tat daher, daß sich hier ein dialektisches Erzählmuster und ein anderes, damit nicht unbedingt zu vereinbarendes Muster überlagern. Wenn wir von einem verborgenen Gott lesen, der sich »als reine Innerlichkeit und substantielle Macht in sich zurückgenommen und dadurch gegen die Endlichkeit *verselbständigt*« hat, oder hören, daß im Erhabenen die göttliche Substanz im Verhältnis zum Verschwindenden und Ohnmächtigen des von ihr Erschaffenen »zur wirklichen Erscheinung« kommt, dann wird uns das Pathos dieses Diensteifers leicht begreiflich, denn es ist ein Weg, die göttliche Macht zu preisen. Die Sprache der Negativität ist dann ein dialektisches und die Kraft wiederherstellendes Moment, ganz ähnlich gewissen Wendungen, die Neil Hertz in der Schrift des Longinus identifiziert hat. Hegel mag bei seinem Begriff des Erhabenen die Distanz zwischen dem menschlichen Diskurs der Dichter und der Stimme des Heiligen sogar noch mehr betonen als Longinus, aber solange diese Distanz, wie er sagt, ein *Verhältnis* oder eine *Beziehung* bleibt (ÄSTH I 362, 364), wie negativ sie auch sein mag, solange bleibt die fundamentale Analogie von poetischer und göttlicher Schöpfung bewahrt. Doch die auf der Ebene der Dialektik sich abspielende Erzählung stimmt nicht mit der impliziten Erzählung dieses Textabschnitts überein. Erhaben zu sein, so scheint es, ist nicht dasselbe wie erhoben oder aufgehoben zu sein, wie ähnlich die Wörter auch klingen mögen und obwohl Hegel gelegentlich das eine Wort für das andere einstehen läßt (siehe den Gebrauch des Wortes »Erhebung«, ÄSTH I 365 f.). Wenn man sich das sowohl von Longinus als auch von Hegel angeführte Beispiel der Erhabenheit näher ansieht, das *fiat lux* der Genesis, dann wird die Komplexität der Textpassage erkennbar. Hegel zitiert »›Gott sprach: es werde Licht! Und es ward Licht‹« (ÄSTH I 364), um zu verdeutlichen, daß die Beziehung zwischen Gott und Mensch nicht mehr als natürliche oder genetische aufzufassen ist und daß Gott nicht als eine Art Vorfahr gedacht werden darf. Das Wort »zeugen« möchte Hegel durch das Wort »schaffen« ersetzt wissen, aber »Schöpfung« besitzt hier eine stärker negative Konnotation als das Wort normalerweise impliziert; da kein Gedanke an eine Familienhierarchie aufkommen darf, ist jede Polarität von jung/alt oder männlich/weiblich ausgeschlossen. Die Hierarchie ist viel krasser. Die Schöpfung ist rein verbaler Natur, sie ist die befehlende, verweisende und setzende Macht des Wortes. Das Wort spricht, und die Welt ist das transitive Objekt seiner Äußerung, aber das impliziert, daß das so Ausgesprochene, zu dem auch wir gehören, nicht das Subjekt des Sprechaktes ist. Unser Gehorsam gegenüber dem Wort ist stumm: »das Wort, die Äußerung ..., mit deren Befehl des Daseins nun auch das Daseiende wirklich in *stummem* Gehorsam unmittelbar gesetzt ist« (ÄSTH I 364; Hervorheb. von mir). Wenn man annimmt, das Wort äußere sich durch uns, dann sprechen wir nur wie die Puppe eines Bauchredners, und zwar auch und gerade dann, wenn wir uns vormachen, freche Antworten zu geben. Wenn wir sagen, die Sprache spreche, das grammatische Subjekt einer Proposition sei eher die Sprache als ein Ich, dann machen wir uns nicht einer Anthropomorphisierung der Sprache schuldig, wir grammatisieren vielmehr rigoros das Ich. Das Ich wird jeder lokutionären Kraft beraubt; es ist in jeder Hinsicht praktisch stumm.

Doch das Daseiende, das von der Sprache hervorgebracht wird, ist bei Hegel nicht stumm, sondern es spricht und schreibt sogar, und zwar auf verschiedene Weise. Zunächst einmal zitiert es. Die Heilige Schrift zitiert Moses, der Gott zitiert; und sie macht in der Genesis Gebrauch von den grundlegenden rhetorischen Modi der Repräsentation: Mimesis, in Platons Sinne, als »erlebte Rede«, wie in dem Satz: »Und Gott sprach: Es werde Licht«, und, damit eng verknüpft, Diegesis oder »erzählte Rede«, wie in dem Satz: »Und nannte das Licht Tag ...« Auf dieser Ebene ist der Unterschied zwischen den beiden Redeweisen nicht von Bedeutung, da sich die Mimesis stets als eingebettet in eine in der dritten Person gehaltenen Erzählung begreifen läßt (und er sagte »...«). Aber keine dieser Äußerungen ist stumm in dem Sinne, daß sie nur passiv wäre oder bar jeder reflexiven Erkenntnis. Zitate können eine bemerkenswerte performative Kraft entwickeln; es lassen sich sogar gute Gründe dafür anführen, daß nur Zitate eine solche Kraft besitzen. Selbst versteckte Zitate sind nicht stumm: Ein bei seinem Unternehmen ertappter Plagiator mag sprachlos sein, aber er (oder sie) ist keine Puppe. Zitate haben jedoch keine setzende Kraft: Das Zitieren der Heiratsformel erlaubt einem, eine Eheschließung zu vollziehen, aber es setzt nicht die Ehe als Institution. Und Zitate sind sicher in beträchtlichem Ausmaß mit Erkenntnis befrachtet: Wenn, wie Longinus impliziert, der erhabene Dichter hier Moses selbst ist, dann stellt sich die Frage nach der Wahrhaftigkeit seines Zeugnisses, das heißt, mit der Behauptung einer setzenden Kraft des Sprachlichen ist zwangsläufig eine nach Erkenntnis strebende kritische Untersuchung verbunden. Daraus erklärt sich auch die Tatsache, daß es in einer Aussage wie »Es werde ...« ein privilegiertes Objekt der Prädikation gibt, nämlich das *Licht*, und zwar viel eher als etwa das Leben (»Es werde Leben«) oder die Menschheit (»Es werde Mann und Frau«). »Licht« benennt die notwendige Phänomenalität jedes Setzens. Die Konvergenz von Diskurs und Heiligem, die angesichts des gewählten Beispiels und des Hegelschen Kommentars nicht in Frage steht, geschieht im Zuge phänomenaler Erkenntnis. Wie entschieden man auch die Autonomie der Sprache leugnet, so lange wie die Sprache um ihre eigene Schwäche weiß, sie bekunden kann und sich selbst als stumm zu bezeichnen vermag, so lange bleiben wir Longinus verhaftet. Hier hat das Pascalsche Paradox seine Gültigkeit: »In einem Wort: der Mensch erkennt, daß er elend ist: er ist also elend, da er es ist; er ist aber sehr groß, da er es erkennt.«[5] Das der Dialektik unterworfene Erhabene ist stets noch, wie bei Longinus, eine Verkündung dichterischer Größe und Unsterblichkeit.

Nur wenige Seiten weiter führt Hegel ein weiteres aus der Heiligen Schrift genommenes Beispiel für das Erhabene an, und zwar aus dem Psalter. In diesem Fall ist der rhetorische Modus nicht ein Mimesis-Diegesis-System der Repräsentation, sondern direkte Apostrophe. Und das in der Apostrophe Gesagte unterscheidet sich ganz eigentümlich von dem im Modus der Repräsentation Gesagten, obwohl bzw. gerade weil es auch hier um Licht geht: »›Licht ist dein Kleid, das du anhast, du breitest aus den Himmel wie einen Teppich‹« (ÄSTH I 366). Hegel stellt die beiden Zitate nebeneinander, was sich an der zwar ziemlich unauffälligen, aber doch unverkennbaren symmetrischen Position von Gott und Mensch im Text zeigt (»Erhabenheit von seiten Gottes her« – ÄSTH I 364; »Erhabenheit ... von seiten des Menschen« – ÄSTH I 366). Diese Nebeneinanderstellung muß verwundern: Das Kleid ist eine Oberfläche (»ein äußeres Gewand« – ÄSTH I 366), ein Außen, das ein Innen verdeckt. Man kann dies, wie Hegel, als eine Aussage über die Bedeutungslosigkeit der sinnlichen Welt im Vergleich zum Geist verstehen. Im Unterschied zum *logos* hat sie nämlich nicht die Kraft, irgend etwas zu setzen; ihre Kraft, ihr einziger Diskurs erschöpft sich darin, ihre Schwäche zu erkennen. Aber da derselbe Geist auch unmittelbar das Licht *ist* (ÄSTH I 364), besagt die Kombination der beiden Zitate, daß der Geist sich selbst als dasjenige setzt, was des Setzens unfähig ist – und diese Aussage ist entweder bedeutungslos oder doppelzüngig. Man kann vorgeben, schwach zu sein, wenn man stark ist, aber daß man die Kraft hat, etwas vorzutäuschen, ist ein eindeutiger Beweis der Stärke. Man kann, wie der Mensch es tut, sich selbst als der Erkenntnis unfähig erkennen, wenn man aber von der Erkenntnis zur Setzung übergeht, ändert sich das Bild gänzlich. Die Setzung ist stets aus einem Guß, und zudem vollzieht sie sich, anders als die Denkbestimmung, im Rahmen des Wirklichen. Es wird unmöglich, einen Grund zu finden, der für beide Zitate gleichermaßen gilt und »Es werde Licht« und »Licht ist dein Kleid« miteinander vermittelt. Wenn man wie Hegel behauptet, das erste, schon von Longinus angeführte Zitat entspreche dem aus der Perspektive oder »von seiten Gottes« her gesehenen Erhabenen, während das zweite Zitat dem aus der Perspektive oder »von seiten des Menschen« her gesehenen Erhabenen entspreche, dann ist damit natürlich auf keine Weise die Unvereinbarkeit der beiden abgeschwächt oder gar aufgehoben. Innerhalb des monotheistischen Reiches der »einen Substanz« kann es weder so etwas wie eine vom Göttlichen unabhängig existierende menschliche Perspektive geben noch kann man in irgendeiner Weise von einer »Seite« Gottes sprechen (wie man von der »côté de chez Swann« spricht), denn die *parousia* des Heiligen kennt keine Teile, keine Umrisse und keine Geometrie. Der einzige Effekt der irreführenden Metapher einer zweiseitigen Welt ist, daß sie die Trennung von Heiligem und Menschlichem auf eine Weise radikalisiert, die keine Dialektik aufheben kann. Das ist auch in der Tat die erklärte These des Kapitels, aber sie kann nur gelesen werden, wenn man das Pathos der Negation zerstört, das deren eigentliche Stoßkraft verschleiert.

Dabei ist nicht unwichtig, daß sich die Lektüre nur aus einer Kombination zweier rhetorischer Modi ergibt, dem Modus der Repräsentation und dem Modus der Apostrophe. Paradoxerweise machen die Voraussetzungen für das in dem Psalm ausgedrückte Lob Gottes den in der Genesis angegebenen Grund seiner Lobpreisung zunichte. Die Apostrophe ist der Modus der Lobpreisung par excellence, sie ist die Sprachfigur der Ode. Die Stärke von Hegels Beispiel liegt darin, daß es deutlich macht, daß die Ode nicht den oder das in ihr Angeredete preist (»la prise de Namur«, Psyche oder Gott) – denn das Licht, das der angeredeten Entität zu erscheinen gestattet, ist immer ein Schleier –, sondern daß die Ode stets den Schleier preist, das Kunstmittel der Apostrophe, das die Illusion der Anrede gestattet. Da die Ode im Unterschied zum Epos (das zum System der Repräsentation gehört) genau weiß, was sie tut, lobpreist sie überhaupt nicht, denn keine Sprachfigur ist jemals an sich schon preiswürdig. Hegels Text enthüllt die Unangemessenheit des sich von Longinus herleitenden Repräsentationsmodells des Erhabenen. Die Apostrophe ist keine Repräsentation; sie hat nichts mit irgendeiner Art des Berichtens zu tun, sei es in Form eines Zitats oder in Form des Erzählens, und wenn man sie auf der Bühne in Szene setzt, dann wird sie plump und lächerlich. Die Repräsentation läßt sich als eine Form der Apostrophe darstellen, aber die Apostrophe nicht als eine Form der Repräsentation. Die Apostrophe ist eine Figur oder Trope, was aus Hegels nächstem, ebenfalls aus dem 104. Psalm genommenem Zitat deutlich wird, wo das Kleid zum Gesicht geworden ist: »›Verbirgst du dein Angesicht, so erschrecken sie‹« (ÄSTH I 366). Das Licht aus »Licht ist dein Kleid« spiegelt sich in dem Wort »Angesicht« wider. Die Trope der Vergesichtlichung zieht einen auf besonders wirksame Weise in das Transformationssystem der Tropen hinein. Wenn die Sprache als Trope funktioniert statt ausschließlich als Repräsentationssystem, dann stößt der sich von Longinus herleitende Begriff des Erhabenen an seine Grenzen, und zwar auch hinsichtlich seiner beträchtlichen, sich beispielsweise in der Selbstironie[6] zeigenden Kraft der Wiederherstellung. Wie der Text zeigt, wird der Unterschied zwischen Hegel und Longinus beinahe so absolut wie der von Hegel als erhaben bezeichnete Unterschied zwischen Gott und Mensch. Doch die beiden Diskurse bleiben miteinander auf unentwirrbare Weise verknüpft. Die zunächst als ein Moment erkenntnistheoretischer Dialektik ins Spiel gebrachte Verschiedenartigkeit von Kunst und Heiligem ist in der sprachlichen Struktur verwurzelt, der die Dialektik selbst als Moment einbeschrieben ist.

Auch bei Hegel tritt an dieser Stelle eine auf Wiederherstellung zielende Folge der entschiedenen Andersheit des Göttlichen auf. Es nimmt die Gestalt einer Bestätigung der menschlichen Autonomie als ethische Selbstbestimmung an: »damit ist das Urteil über Gutes und Böses und die Entscheidung für das eine oder andere in das Subjekt selbst verlegt« (ÄSTH I 367). Daraus entspringt »eine *affirmative* Beziehung auf Gott« (ÄSTH I 367) in Form eines rechtlichen Systems von Strafe und Belohnung. Bevor man Hegel für diesen konservativen Individualismus lobt oder tadelt, sollte man zu verstehen versuchen, was bei diesem Übergang von der ästhetischen Theorie des Erhabenen zur politischen Welt des Gesetzes im Spiel ist. Die Wiederherstellung ist ein ökonomisches Konzept, das einen indirekten Übergang von negativer zu positiver Bewertung gestattet: Pascals oben zitierter Gedanke zu Größe und Elend des Menschen ist ein gutes Beispiel dafür, wie ein absoluter Mangel in einen absoluten Gewinn verwandelt werden kann. Aber der definitive Verlust des im Erhabenen erfahrenen Absoluten macht einer solchen Wertökonomie ein Ende und setzt an ihre Stelle etwas, das man eine kritische Ökonomie nennen könnte: Das Gesetz ist stets ein Gesetz der Unterscheidung, nicht die Begründung einer Autorität, sondern die Erschütterung einer sich als ungesetzlich erweisenden Autorität. Das Politische entsteht bei Hegel aus einer kritischen Zerstörung des Glaubens, dem Ende der gängigen Theodizee, der Verbannung der Verteidiger des Glaubens aus den Angelegenheiten des Staates und der Verwandlung der Theologie in die kritische Philosophie des Rechts. Die Monarchin, die vor allen anderen Herrschern dabei entthront oder entheiligt wird, ist die Sprache, die in ihrem Anspruch, die absolute Macht der Setzung zu besitzen, den Mutterboden aller Wertsysteme darstellt. Setzen wird zum Gesetz als der kritischen Macht zur Aufhebung jeden Machtanspruchs, nicht im Namen einer absoluten oder relativen Gerechtigkeit, sondern gerade ob seiner Namenlosigkeit, seiner Gewöhnlichkeit. Wollte man dies weiter verfolgen, so müßte man Hegels *Grundlinien der Philosophie des Rechts* und seine *Vorlesungen über die Philosophie der Religion* heranziehen, die im Zusammenhang mit der *Ästhetik* zu sehen sind. Was es aber für unsere Zwecke hier festzuhalten gilt, ist die Tatsache, daß sich die Notwendigkeit zur Auseinandersetzung mit diesen beiden fremden politischen Mächten des Rechts und der Religion aus der *Ästhetik* ergibt, und hier besonders aus der Ästhetik des Erhabenen. Daß diese so zu lesen ist, daß sie das Gegenteil von dem sagt, was sie sagt, bestätigt die Stärke der Hegelschen Analyse; das gleiche Schicksal erleiden wenig später ähnliche Aussagen bei Kierkegaard und Karl Marx und, in unserer Zeit, bei Walter Benjamin.

Es kann keine bessere Vorbereitung auf eine kritische Lektüre der Philosophie des Rechts und der Philosophie der Religion geben als das sich unmittelbar an das Kapitel über die Symbolik der Erhabenheit anschließende Kapitel über die Symbolik jener Kunstform, die Hegel recht kryptisch als »vergleichend« bezeichnet. Die Trennung, welche in der bewußten Ambivalenz des Erhabenen noch nicht zum Tragen kommt, versucht sich nun auf dem nächsten Schauplatz Bahn zu brechen. Die Sprache als Symbol wird durch ein neues Sprachmodell ersetzt, das dem Modell des Zeichens und der Trope näher steht, aber von beiden doch so verschieden ist, daß es eine Verknüpfung von semiotischen und tropologischen Merkmalen gestattet. Diese Komplikation schlägt sich in der merkwürdigen Kombination von Kunstformen nieder, die in diesem Kapitel behandelt werden: Manche von ihnen, wie die Metapher, die Allegorie und das »Bild« Genannte, sind mehr oder weniger eindeutige Tropen, andere jedoch, wie die Fabel, das Sprichwort und die Parabel, sind kleinere literarische Gattungen, womit sie zu einer ganz anderen Ordnung zu gehören scheinen.

Was bei jedem dieser Fälle und erst recht bei ihrer Aufeinanderfolge negiert wird, ist nicht die Doppelstruktur der Bezeichnung als einer Kombination von Zeichen und Bedeutung, die vom Symbol überwunden werden soll. Negiert wird vielmehr bei jeder einzelnen Art von Trope die Übereinstimmung der sie definierenden Struktur mit der das Symbol definierenden Struktur. Hegel macht das zunächst mittels einer traditionellen Polarität von Innerem und Äußerem klar. Selbst das Symbol fällt nicht einfach mit der von ihm symbolisierten Entität zusammen; es bedarf der Vermittlung eines Verstandes, um die Grenze zu überqueren, die es »außerhalb« jener Entität sein läßt. Die Beziehung zwischen Zeichen und Bedeutung jedoch ist beim Symbol sehr wohl dialektischer Natur. »Diese Äußerlichkeit aber, da sie *an sich* im Symbolischen vorhanden ist, muß auch gesetzt werden« (ÄSTH I 368). Dieses Gesetz der Äußerlichkeit impliziert, daß das Prinzip der Bezeichnung nun nicht mehr von den Spannungen zwischen seinen Polen lebt, sondern auf den schon vorgezeichneten Vorgang seiner eigenen Setzung reduziert wird. Von daher ist das Prinzip der Bezeichnung keine Zeichen erzeugende Funktion mehr (als die Hegel in der *Enzyklopädie* das Zeichen sah), sondern die Zitierung oder Wiederholung einer zuvor bereits etablierten Semiosis. Es ist auch keine Trope, denn ihm kann die Erkenntnis seiner Reduziertheit weder vorenthalten noch kann es durch sie ersetzt werden. Wie bei einem Gestotter oder einer beschädigten Schallplatte wird hier das immer Wiederholte wert- und bedeutungslos. Die betreffende Textpassage liefert dafür selbst das beste Anschauungsmaterial. Glanzlos, ohne jede Aura oder *éclat*, hat sie nichts zu bieten, was einen begeistern könnte; auf die ästhetische Sensibilität eines Symbolisten wie Peter Szondi wirkt sie geradezu quälend, aber sie verdirbt auch den Verspielten unter den Semiotikern die Freude, ganz zu schweigen davon, daß an ihr die Ambitionen der die Semiotik mit feierlichem Ernst Betreibenden zunichte werden, darunter auch das Pathos der rhetorischen Analyse. Aber natürlich sind es gerade solche Textpassagen, nach denen es in einem so mit Pathos geladenen Werk wie dem Hegelschen Ausschau zu halten gilt.

Die räumliche Metapher der Äußerlichkeit ist für eine Beschreibung der aus der Erfahrung des Erhabenen folgenden Erkenntnis nicht geeignet. Das Erhabene, so stellt sich heraus, ist in einer uns auf keiner anderen Stufe der Dialektik begegnenden Weise selbstzerstörerisch. »Der Unterschied aber zwischen der jetzigen Stufe

⟨der Stufe der vergleichenden Kunstform⟩ und der *Erhabenheit* ist darin zu suchen, daß ... das erhabene Verhältnis vollständig fortfällt« (ÄSTH I 368). Es ist nichts mehr da, das es zu erheben gäbe. Ein ähnliches Schicksal, sei es in der *Ästhetik* oder sonstwo, erleiden wohl nur sehr wenige der anderen Schlüsselbegriffe Hegels, wenn überhaupt. Man sieht vielleicht besser, worum es hier geht, wenn man den Vorgang in zeitliche Begriffe faßt. Dies hat zudem den Vorteil, einen Zusammenhang mit der Theorie über Symbol und Zeichen, über das Subjekt und die Tätigkeit des Gedächtnisses deutlich werden zu lassen, wie sie aus der Lektüre von § 20 der *Enzyklopädie* zu gewinnen ist.

Die Anpassung von wörtlicher und bildlicher Rede in einer Figuration, die bei der Metapher (zum Beispiel) mittels der Ähnlichkeit hergestellt wird, bezeichnet Hegel als *Vergleich*. Dabei betont er den absichtsvollen und bewußten Charakter dieser Anordnung. Die Zusammenfügung der beiden Aspekte der Figur beruht weder auf einer echten Verwandtschaft noch auf einer vertraglichen Konvention, sondern geht als »*Neben*einandergestelltsein« (ÄSTH I 369) aus einer willkürlichen Setzung hervor. Es ist die Funktion der Kunst, diese Setzung als eine Entdeckung wirken zu lassen, während sie in Wirklichkeit von demjenigen, der angeblich die Entdeckung macht, vorgegeben wird. Die Illusion der Endeckung wird bewußt und mit Geschick durch ein Vermögen hervorgerufen, das Hegel »Witz« nennt und das mit der genialischen Begabung, wie sie Kant oder Schiller verstehen, sehr wenig zu tun hat. Der Witz entdeckt nichts, das neu oder verborgen gewesen wäre; er erfindet ausschließlich im Dienst der Redundanz und der Wiederholung. In zeitlichen Begriffen ausgedrückt heißt das, daß er in die Zukunft projiziert, was zur Vergangenheit seiner eigenen Erfindung gehört und von ihm wiederholt wird, als ob er auf etwas stoßen würde, was er immer schon gewußt hat. Diese scheinbare Verkehrung von Vergangenheit und Gegenwart (Metalepsis) ist in Wahrheit aber überhaupt keine Verkehrung, denn das symmetrische Äquivalent einer Zukunft, auf die man verzichtet, ist keine verstandene, sondern eine trivialisierte Vergangenheit. Doch diese öde und enttäuschende Textpassage repräsentiert in all ihrer Nüchternheit zugleich den Moment, wo wir in der *Ästhetik* dem fundamentalen Vorhaben spekulativer Philosophie am nächsten kommen. Wie wir aus § 20 der *Enzyklopädie* wissen, ist der Ausgangspunkt der Philosophie, »der einfache Ausdruck des existierenden Subjekts als Denkenden«[7], nicht weniger willkürlich und gibt vor, seine Legitimität durch die anschließende folgerichtige Entfaltung seiner in der Selbsterkenntnis mündenden Zukunft nachweisen zu können. Wie das Kunstwerk, so ist auch das Subjekt der Philosophie eine Rekonstruktion a posteriori. Dichtern und Philosophen ist dieses klare Wissen über ihr Unternehmen gemeinsam.

Statt es in Begriffe zu kleiden, die an arglistige Täuschung und Doppelzüngigkeit denken lassen, könnte man auch sagen, daß der Dichter und der Philosoph *vergessen* muß, was er über sein Unternehmen weiß, um zu dem Diskurs zu gelangen, dem er sich verschrieben hat. Wie alle Schriftsteller, deren Witz sie auf eine Sprachfigur kommen läßt, die sie dann in ihrem Gedächtnis (oder manchmal auch in einem Zettelkasten) aufbewahren, bis sie dann den Text verfassen, der den Schatz zu entdecken vorgibt, den sie selbst vergraben haben, so kennen die Dichter ihre rhetorischen Figuren auf rein mechanische Weise auswendig und können über sie nur verfügen, wenn sie sich an sie nicht mehr erinnern oder sie nicht mehr verstehen. In einem solchen Prozeß ist keine wirkliche Arglist im Spiel, solange man nicht transzendentale Lorbeeren für etwas ernten will, das man eher automatisch aus Überlebensgründen tut als aus einer heroischen Anstrengung heraus. Am Ende des der symbolischen Kunstform gewidmeten Abschnitts der *Ästhetik*, nachdem der Begriff des Erhabenen umgeschlagen ist, strukturiert Hegel die Tätigkeit des Schreibens in Analogie zur Tätigkeit des Gedächtnisses oder, was in der Terminologie des Hegelschen Systems auf das gleiche hinausläuft, in Analogie zum Denken. Liest man die Texte der Dichter oder der Philosophen aufmerksam und achtet dabei eher auf die artikulierten Gedanken als auf seine eigenen Wunschvorstellungen oder auf die der Autoren, dann liest man die Texte rein mechanisch. Jedes Gedicht ist ein »Lehrgedicht« (ÄSTH I 409), dessen Lehre vergessen wird, indem es gelesen wird.

Wir können dies auch noch auf eine andere Weise ausdrücken, die eine hinreichend willkürliche Verbindung mit den zu Beginn dieses Aufsatzes angesprochenen politischen Themen herstellt. Hegel beschreibt den unerbittlichen Fortschritt von der Rhetorik des Erhabenen zur Rhetorik der Bildlichkeit als eine Verminderung in der Reichweite der Sprache der Kritik, der nicht mehr solche Kategorien zur Verfügung stehen, die sich, wie die Kategorie der Gattung, auf Werke in ihrer Ganzheit beziehen können, sondern nur noch Begriffe, die allein unzusammenhängende Diskurssegmente bezeichnen, wie der Begriff der Metapher oder irgendeiner anderen Trope. Seine eigene Sprache spricht immer geringschätziger von diesen untergeordneten Teilen des ästhetischen Gegenstandes. Er nennt diese ganze Art des Symbolisierens eine »untergeordnete Gattung«, deren Zeichen und Bilder »*nur*« Zeichen und Bilder sind (ÄSTH I 369), »ohne Energie des Geistes oder Tiefe der Einsicht und substantiellen Anschauung, ohne Poesie und Philosophie« (ÄSTH I 376, auf Äsop gemünzt). Diese untergeordneten Formen sind, in einem Wort, durchweg »prosaisch« (siehe ÄSTH I 369). Sie sind jedoch nicht darum prosaisch, weil ein Dichter, der lieber diese Kunstformen verwendet als sich in den großen darstellenden Gattungen des Epos und der Tragödie zu versuchen, von vornherein mit einem Defizit behaftet wäre, sondern ihre prosaische Natur ist die Folge einer immanenten sprachlichen Struktur, die sich darin notwendigerweise manifestiert. In dieser ganzen Entwicklung gibt es keinen Moment, der auf vermeidbare Zufälligkeiten oder etwas Kontingentes zurückgeführt werden könnte, am wenigsten der Moment, wo sich die dichterischen Kunstfertigkeiten selbst als kontingent und zufällig erweisen. Die Infrastrukturen der Sprache, wie die Grammatik und die Tropen, sind verantwortlich für das Auftreten der poetischen Überbaustrukturen, etwa der Gattungen, als der zu ihrer Unterdrückung notwendigen Kunstgriffe. Die unbarmherzige Dynamik der Dialektik enthüllt in der *Ästhetik* das in elementarer Weise prosaische Wesen der Kunst; insofern Kunst ästhetisch ist, ist sie auch prosaisch – wie das mechanische Auswendiglernen prosaisch ist im Vergleich zu der Tiefe der Erinnerung, wie Äsop prosaisch ist im Vergleich zu Homer und wie das Erhabene Hegels prosaisch ist im Vergleich zum Erhabenen des Longinus. Das Prosaische ist jedoch nicht im Rahmen einer Opposition von Poesie und Prosa zu begreifen. Wenn der Roman, wie in Lukács' Interpretation des Realismus des 19. Jahrhunderts, als entfernter oder elegischer Abkömmling des Epos aufgefaßt wird, dann ist er alles andere als prosaisch im Hegelschen Sinne des Wortes. Auch wären dann Baudelaires Prosafassungen von einigen seiner Gedichte aus den *Blumen des Bösen* im Vergleich zu der metrisierten und gereimten Diktion der Originale nicht prosaisch; man könnte dann nur sagen, daß sie das prosaische Element ausdrücken, das quasi als erste Gestalt den Gedichten zugrunde lag. Hegel bringt seine Vorstellung des Prosaischen auf einen Nenner, wenn er sagt: »Im Sklaven fängt die Prosa an« (ÄSTH I 376). Hegels *Ästhetik*, ein zutiefst prosaischer Diskurs über die Kunst, ist ein Diskurs des Sklaven, denn sie ist eher ein Diskurs der Sprachfigur als der Gattung, eher der Trope als der Repräsentation. Infolgedessen ist sie politisch ebenso legitim und effektiv als Umsturz einer usurpierten Autorität. Die versklavte Stellung des Kapitels über das Erhabene in der *Ästhetik* wie auch die versklavte Stellung der *Ästhetik* innerhalb des Hegelschen Gesamtwerks sind Symptome ihrer Stärke. Dichter, Philosophen und ihre Leser büßen ihre politische Stoßkraft nur dann ein, wenn sie sich zu Herren aufwerfen. Dies tun sie zum Beispiel dann, wenn sie sich, aus welchen Gründen auch immer, der kritischen Potenz des ästhetischen Urteils begeben.

Anmerkungen

1 Peter Szondi, *Poetik und Geschichtsphilosophie I*, Frankfurt 1974, S. 390, 396.
2 Hegels *Ästhetik* wird hier und im folgenden als ÄSTH unter Angabe von Band- und Seitenzahl nach der von Friedrich Bassenge besorgten zweibändigen Ausgabe zitiert; Georg Wilhelm Friedrich Hegel, *Ästhetik*, 2 Bd., Berlin/Weimar 1976[3].
3 M.H. Abrams, *The Mirror and the Lamp*, New Yok 1953, S. 72-78.
4 Siehe Neil Hertz, *Lecture de Longin*; in: *Poétique* 15/1973, S. 292-306.
5 Blaise Pascal, *Gedanken*, übers. v. W. Rüttenauer, Birsfelden/Basel o.J., S. 60 (Aphorismus 124 nach der Zählung Strowskis in Pascal, *Edition définitive des œuvres complètes*, éd. F. Strowski, Paris 1923-1931).
6 Siehe Hertz, *Lecture de Longin*, l.c., S. 305 f.
7 G.W.F. Hegel, *Werke in zwanzig Bänden*, Bd. 8: *Enzyklopädie der philosophischen Wissenschaften*, Erster Teil, Frankfurt 1970, S. 72.

Bildlichkeit und Bedeutung

Die Rhetorik der Zeitlichkeit

*I. Allegorie und Symbol**

Je mehr sich seit dem 19. Jahrhundert im Bereich der Literaturbetrachtung die subjektivistischen Tendenzen durchsetzten und ihr Vokabular dominierend wurde, desto stärker wurden die traditionellen Formen der Rhetorik abgewertet. Doch allmählich stellt sich heraus, daß diese Entwicklung nur ein Zwischenspiel darstellte: Die neuesten Strömungen der Literaturwissenschaft[1] zeigen die Möglichkeit einer Rhetorik, die nicht einseitig normativ oder beschreibend ist, sondern die Frage der Intentionalität rhetorischer Figuren mehr oder weniger offen aufwirft. Dies ist implizit das Anliegen zahlreicher Werke, in denen Ausdrücke wie »Mimesis«, »Metapher«, »Allegorie« oder »Ironie« eine wesentliche Rolle spielen. Rhetorische Begriffe werden allerdings noch immer häufig mit Werturteilen gekoppelt, welche die Unterscheidungen verwischen und die tatsächlichen Strukturen verdecken; die Forschung wird dadurch nur behindert. Da der Gebrauch dieser rhetorischen Begriffe zumeist auf Annahmen beruht, die wenigstens bis auf die Anfänge der Romantik zurückgehen, müssen wir zunächst die Geschichte dieser Begriffe klären, bevor wir die Frage einer intentionalen Rhetorik systematisch angehen können. Zu diesem Zweck müssen wir vor allem jener Zeit in der Geschichte der europäischen Literatur unsere Aufmerksamkeit zuwenden, in der die rhetorischen Schlüsselbegriffe einen entscheidenden Wandel erfuhren und im Zentrum bedeutungsvoller Spannungen standen. In dieser Hinsicht wird es besonders aufschlußreich sein zu beobachten, wie das Wort »Symbol« in der zweiten Hälfte des 18. Jahrhunderts andere Bezeichnungen für eine bildliche Ausdrucksweise zu verdrängen beginnt und dabei auch vor dem Begriff der »Allegorie« nicht haltmacht.

Es erübrigt sich wohl, einmal mehr den Weg zu beschreiben, der die deutsche Ästhetik der Goethezeit zur Entgegensetzung der bei Winckelmann noch synonym verwendeten Begriffe »Allegorie« und »Symbol« geführt hat. Die Geschichte dieser beiden Begriffe ist bekanntlich sehr komplex und außerordentlich aufschlußreich. Man kann, wie es Hans-Georg Gadamer in *Wahrheit und Me-*

thode getan hat, die Aufwertung des Symbols auf Kosten der Allegorie mit der Entwicklung einer Ästhetik zusammenfallen lassen, die sich weigert, zwischen einer Erfahrung und der Darstellung dieser Erfahrung zu unterscheiden. Die dichterische Sprache des Genies vermag über diesen Unterschied hinauszugelangen und so jede individuelle Erfahrung, jedes Erlebnis unmittelbar in eine allgemeingültige Wahrheit umzuformen. Bei ihrer Umsetzung in Sprache wird die Subjektivität der Erfahrung bewahrt und zugleich in einer Welt aufgehoben, die nicht mehr als eine Mannigfaltigkeit aus isolierten Einzelbedeutungen begriffen wird, sondern als ein Gefüge aus Symbolen, die einen allumfassenden, einmaligen und universalen Sinn aufscheinen lassen. Die spezifische Kraft des Symbols liegt dann in seiner Berufung auf das Unendliche einer Totalität, während das Sinnpotential der Allegorie als sich auf eine besondere Bedeutung beziehendes Zeichen mit der Entzifferung dieser bestimmten Bedeutung erschöpft ist. Gadamer bemerkt dazu: »Das Symbol tritt als das unerschöpflich, weil unbestimmt deutbare dem in genauerem Bedeutungsbezug stehenden und sich darin Erschöpfenden der Allegorie ausschließend entgegen wie der Gegensatz von Kunst und Unkunst.«[2] Die Allegorie scheint in ihrem Bezug auf eine von ihr nicht selbst konstituierte Bedeutung kalt, verstandesmäßig und dogmatisch zu sein, während das Symbol seinen Grund in einer inneren Einheit zwischen der sinnlichen Erscheinung und der durch diese bedeuteten übersinnlichen Ganzheit hat. In dieser historischen Perspektive sind im Zusammenhang mit dem klassischen Begriff einer Einheit von künstlerisch gestalteter und idealer Schönheit natürlich vor allem Goethe, Schiller und Schelling zu nennen.

Doch schon allein innerhalb der deutschen Geistesgeschichte gab es zu jener Zeit auch andere Strömungen, die den historischen Zugriff komplizieren. Erscheint in der Perspektive der deutschen Klassik die Allegorie eher als ein Produkt der Aufklärung, wodurch sie sich dem Vorwurf eines zu engen Rationalismus ausgesetzt sieht, so haben andere in der Allegorie den Ort gesehen, wo der Kontakt mit einem übermenschlichen Ursprung der Sprache erhalten bleibt. Die polemischen Äußerungen Hamanns gegen Herder in der Frage nach dem Ursprung der Sprache[3] sind demnach in engem Bezug zu seinen Reflexionen über das allegorische Wesen jeder Sprache zu sehen, wie auch zu seiner eigenen literarischen Praxis, in der sich bekanntlich die Allegorie mit der Ironie verbindet. Hier wird die Idee einer transzendentalen Distanz zwischen der inkarnierten Welt des Menschen und dem göttlichen Ursprung des Worts ganz sicher nicht im Namen eines aufgeklärten Rationalismus verteidigt. Der Herdersche Humanismus stößt bei Hamann vielmehr auf einen im Pietismus begründeten Widerstand, wodurch sich die beträchtliche Komplexität des intellektuellen Klimas offenbart, in dem sich in der Folge der Streit zwischen Symbol und Allegorie entwickelt hat.

Wir beabsichtigen nicht, auf diesen in der Geistesgeschichte oft genug behandelten Fragenkomplex zurückzukommen. Erinnern wir lediglich daran, wie widersprüchlich die historischen Ursprünge der Auseinandersetzung sind. Daher ist es nicht überraschend, daß sich selbst Goethe nur mit allerlei Vorbehalten und Nuancierungen für das Symbol entscheidet. Diese Nuancen verschwinden jedoch allmählich im Verlauf des 19. Jahrhunderts. Die Vormachtstellung des Symbols, verstanden als Einheit zwischen der darstellenden und der bedeutenden Funktion der Sprache, wird ein Gemeinplatz, die Basis für den literarischen Geschmack, die Kritik und die Geschichte der Literatur. Selbst heute noch gehen Untersuchungen über die Romantik und die nach ihr kommenden Epochen von dieser Voraussetzung aus, und zwar in solchem Maße, daß die Allegorie häufig als Anachronismus erscheint, wenn sie nicht sogar aus dem Bereich des Dichterischen verwiesen wird.

Es sind auch noch andere Fragen ungelöst. Zur gleichen Zeit, da das Symbol im Zuge seines unaufhaltsamen Aufstiegs die allegorischen Ausdrucksformen allmählich ersetzt, kommen metaphorische Stilarten zur Entfaltung, die mit dem dekorativen Allegorismus des Rokoko nichts gemeinsam haben, sich jedoch auch keinesfalls als »symbolisch« im Sinne Goethes bezeichnen lassen. In Hölderlins Gedichten lassen sich beispielsweise die Insel Patmos, der Rhein und ganz allgemein die zu Beginn verschiedener Gedichte heraufbeschworenen Landschaften und Örtlichkeiten nur unter Schwierigkeiten als symbolische Landschaften oder Wesenheiten interpretieren, die gewissermaßen nach Art einer Analogie die in den abstrakteren Teilen der Gedichte genannten geistigen Wahrheiten veranschaulichen. Wir würden damit den Wortlaut dieser Stellen vollkommen übergehen; ihren großen dichterischen Wert verdanken sie ja gerade dem Umstand, daß sie keine Synekdochen sind und damit auf eine Totalität nur verweisen würden, deren Teil sie wären, sondern daß sie selbst bereits diese Totalität sind. Es handelt sich bei dem in diesen Textteilen zur Sprache Gebrachten nicht um das sinnliche Äquivalent einer allgemeineren Bedeutung oder einer Idee, sondern um diese Idee selbst – genauso wie in den späteren Teilen der Gedichte, wo ein in philosophischem oder historischem Gewand auftretender abstrakter Ausdruck diese Idee ist. Ein metaphorischer Stil wie der von Hölderlin läßt sich mit der Begriffsantinomie von Allegorie und Symbol jedenfalls nicht zutreffend beschreiben, und das gleiche gilt für den Stil des späten Goethe. Auch wenn der Begriff der Allegorie bei Theoretikern und Schriftstellern jener Zeit noch weiterhin eine Rolle spielt, so bei Friedrich Schlegel und später bei Solger und E.T.A. Hoffmann, so darf man nicht ohne weiteres annehmen, die Wahl dieses Begriffs entspreche einfach einer alten Gewohnheit und sei ohne tiefere Bedeutung. Zwischen 1800 und 1823 ersetzt Friedrich Schlegel unter dem Einfluß Creuzers und Schellings in einer oft zitierten Stelle aus dem *Gespräch über die Poesie* das Wort »allegorisch« durch »symbolisch«: »Das Höchste kann man eben weil es unaussprechlich ist, nur allegorisch sagen.«[4] Doch dürfen wir daraus mit Schlegels Herausgeber Hans Eichner ableiten, daß »Schlegel von ›Allegorie‹ ⟨spricht⟩, wo wir heute Symbol sagen«?[5] Es ließe sich zeigen, daß der Ausdruck »Allegorie« der allgemeinen Problematik des *Gesprächs über die Poesie* besonders entspricht, weil er eine Aufspaltung zwischen Sprache und empirischer Wirklichkeit voraussetzt; in der späteren Fassung kann deshalb der Ausdruck »Symbol« nur ein Fremdkörper sein.

Doch hat es damit nicht sein Bewenden. Seitdem uns die Topos-Forschung klarer zum Bewußtsein gebracht hat, welche Bedeutung der literarischen Tradition in der Wahl der Bilder zukommt, erscheint das Symbol, in seiner nachromantischen Bedeutung begriffen, immer mehr nur als Spezialfall von bildlicher Sprache überhaupt – ein Spezialfall, dem kein Anrecht auf eine historische oder philosophische Priorität gegenüber anderen metaphorischen Sprachformen zusteht. Seit den so verschieden orientierten Arbeiten von Ernst Robert Curtius, Erich Auerbach, Walter Benjamin und Hans-Georg Gadamer können wir die Vormachtstellung des Symbols nicht mehr als eine »Lösung« des Problems der metaphorischen Sprache betrachten. Die Beziehung zwischen Allegorie und Symbol bleibt problematisch. »Die Grundlage der Ästhetik des 19. Jahrhunderts«, schreibt Gadamer, »war die Freiheit der symbolisierenden Tätigkeit des Gemüts. Aber ist das eine tragende Basis? Ist diese symbolisierende Tätigkeit in Wahrheit nicht auch heute noch durch das Fortleben einer mythisch-allegorischen Tradition begrenzt?«[6]

Um in der Betrachtung dieser schwierigen Frage etwas weiter zu kommen, ist es vielleicht von Nutzen, das einen zu engen Blickwinkel bietende Feld der deutschen Literatur zu verlassen und zu untersuchen, in welcher Form das Problem bei den englischen und französischen Dichtern und Schriftstellern der gleichen Zeit auftritt.

In England war es natürlich Coleridge, der sich zur Zeit Goethes am direktesten über das Verhältnis von Allegorie und Symbol geäußert hat. Bei Coleridge findet man eine auf den ersten Blick vorbehaltlos erscheinende Bestätigung der Vormachtstellung des Symbols gegenüber der Allegorie. Das Symbol ist das Produkt des organischen Entstehens der Formen; in ihm sind Leben und Form identisch: »Wie das Leben beschaffen ist, so ist die Form beschaffen«.[7] Das Symbol ist von gleicher Struktur wie die Synekdoche, da es stets ein Teil der von ihm dargestellten Ganzheit ist. In der symbolischen Vorstellung sind folglich die konstitutiven Eigenschaften nicht spaltbar, weil die materielle Wahrnehmung und die symbolische Vorstellungskraft zusammenhängen wie der Teil und das Ganze. Die allegorische Form hingegen erscheint als rein mechanisch, eine Abstraktion, deren ursprünglicher Sinn noch weniger Substanz in sich schließt als ihr allegorisches Zeichen, das Coleridge mit dem Begriff »phantom proxy« bezeichnet – die immaterielle Gestalt eines »Stellvertreters«, von der angenommen wird, sie stelle ein völlig substanz- und gestaltloses Phantom dar.[8]

Doch selbst im Text des *Statesman's Manual*, wo sich diese Auffassung Coleridges findet, manifestiert sich eine gewisse Doppeldeutigkeit. Nachdem Coleridge die Armut der Allegorie mit ihrem Mangel an Substantialität erklärt hat, will er im Gegensatz dazu den Wert des Symbols charakterisieren. Man würde nun erwarten, dieses werde wegen seiner organischen oder materiellen Substantialität gerühmt, doch werden wir hier plötzlich auf den Begriff der »translucence«, des »In-etwas-Aufscheinens« verwiesen: »Das Symbol ist charakterisiert durch das Aufscheinen des Speziellen im Individuellen oder des Allgemeinen im Speziellen oder des Universellen im Allgemeinen; vor allem aber durch das Aufscheinen des Ewigen im Vergänglichen.«[9]

Die materielle Substantialität löst sich auf und wird reiner Abglanz einer ursprünglichen Einheit, die es im Materiellen nicht gibt. Um so mehr überrascht, daß Coleridge später im gleichen Text die Allegorie negativ charakterisiert und sagt, sie sei *nur* Abglanz (»reflection«). Hier ist die Vergeistigung des Symbols so weit getrieben, daß das ursprüngliche charakteristische Merkmal der Materialität gänzlich unwichtig geworden ist; Allegorie und Symbol haben jetzt einen gemeinsamen Ursprung, der sich jenseits der Welt des Empirischen befindet. Wichtiger als die Art, wie Ursprung und Abglanz einander zugeordnet werden – im Fall des Symbols beruht die Zuordnung auf der organischen Kohärenz der Synekdoche, im Fall der Allegorie auf einer reinen Konvention des Geistes –, wird nun in beiden Fällen der Bezug zu einem transzendentalen Ursprung, den jede der Figuren auf eine übrigens doppeldeutige Art darstellt. Coleridge weist auf diese Doppeldeutigkeit in einer Definition der Allegorie hin, in der es heißt, sie »offenbare und verhülle zugleich« moralische Eigenschaften oder Vorstellungsweisen des Geistes, die an sich den Sinnen nicht zugänglich sind. Andererseits gibt er jedoch zu, die Allegorie könne auf der formalen Ebene der Sprache die Teile zu einem zusammenhängenden Ganzen verbinden.[10] Schien das Symbol dank seiner organischen Substantialität der Allegorie zunächst überlegen, so gelangen wir schließlich zu einer Beschreibung der figürlichen Sprache als Sprache des Aufscheinens, wodurch die Unterscheidung zwischen Allegorie und Symbol nur noch von zweitrangiger Bedeutung zu sein scheint.

Doch Coleridges großer Einfluß auf die angelsächsische Literaturwissenschaft hat sich keineswegs in dieser Richtung ausgewirkt. Bekanntlich nimmt in der angelsächsischen Tradition die stilistische Untersuchung der Metapher einen bedeutenden Raum ein und bildet – mehr als die Prosodie oder die Thematik – den Ausgangspunkt der Beschreibung literarischer Werke. Doch basiert diese Literaturwissenschaft auf einem sich oft ausdrücklich auf Coleridge beziehenden Begriff der Metapher, der eine Dialektik zwischen Subjekt und Objekt impliziert, in der die Erfahrung des Objekts die Form einer Wahrnehmung oder Empfindung annimt. Die letzte Intention des Bildes ist jedoch nicht – wie bei Coleridge – die Transluzenz oder etwas in sich aufscheinen zu lassen, sondern die Synthese, und die Art dieser Synthese wird durch die dem Moment der sinnlichen Wahrnehmung zugeschriebene Priorität als »symbolisch« definiert.

Die auf diese Frage ausgerichteten englischen und amerikanischen Historiker der Romantik haben ihre Interpretationsanstrengungen vorwiegend auf den Übergang von der deskriptiven Dichtung des 18. Jahrhunderts zur romantischen Naturdichtung konzentriert. Allgemein sind sich die amerikanischen Interpreten der englischen Romantik einig, daß es für Wordsworth und Coleridge in der deskriptiven Poesie des 18. Jahrhunderts wichtige Vorläufer gibt, doch zeigen sich gewisse Schwierigkeiten, wenn es darum geht, die Unterschiede genau zu definieren. Der Grund scheint darin zu liegen, daß alle diese Interpreten das romantische Bild nach dem Modell des Symbols definieren, als Bezug zwischen Geist und Materie, zwischen Subjekt und Objekt. Die Tatsache, daß in der Praxis der romantischen Dichter mit offensichtlicher Leichtigkeit von der reinen Beschreibung der äußeren Welt zur inneren Betrachtung übergegangen wird, bestätigt, daß dieser Bezug tatsächlich von grundlegender Bedeutung ist. Dies trifft jedoch in einem gewissen Maß auch für die Dichtung des 18. Jahrhunderts zu, wo die Landschaftsbeschreibung ständig mit erbaulichen Texten durchzogen ist. Einigkeit herrscht immerhin darüber, daß die Beziehung zwischen Natur und Bewußtsein gegen Ende des Jahrhunderts viel innerlicher wird. Als erster hat der amerikanische Literaturwissenschaftler William K. Wimsatt durch das Nebeneinanderstellen eines Sonetts von Coleridge und eines Sonetts von Bowles – ein von Coleridge im ersten Kapitel der *Biographia literaria* gewürdigter Dichter des 18. Jahrhunderts – auf überzeugende Art gezeigt, daß die Texte trotz offensichtlicher Ähnlichkeiten grundlegend verschieden sind, was Ton und Substanz angeht.[11] Wimsatt hebt bei Coleridge das viel treuere Gefühl für die Einzelheiten hervor, das eine viel aufmerksamere Beobachtung der äußeren Welt in sich schließt. Doch tritt zu seiner Konzentration auf die äußere Natur der Dinge paradoxerweise eine empfindsamere Innerlichkeit, dazu affektive Erinnerungen und Träumereien, die uns auf tiefere Regionen der Subjektivität verweisen, als dies bei früheren Dichtern der Fall ist. Wie diese genaue Beobachtung der Oberfläche zu einer größeren Tiefe führt, bleibt jedoch unerklärt. Wimsatt schreibt: »Die allen romantischen Naturdichtern gemeinsame künstlerische Tugend bestand darin, in die Landschaft einen tieferen Sinn hineinzulegen. Ihr Sinn mag in der Art gestaltet sein, wie wir es an Coleridges Sonett gesehen haben, aber es ist wohl noch charakteristischer, wenn der Sinn sich tiefgründiger gestaltet und den Geist oder die Seele der Dinge meint – ›das eine, in uns und außer uns waltende Leben‹. Und dieser Sinn wurde allein aus der Oberfläche der Natur selbst abgerufen.« Die Synthese zwischen dem tiefen Sinn und der oberflächlichen Erscheinung wäre demnach die sprachliche Manifestation einer grundlegenden Einheit, die zugleich den Geist und den Gegenstand umfaßt, »das eine, in uns und außer uns waltende Leben«. Und doch kann diese Einheit dem Subjekt anscheinend verborgen bleiben; es muß dann in die Welt, in die Natur hinausschauen, um sich bestätigt zu finden. Für Wimsatt scheint das vereinigende Prinzip in erster Linie in der Natur zu liegen; daher rührt für die Dichter die Notwendigkeit, von Naturlandschaften auszugehen, denn in ihnen liegt der Ursprung des vereinigenden, »symbolisierenden« Vermögens.

Wimsatts Darstellung wurde von zwei hervorragenden Historikern der englischen Romantik weiter ausgeführt und dokumentiert: Meyer H. Abrams und Earl R. Wasserman.[12] Beide verwenden einander sehr nahestehende, teilweise sogar identische Beispiele, und ihre Ansichten stimmen in beachtlich vielen Punkten überein. So befinden beide, die Grundlage für die im 18. Jahrhundert so häufige Praxis, eine moralische Frage im Gewand einer Landschaftsbeschreibung zu behandeln, sei im Prinzip einer Analogie zwischen der Natur und dem menschlichen Bewußtsein zu suchen. Abrams bezieht sich auf theologische und philosophische Auffassungen der Renaissance als der Hauptquelle für die spätere Vorstellung einer *paysage moralisé*: »... der göttliche Architekt hat das Universum nach dem Gesetz der Analogie gestaltet und die Bereiche des Materiellen, des Moralischen und des Geistigen durch ein hochentwickeltes System wechselseitiger Entsprechungen miteinander in Beziehung gesetzt. ... Der planvolle Einsatz der bildlichen Sprache bei den metaphysischen Dichtern des 17. Jahrhunderts orientiert sich an der Metaphysik eines symbolisch und analogisch strukturierten Universums.«[13] Das ortsbeschreibende Gedicht des 18. Jahrhunderts, in dem »auf die Sinne bezogene Phänomene mit erbaulichen Sentenzen gekoppelt sind«, entspringt einer gewissermaßen abgeschwächten Form dieser auf die *bienséance* einer neoklassischen Rationalität reduzierten Kosmologie. Und Wasserman bezieht sich auf Psychologen des 18. Jahrhunderts, so den Lehrdichter Akenside, bei dem »die assoziative Analogie die innerlichste Beziehung zwischen dem Subjekt und dem Objekt ausdrückt«, so daß der Mensch, wie Akenside sagt, »in leblosen Dingen eine sprachlose Form seiner selbst, seiner Gedanken und Leidenschaften erblickt«.[14]

Entscheidend an Wassermans präziser Formel ist die Charakterisierung der Analogie als assoziativ, womit sie sich von einer lebendigeren Form der Analogie unterscheidet, die bei den Romantikern anzutreffen ist. Wenn man Abrams liest, hat man bisweilen den Eindruck, daß die romantischen Theorien der Einbildungskraft insgesamt den Begriff der Analogie vollkommen verwerfen und daß besonders bei Coleridge der Analogismus durch einen echten Monismus ersetzt wird. »Die Natur wird zum Gedanken und der Gedanke zur Natur gemacht«, schreibt Abrams im Zusammenhang mit Coleridge, »und zwar sowohl aufgrund ihrer ständigen Wechselwirkung als auch aufgrund ihres bruchlosen metaphorischen Zusammenhangs.«[15] Doch behauptet er nicht, ein solches »bruchloses« Verschmelzen der Sprache zur vollendeten Kontinuität werde in Wirklichkeit auf Dauer erreicht. Bei Coleridge ist die ideale Einheit, auf die sein Denken und sein Dichten ausgerichtet sind, eine Wunschvorstellung. Tatsächlich bleibt die Analogie als erkenntnistheoretische Basis der Bilder und Figuren bestehen; selbst im esoterischen Wortschatz des später verbreiteten Monismus, wie man ihn in den *correspondances* eines Baudelaire findet, wird noch der Ausdruck »universelle Analogie« verwendet.[16] Doch ist nun die Beziehung zwischen Natur und Bewußtsein viel weniger formal und mechanisch als in der Assoziationspsychologie des 18. Jahrhunderts. Demzufolge erscheinen im kritischen und bisweilen auch im dichterischen Wortschatz Begriffe, die einen innerlicheren Bezug auszudrücken vermögen als der ziemlich formale und äußerliche Begriff der Analogie. Immer häufiger erscheinen Wörter wie *affinité* oder *sympathy*. Dies ändert zwar nichts an der Grundstruktur einer immer noch auf formaler Ähnlichkeit beruhenden Beziehung zwischen Wesenheiten, die in anderer Hinsicht grundverschieden sein können. Aber die neue Terminologie zeigt doch an, daß man sich von dem formalen Problem einer Kongruenz zwischen den beiden Polen langsam abwendet und sich statt dessen mit der Frage nach der ontologischen Priorität des einen Poles über den anderen befaßt. Denn Ausdrücke wie »Affinität« oder »Sympathie« beziehen sich eher auf das Verhältnis zwischen verschiedenen Subjekten als zwischen einem Subjekt und einem Objekt. Das Verhältnis zwischen Bewußtsein und Natur wird demnach durch ein intersubjektives oder interpersonales Verhältnis ersetzt, das, genau besehen, ein Verhältnis des Subjekts zu sich selbst darstellt. Auf diese Weise wird die Frage nach der Priorität von der Außenwelt ganz in das Subjekt hinein verlagert, und es kommt zu etwas, das verdächtig einem radikalen Idealismus ähnelt. Abrams und Wasserman führen Stellen bei Coleridge und Wordsworth an, die nahelegen, daß die Romantik von einem solchen absoluten Idealismus geprägt ist. Beide zitieren folgenden Text Wordsworths: »Es war mir oft nicht möglich, von den Dingen der Außenwelt zu glauben, sie besäßen eine äußere Existenz, und ich kommunizierte mit allem, was ich sah, als sei es nicht etwas getrennt von meiner eigenen immateriellen Natur Existierendes, sondern etwas ihr Innewohnendes.« In seinem Kommentar bemerkt Wasserman dazu, Wordsworths dichterische Erfahrung strebe danach, diesen Zustand wieder einzufangen.[17]

Daß nun dem Subjekt gegenüber der Natur eine radikale Priorität zugeschrieben wird, scheint im Gegensatz zu stehen zur dichterischen Praxis der Romantiker, die ohne Ausnahme den Landschaften und den Einzelheiten der Natur eine große Bedeutung zumessen. In zahlreichen romantischen Texten finden sich Beispiele, welche die Vorherrschaft einer analogischen Einbildungskraft belegen, die davon ausgeht, daß der Natur die Priorität vor dem Bewußtsein des Ichs zukommt. Coleridge spricht zwar, an Fichte gemahnend, von der Unendlichkeit des Ichs im Gegensatz zum »notwendigerweise endlichen« Charakter der Naturgegenstände und insistiert darauf, das Ich müsse den toten Formen der Natur Leben einhauchen.[18] Doch wird diese endliche Natur hier in räumlichen Begriffen gefaßt, und die Ersetzung der zwischen Naturgegenständen herrschenden physikalischen Beziehungen durch vitale Beziehungen (und das heißt, bei Coleridge, durch intersubjektive Beziehungen) ist nicht unbedingt überzeugend. Man könnte auch behaupten, daß Coleridges Begriff einer als dynamischem Prinzip wirkenden organischen Einheit aus den Vorgängen in der Natur abgeleitet ist und nicht aus dem Ich. Wordsworth ist sich der Bedeutung dieser Frage viel klarer bewußt, wenn er dieselbe Dialektik zwischen Ich und Natur in zeitlichen Begriffen faßt. Die Naturvorgänge sind für ihn Beispiele dafür, was Goethe eine »Dauer im Wechsel« nennt, und sie bestätigen die Existenz eines überzeitlichen oder unveränderlichen Zustands als Voraussetzung für den äußeren Wandel, der nur die Oberfläche der Dinge betrifft, nicht den Kern der Natur. Daher die zahlreichen zeitlichen Paradoxa in den Naturbeschreibungen bei Wordsworth, wie beispielsweise in *The Prelude*: »... diese glänzenden Klippen / Die gleich sich bleibenden Gestalten vieler Welten, / Des himmelblauen Äthers reine Bewohner, / Diese Wälder, die dem Tod nicht zugänglich, / Die fortbestehen, so lange wie es Menschen gibt ...« Ein weiteres Beispiel: »Die unermeßliche Höhe / Absterbender, niemals dem Untergang geweihter Wälder / Das unveränderlich tosende Gischten der Wasserfälle ...«

Solch paradoxe Bilder bewegter Ewigkeit passen zur Natur, doch nicht zu einem stets in seiner Endlichkeit und Wandelbarkeit befangenen Ich. Daher besteht für das Subjekt die Versuchung, die ihm fehlende zeitliche Stabilität gewissermaßen der Natur zu entleihen und Strategien zu entwickeln, mit denen sich die Natur auf menschliche Dimensionen zurückführen läßt, ohne dabei der »unvorstellbaren Wirkung der Zeit« anheimzufallen. Dies trifft sicher für Coleridge zu, doch wirkt sich die Gefahr – ebenso unbewußt – auch bei Interpreten wie Abrams und Wasserman aus, für die Coleridges Dichtung die gelungenste Synthese darstellt und die seine Dialektik zwischen Objekt und Subjekt für einen Modellfall romantischer Bildsprache halten. Doch verstrickt dies die Interpreten in einen ständigen Widerspruch. Einerseits müssen sie dem Objekt die Priorität zuerkennen, weil diese Priorität von jeder organischen Konzeption der Sprache impliziert wird. So schreibt Abrams: »Die besten romantischen Landschaftsbetrachtungen manifestieren alle, Coleridges Beispiel folgend, eine Transaktion zwischen Subjekt und Objekt, bei der das Denken all das in sich aufnimmt und explizit macht, was in der äußeren Szenerie bereits implizit gegeben ist.«[19] Dies führt ohne Zweifel zur Priorität der äußeren Natur und beschränkt so die Tätigkeit des Bewußtseins auf die Interpretation des bereits in der Natur Gegebenen. Doch stammt die eben zitierte Stelle aus dem gleichen Abschnitt wie jene, in der Abrams Texte von Coleridge und Wordsworth zitiert, die dem Subjekt eine absolute Priorität einräumen. Der Widerspruch ist ohne Ausweg. Was sollen wir jetzt glauben? Ist die Romantik ein subjektiver Idealismus, so daß sie sich den Solipsismusvorwürfen, die eine von Hazlitt bis zu den heutigen Strukturalisten reichende Reihe von *démystificateurs* an sie richtet, letztlich nicht entziehen kann? Oder ist sie im Gegenteil dazu, wie Wimsatt zu denken scheint, eine durch die extreme Abstraktion der Aufklärung bedingte Rückkehr zur Natur, doch eine Rückkehr, die sich unsere urbanisierte und entfremdete Welt nur in Form eines Heimwehs nach einer unerreichbaren Vergangenheit vorstellen kann? Wassermans Denken führt in die gleiche Sackgasse. Für ihn stellt Wordsworth die äußerste Form eines absoluten Subjektivismus dar, den Gegenpol zu der fast shakespearisch objektiven Dichtung der stofflichen Wahrnehmung eines Keats; die Synthese zwischen diesen beiden Polen findet sich für ihn bei Coleridge. Doch der Text, der beweisen soll, daß Coleridge fähig ist, das zu versöhnen, was Wasserman »die phänomenale Welt des Verstandes und die noumenale Welt der Vernunft« nennt[20], ist gerade ein Text, in dem Coleridge die Kategorie des Objekts einfach durch ein anderes Subjekt ersetzt und so die Beziehung zwischen Ich und Welt auf ein rein intersubjektives Schema reduziert: »Um das Objekt mit uns eins werden zu lassen, müssen wir mit dem Objekt eins werden – also zu einem Objekt werden. Also muß das Objekt selbst ein Subjekt sein – aufs Einzelne gesehen ein Lieblingshund, dem Prinzip nach ein Freund, aufs Ganze gesehen Gott, *der* Freund.«[21] Wordsworth hätte eine theozentrische Beziehung niemals solcherart auf eine intersubjektive Beziehung reduziert.

Man kann sich fragen, ob die Verwirrung im Kopf der Literaturwissenschaftler entstanden ist oder ob sie eine Unsicherheit im Geist der Dichter selbst widerspiegelt. War die romantische Dichtung tatsächlich in einem vom 18. Jahrhundert ererbten Analogismus befangen, hat sie sich so in die Widersprüche einer Pseudo-Dialektik zwischen Objekt und Subjekt verstrickt? Nach verschiedenen Kommentatoren verhält es sich tatsächlich so.[22] Bevor wir ihnen folgen, sollten wir uns vergewissern, ob unsere Voraussetzung, bei der Interpretation des romantischen Bilds als Spannungsfeld zwischen Subjekt und Objekt handele es sich um das zentrale Problem der Romantik, überhaupt richtig ist. Wir dürfen nämlich nicht vergessen, daß diese Dialektik mit der sogenannten Vormachtstellung des Symbols als Hauptmerkmal der romantischen Dichtung entstanden ist, und gerade diese Vormachtstellung muß ihrerseits in Frage gestellt werden.

Zu diesem Zweck ist es vielleicht nützlich, einen Augenblick lang den Bereich der englischen Romantik zu verlassen und die französische Literatur der gleichen Epoche zu betrachten. Dort haben sich die romantischen Elemente mit Rousseau besonders früh manifestiert; zudem hat Lockes Erbe in Frankreich nicht einmal bei einem Condillac jenen absoluten Grad von Automatismus hervorgebracht, gegen den sich Coleridge und Wordsworth auflehnen mußten, um sich dem Einfluß Hartleys zu entziehen. Die Kontinuität des Analogiebegriffs, der sich auf eine Gleichförmigkeit von physischer und moralischer Welt beruft, erscheint hier einfacher und klarer. Wir wollen uns auf ein einziges Beispiel beschränken. In seinem 1777 veröffentlichten Werk *De la composition des paysages sur le terrain* beschreibt der Marquis de Girardin eine ausdrücklich als »romantisch« bezeichnete Landschaft, die sich aus dunklen Wäldern, Schneebergen, einem kristallklaren See und einer Insel zusammensetzt, auf der ein *ménage rustique* in einer glücklichen Verbindung von Einsamkeit und Geselligkeit zwischen Wasserfällen und Bächen ein idyllisches Leben führt. Die Szene wird auf folgende Weise kommentiert: »Solche Situationen sind es, die einen die ganze Kraft der Analogie zwischen den Reizen der Natur und den moralischen Empfindungen spüren lassen.«[23] Ähnliche Zitate lassen sich in der gleichen Epoche in großer Zahl finden, sie alle verwenden eine Sprache, die die materielle Gestalt der Landschaft wie die seelische Gestimmtheit des Betrachters evoziert, und drücken damit die große Nähe zwischen der Natur und dem sie betrachtenden Bewußtsein aus.

Literaturhistoriker und Interpreten haben in dieser engen Verbindung von Natur und Bewußtsein einen Hauptzug des romantischen Stils gesehen. »Häufig werden die äußere und die innere Welt so gründlich ineinander verwoben«, bemerkt Daniel Mornet, »daß nichts mehr die von den Sinnen wahrgenommenen Bilder von den Chimären der Einbildungskraft unterscheidet.«[24] Auch in unserer Zeit wird dieses Ineinander von Naturgeschehen und Gefühlen, Gedanken und Stimmungen betont.[25] Diese Auffassung ist eng verwandt mit dem, was wir in der angelsächsischen Literaturwissenschaft gefunden haben. Es wird gleicherweise auf der analogischen Einheit zwischen Natur und Bewußtsein insistiert; auch wird dem Symbol als sprachlicher Einheit, in der sich die Synthese von Objektivem und Subjektivem vollzieht, dieselbe Vormachtstellung eingeräumt; wir finden die gleiche Tendenz, der Natur Eigenschaften zuzuschreiben, die zum Bewußtsein gehören, und sie organisch in bezug auf ein Zentrum zusammenzufügen, das für die Dinge der Natur die gleiche Funktion hat wie die Identität des

Ichs für das Bewußtsein. In den französischen Studien über die Zeit von Rousseau bis zur Gegenwart könnte man ähnliche Gegensätzlichkeiten wie in der amerikanischen Forschung über die Romantik hervorheben, Gegensätzlichkeiten, die auf einer Pseudo-Priorität des Subjekts beruhen; in Wirklichkeit bezieht dieses Subjekt die ihm selbst fehlende zeitliche Stabilität aus der Natur.

Der historische Ursprung dieser Problematik läßt sich jedoch für die französische Romantik leichter definieren als für die englische. In der Literaturgeschichte wird immer wieder auf ganz bestimmte Werke hingewiesen, in denen die auf einer gegenseitigen Durchdringung von Beobachtung und Leidenschaft beruhende symbolische Sprache eine Vormachtstellung zu erobern beginnt, die sie bis in unsere Zeit nicht mehr aufgegeben hat. Unter diesen Werken wird am häufigsten Rousseaus Roman *La Nouvelle Héloïse* genannt. Dieser Text bildet die Basis von Daniel Mornets bereits zitiertem Werk über die Naturempfindung im Frankreich des 18. Jahrhunderts. Neuere Studien, so eine 1960 erschienene Arbeit von Robert Mauzi[26], schreiben Rousseaus Roman den gleichen bestimmenden Einfluß zu: »Wenn man *Cleveland* und *La Nouvelle Héloïse* kennt, so bleibt einem, was das 18. Jahrhundert angeht, nur noch wenig zu entdecken«, sagt Mauzi in seinem Vorwort.[27] Für die Überprüfung der in der Literaturwissenschaft fast einmütigen Überzeugung, das Entstehen der Romantik falle mit dem Entstehen des symbolischen Stils zusammen, gibt es demnach kein geeigneteres Werk als *La Nouvelle Héloïse*.

Den Interpreten dieses Briefromans fällt es außerordentlich leicht, Textstellen anzuführen, die eine wechselseitige Entsprechung zwischen einem Seelenzustand und dem äußeren Aspekt der Natur ausdrücken. Man denke z. B. an die berühmte Stelle des vierten Teils, wo Saint-Preux in Gesellschaft der nun tugendhaften Ehegattin Julie die »Meillerie« besucht, eine verlassene Gegend am Nordufer des Genfersees, der Ort, von dem aus er die ihr gemeinsames Schicksal besiegelnden Briefe geschrieben hatte. Rousseau betont, daß die »einsame Stätte«, die er beschreibt, »ein gar wilder, öder Ort« sei, »aber dafür voll von Schönheiten jener Art, an denen nur empfängliche Seelen ein Wohlgefallen finden und die auf alle Übrige einen grauenvollen Eindruck machen.«[28] Hier spielt sicher eine polemische Anspielung auf den Geschmack der Zeit mit; auch andere Stellen zeigen den Übergang von den im 18. Jahrhundert beliebten idyllischen Landschaften, wie wir sie noch bei Girardin finden, zu den dunklen und gequälten Szenen, die später bei MacPherson dominieren. Doch ist diese polemische Auseinandersetzung mit dem Zeitgeschmack nur Beiwerk, Rousseaus eigentliche Absicht weist in eine andere Richtung. Gewiß basieren die poetischen und dramatischen Effekte des Textes auf der inneren Harmonie zwischen Landschaft und Empfindung. Durch das Spiel von Licht und Schatten wird auf die wiedererwachende sinnliche Leidenschaft hingewiesen, die eine zerbrechliche, teuer erkaufte Ruhe zu stören droht, und zwar in einer Umgebung, aus der die Szene ihre dramatische Kraft gewinnt; der Analogismus des Stils steht in enger Beziehung zur sinnlichen Intensität der Leidenschaft. Doch sollte uns dies nicht die thematische Funktion des betreffenden Briefes übersehen lassen, der das Moment der Versuchung und des beinahe fatalen Rückfalls in den überwundenen Irrtum repräsentiert. Dieser Irrtum wird durch den allgemeinen Kontext des Romans verdammt, und zwar ganz eindeutig.

In diesem Zusammenhang ist die Tatsache, daß Rousseau diese Landschaft »einsam«, »wild« und »öde« nennt, von besonderer Bedeutung und lädt zum Vergleich mit anderen Landschaften ein, die nicht den Irrtum, sondern die mit der Person von Julie verbundene Tugendhaftigkeit versinnbildlichen. Das zentrale Bild des Romans ist keine Wüste, sondern ein Garten; es ist der Garten, den Julie selbst auf dem Gut in Clarens angelegt hat und der im Roman als metaphorische Darstellung der »schönen Seele« dient. Wir möchten nun wissen, ob dieses im elften Brief des vierten Teils beschriebene Elysium auf der gleichen Beziehung zwischen Subjekt und Objekt beruht wie jene Landschaft, von der Thema und Stil der Meillerie-Episode bestimmt sind.

Hierzu ist ein Blick auf die Quellen aufschlußreich, an denen sich Rousseau für die Beschreibung des Gartens inspirierte. Daniel Mornet, dem sich Robert Mauzi und der letzte Herausgeber des Romans in der Bibliothèque de la Pléiade, Bernard Guyon, anschließen, betont in seinem kritischen Kommentar[29], daß sich Rousseau vor allem an den sogenannten Englischen Gärten orientierte, die schon einige Zeit vor ihm sehr in Mode gekommen waren. Einen Gemeinplatz des Zeitgeschmacks aufnehmend verdammt Rousseau die übertriebene Symmetrie eines Le Nôtre als »Feindin der Natur und der Abwechslung«.[30] Doch ist die »Natur« des Gartens keineswegs das Hauptthema des Briefes; vom Beginn seiner Beschreibung an teilt uns Rousseau mit, daß das »Natürliche« des Gartens auf seiner außerordentlich künstlichen Anlage beruht und daß diese Gartenlaubenromantik ganz durch die Kunst und nicht durch die Natur bedingt ist. »Ja wol«, läßt Rousseau Julie sagen, »die Natur hat ⟨in diesem Garten⟩ Alles gethan, aber unter meiner Leitung, und es ist nichts da, was ich nicht angeordnet hätte.«[31] Diese Aussage sollte unsere Aufmerksamkeit auf die literarischen Quellen lenken, die Mornet, der sich nur um die äußere Geschichte des Geschmacks kümmerte, übersehen hat.

Wenn wir uns auf die ausdrücklichen Hinweise beschränken, die sich im Text finden, so weist der Vergleich mit einer einsamen Insel, auf der keines Menschen Fußspur zu entdecken ist[32], auf Rousseaus Lieblingsroman hin, den einzigen, den er für die Erziehung Emiles geeignet hält, nämlich Defoes *Robinson Crusoe*. Des weiteren findet man in dem der Beschreibung von Julies Elysium unmittelbar vorausgehenden Brief eine direkte Anspielung auf den *Roman de la Rose*.[33] Zwischen den beiden genannten Werken scheint auf den ersten Blick kein Zusammenhang zu bestehen, doch sind sie in Wirklichkeit für die uns hier beschäftigende Frage sehr aufschlußreich. Es ist bekannt, daß der Roman *Julie* seinen Untertitel »La Nouvelle Héloïse« diesem mittelalterliche Text verdankt, der 1735 neu herausgegeben wurde und zu Rousseaus Zeit sehr verbreitet war. Der Einfluß des Rosenromans geht aber noch weiter. So ist die Ähnlichkeit zwischen Julies Garten und dem Garten der Liebesfreuden im ersten Teil der Dichtung von Guillaume de Lorris ganz offensichtlich. Alle von Rousseau beschriebenen Einzelheiten finden im mittelalterlichen Text ihre Entsprechung: der geschlossene und einsame Raum der Zufluchtsstätte; das nur den wenigen Besitzern des Schlüssels zum Gittertor reservierte besondere Privileg; das traditionelle Verzeichnis der Naturerscheinungen – eine Aufzählung der Blumen, Bäume, Früchte, Düfte, vor allem der Vögel, die in der Beschreibung ihres Gesanges gipfelt.[34] Am aufschlußreichsten ist die entscheidende Bedeutung, die dem Wasser zukommt, den Brunnen und Teichen, die in *Julie* und im *Roman de la Rose* nicht von der Natur, sondern vom erfinderischen Geist der Bewohner des Gartens überwacht werden.[35] Wir haben hier keine Beobachtung und auch nicht den Ausdruck eines persönlichen Seelenzustandes vor uns, sondern eine einfache Allegorie. Es besteht gar kein Zweifel, daß Rousseau alle Einzelheiten von der mittelalterlichen Quelle, einer der bekanntesten Versionen des traditionellen Topos des Liebesgartens, übernommen hat.

In stilistischer Hinsicht unterscheidet sich diese zentrale Szene der *Nouvelle Héloïse* vollkommen von der ab Chateaubriand in der französischen Romantik dominierenden deskriptiven und metaphorischen Sprache. Es handelt sich um eine rein bildliche Sprache, die nicht auf der Beobachtung, aber noch weniger auf einer Dialektik zwischen Natur und Bewußtsein beruht. Die Behauptung Julies – »es ist nichts da, was ich nicht angeordnet hätte« –, ihre Fähigkeit, die Natur zu beherrschen und zu kontrollieren, ist das passende Bild für eine Sprache, die sich für ihre eigenen Zwecke willkürlich der äußeren Welt bedient, und zwar in völligem Gegensatz zu dem, was in der Meillerie-Episode geschieht. Dort verschmilzt nämlich die Sprache die parallelen Bewegungen von Natur und Leidenschaft zu einer einzigen Bewegung. Und doch ist für Rousseau die Sprache des Gartens von Clarens die Sprache der Wahrheit, jene der Meillerie aber die Sprache des Irrtums.

Im ersten Teil des *Roman de la Rose* steht der Gebrauch der bildlichen Sprache zu der schwärmerischen Behandlung erotischer Themen keinesfalls in Widerspruch; im Gegenteil, die erotische Funktion der Allegorie ist offensichtlich. In der *Nouvelle Héloïse* hingegen ergibt sich aus dem Vorherrschen einer Ethik des Verzichts ein moralisches Klima, das sich von dem Guillaume de Lorris' vollkommen unterscheidet. Nun ist zwar das Thema des Verzichts bei Rousseau alles andere als einfach und eindeutig, und es darf bestimmt nicht als eine puritanische Ablehnung der sinnlichen Welt verstanden werden. Aber trotzdem läßt sich sagen, daß die mittelalterliche Quelle und die Quelle aus dem 18. Jahrhundert eher im Gebrauch der allegorischen Redeweise übereinstimmen als in einer Sprache der analogischen Entsprechungen. Neuere Studien über Defoe, so George A. Starrs *Defoe and Spiritual Autobiography* (Princeton 1965) und J. Paul Hunters *The Reluctant Pilgrim* (Baltimore 1966), haben die bis dahin vorherrschende Neigung, in Defoe vor allem einen der Schöpfer der »realistischen« Sprache des 19. Jahrhunderts zu sehen, einer Revision unterzogen und die Bedeutung des im Puritanismus verwurzelten religiösen Elements freigelegt, durch das sich Rousseau besonders angesprochen fühlte. Paul Hunter hat klar nachgewiesen, daß Defoe die Naturlandschaften als allegorische Figuren auffaßt und nicht einfach als Beschreibungen. So sind Defoes Gärten bei weitem nicht der natürliche Rahmen einer realistischen Handlung, sondern stilisierte Figuren, in Struktur und Einzelheiten den Gärten des *Roman de la Rose* sehr ähnlich. Doch kommt ihnen vorwiegend eine ethische Funktion zu, nämlich die einer Erlösung und einer Reinigung: »Defoes Garten ist kein ... Paradies, wie es Adam und Eva vor dem Sündenfall bewohnten, sondern eher ein irdisches Paradies in posse, denn Crusoe ist ein Mensch, der sich mühen und plagen muß, um sein Land zu kultivieren.«[36] Das gleiche Klima von Tugend, Arbeit und Leiden ist in Julies Garten gegenwärtig und bestätigt, in welchem Grad die Szene der protestantischen Allegorie-Tradition verpflichtet ist, deren englische Ausprägung, die ihren Höhepunkt in Bunyans *The Pilgrim's Progress* erreichte, Rousseau auf verschiedenen Wegen beeinflußt hat, so z. B. über Defoe. Insofern jede dieser beiden Quellen auf einer allegorischen und nicht symbolischen Konzeption der Sprache beruht, verlieren durch ihre stilistische Ähnlichkeit alle sonst beträchtlichen Unterschiede an Relevanz. Nicht aus der Differenz zwischen der Sinnlichkeit der mittelalterlichen Quelle und dem Puritanismus des neuzeitlichen Textes erwächst die hier entscheidende Spannung, sondern aus der Differenz zwischen der allegorischen Sprache einer Szene wie jener des Julieschen Elysiums und der symbolischen Sprache einer Episode wie jener der Meillerie. Der moralische Kontrast zwischen den beiden Stellen repräsentiert in paradigmatischer Form den Konflikt, auf dem die Handlung des Romans beruht. Dieser Konflikt wird schließlich gelöst durch einen klarsichtigen und kontrollierten Verzicht auf die mit dem Kult des Augenblicks verbundenen Werte, und dieser Verzicht führt zu einem Überwiegen des allegorischen Stils über den symbolischen. Ohne die gleichzeitige Präsenz beider metaphorischer Ausdrucksarten könnte der Roman nicht auskommen; er könnte auch nicht zu seinem Schluß gelangen, wenn nicht ausdrücklich die Allegorie die Priorität über das Symbol erhielte.

Die Interpreten der *Nouvelle Héloïse* haben im allgemeinen die allegorischen Elemente nicht gesehen; erst seit neuerem beginnt man sich Rechenschaft darüber abzulegen, wie falsch das landläufige Bild von Rousseau als »primitiviste« oder »naturaliste« ist. Diese falschen Ansichten, die in sich sehr bezeichnend und aufschlußreich sind, sperren sich mit großer Hartnäckigkeit gegen eine Korrektur; es wird dabei ersichtlich, wie sehr eine solche Korrektur den unbesehen übernommenen Auffassungen über das Wesen und die Ursprünge der europäischen Romantik zuwiderläuft.

Denn wenn die Dialektik zwischen Subjekt und Objekt nicht die Haupterfahrung des sogenannten romantischen Bewußtseins bezeichnet, sondern nur ein besonderes Moment in der Entwicklung dieses Bewußtseins, und wenn – was noch bedeutend mehr ins Gewicht fällt – dieses Moment nur negativ ist und überschritten werden muß, dann ändert sich die ganze Perspektive dieses philosophischen und historischen Problems. Ähnliche allegorisierende Tendenzen finden sich nämlich nicht nur bei Rousseau, sondern in der ganzen europäischen Literatur zwischen 1760 und 1800, allerdings in einer wesentlich anderen Form. Dabei handelt es sich keineswegs um aus dem Barock- oder dem Rokoko-Stil übernommene Äußerlichkeiten; diese allegorisierenden Tendenzen erscheinen vielmehr an den wichtigsten und tiefsten Stellen der Werke, nämlich dann, wenn sich die Stimme eines authentischen Subjekts vernehmen läßt. Die Historiker der englischen Romantik sehen sich durch die Natur der Dinge genötigt, die Allegorie zu erwähnen, obwohl diese für sie oft nur ein zweitrangiges Problem darstellt. Wimsatt stößt im Zusammenhang mit Blake darauf; er zitiert zwei kurze Gedichte, *To Spring* und *To Summer*, und schließt den folgenden Kommentar an: »Blakes Ausgangspunkt ... ist dem von Wordsworth oder Byron ganz entgegengesetzt, denn er geht nicht von der Landschaft aus, sondern von einem personifizierten oder allegorisierten Geist. Trotzdem nimmt dieser Geist, wenn er sich den ›westlichen Inseln‹ nähert, gewisse entschieden terrestrische Züge an ... Diese frühen romantischen Dichter sind Beispiele dafür, wie die biblische, klassische und renaissancistische Tradition der Allegorie in der romantischen Form eines Naturalismus der Landschaft weiterlebt – so wie die Züge von Frühling und Sommer mit den Zügen der Landschaft, mit der sie in Berührung kommen, auf je eigene Art verschmelzen.«[37] Eher noch als diese Kontinuität zwischen Allegorie und romantischer Naturdarstellung zeigt uns das Beispiel Rousseaus, daß es sich um eine Wiederentdeckung einer allegorischen Tradition handelt, die weiter zurückreicht als bis zur sensualistischen Analogielehre des 18. Jahrhunderts; ja, daß es sich um eine Wiederentdeckung handelt, welche – keineswegs spontan und leicht – die Diskontinuität eines Verzichts und sogar eines Opfers miteinschließt. Abrams, der vom deskriptiven Gedicht des 18. Jahrhunderts ausgeht, ist in historischer Hinsicht präziser; nachdem er die thematische Ähnlichkeit zwischen der romantischen Lyrik und dem metaphysischen Gedicht des 17. Jahrhunderts hervorgehoben hat, schreibt er: »Es besteht ein sehr auffälliger und bezeichnender Unterschied zwischen der romantischen Lyrik und der Naturbetrachtung des 17. Jahrhunderts ... ⟨Im 17. Jahrhundert⟩ war der thematisierte Ort keine besondere Lokalität, und er mußte auch nicht dem Sprecher vor Augen sein. Es handelte sich bei ihm vielmehr um eine typische Szenerie, die gemeinhin ... der Vorstellungskraft vor Augen gerufen wurde, um den Denkprozeß über analogische Entsprechungen in Gang zu setzen und zu lenken, deren Interpretation durch eine überkommene Typologie starr geregelt war.«[38] Der Unterschied zwischen der Dichtung des 17. Jahrhunderts und jener des ausgehenden 18. Jahrhunderts wird in der entscheidenden Rolle gesehen, die dem geographischen Ort zukommt: Er ist das Bindeglied zwischen der Sprache der Dichtung und der empirischen Erfahrung des Lesers. Doch wenn man die Entwicklung eines sogar auch geographisch so konkreten Dichters wie Wordsworth betrachtet, so strebt die Bedeutung des Lokalen nach Ausdehnung und möchte einen Sinn umfassen, der nicht mehr durch den Horizont eines gegebenen Ortes im engeren Sinne des Wortes begrenzt wird. Die Bedeutung der Gegend wird oft durch eine Reihe von räumlichen Doppeldeutigkeiten problematisch, so daß man am Schluß nicht mehr einen spezifischen Ort, sondern nur mehr einen Namen vor sich hat, nach dessen geographischer Existenz zu fragen sinnlos geworden ist. Über die geographische Lokalisierung eines solchen metaphorischen Objekts – es handelt sich dabei um einen Fluß – schreibt Wordsworth: »Und der Geist der Antwort ⟨auf die Frage, worein der Fluß wohl münde⟩ muß besagen – wenn das Wort auch See oder Ozean heißen mag und vielleicht sogar noch von einem aus einer Landkarte oder von dem wirklichen Naturgegenstand her gewonnenen Bild begleitet wird, so ist dies doch allemal nur der *Buchstabe* der Antwort – ihr *Geist* hingegen muß unausweichlich besagen: ein grenzenloser Behälter jenseits aller Abmessungen, nichts weniger als die Unendlichkeit.«[39] Solche Stellen bei Wordsworth wie die Alpenüberquerung, die Besteigung des Mount Snowdon am Ende von *The Prelude* oder auch weniger erhabene Texte wie die Gedichtfolge über den Fluß namens Duddon dürfen nicht mehr der Tradition des ortsbeschreibenden Gedichts des 18. Jahrhunderts zugeschrieben werden. In der Terminologie Abrams' können wir sagen, daß solche Texte nicht mehr von der Wahl eines bestimmten Ortes abhängen, sondern daß sie durch eine »überkommene Typologie« kontrolliert werden, genau wie im Fall der Gedichte des 16. und 17. Jahrhunderts – mit dem Unterschied jedoch, daß die Typologie nicht mehr genau die gleiche ist und daß der Dichter, manchmal nach langem inneren Ringen, auf die Verführungskraft und den poetischen Effekt eines symbolischen Stils Verzicht leistete.

Ob in Form eines ethischen Konflikts, wie in der *Nouvelle Héloïse*, oder in Form einer Allegorisierung der geographischen Landschaft, wie bei Wordsworth, immer entspricht das Vorherrschen der Allegorie über das Symbol der Enthüllung eines eigentlich zeitlichen Schicksals. Diese Enthüllung vollzieht sich in einem Subjekt, das versucht hatte, sich der Einwirkung der Zeit zu entziehen, indem es in der ihm in Wahrheit ganz unähnlichen, in nichts entsprechenden Welt der Natur eine Zuflucht suchte. Das säkularisierte Denken der vorromantischen Zeit erlaubt nicht mehr, die Antinomien zwischen der geschaffenen Welt und dem Schöpfungsakt durch einen positiven Rückgriff auf den göttlichen Willen zu transzendieren. Diese Unmöglichkeit manifestiert sich unter anderem in dem Mißerfolg jeglichen Versuchs, eine Sprache zu schaffen, die symbolisch und allegorisch zugleich wäre, in der Unterdrückung, welche die Ebenen des Analogischen und des Anagogischen in der Allegorie zwangsläufig erfahren. In der Welt des Symbols wäre es möglich, daß Bild und Substanz zusammenfallen, denn die Substanz und ihre Darstellung unterscheiden sich in dieser Sprache nicht seinsmäßig, sondern nur ausdehnungsmäßig, beide sind Teil und Ganzes desselben Kategoriengefüges. Ihre Beziehung ist eine Beziehung der Simultaneität, welche im Grunde räumlicher Natur ist und in der die Zeit nur eine kontingente Rolle spielt. In der Welt der Allegorie hingegen ist die Zeit die ursprünglich konstitutive Kategorie. Die Beziehung zwischen dem allegorischen Zeichen und seiner Bedeutung (signifié) ist nicht dogmatisch festgeschrieben; in den soeben betrachteten Beispielen aus den Werken Rousseaus und Wordsworths ist dies keineswegs der Fall. Es handelt sich hier vielmehr um eine Beziehung zwischen Zeichen, wo der Bezug der Zeichen auf ihre jeweiligen Bedeutungen nebensächlich geworden ist. Aber diese Beziehung zwischen Zeichen enthält zwangsläufig ein für sie konstitutives zeitliches Element; damit eine Allegorie zustande kommt, ist es notwendig, daß das allegorische Zeichen auf ein anderes, ihm voraufgehendes Zeichen Bezug nimmt. Die vom allegorischen Zeichen konstituierte

Bedeutung kann daher nur in der *Wiederholung* (im Sinne Kierkegaards) eines vorgängigen Zeichens bestehen, mit dem das allegorische Zeichen niemals identisch werden kann, da das Wesen dieses vorgängigen Zeichens sich in reiner Vorgängigkeit verhält. Die säkularisierte Allegorie der Frühromantiker enthält daher ein negatives Moment, das sich bei Rousseau als Moment der Entsagung, bei Wordsworth als Moment der Preisgabe des Ichs im Tode oder im Irrtum darstellt.

Während das Symbol die Möglichkeit einer Identität oder Identifikation postuliert, bezeichnet die Allegorie in erster Linie eine Distanz in bezug auf ihren eigenen Ursprung, und indem sie dem Wunsch und der Sehnsucht nach dem Identischwerden entsagt, richtet sie sich als Sprachform in der Leere dieser zeitlichen Differenz ein. Damit bewahrt sie das Ich vor einer illusionären Identifikation mit dem Nicht-Ich, das nun erst, wenn auch unter Schmerzen, ungeschmälert als Nicht-Ich erkannt wird. Und genau diese schmerzliche Erkenntnis artikuliert sich, wenn die frühromantische Literatur zu ihrer eigentlichen Stimme findet. Es liegt eine tiefe, entlarvende Ironie darin, daß diese Stimme so selten als das erkannt wird, was sie in Wirklichkeit ist, und daß man die literarische Bewegung, in der sie sich artikuliert, immer wieder der Verherrlichung primitiver Natürlichkeit verdächtigte oder für einen mystifizierten Solipsismus hielt. Die Autoren, von denen wir sprechen, haben häufig genug ihre theologischen und philosophischen Quellen selbst hinlänglich deutlich gemacht, aber man hat zu wenig auf die komplexe und kontrolliert eingesetzte Vielzahl von literarischen Anspielungen geachtet, mit denen zum Beispiel Rousseau in der *Nouvelle Héloïse*, und zwar hauptsächlich über Petrarca, eine Verbindung zu seinen Augustinischen Quellen herstellt.

So sind wir schließlich auf ein historisches Schema gestoßen, das von der gängigen Auffassung ganz verschieden ist. Die dialektische Beziehung zwischen Subjekt und Objekt wird nicht mehr als Kernvorstellung des romantischen Denkens angesehen, diese Dialektik wird vielmehr restlos zu einem Moment der zeitlichen Beziehungen gemacht, die es innerhalb eines Systems von allegorischen Zeichen gibt. Sie wird zu einem Konflikt zwischen einer Ichvorstellung, die das Ich in seiner ihm eigentlichen problematischen Eingespanntheit in die Zeitlichkeit begreift, und einer defensiven Strategie, die sich dieser negativen Selbsterkenntnis zu entziehen sucht. Auf der Ebene der Sprache ist die im 19. Jahrhundert so häufig behauptete Vorrangstellung des Symbols über die Allegorie nur eine der Erscheinungsformen dieser hartnäckigen Selbsttäuschung. Große Bereiche der europäischen Literatur des 19. und 20. Jahrhunderts müssen im Hinblick auf die im letzten Viertel des 18. Jahrhunderts zutage geförderten Wahrheiten als rückschrittlich erscheinen. Denn die Hellsichtigkeit der Dichter, die der Romantik den Weg bereiteten, war nicht von Dauer. Bald schon sieht man sich überall eine symbolische Konzeption der metaphorischen Sprache durchsetzen, und zwar trotz der in der ästhetischen Theorie und der dichterischen Praxis bestehenbleibenden Doppeldeutigkeiten. Ein ungetrübtes Dasein wird dieser symbolische Stil jedoch nie haben; da er ein Schleier ist, den man über ein Licht geworfen hat, das man nicht mehr wahrnehmen möchte, wird er niemals mit gutem dichterischen Gewissen Anwendung finden.

II. Ironie

Etwa zur gleichen Zeit, als sich die Spannung zwischen Symbol und Allegorie in den Werken und den theoretischen Spekulationen der Frühromantiker Ausdruck verschafft, zieht auch das Problem der *Ironie* mehr und mehr die Aufmerksamkeit auf sich. Dabei kommt es vor, daß sich ein Interesse an den figuralen Aspekten der Sprache, das sich vor allem des hartnäckigen Fortbestehens allegorischer Sprachformen bewußt ist, mit einem theoretischen Interesse an der »Ironie« genannten Trope als solcher verbindet. Das ist allerdings bei weitem nicht immer der Fall. Als mögliche Beispiele eines romantischen Allegorisierens haben wir Rousseau und Wordsworth zitiert und auch Hölderlin angeführt; diese Dichter machen jedoch auf ganz auffällige Weise von der Ironie keinen Gebrauch. Bei anderen scheint hingegen das in der Geschichte der Rhetorik stets vorhandene implizite und ziemlich rätselhafte Bindeglied zwischen Allegorie und Ironie seine Macht zu beweisen. Beispiele dafür sind der bereits erwähnte Hamann[40] sowie natürlich Kierkegaard; auch zählen Friedrich Schlegel, Friedrich Solger und E.T.A. Hoffmann, um nur deutsche Namen zu nennen, ganz zweifellos dazu. Sie alle entwickeln mehr oder weniger systematisch eine Theorie der figuralen Sprache, in deren Zentrum ausdrücklich die Allegorie steht, und zugleich widmen sie alle ihre

Aufmerksamkeit vorrangig der Ironie. Unter ihnen gilt Friedrich Schlegel als der wichtigste Theoretiker der romantischen Ironie. Daß er auch von dem Problem des metaphorischen Sprechens gefesselt und nicht wenig irritiert war, wird sowohl aus vielen seiner *Fragmente* deutlich als auch aus den Änderungen, die er zwischen 1800 und 1823 an den Ausgaben seiner Schriften vornahm.[41] Eine ähnliche Parallele zwischen dem Problem der Allegorie und dem der Ironie ist sicher auch bei Solger festzustellen, der die Ironie zur grundlegenden Form aller Literatur erhebt und zwischen Symbol und Allegorie bezeichnenderweise mittels einer Dialektik von Identität und Differenz unterscheidet.[42]

Dennoch wird in dieser Zeit die Verbindung und die Unterscheidung von Allegorie und Ironie niemals zu einem für sich allein Geltung beanspruchenden Untersuchungsgegenstand. Selten versucht man eine schärfere Definition zu gewinnen, die doch, besonders im Fall der Ironie, dringend nötig wäre. Es reicht ganz offensichtlich nicht, auf die deskriptive Tradition der Rhetorik zurückzugreifen, die von Aristoteles bis zum 18. Jahrhundert die Ironie als eine Redeweise definiert, »die eines sagt und etwas anderes meint«, oder, ihren Kontext noch restriktiver fassend, Ironie als »Tadel-durch-Lob und Lob-durch-Tadel« bestimmt.[43] Diese Definition verweist auf eine Ironie und Allegorie gemeinsame Struktur, da in beiden Fällen die Beziehung zwischen Zeichen und Bedeutung diskontinuierlich ist und ein äußeres Prinzip vorausgesetzt wird, welches bestimmt, wo und wie die Fäden der Beziehung zusammenzuknüpfen sind. In beiden Fällen verweist das Zeichen auf etwas, das von seiner wörtlichen Bedeutung abweicht, und in beiden Fällen hat es die Aufgabe, diesen Unterschied zu thematisieren. Aber dieser wichtige strukturelle Aspekt eignet sich auch zur Beschreibung der figuralen Sprache generell; jedenfalls ermangelt er der Genauigkeit eines Unterscheidungsmerkmals. Geistesgeschichtlich gesehen stellt sich die Beziehung zwischen Allegorie und Ironie als der zufällige und offenbar kontingente Sachverhalt dar, daß es Autoren gibt, die sich mit beiden Formen auseinandergesetzt haben. Dieser empirische Sachverhalt bedarf jedoch einer ins Allgemeine gehenden theoretischen Interpretation.

Das Problem wird komplexer, aber auch etwas konkreter, berücksichtigt man zusätzlich die Verbindung zwischen einem Interesse an der Ironie und der Entwicklung des modernen Romans.

Viele kritische Abhandlungen bekunden diese Verbindung, entsprechendes findet sich bei Goethe und bei Friedrich Schlegel wie auch, in neuerer Zeit, bei Lukács und in strukturalistischen Untersuchungen zur narrativen Form. Die Ironie und der Roman scheinen so stark zusammenzuhängen, daß man sich beinahe versucht fühlt, Lukács beizupflichten, der den Roman zum Äquivalent der Ironie in der Geschichte der literarischen Gattungen macht. Es gab schon immer die Möglichkeit, die Trope so auszuweiten, daß auch längere narrative Strukturen unter ihren Begriff fallen. In der *Institutio* beschrieb Quintilian die Ironie als eine Redeform, die in der Lage sei, ihre bestimmte Färbung einem ganzen Vortrag zu verleihen, dessen Ton der eigentlichen Situation oder sogar, wie bei Sokrates, dem gesamten Leben nicht entspricht.[44] Von der lokalisierten Trope zum ausgedehnten Roman überzugehen muß verlokkend erscheinen, wenn sich auch die wechselseitige Beziehung zwischen Ironie und Roman alles andere als einfach gestaltet. Selbst eine oberflächliche und im Empirischen verbleibende Betrachtung der Literaturgeschichte zeigt deren Komplexität. Daß um 1800 die theoretische Einsicht in das Wesen der Ironie zunahm, hat mit der Entwicklung des Romans im 19. Jahrhundert zunächst einmal nichts zu tun. Für Deutschland zum Beispiel trifft es nicht zu, daß es zu der Zeit eines entwickelten ironischen Bewußtseins, das von Friedrich Schlegel über Kierkegaard bis Nietzsche in voller Blüte stehen sollte, parallel auch eine Blütezeit des Romans gegeben hat. Friedrich Schlegel mußte, als er sich über den Roman äußerte, seine Beispiele bei Sterne und Diderot suchen, und er mußte sich gewaltig anstrengen, um in *Wilhelm Meisters Lehrjahre* und bei Jean Paul ein vergleichbares Niveau an ironischer Einsicht zu finden.[45] In Frankreich und England ist es genau umgekehrt, dort wird die spektakuläre Entwicklung des Romans nicht notwendigerweise von einem sich parallel entwikkelnden Interesse an der Theorie der Ironie begleitet; erst mit Baudelaire findet sich in Frankreich ein Schlegel ebenbürtiger Theoretiker der Ironie. Man könnte hier geltend machen, daß die größten Ironiker des 19. Jahrhunderts im allgemeinen keine Romanschriftsteller sind: Sie neigen zwar häufig zu romanhaften Formen und Techniken – man denkt dabei etwa an Kierkegaard, Hoffmann, Baudelaire, Mallarmé oder Nietzsche –, aber es dominieren doch die aphoristischen, kurz und rasch angelegten Texte (zu denen die Länge und Dauer nicht paßt, welche die Grundlage des

Romans darstellen), als ob es in der Natur der Ironie etwas gäbe, das eine länger andauernde Bewegung nicht gestatten würde. Die große und entscheidende Ausnahme ist natürlich Stendhal. Aber soviel sollte mittlerweile klar sein, daß eine Theorie der Ironie, neben ihrer Aufgabe, die Beziehung zwischen Ironie und Allegorie einsichtig zu machen, auch noch die Beziehung zwischen der Ironie und dem Roman behandeln sollte.

Im Falle der Ironie kann man nicht so leicht sein Heil in einer historischen Entmystifizierung des Begriffs suchen wie oben, als wir zu zeigen versuchten, daß der Begriff »Allegorie« in einem Akt ontologischer Arglist durch den Begriff »Symbol« ersetzt worden ist. Die zwischen Allegorie und Symbol herrschende Spannung rechtfertigte dieses Vorgehen: Die Mystifikation ist eine historische Tatsache und muß daher in historischer Weise aufbereitet werden, bevor die eigentliche theoretische Arbeit beginnen kann. Im Falle der Ironie jedoch muß man von der Struktur der Trope selbst ausgehen und seine Anhaltspunkte aus Texten gewinnen, die entmystifiziert und selbst in großem Maße ironisch sind. Dabei hat es ihre Ironie sehr häufig auf die Behauptung abgesehen, man könne über das Wesen des Menschen sprechen, als ob es eine historische Tatsache sei. Eine historische Tatsache ist, daß die Ironie sich ihrer selbst in zunehmendem Maße bewußt wird, wenn sie unsere Unmöglichkeit demonstriert, ein wirklich geschichtliches Wesen zu sein. Wenn wir über die Ironie sprechen, so haben wir es nicht mit der Geschichte eines Irrtums zu tun, sondern mit einem Problem, das innerhalb des Ichs verankert ist. Wir können daher die Notwendigkeit einer Definition nicht umgehen, und dieser Essay strebt eine solche an. Natürlich können die Texte, die sich mit der Ironie auseinandersetzen, dabei eine große Hilfe sein. Seltsamerweise scheint man nur dann wirklich sagen zu können, was man meint, wenn man eine Weise des Sprechens beschreibt, die nicht meint, was sie sagt.

Dergestalt von der Notwendigkeit befreit, die historische Chronologie zu berücksichtigen, können wir Baudelaires Text *De l'essence du rire* zum Ausgangspunkt wählen. Unter den vielen zitierten und analysierten Beispielen des Lächerlichen ist es die einfachste Situation von allen, die am besten die vorherrschenden Züge eines ironischen Bewußtseins enthüllt: der Anblick eines stolpernden und fallenden Mannes. »Die Komik«, schreibt Baudelaire, »die Gewalt des Gelächters liegt in dem Lachenden und keineswegs in dem, worüber er lacht. Der Mensch, der stürzt, lacht niemals über seinen eigenen Sturz, er wäre denn ein Philosoph, einer, der sich durch Gewöhnung die Fähigkeit erworben hätte, sich alsbald zu verdoppeln und den Phänomenen seines Selbst als interesseloser Betrachter beizuwohnen.«[46] Bereits in dieser einfachen Beobachtung offenbaren sich verschiedene Schlüsselbegriffe. Da ist vor allem der Begriff der *Verdopplung*, der eine reflexive, der Tätigkeit des Philosophen ähnliche Aktivität des Ichs von der Aktivität des gewöhnlichen, in Alltagsgeschäften tätigen Ichs unterscheidet. Der Begriff einer Verdopplung oder Multiplikation des Ichs, der zunächst nur in solchen Randbemerkungen versteckt auftaucht oder sich hinter einem Vokabular von Überlegenheit und Unterlegenheit, von Herr und Knecht verbirgt, entpuppt sich am Ende des Essays als entscheidender Begriff, um dessentwillen der ganze Aufsatz überhaupt geschrieben wurde.

So möchte ich denn ... ein letztes Mal bemerken, ... daß, damit Komik, das heißt Ausstrahlung, Ausbruch, Auslösung des Komischen, stattfindet, zwei Wesen gegenwärtig sein müssen; – daß das Komische vorzüglich in dem Lacher, dem Betrachter liegt; daß dennoch, hinsichtlich dieses Gesetzes der Unwissenheit, diejenigen als Ausnahme gelten müssen, die es sich zum Beruf gemacht haben, das Gefühl des Komischen in sich zu entwikkeln und es zur Unterhaltung ihrer Mitmenschen nach außen darzustellen – ein Phänomen, welches in die Klasse aller künstlerischen Phänomene gehört, die im Menschen auf das Vorhandensein einer fortwährenden Zwieschlächtigkeit deuten, auf das Vermögen, zugleich man selber und ein anderer zu sein.[47]

Das Wesen dieser Verdopplung zu begreifen ist für ein Verständnis der Ironie von entscheidender Bedeutung. Sie ist eine Beziehung, die einerseits innerhalb des Bewußtseins, andererseits zwischen zwei Ichs besteht, und doch ist sie keine intersubjektive Beziehung. Baudelaire wendet mehrere Seiten seines Essays daran, den Unterschied begreiflich zu machen zwischen einem einfachen Komischen, das auf andere Personen hin orientiert und daher auf der notwendigerweise empirischen Ebene der interpersonellen Beziehungen angesiedelt ist, und dem, was er »le comique absolu« (an anderen Stellen seines Werks auch »Ironie«) nennt, wobei sich dieses absolut Komische dadurch auszeichnet, daß es nicht als Beziehung zwischen Mensch und Mensch, also zwischen zwei wesensähnlichen Entitäten auftritt, sondern als Beziehung zwischen Mensch und dem, was er Natur nennt, also zwischen zwei wesensverschiedenen Entitäten. Innerhalb des Bereichs der Intersubjektivität läßt sich eine Verschiedenheit in der Tat in Begriffen der Überlegenheit des einen Subjekts über ein anderes ausdrücken, mit all dem, was damit in bezug auf einen Willen zur Macht, auf Gewaltanwendung und Besitzanprüche impliziert ist, die alle im Spiel sind, wenn eine Person eine andere auslacht – einschließlich des Willens, zu erziehen und zu bessern. Wenn aber der Begriff der »Überlegenheit« auch noch dann verwendet wird, wenn das Ich nicht in einer Beziehung zu anderen Subjekten steht, sondern zu einem Ich, das kein selbstständiges Subjekt ist, dann ist die sogenannte Überlegenheit nur noch ein Zeichen der *Distanz*, die für alle Reflexionsakte konstitutiv ist. Überlegenheit und Unterlegenheit sind dann nur noch räumliche Metaphern, die darauf hindeuten, daß eine Gebrochenheit des Subjekts bzw. eine Pluralität von Ebenen innerhalb eines Subjekts vorliegt, das sich selbst erkennt mittels einer zunehmenden Ausdifferenzierung dessen, was es nicht ist. Baudelaire betont, daß die Ironie als »comique absolu« eine unendlich höhere Form des Komischen ist als die intersubjektive Art des Humors, die er unter den Franzosen so häufig vertreten findet; von daher erklärt sich, daß er die italienische Commedia dell'arte, die englische Pantomime oder die Erzählungen E.T.A. Hoffmanns höher schätzt als Molière, dem typischen Beispiel für eine bestimmte französische Spielart des Komischen, die nicht in der Lage ist, sich über die Ebene der Intersubjektivität zu erheben. In seinen Essays über die Karikatur läßt er aus den gleichen Gründen Daumier nicht gelten und zieht ihm Hogarth und Goya vor.[48]

Der Begriff der *Verdopplung* bezeichnet also diejenige Tätigkeit eines Bewußtseins, wodurch sich ein Mensch von der nichtmenschlichen Welt differenziert. Das Vermögen, sich dergestalt zu verdoppeln, ist selten, sagt Baudelaire, es findet sich vor allem bei denen, die, wie die Künstler oder die Philosophen, mit der Sprache arbeiten. Er betont hier durch seine Wortwahl (»se faire un métier«) die Professionalität und das Technische ihrer Tätigkeit und stellt damit die Tatsache heraus, daß die Sprache ihr Material ist, so wie Leder das Material des Schusters oder Holz das Material des Schreiners ist. Im alltäglichen Leben erfüllt die Sprache normalerweise eine andere Funktion, dort funktioniert sie eher wie der Hammer des Schusters oder des Schreiners: nicht als das bearbeitete Material selbst, sondern als ein Werkzeug, mit dem das uneinheitliche Material der Erfahrung mehr oder weniger in angemessene Form gebracht wird. Die reflexive Disjunktion tritt nicht nur *mittels* der Sprache in ihr Recht als privilegierte Kategorie, sie befördert das Ich auch aus der empirischen Welt in eine aus Sprache gebildete und aus Sprache bestehende Welt – eine Sprache, die das Ich in der Welt zwar mitsamt den anderen Entitäten vorfindet, die aber insofern einzigartig ist, als sie die einzige Entität darstellt, mit deren Hilfe es sich von der Welt unterscheiden kann. Die so begriffene Sprache teilt das Subjekt in ein empirisches, in die Welt eingebettetes Ich und ein Ich, das in seinem Versuch zur Differenzierung und Selbstdefinition einem Zeichen ähnlich wird.

Noch wichtiger ist, daß in Baudelaires Beschreibung die Aufteilung des Subjekts in ein multiples Bewußtsein in unmittelbarem Zusammenhang mit einem Fallen geschieht. Das Fallen bringt das spezifisch komische und letztlich ironische Element ins Spiel. Lacht der künstlerisch oder philosophisch ausgerichtete, also der von der Sprache bestimmte Mensch über sich selbst, wenn er fällt, dann lacht er in diesem Augenblick über eine irrtümliche, mystifizierte Vorstellung, die er von sich selbst hatte. Es ist zu dieser Illusion gekommen, weil das Ich, von einem falschen Stolz verführt, in seiner Beziehung zur Natur das Wissen um eine Differenz durch ein intersubjektives Gefühl (der Überlegenheit) ersetzt hat. Als ein aufrecht stehendes Wesen (wie es zu Beginn der *Metamorphosen* Ovids heißt, worauf Baudelaire an anderer Stelle anspielt)[49] kommt der Mensch auf die Idee, er beherrsche die Natur genauso, wie er manchmal andere Menschen beherrschen kann oder erlebt, daß andere ihn beherrschen. Dies ist natürlich eine ganz entscheidende Selbsttäuschung. Der Fall, im wörtlichen wie im theologischen Sinne, gemahnt den Menschen an den rein instrumentellen, verdinglichten Charakter seiner Beziehung zur Natur. Die Natur kann ihn zu jeder Zeit so behandeln, als wäre er ein Ding unter Dingen, und ihm so die Eitelkeit seines Anspruchs vor Augen führen; dem Menschen jedoch ist es nicht gegeben, auch nur das kleinste Teilchen der Natur in etwas Menschliches zu verwandeln. So verstanden impliziert der Fall sicherlich einen Fortschritt in der Selbsterkenntnis: Der gefallene Mensch ist weiser als der Narr, der herumgeht und die im Boden aufgebrochenen Verwerfungen nicht beachtet, die darauf lauern, ihn zu Fall zu bringen. Und der gefallene Philosoph, der über die Diskrepanz zwischen den beiden aufeinanderfolgenden Zuständen nachdenkt, ist noch weiser, doch das bewahrt ihn nicht im mindesten davor, selbst zu Fall zu kommen. Es scheint vielmehr, daß er seine Weisheit überhaupt nur um den Preis eines solchen Falles erlangen kann. Es reicht nicht aus, die anderen fallen zu sehen, es muß ihm selbst widerfahren. Das ironische, zwiespältige Ich, das der Schriftsteller oder der Philosoph mittels seiner Sprache konstituiert, scheint sich nur auf Kosten seines empirischen Ichs ausbilden zu können, indem er aus einem Zustand der Illusionen über eine Geordnetheit in einen Zustand der Erkenntnis seiner Täuschung fällt (oder sich dazu erhebt). Die ironische Sprache spaltet das Subjekt auf in ein empirisches, in einem nichtauthentischen Zustand lebendes Ich und in ein Ich, das nur in Form einer Sprache existiert, die das Wissen um diese fehlende Authentizität behauptet. Das macht allerdings die ironische Sprache noch nicht zu einer authentischen Sprache, denn eine fehlende Authentizität zu durchschauen garantiert noch keine Authentizität.

Es wird nun deutlich, daß die Disjunktion keinesfalls ein beruhigender und heiterer Prozeß ist, trotz des damit verbundenen Lachens. Als der französische Philosoph V. Jankélévitch ein Buch über die Ironie *L'Ironie ou la bonne conscience* (»Die Ironie oder das gute Gewissen«) nannte, da war er sicherlich weit von Baudelaires Ironievorstellung entfernt – es sei denn, der Titel war ironisch gemeint. Für Baudelaire ist die Bewegung des ironischen Bewußtseins jedenfalls alles andere als beruhigend. Das Moment der Unschuld oder der Authentizität unseres Weltgefühls wird in Frage gestellt, und damit wird ein Prozeß in Gang gesetzt, der ganz und gar nicht harmlos ist. Er mag als beiläufiges Spiel mit einem losen Faden des Stoffes beginnen, aber schon nach kurzer Zeit wird das ganze Gewebe des Ichs aufgetrennt sein und auseinanderfallen. Der ganze Prozeß läuft mit einer beunruhigenden Geschwindigkeit ab. Die Ironie besitzt eine ihr innewohnende Tendenz, ihre Bewegung zu beschleunigen und nicht anzuhalten, bis sie ihren Weg vollendet hat; ausgehend von der nebensächlichen und scheinbar harmlosen Bloßstellung einer unbedeutenden Selbsttäuschung erreicht sie schnell die Dimensionen des Absoluten. Häufig beginnt sie als Litotes oder Untertreibung, doch ist ihr die Macht gegeben, zur Übertreibung zu werden. Baudelaire nennt die Wirkung dieser beunruhigenden Macht einen durch die Übertreibung erzeugten Taumel und beschreibt das Gefühl dieses Taumels an dem Beispiel der englischen Pantomime, die er im Théâtre des Variétés gesehen hatte:

Eines der bemerkenswertesten Erzeugnisse im Bereich des absolut Komischen war gewiß der Anfang jenes schönen Stückes, ein Prolog voll einer hohen Ästhetik. Die Hauptpersonen des Stückes, Pierrot, Kassander, Kolombine, Leander, ... sind beinahe vernünftig und unterscheiden sich nicht sonderlich von den artigen Leuten im Zuschauerraum. Der wunderbare Atem, der sie in eine so außerordentliche Bewegtheit versetzen wird, hat ihnen noch nicht ins Hirn geblasen. ... Eine Fee nimmt sich Harlekins an ... Sie verspricht ihm ihren Schutz, und um ihm unverzüglich einen Beweis ihrer Macht zu liefern, schwingt sie ihren Zauberstab mit herrscherlicher Gebärde geheimnisvoll durch die Lüfte. Alsbald ist alles wie von einem Taumel ergriffen, der Taumel kreist in den Lüften; man atmet den Taumel, einen Taumel, der die Lungen füllt und das Blut durch die Herzkammern jagt. Was ist das für ein Taumel? Das absolut Komische, das sich aller Mitspieler bemächtigt hat. Leander, Pierrot, Kassander vollführen die seltsamsten Gebärden, die unmißverständlich zu erkennen geben, daß sie sich mit Macht in ein neuartiges Dasein versetzt fühlen. ... Und so stürzen sie durch das phantastische Stück dahin, das hier erst eigentlich beginnt, an der Grenze des Wunderbaren.[50]

Die Ironie ist ein ungehemmter *Taumel*, ein sich bis zum Wahnsinn steigerndes Schwindelgefühl. Die geistige Gesundheit gibt es nur darum, weil wir willens sind, im Rahmen von heuchlerischen und verlogenen Konventionen zu funktionieren, wie zum Beispiel der sozialen Sprache, welche die in Wirklichkeit von Unrecht und Gewalt geprägten Beziehungen der Menschen untereinander verschleiert. Wird diese Maske als Maske durchschaut, dann erscheint das von ihr verdeckte authentische Wesen notwendigerweise als ein Wesen am Rande der Verrücktheit. »⟨D⟩as Lachen ⟨ist⟩ gemeinhin der Anteil der Narren«, schreibt Baudelaire, und der Begriff der Narrheit oder des Wahnsinns bleibt bei ihm durchgehend mit dem des »absolut Komischen« verbunden. »Ist es doch allbekannt, daß die Vorstellung der eigenen Überlegenheit bei allen Insassen der Narrenhäuser ins Maßlose entwickelt ist. Mir sind noch keine Narren der Demut bekannt geworden. Man beachte, daß das Lachen eine der häufigsten und zahlreichsten Äußerungen des Wahnsinns ist. ... Es ist ein Lachen, das niemals schläft, wie eine Krankheit, die sich unaufhaltsam ihren Weg bahnt und ein Geheiß der Vorsehung ausführt.«[51] Und am deutlichsten wird er unter Bezug auf Brueghel in seinem Aufsatz über die Karikatur: »Den aber möchte ich sehen, der für Brueghels Teufelsspuk und Fratzenwesen eine andere Erklärung fände als eine spezielle Gnade Satans. Man setze statt der Worte ›spezielle Gnade‹ meinetwegen das Wort

Wahnsinn, oder Halluzination; das Mysterium wird darum kaum weniger finster bleiben.«[52]

Wenn wir also von der Ironie sagen, sie bilde sich auf Kosten des empirischen Ichs heraus, dann muß diese Aussage so ernst genommen werden, daß auch ihre äußerste Konsequenz deutlich wird: Die absolute Ironie ist ein Bewußtsein der Verrücktheit und damit das Ende allen Bewußtseins; sie ist ein Bewußtsein von einem Nichtbewußtsein, eine sich innerhalb des Wahnsinns vollziehende Reflexion auf den Wahnsinn. Aber diese Reflexion wird nur durch die Doppelstruktur der ironischen Sprache ermöglicht: Der Ironiker erfindet eine Form seiner selbst, die »verrückt« ist, aber um ihr eigenes Verrücktsein nicht weiß; dann geht er dazu über, auf seine dergestalt vergegenständlichte Verrücktheit zu reflektieren.

Begreift man die Ironie derart als einen »hellsichtigen Wahnsinn«, welcher der Sprache gestattet, sich selbst in extremen Zuständen der Selbstentfremdung zu behaupten, so könnte man sagen, die Ironie sei eine Art Therapie, durch die sich der Wahnsinn mittels des gesprochenen oder geschriebenen Wortes kurieren ließe. Baudelaire erwähnt Hoffmann, von dem er zu Recht meint, er gebe ein Beispiel für die absolute Ironie und man glaube, »es mit einem tiefsinnigen Physiologen oder Irrenarzt zu tun zu haben, der sich damit vergnügt, sein tiefes Wissen in das Gewand der Poesie zu kleiden«.[53] Auch Jean Starobinski, der viel Kluges zu diesem Thema zu sagen weiß, gesteht zu, daß man in der Ironie ein Heilmittel für ein in seiner Melancholie verlorenes Ich sehen kann. Er schreibt:

Nichts hindert den Ironiker daran, der Freiheit, die er für sich erlangt hat, einen großen Wert beizumessen: Er wird dann von einer Versöhnung von Geist und Welt träumen, wo alle Dinge im Reich des Geistes wieder vereint sind. Dann kann die große, ewige Wiedergutmachung stattfinden, die universelle Heilung all dessen, was das Böse zeitweilig zerrissen hatte. Diese allgemeine Genesung kommt durch die Vermittlung der Kunst zustande. Hoffmann sehnte sich mehr als jeder andere Romantiker nach einer solchen Wiedervereinigung mit der Welt. Das Symbol dieser Versöhnung könnte das »bürgerliche« Glück sein, welches das junge Komödiantenpaar am Ende der *Prinzessin Brambilla* erfährt – jenem Text Hoffmanns, den Baudelaire in seinem Aufsatz über das Lachen als einen »wahren Katechismus der hohen Ästhetik« bezeichnet und auf den sich auch Kierkegaard in seinen Tagebüchern beruft.[54]

Doch die Wirkung der Ironie scheint genau gegenteiliger Art zu sein. Im Zuge der ersten Verdopplung des Ichs, durch die ein rein »sprachliches« Subjekt an die Stelle des urprünglichen Ichs tritt, muß auch eine neue Disjunktion auf den Plan treten. Das ironische Subjekt ist nämlich sogleich der Versuchung ausgesetzt, seine Funktion so auszulegen, daß sie als Unterstützung des ursprünglichen Ichs erscheint, und so zu tun, als ob es überhaupt nur zum Segen dieser in die Welt eingebundenen Person da sei. Das Ergebnis davon ist ein unmittelbarer Abstieg auf die Ebene des Intersubjektiven, von dem »comique absolu« herunter auf die Ebene des »comique significatif«, des »verweisend Komischen«, wie Baudelaire es nennt, wodurch das Wesen der Ironie verraten wird. Statt dessen muß das ironische Subjekt seine kritische Lage ironisieren und die Versuchung, der es zu erliegen droht, mit der Distanziertheit und dem Desinteresse betrachten, die Baudelaire von einem solchen Zuschauer verlangt. Dies gelingt ihm, indem es die Rückkehr zu der von Starobinski erwähnt Welt vermeidet, die rein fiktionale Natur seines eigenen Universums geltend macht und die radikale Differenz aufrechterhält, welche die Fiktion von der Welt der empirischen Realität trennt.

An Hoffmanns *Prinzessin Brambilla* läßt sich dies sehr schön zeigen. Hier wird die Geschichte eines jungen Komödiantenpärchens erzählt, das ganz in dem Glauben befangen ist, die edlen und bewegenden Rollen, die beide auf der Bühne zu spielen haben, würden ihnen im äußeren Leben eine gleichermaßen gehobene Stellung verleihen. Sie werden schließlich von dieser Selbsttäuschung durch die entlarvende Wirkung der Ironie »geheilt«, die sich darin manifestiert, daß sie vom tragischen ins komische Fach wechseln, so daß nicht mehr die tränenreiche Tragödie eines Abbate Chiari ihr Repertoire bestimmt, sondern die Commedia dell'arte in Gozzis Manier. Zum Ende der Geschichte befinden sie sich in der Tat in einem Zustand häuslicher Glückseligkeit, den man im Sinne der Überzeugung Starobinskis so auffassen könnte, als ob hier Kunst und Welt durch die rechte Art von Kunst miteinander versöhnt worden wären. Doch es bedarf keines besonders bösartigen Charakters, um zu sehen, daß Hoffmann die bürgerliche Idylle des Schlusses als reine Parodie inszeniert, daß Held und Heldin keineswegs zu ihrem natürlichen Ich zurückgefunden haben, sondern mehr denn je die künstliche Rolle des glücklichen Paares spielen. Ihre Diktion ist geschraubter und ihre Vorstellungen sind weltfremder als je zuvor. Nie waren Kunst und Leben weiter auseinander als in dem Augenblick, wo sie miteinander versöhnt scheinen. Hoffmann läßt daran nie einen Zweifel aufkommen: Genau in dem Augenblick, wo die Ironie für ein Wissen gehalten wird, das die Welt zu ordnen und zu heilen vermag, versiegt schlagartig ihre Quelle. Wird der Fall des Ichs zu einem Ereignis umgedeutet, das auf irgendeine Weise zum Wohle des Ichs ausschlagen könnte, so zeigt sich gleichsam im Gegenzug, daß damit die Verrücktheit durch den Tod ersetzt worden ist. »Der Moment, in dem der Mensch umfällt, ist der erste, in dem sein wahrhaftes Ich sich aufrichtet«[55], so spricht Hoffmanns mythischer König Ophioch, der in die Geheimnisse der Ironie eingeweiht ist – und da wir nicht auf die Idee kommen sollen, damit sei eine positive, hoffnungsvolle Zukunft für den Regenten und sein Volk gemeint, fällt der König sogleich tot um. Entsprechend bricht Hoffmann am Ende seiner Erzählung, nachdem der Fürst großspurig verkündet hat, die magische Quelle der Ironie habe der Menschheit ewiges Glück geschenkt, indem sie ihr zur Selbsterkenntnis verhelfe, das ironische Spiel abrupt ab: »Hier versiegt plötzlich die Quelle, aus der ... der Herausgeber dieser Blätter geschöpft hat«; und er schließt damit, daß er auf den Zeichner und Radierer Callot verweist, dessen Kupferstiche in der Tat die »Quelle« der Erzählung gewesen sind. Diese Stiche stellen Figuren aus der Commedia dell'arte dar, die haltlos in einem leeren Raum schweben, vor einem Hintergrund, der die Welt gerade *nicht* ist.

Die Ironie stellt keineswegs eine Rückkehr zur Welt dar. Als Ironie zweiter Ordnung oder »Ironie der Ironie«, die aus jeder wahren Ironie sofort entspringen muß, behauptet sie vielmehr ihren fiktionalen Charakter, indem sie die fortwährende Unmöglichkeit zum Ausdruck bringt, die Welt der Fiktion mit der wirklichen Welt zu versöhnen. Friedrich Schlegel wußte dies schon vor Baudelaire und Hoffmann, denn er definierte die Ironie in einem Fragment von 1797 als »eine permanente Parekbase«.[56] Mit Parekbase oder Parabase ist hier etwas gemeint, was man als einen um sich selbst wissenden Erzähler bezeichnen könnte: ein Autor, der sich in seine Erzählung einmischt und so die von der Fiktion erzeugte Illusion zerstört. Schlegel macht jedoch deutlich, daß diese Einmischung keinen gesteigerten Realismus bewirkt, daß damit einer historischen Handlung nicht die Priorität über eine fiktionale Handlung eingeräumt wird, sondern daß die Einmischung genau das gegenteilige Ziel verfolgt und auch erreicht: Sie dient dazu, den allzu bereitwillig sich auf die Illusion einlassenden Leser davor zu bewahren, Wirklichkeit und Fiktion zu verwechseln und die essentielle Negativität der Fiktion zu vergessen. Das Problem ist allen vertraut, die sich mit der Erzählperspektive in fiktionalen Texten einmal näher befaßt und dabei gelernt haben, zwischen der Person des Autors und der Person des fiktiven Erzählers zu unterscheiden. Der Moment, wo dieser Unterschied sich geltend macht, ist genau der Moment, wo der Autor zur Welt gerade nicht zurückkehrt, sondern statt dessen der ironischen Notwendigkeit gehorcht, nicht seiner eigenen Ironie aufzusitzen, und dabei entdeckt, daß es keinen Weg gibt, der von seinem fiktiven Ich zu seinem wirklichen Ich zurückführt.

An diesem Punkt wird auch die Verbindung zwischen der Ironie und dem Roman ersichtlich. Denn an diesem Punkt zeigt sich auch die zeitliche Struktur der Ironie. Starobinskis Irrtum, in der Ironie eine Bewegung zu sehen, welche die Wiederherstellung einer harmonischen Einheit einleitet und eine Versöhnung des Ichs mit der Welt durch die Kunst initiiert, ist eine weitverbreitete Fehleinschätzung (die moralisch aller Ehren wert ist). Auf der Ebene der Zeitlichkeit wird dabei die Ironie zur Präfiguration einer zukünftigen Heilung oder Wiederherstellung und die Fiktion zum Versprechen einer zukünftigen, vorläufig nur ideell existierenden Glückseligkeit. Friedrich Schlegel ist von vielen seiner Interpreten auf diese Weise gelesen worden. So beschreibt zum Beispiel Peter Szondi die Funktion des ironischen Bewußtseins bei Schlegel folgendermaßen:

So ist das Subjekt der romantischen Ironie der isolierte, sich gegenständlich gewordene Mensch, dem das Bewußtsein die Fähigkeit zur Tat genommen hat. Er sehnt sich nach Einheit und Unendlichkeit, die Welt erscheint ihm zerklüftet und endlich. Was als Ironie bezeichnet wird, ist sein Versuch, seine kritische Lage durch Abstandnahme und Umwertung auszuhalten. In immer weiter potenzierter Reflexion[57] trachtet er, einen Standpunkt außer ihm zu gewinnen und die Spaltung zwischen seinem Ich und der Welt auf der Ebene des Scheins aufzuheben. Das Negative seiner Situation kann er nicht durch die Tat, in der die Versöhnung des Bedingten und des Unbedingten Ereignis würde, überwinden; durch Vorwegnahme der künftigen Einheit, *an die er glaubt*, wird das Negative für vorläufig erklärt, damit zugleich festgehalten und umgewertet. Die Umwertung läßt dieses Dasein annehmbar erscheinen und verführt zum Verweilen im Bereich des Subjektiven und Virtuellen. Indem die Ironie das Negative festhält, wird sie, obwohl als dessen Überwindung gedacht, selber zur Negativität. Sie duldet Vollendung nur in Vergangenheit und Zukunft, alles, was ihr aus ihrer Gegenwart begegnet, wird mit dem Maßstab der Unendlichkeit gemessen und so zerstört. Die Annahme der eigenen Unfähigkeit verbietet dem Ironiker die Achtung vor dem dennoch Vollbrachten: darin liegt seine Gefahr. Daß er durch diese Annahme den Weg der Vollendung sich selber verbaut, daß sie sich immer wieder ihrerseits als untragbar erweist und schließlich ins Leere führt, bildet seine Tragik.[58]

Jedes Wort dieses schönen Textes ist richtig, betrachtet man ihn unter dem Blickwinkel des der täuschenden Illusion verfallenen Ichs, aber vom Standpunkt des Ironikers aus betrachtet ist alles falsch. Szondi muß den Glauben an eine mögliche Versöhnung von Idealem und Realem unterstellen, und zwar an eine Versöhnung, die das Ergebnis einer Handlung oder Tätigkeit des Geistes ist. Doch genau diese Voraussetzung wird von dem Ironiker nicht geteilt. Friedrich Schlegel läßt daran keinen Zweifel. Die Dialektik von Selbstschöpfung und Selbstvernichtung, die für ihn wie für Baudelaire den ironischen Geist charakterisiert, ist ein endloser Prozeß, der zu keiner Synthese führt. Der positive Name, mit dem er die Unendlichkeit dieses Prozesses auszeichnet, ist Freiheit: Freiheit als Widerwille des Geistes, irgendein im Verlauf des Prozesses erreichtes Stadium als endgültig zu akzeptieren, denn damit würde seine unendliche Beweglichkeit ein Ende finden. Hinsichtlich der Zeitlichkeit gilt hier also, daß die Ironie eine zeitliche Folge von Bewußtseinsakten hervorbringt, die ohne Ende ist. Im Gegensatz zu Szondis Behauptung ist die Ironie nicht vorläufig, sondern sie wiederholt sich ständig, sie ist die Wiederkehr eines sich selbst in die Höhe schraubenden Bewußtseinsaktes. Schlegel spricht manchmal von diesem endlosen Prozeß auf etwas überschwengliche Weise, was nicht verwunderlich ist, da er die Freiheit einer sich selbst hervorbringenden Schöpfung beschreibt. »Die romantische Poesie«, schreibt er – und mit diesem Begriff meint er vorzüglich eine Poesie der Ironie –,

... kann ... am meisten zwischen dem Dargestellten und dem Darstellenden, frei von allem realen und idealen Interesse auf den Flügeln der poetischen Reflexion in der Mitte schweben, diese Reflexion immer wieder potenzieren und wie in einer endlosen Reihe von Spiegeln vervielfachen. ... Die romantische Dichtart ist noch im Werden; ja das ist ihr eigentliches Wesen, daß sie ewig nur werden, nie vollendet sein kann. ... nur eine divinatorische Kritik dürfte es wagen, ihr Ideal charakterisieren zu wollen. Sie allein ist unendlich, wie sie allein frei ist, und das als ihr erstes Gesetz anerkennt, daß die Willkür des Dichters kein Gesetz über sich leide.[59]

Aber derselbe endlose Prozeß, der hier unter dem positiven Blickwinkel des mit seiner eigenen Entwicklung beschäftigten poetischen Ichs dargestellt ist, erscheint als etwas, das der klarsichtigen Verrücktheit Baudelaires sehr nahe kommt, wenn ein nur wenig älterer Friedrich Schlegel diesen Prozeß aus einem persönlicheren Blickwinkel beschreibt. Die Stelle ist aus dem merkwürdigen Aufsatz, in dem er sich von den Lesern des *Athenäum* verabschiedet. Zuerst 1798 geschrieben und dann für die Publikation im Jahr 1800 überarbeitet, trägt der Aufsatz den ironischen Titel *Über die Unverständlichkeit*. Er bezieht sich in der Sprache der Literaturkritik auf die gleiche Erfahrung des »hyperbolischen Taumels«, welche das Erlebnis der Pantomime in Baudelaire hervorrief. Schlegel beschreibt verschiedene Arten der Ironie und wendet sich schließlich jener Art zu, die er »Ironie der Ironie« nennt:

Im allgemeinen ist das wohl die gründlichste Ironie der Ironie, daß man sie doch eben auch überdrüssig wird, wenn sie uns überall und immer wieder geboten wird. Was wir aber hier zunächst unter Ironie der Ironie verstanden wissen wollen, das entsteht auf mehr als einem Wege. Wenn man ohne Ironie von der Ironie redet, wie es soeben der Fall war; wenn man mit Ironie von einer Ironie redet, ohne zu merken, daß man sich zu eben der Zeit in einer andren viel auffallenderen Ironie befindet; wenn man nicht wieder aus der Ironie herauskommen kann, wie es in diesem Versuch über die Unverständlichkeit zu sein scheint; wenn die Ironie Manier wird, und so den Dichter gleichsam wieder ironiert; wenn man Ironie zu einem überflüssigen Taschenbuche versprochen hat, ohne seinen Vorrat vorher zu überschlagen und nun wider Willen Ironie machen muß, wie ein Schauspielkünstler der Leibschmerzen hat; wenn die Ironie wild wird, und sich gar nicht mehr regieren läßt.

Welche Götter werden uns von allen diesen Ironien erretten können? Das einzige wäre, wenn sich eine Ironie fände, welche die Eigenschaft hätte, alle jene großen und kleinen Ironien zu verschlucken und zu verschlingen, daß nichts mehr davon zu sehen wäre, und ich muß gestehen, daß ich eben dazu in der meinigen eine merkliche Disposition fühle. Aber auch das würde nur auf kurze Zeit helfen können. Ich fürchte, ... es würde bald eine neue Generation von kleinen Ironien entstehn: denn wahrlich die Gestirne deuten auf fantastisch. Und gesetzt es blieb auch während eines langen Zeitraums alles ruhig, so wäre doch nicht zu trauen. Mit der Ironie ist durchaus nicht zu scherzen. Sie kann unglaublich lange nachwirken.[60]

Unsere Darstellung scheint zu einem provisorischen Schluß gekommen zu sein. Die Ironie, wie wir sie jetzt verstehen, enthüllt die Existenz einer Zeitlichkeit, die vollkommen unorganisch ist, da ihre Beziehung zu ihrer Quelle, zu ihrem Ursprung ausschließlich durch Distanz und Differenz charakterisiert ist und sie kein Ende und keine Totalität kennt. Die Ironie teilt den Fluß der zeitlichen Erfahrung in eine Vergangenheit, die eine reine Illusion ist, und in eine Zukunft, die stets von einem Rückfall ins Nichtauthentische bedroht bleiben wird. Die Ironie vermag um diese Nichtauthentizität zu wissen, aber sie vermag sie niemals zu überwinden. Sie kann sie nur auf immer bewußtere Weise erneut zum Ausdruck bringen und wiederholen, aber es wird ihr immer unmöglich sein, aus diesem Wissen etwas zu machen, das sich auf die empirische Welt anwenden ließe. Sie verliert sich in den immer enger werdenden spiralförmigen Windungen eines sprachlichen Zeichens, das sich von seiner eigentlichen Bedeutung immer weiter entfernt, und sie kann aus dieser Spirale nicht entkommen. Die von ihr offenbarte zeitliche Leere ist die gleiche Leere, auf die wir gestoßen sind, als wir entdeckten, daß die Allegorie stets etwas ihr Vorausgehendes impliziert, das ihr aber unerreichbar ist. Die Allegorie wie die Ironie sind daher dadurch gekennzeichnet, daß sich in beiden eine bestimmte Unstimmigkeit in der zeitlichen Ordnung offenbart. Beiden gemeinsam ist auch ihre Entmystifizierung einer organischen Welt, wie sie von einer symbolischen Form der analogischen Entsprechung oder von einer mimetischen Form der Repräsentation, wo Fiktion und Wirklichkeit noch als übereinstimmend gedacht sind, als gegeben vorausgesetzt wird. Die Ironie richtet sich besonders gegen die zuletzt genannte Illusion: Der Verlust an kritischer Einsicht, den wir hinsichtlich des Übergangs von einer allegorischen zu einer symbolischen Theorie der Dichtung diagnostizierten, findet seine historische Entsprechung in dem Verlust, den der Übergang vom ironischen, auf der »Parekbase« im Sinne Friedrich Schlegels basierenden Roman des 18. Jahrhunderts zum Realismus des 19. Jahrhunderts bedeutet.

Dieser Schluß ist jedoch gefährlich zufriedenstellend und für Ironie äußerst anfällig, denn er rettet die Stimmigkeit eines historischen Bildes um den Preis einer inneren Unstimmigkeit des Menschen. Wir können bei dem Erreichten nicht stehenbleiben. Der rhetorische Modus der Ironie verweist uns noch deutlicher als die Allegorie auf die Unstimmigkeit des bewußten Subjekts, dessen

Bewußtsein eindeutig ein unglückliches Bewußtsein ist, das danach strebt, über sich hinaus und aus sich heraus zu gelangen. Schlegels rhetorische Frage »Welche Götter werden uns von allen diesen Ironien erretten können?« läßt sich auch ganz wörtlich auffassen. Für den späten Schlegel wie auch für Kierkegaard konnte die Erlösung nur durch einen Sprung aus der Sprache in den Glauben kommen. Doch eine Frage bleibt offen: Bestimmte Dichter, die Schlegels wirkliche und Baudelaires geistige Zeitgenossen waren, suchten weiter ihr Heil in der Sprache, weigerten sich, aus der Zeit in apokalyptische Vorstellungen von menschlicher Zeitlichkeit zu fliehen, und waren dennoch nicht ironisch. In seinem Essay über das Lachen spricht Baudelaire ohne ersichtliche Ironie von einer halb mythischen Poesie, die jenseits des von der Ironie beherrschten Reiches existiere: »und daß endlich, wenn bei denselben nun überzivilisierten Völkern der Geist, von höherem Ehrgeiz beflügelt, die Schranken weltlicher Ehrsucht zu durchbrechen versucht und kühnen Fluges sich aufschwingt zu der reinen Poesie, die klar und tief ist wie die Natur, das Lachen keine Stelle mehr haben wird, ebenso wenig wie in der Seele des Weisen.«[61] Lassen sich gewisse Texte dieser Zeit – es ist besser, hier von Texten zu sprechen als von Individuen – als metaironische Texte auffassen, als Texte, welchen es gelungen ist, die Ironie zu transzendieren, ohne dabei in den Mythos einer organischen Totalität zu verfallen oder die Zeitlichkeit aller Sprache zu umgehen? Und wenn wir diese Texte »allegorisch« nennen, bedeutet dann die Sprache der Allegorie die Überwindung der Ironie? Sind dann einige der entschieden nichtironischen, sondern in unserem Sinne allegorischen Texte des späten Hölderlin, von Wordsworth oder gar von Baudelaire selbst Beispiele für diese »reine Poesie«, in der das Lachen, wie schon in der Seele des Weisen, keinen Platz mehr findet? Es ist sehr verlockend, dies anzunehmen, da aber die Implikationen sehr weitreichend sind, ist es vielleicht besser, weniger enthusiastisch vorzugehen und statt dessen einen kurzen Vergleich der zeitlichen Struktur von Allegorie und Ironie anzustellen.

Der uns als Demonstrationsobjekt dienende Text hat den Vorteil, sehr kurz und sehr bekannt zu sein. Es würde einige Zeit in Anspruch nehmen, wollte man zeigen, daß er unter die Definition dessen fällt, was hier als »allegorische« Dichtung firmiert; es sei nur gesagt, daß er dem grundsätzlich profigurativen Muster entspricht, das für die Allegorie charakteristisch ist. Der Text ist eindeutig nicht ironisch, weder in seinem Ton noch in seiner Bedeutung. Es ist eines von Wordsworths Lucy Gray-Gedichten:

A slumber did my spirit seal;
I had no human fears:
She seemed a thing that could not feel
The touch of earthly years.

No motion has she now, no force;
She neither hears nor sees;
Rolled round in earth's diurnal course,
With rocks, and stones, and trees.

Was die zeitliche Struktur dieses Textes angeht, so bietet er nacheinander die Beschreibungen zweier Bewußtseinszustände, der erste gehört zur Vergangenheit und zur täuschenden Illusion, der zweite zur Gegenwart des Gedichts, dem »now«, dem jetzigen Zustand, der von den Illusionen einer Vergangenheit frei ist, welche sich nun als Irrtümer darstellen: der »Schlummer« ist ein Zustand der Bewußtlosigkeit. Das die beiden Zustände voneinander trennende Ereignis ist ein radikaler Bruch, ein Todesfall, der ziemlich unpersönlich behandelt wird, denn es wird nicht gesagt, wer »sie« ist. Besonders die dritte und vierte Zeile sind für unsere Zwecke von Bedeutung: »Sie schien ein Ding zu sein, dem die irdischen Jahre nichts anhaben konnten.«

Die beiden Zeilen sind auf seltsame Weise mehrdeutig, wobei die Mehrdeutigkeit vor allem in dem Wort »Ding« konzentriert ist. Innerhalb der illusionsverhafteten Welt der Vergangenheit, wo die zeitliche Realität des Todes unterdrückt oder vergessen wurde, ließ sich das Wort »Ding« noch ganz unschuldig verwenden. Die Zeile könnte trotz des verdächtigen »schien« fast ein galantes Kompliment an eine Dame sein, der es gelungen ist, sich ihre Jugendlichkeit zu bewahren. Die eigentümliche Schockwirkung des Gedichts, der sehr Wordsworthianische »Schock der sanften Überraschung«, besteht darin, daß diese harmlose Aussage in der rückblickenden Perspektive des ewigen »Jetzt« der zweiten Hälfte des Gedichts buchstäblich wahr wird. Die Frau ist nun zu einem *Ding* in der vollen Bedeutung des Wortes geworden, nicht unähnlich dem fallenden Mann Baudelaires, den die Gewalt der Schwerkraft zu einem Ding werden läßt, und nun können ihr die irdischen Jahre in der Tat nichts mehr anhaben. Doch das heitere Kompliment hat sich in ein grimmiges Bewußtsein um die desillusionierende Macht des Todes verwandelt, die alle Vergangenheit als Flucht in die Inauthentizität des Vergessens erscheinen läßt. Man könnte sagen, daß diese beiden Zeilen, im Rahmen der Aussage des ganzen Gedichts betrachtet, ironisch sind, obwohl sie an sich oder im Kontext allein der ersten Strophe nicht ironisch sind. Auch ist das Gedicht als Ganzes nicht ironisch. Der sich hinter dem »Jetzt« verbergende Sprecher nimmt die Haltung eines Subjekts ein, dessen Einsichtsfähigkeit nicht mehr zur Debatte steht und das für Ironie nicht mehr anfällig ist. Man könnte diese Haltung als Position der Weisheit bezeichnen. Es gibt keine reale Aufsplitterung des Subjekts; das Gedicht ist vom Standpunkt eines einheitlichen Ichs aus geschrieben, das einen vergangenen Zustand klar als einen im Irrtum befangenen Zustand erkennt und in einer Gegenwart steht, in der es die Dinge so sieht, wie sie sind, und sei es ihm noch so schmerzlich. Diese Haltung ist durch zwei Dinge ermöglicht worden: Erstens ist der Tod, auf den Bezug genommen wird, nicht der Tod des Sprechers, sondern offensichtlich von jemand anderem; zweitens spricht das Gedicht von dem anderen in der dritten Person, und zwar durchweg in der weiblichen Form. Wenn dies aber wirklich von Bedeutung wäre, dann dürfte es eigentlich nicht möglich sein, daß Wordsworth über seinen eigenen Tod in der gleichen Weise hätte schreiben können. Für jemand, der sich mit Wordsworth auskennt, ist aber klar, daß er dies gekonnt hätte, denn Wordsworth ist einer der wenigen Dichter, denen es gegeben ist, über ihren eigenen Tod auf proleptische Weise zu schreiben und quasi von jenseits des Grabes zu sprechen. Das »sie« in dem Gedicht ist wirklich umfassend genug, um auch Wordsworth einzubeziehen. Wichtiger als der Umstand, daß es sich bei der toten Person um jemand anderen handelt, ist die anscheinend offensichtliche Tatsache, daß das Gedicht die Desillusionierung als zeitlichen Ablauf beschreibt: Zuerst gab es den Irrtum, dann trat der Tod auf den Plan, und jetzt herrscht ewige Einsicht in die steinige Öde des menschlichen Schicksals. Die *Differenz* liegt hier nicht im Subjekt, das stets einheitlich bleibt und daher die tragische Ironie der dritten und vierten Zeile in der Weisheit der Schlußzeilen auflösen kann. Die Differenz tritt zutage im Rahmen einer Zeitlichkeit, die ausschließlich dem Gedicht angehört und in der die Zustände des Irrtums und der Weisheit aufeinanderfolgen. Das ist möglich allein innerhalb der idealen, selbsterschaffenen Zeitlichkeit, die von der Sprache des Gedichts hervorgebracht wird, innerhalb der wirklichen Zeitlichkeit der Erfahrung jedoch nicht. Das »Jetzt« des Gedichts ist kein wirkliches Jetzt wie der Augenblick des Todes, der im leeren Raum zwischen den beiden Strophen verborgen liegt. Hier zeigt sich erneut die grundlegende Struktur der Allegorie als Neigung der Sprache zum Narrativen, als Tendenz, sich entlang der Achse einer imaginären Zeit auszubreiten, um dem Dauer zu verleihen, was in Wahrheit innerhalb des Subjekts simultan existiert.

Die Ironie hingegen hat eine spiegelbildlich umgekehrte Struktur. In praktisch allen Zitaten Baudelaires und Schlegels erscheint die Ironie als ein Augenblicksprozeß, der schnell, plötzlich, in einem Nu geschieht. Baudelaire spricht von der »Fähigkeit ..., sich alsbald ⟨*rapidement*⟩ zu verdoppeln«, von dem »Vermögen, *zugleich* man selber und ein anderer zu sein«; die Ironie ist instantan wie eine »Explosion«, und der Fall ist plötzlich. Beim Beschreiben der Pantomime beklagt er, daß es seiner Feder nicht möglich ist, die Simultaneität des visuellen Eindrucks wiederzugeben: »Geschrieben wirkt das alles farblos und frostig.«[62] Seine späteren, am stärksten ironischen Werke, die Prosagedichte der *Tableaux parisiens*, werden immer kürzer und gipfeln stets in dem einzigen kurzen Moment einer *Schlußpointe*. Dies ist der Moment, wo die beiden Ichs, das empirische wie das ironische, gleichzeitig gegenwärtig sind, als zwei unvereinbare und getrennte Wesen zum gleichen Zeitpunkt nebeneinander bestehen. Die Struktur ist der von Wordsworths Gedicht genau entgegengesetzt: Die Differenz ist hier innerhalb des Subjekts angesiedelt, während die Zeit auf einen einzigen Moment reduziert ist. In dieser Hinsicht nähert sich die Ironie mehr dem Muster, nach dem sich Erfahrung tatsächlich gestaltet, in ihr zeigt sich die menschliche Existenz als eine von einem geteilten Ich durchlebte Abfolge isolierter Momente. Die Ironie ist ihrem Wesen nach der Modus der Gegenwart, sie kennt weder Erinnerung noch vorausweisende Dauer; die Allegorie hingegen existiert allein in einer idealen Zeit, die niemals hier und jetzt ist, sondern stets Vergangenheit oder endlose Zukunft. Die Ironie ist eine synchrone Struktur, während die Allegorie als Modus des Nacheinander auftritt, aus dem eine Form der Dauer hervorgeht, die eine um ihren illusionären Charakter wissende Illusion von Kontinuität ist. Doch trotz ihrer wesentlichen Unterschiede in Charakter und Struktur sind Ironie und Allegorie zwei Gesichter derselben fundamentalen Zeiterfahrung. Man ist versucht, sie gegeneinander auszuspielen und sie zu bewerten, als ob eine von ihnen der anderen von sich aus überlegen wäre. Wir erwähnten bereits die Versuchung, den allegorischen Schriftstellern ein höheres Maß an Weisheit zuzusprechen als ihren ironischen Kollegen; es besteht aber auch die Versuchung, die ironischen Schriftsteller für aufgeklärter zu halten als die angeblich naiven Allegoriker. Beides wäre falsch. Die Erkenntnis, die beide Formen vermitteln, ist im wesentlichen die gleiche; Hölderlins oder Wordsworths Weisheit ließe sich auch ironisch sagen, und die Plötzlichkeit Schlegels oder Baudelaires könnte auch in Form allgemeingültiger Weisheit zum Ausdruck kommen. Ironie und Allegorie sind vollkommen entmystifiziert, solange sie im Bereich ihrer jeweiligen Sprache bleiben, aber sobald sie ihren Bereich verlassen und auf die empirische Welt übergreifen, fallen sie einer erneuten Verblendung anheim. Sie werden beide von einer authentischen Erfahrung der Zeitlichkeit bestimmt, die, vom Standpunkt des in der Welt engagierten Ichs betrachtet, eine negative ist. Aus dem dialektischen Wechselspiel zwischen Ironie und Allegorie sowie ihrem gemeinsamen Wechselspiel mit anderen, der Mystifikation unterliegenden Sprachformen (wie der symbolischen oder der mimetischen Repräsentation), die sie aus eigener Kraft nicht verdrängen können, entsteht das, was Literaturgeschichte genannt wird.

Wir wollen zum Schluß unsere Aufmerksamkeit noch kurz dem Roman zuwenden, der sowohl die narrative Dauer der diachronen Allegorie als auch die momenthafte Gegenwärtigkeit der narrativen Gegenwart in seltsamer Verbindung verwendet. Strebt ein Roman nicht nach der völligen Verbindung von beidem, so übt er Verrat an dem aussichtslosen Unterfangen, von dem seine Gattung gekennzeichnet ist. Die Dinge scheinen beim Roman sehr einfach zu liegen, wenn der Autor und der Erzähler als ein und dasselbe Subjekt aufgefaßt werden und wenn man annimmt, die Zeit der Erzählung sei die natürliche Zeit mit ihren Tagen und Jahren. Die Sache wird etwas schwieriger, wenn der Roman, wie in dem von René Girard vorgeschlagenen Schema, in seinen Anfängen noch im Irrtum befangen war, sich aber nach und nach fast unabsichtlich zur Erkenntnis dieses Irrtums durchgerungen hat; er erscheint dann als letztendlich zerfallende mystifizierte Struktur und damit als eigentlich vorironische Form. Die wirklichen Schwierigkeiten beginnen aber erst, wenn wir einen Romanschriftsteller für möglich halten, der all diese Vorstadien hinter sich hat, der sowohl ein gestandener Ironiker als auch ein bewährter Allegoriker ist und der die ironischen Momente in die allegorische Dauer quasi einzuschmelzen hat.

Stendhal und seine *Kartause von Parma* sind dafür ein gutes Beispiel. Wir konzedieren ihm bereitwillig Ironie, etwa hinsichtlich des berühmten Stendhalschen Tempos, das ihm gestattet, eine Verführung oder einen Mord in zwei kurzen Sätzen abzutun. Keinem seiner aufmerksamen Leser ist seine Betonung des Augenblicks entgangen, und auch nicht die daraus resultierende Diskontinuität. Georges Poulet zum Beispiel beschreibt dieses Phänomen sehr genau:

Keiner der ›wahrhaft glücklichen Augenblicke‹ Stendhals ist mit anderen Augenblicken verbunden, was die Voraussetzung zur Formung der kontinuierlichen Totalität einer erfüllten Existenz wäre, wie wir sie etwa fast immer bei den Charakteren Flauberts, Tolstojs, Thomas Hardys oder Roger Martin du Gards finden, denen stets das volle Gewicht ihrer Vergangenheit (selbst hinsichtlich ihres zukünftigen Schicksals) auf den Schultern lastet. Von Stendhals Charakteren gilt jedoch das Gegenteil. Sie leben allein im jeweiligen Augenblick, sie sind völlig frei und unbelastet von allem, was nicht dem Augenblick angehört. Fehlt ihnen dann nicht eine wesentliche Dimension, eine gewisse Konsistenz, eine Beständigkeit des Zusammenhangs, haben sie damit als Charakter keine Dauer? Es könnte sein ... [63]

Das gilt für den Ironiker Stendhal, dessen Denkmuster von Poulet sehr eingehend beschrieben werden, wenn er auch dabei nicht den Begriff »Ironie« verwendet. Doch finden sich bei Stendhal, besonders in der *Kartause von Parma*, eindeutig auch langsame, besinnliche Passagen, voll träumerischer Entwürfe und Erinnerungen, ich denke dabei etwa an die von Fabrizio nach seiner Rückkehr in sein heimatliches Dorf im Kirchturm verbrachte Nacht wie auch an die berühmten Liebesszenen im Gefängnisturm. Stephen Gilman[64] hat auf überzeugende Weise dargelegt, daß diese Szenen mit ihren zahlreichen Vorgängern in der Literatur ebenso allegorisch und emblematisch sind, wie wir es von dem Garten Julies in *La Nouvelle Héloïse* festgestellt haben. Und Gilman hat auch die vorausweisende Funktion dieser allegorischen Szenen aufgezeigt, die dadurch dem Roman die Dimension einer Dauer verleihen, wie sie ihm das Stakkato der Ironie per definitionem niemals verschaffen könnte. Diese erfolgreiche Kombination von Allegorie und Ironie bestimmt auch das Kernthema des ganzen Romans, den *Mythos*, welcher der Allegorie zugrunde liegt. Der Roman erzählt die Geschichte zweier Liebenden, die, wie Eros und Psyche, niemals ungeschmälert zusammensein können. Wenn sie sich sehen können, dann sind sie durch eine unüberwindbare Distanz voneinander getrennt; wenn sie sich berühren können, dann nur unter der Voraussetzung völliger Dunkelheit, wozu sie durch eine ganz willkürliche und irrationale Entscheidung, einen Akt der Götter, gezwungen sind. Der Mythos handelt von der unüberwindlichen Distanz, die zwischen den Ichs bestehen muß, und er thematisiert die ironische Distanz, die für den Schriftsteller Stendhal stets zwischen seiner Identität als Stendhal und seiner Identität als Henri Beyle bestand. Der Mythos bestätigt erneut Schlegels Definition der Ironie als »permanente Parekbase« und macht die *Kartause von Parma* zu einem Roman des Romans, zu einer Allegorie der Ironie, wofür sich in der Literaturgeschichte nur wenige Beispiele finden.

Anmerkungen

* Der Abschnitt »Allegorie und Symbol« wurde, leicht verändert, in der von Peter Grotzer besorgten Übersetzung übernommen.

1 Eine solche Entwicklung hat sich in der Literaturwissenschaft verschiedener Länder unabhängig voneinander angekündigt. So versuchten französische Forscher wie Roland Barthes, Gérard Genette und Michel Foucault, die Terminologie der strukturalen Linguistik mit den traditionellen Begriffen der Rhetorik zu verschmelzen. In Deutschland setzte sich dieser Trend oft in Gestalt einer Wiederentdeckung und Neuinterpretation des allegorischen und emblematischen Stils des Barock durch, so zum Beispiel bei Walter Benjamin und Albrecht Schöne. In Amerika läßt sich etwa der Übergang vom New Criticism zur Methode Northrop Fryes in diesem Sinne deuten.

2 Hans-Georg Gadamer, *Wahrheit und Methode*, Tübingen ^{4}1975, S. 70.

3 Siehe Johann Georg Hamann, *Die Rezension der Herderschen Preisschrift*; in: *J.G. Hamanns Hauptschriften erklärt*, Bd. IV *(Über den Ursprung der Sprache)*, hg. v. Elfriede Büchsel, Gütersloh 1963.

4 Friedrich Schlegel, *Kritische Friedrich-Schlegel-Ausgabe* (Hg. E. Behler u. a.), München/Paderborn/Wien 1958 ff., Bd. II (KA II), S. 324 ff.

5 *Ibd.*, S. XCI, Anm. 2.

6 H.-G. Gadamer, *op.cit.*, S. 76.

7 Samuel Taylor Coleridge, *Essays and Lectures on Shakespeare and*

Some Other Old Poets and Dramatists, London 1907, S. 46.

8 Siehe S.T. Coleridge, *The Statesman's Manual*, hg. v. W.G.T. Shedd, New York 1875, S. 437f.; zitiert in Angus Fletcher, *Allegory: The Theory of a Symbolic Mode*, Ithaca 1964, S. 16, Anm. 29.

9 *Ibd.*

10 Siehe S.T. Coleridge, *Miscellaneous Criticism*, hg. v. T.M. Raysor, London 1936, S. 30; ebenfalls zitiert bei A. Fletcher, *op.cit.*, S. 19.

11 Siehe William K. Wimsatt, *The Structure of Romantic Nature Imagery*, in: ders., *The Verbal Icon*, New York 1958, S. 106-110.

12 Siehe Meyer H. Abrams, *Structure and Style in the Greater Romantic Lyric*, in: F.W. Hilles u. H. Bloom (Hg.), *From Sensibility to Romanticism. Essays presented to Frederick A. Pottle*, New York 1965; Earl Wasserman, *The English Romantics: The Grounds of Knowledge*, in: *Essays in Romanticism*, IV, Herbst 1964.

13 Abrams, *op.cit.*, S. 536.

14 Wasserman, *op.cit.*, S. 19.

15 Abrams, *op.cit.*, S. 551.

16 Siehe Charles Baudelaire, *Réflexions sur quelques-uns de mes contemporains, I. Victor Hugo*, in: *Œuvres complètes*, hg. v. Y.-G. Le Dantec u. Claude Pichois, Paris 1961, S. 701-713.

17 Siehe Wasserman, *op.cit.*, S. 26.

18 Siehe *ibd.*, S. 29.

19 Abrams, *op.cit.*, S. 551.

20 Wasserman, *op.cit.*, S. 30.

21 *Ibd.*, S. 29f.

22 Als ein Beispiel unter vielen siehe Edward E. Bostetter, *The Romantic Ventriloquists: Wordsworth, Coleridge, Keats, Shelley, Byron*, Seattle 1963.

23 Zitiert in Daniel Mornet, *Le Sentiment de la nature en France, de Jean-Jacques Rousseau à Bernardin de Saint-Pierre*, Paris 1907, S. 248.

24 Mornet, *op.cit.*, S. 187.

25 Vgl. Herbert Dieckmann, *Zur Theorie der Lyrik im 18. Jahrhundert in Frankreich, mit gelegentlicher Berücksichtigung der Englischen Kritik*, in: Wolfgang Iser (Hg.), *Poetik und Hermeneutik*, Bd. II, München 1966, S. 108.

26 Robert Mauzi, *L'Idée du bonheur dans la littérature et la pensée française du XVIIIe siècle*, Paris 1960.

27 *Ibd.*, S. 10.

28 J.J. Rousseau, *Julie oder Die neue Heloise. Briefe zweier Liebenden*, Leipzig o.J., Zweiter Band, S. 166 (4. Abteilung, 17. Brief).

29 *La Nouvelle Héloïse*, hg. v. Daniel Mornet, 4 Bde., Paris 1925. Siehe die Einleitung zu Bd. I, S. 67-74, und die Anmerkungen in Bd. III, S. 223-247.

30 J.J. Rousseau, *op.cit.*, S. 118 (4. Abteilung, 11. Brief).

31 *Ibd.*, S. 104 (4. Abteilung, 11. Brief).
32 Siehe *ibd.*, S. 113 (4. Abteilung, 11. Brief).
33 Siehe *ibd.*, S. 95 f. (4. Abteilung, 10. Brief): »Reichthum macht nicht reich, heißt es mit Recht in dem Romane ›die Rose‹.«
34 Siehe Guillaume de Lorris et Jean de Meun, *Le Roman de la Rose*, hg. v. Félix Lecoy, Paris 1965, Bd. I, bes. Verse 499ff., 629ff., 1345ff.
35 *Ibd.*, Verse 1385ff.
36 J. Paul Hunter, *The Reluctant Pilgrim: Defoe's Emblematic Method and Quest for Form in »Robinson Crusoe«*, Baltimore 1966, S. 172.
37 Wimsatt, *op.cit.*, S. 113.
38 Abrams, *op.cit.*, S. 556.
39 W.J.B. Owen und J.W. Smyser (Hg.), *The Prose Works of William Wordsworth*, Bd. II, Oxford 1974, *Essay upon Epitaphs* I, S. 51.
40 Siehe oben, Anmerkung 3.
41 Friedrich Schlegel, *Kritische Friedrich-Schlegel-Ausgabe* (Hg. E. Behler u. a.), München/Paderborn/Wien 1958ff., Bd. II (KA II), S. XCI.
42 Siehe K.W.F. Solger, *Erwin. Vier Gespräche über das Schöne und die Kunst*, München 1971 (Nachdruck der Ausgabe Berlin 1907).
43 Siehe Norman Knox, *The Word Irony and its Context, 1500-1755*, Durham (N.C.) 1961.
44 Quintilian, *Institutio* IX 2, 44-53; zitiert bei Knox.
45 Siehe Fr. Schlegel, »Brief über den Roman«, in: *Gespräch über die Poesie*; in: ders., KA II, S. 329ff.
46 Charles Baudelaire, *Vom Wesen des Lachens und allgemein von dem Komischen in der bildenden Kunst*; in: ders., *Sämtliche Werke/Briefe* (Hg. F. Kemp u. C. Pichois), Band I, *Juvenilia Kunstkritik 1832-1846*, München 1977, S. 292.
47 *Ibd.*, S. 304.
48 Siehe Charles Baudelaire, *Einige französische Karikaturisten*; in: ders., *Sämtliche Werke/Briefe*, Band I, l.c., S. 321.
49 Zum Beispiel in dem Gedicht »Le Cygne/Der Schwan«:
»Je vois ce malheureux, mythe étrange et fatal,
Vers le ciel quelquefois, comme l'homme d'Ovide, ...«
»Seh, wie der Arme, unheilvolle Sage,
Wie bei Ovid der Mensch, sich hoch zum Himmel streckt ...«
(Charles Baudelaire, *Les Fleurs du Mal – Die Blumen des Bösen*, übers. v. M. Fahrenbach-Wachendorff, Stuttgart 1980, S. 176ff.) Baudelaire bezieht sich hier auf die *Metamorphosen*, I 84-86.
50 Charles, Baudelaire, *Vom Wesen des Lachens*, l.c., S. 301 f.
51 *Ibd.*, S. 287 u. 290f.
52 Charles Baudelaire, *Einige ausländische Karikaturisten*; in: ders., *Sämtliche Werke/Briefe*, Band I, l.c., S. 340.
53 Charles Baudelaire, *Vom Wesen des Lachens*, l.c., S. 303.
54 Jean Starobinski, *Ironie et mélancolie: Gozzi, Hoffmann, Kierkegaard*;

in: *Estratto da Sensibilitá e Razionalitá nel Settecento*, Florenz 1967, S. 459.

55 E.T.A. Hoffmann, *Prinzessin Brambilla*, 5. Kapitel.

56 Friedrich Schlegel, *Fragment 668*; in: ders., KA XVIII, S. 85.

57 »In immer weiter potenzierter Reflexion« ist eine Anspielung auf Friedrich Schlegel, *Athenäum-Fragment 116*; in: ders., KA II, S. 182.

58 Peter Szondi, *Friedrich Schlegel und die romantische Ironie*; in: ders., *Satz und Gegensatz*, Frankfurt 1976, S. 17f.; Hervorheb. von mir.

59 Friedrich Schlegel, *Athenäum-Fragment 116*; in: ders., KA II, S. 182f.

60 Friedrich Schlegel, *Über die Unverständlichkeit*; in: ders., KA II, S. 369f.

61 Charles Baudelaire, *Vom Wesen des Lachens*, l.c., S. 293.

62 *Ibd.*, S. 301.

63 Georges Poulet, *Mesure de l'instant*, Paris 1968, S. 250.

64 Stephen Gilman, *The Tower as Emblem*; in: *Analecta Romanica*, Bd. 22, Frankfurt 1967.

Autobiographie als Maskenspiel

Die Theorie der Autobiographie wird immer wieder von Fragestellungen und Betrachtungsweisen heimgesucht, deren Problem nicht einfach darin liegt, daß sie in die Irre führen oder an den Haaren herbeigezogen sind, ihr Manko ist vielmehr, daß sie den Blick von vornherein einengen, da sie von unhinterfragten Annahmen über den autobiographischen Diskurs ausgehen, die in Wirklichkeit äußerst problematisch sind. Das hat zur Folge, daß eine solche Theorie stets eine Reihe von hausgemachten Problemen mitschleppt, an denen sie, wie vorherzusehen, scheitern muß. Eines dieser Probleme ist der Versuch, die Autobiographie so zu definieren und zu behandeln, als ob sie eine unter vielen literarischen Gattungen wäre. Da der Begriff der Gattung ebenso eine ästhetische wie eine historische Funktion bezeichnet, steht dabei nicht nur die Distanz auf dem Spiel, die den Verfasser der Autobiographie vor seinen Erfahrungen schützt, sondern auch die mögliche Konvergenz von Ästhetik und Geschichte. Eine solche Konvergenz erhält beträchtliche Bedeutung, besonders wenn es um die Autobiographie geht. Begreift man die Autobiographie als eine Gattung, dann erhebt man sie über den literarischen Status einer bloßen Reportage, einer Chronik oder von Memoiren und weist ihr einen, wenn auch bescheidenen, Platz in der kanonischen Rangordnung der wesentlichen literarischen Gattungen zu. Dies geht nicht ohne Schwierigkeiten, denn die Autobiographie wirkt im Vergleich zur Tragödie oder zur epischen oder lyrischen Dichtung stets ein wenig zweitklassig und dünnblütig, was ein Symptom für ihre Unvereinbarkeit mit der monumentalen Würde ästhetischer Werte sein könnte. Zudem scheint sich die Autobiographie gegen ihre Statuserhöhung zu sträuben. Alle Versuche, sie als literarische Gattung zu definieren, scheinen sich hoffnungslos in Fragen zu verstricken, die ins Leere führen und auf die es keine Antwort gibt. Kann es vor dem 18. Jahrhundert schon eine Autobiographie gegeben haben, oder ist sie ein spezifisches Phänomen der Vorromantik und der Romantik, wie die Vertreter einer Gattungsgeschichte zu glauben geneigt sind? Dann stellt sich aber sofort die Frage nach dem autobiographischen Element in den *Bekenntnissen* des Augustinus, die trotz der in letzter Zeit unternommenen heroischen Anstrengungen bei weitem nicht geklärt ist. Kann eine Autobiographie in Versform geschrieben sein? Sogar einige der modernsten Theoretiker der Autobiographie verneinen das kategorisch, wenn sie auch keinen Grund angeben können, warum das nicht möglich sein sollte. Dann kommt Wordsworths *The Prelude* als Autobiographie nicht mehr in Betracht, was jedem mit der englischen Tradition befaßten Literaturwissenschaftler kaum einleuchten dürfte. Empirisch wie theoretisch erweist sich die Autobiographie als ungeeignetes Objekt für eine gattungstheoretische Definition; jeder Einzelfall scheint eine Ausnahme von der Regel zu sein; jeder in Frage kommende Text scheint sich dem Zugriff zu entziehen und in benachbarte oder sogar in ganz fremde Gattungen abzugleiten; am entlarvendsten ist vielleicht aber die Tatsache, daß gattungstheoretische Diskussionen, die im Falle der Tragödie oder des Romans eine wichtige heuristische Funktion besitzen, von so lähmender Unfruchtbarkeit sind, wenn es um die Autobiographie geht.

Ein anderer, immer wieder eingeschlagener Weg, sich der Autobiographie zu nähern, beruft sich auf den Unterschied zwischen Autobiographie und Fiktion. Dieser Weg ist zwar nicht ganz so unfruchtbar wie der Versuch, sie als Gattung zu klassifizieren, aber zu einem klaren Ergebnis führt auch er nicht. Die Autobiographie scheint auf eine weniger ambivalente Weise als die Fiktion auf tatsächlichen und potentiell verifizierbaren Ereignissen zu beruhen. Sie scheint über eine einfachere Form der Referentialität, der Repräsentation und der Diegese zu verfügen. Sie kann zwar viele Phantasien und Träume enthalten, aber diese Abweichungen von der Wirklichkeit bleiben in einem einzigen Subjekt verwurzelt, dessen Identität durch die unangefochtene Lesbarkeit seines Eigennamens definiert ist: Der Erzähler der *Bekenntnisse* Rousseaus scheint durch den Namen und die Signatur Rousseaus auf eine umfassendere Weise definiert zu sein, als es, nach Rousseaus eigenem Bekenntnis, für den Erzähler der *Julie* gilt. Aber sind wir uns wirklich so sicher, daß die Autobiographie von der Referenz auf dieselbe Weise abhängt wie ein Photograph von seinem Objekt oder ein (realistisches) Gemälde von seinem Modell? Wir nehmen an, das Leben würde die Autobiographie *hervorbringen* wie eine Handlung ihre Folgen, aber können wir nicht mit gleicher Berechtigung davon ausgehen, das autobiographische Vorhaben würde seinerseits das Leben hervorbringen und bestimmen? Wird nicht alles, was der Autor einer Autobiographie *tut*, letztlich von den technischen Anforderungen der »Selberlebensbeschreibung« beherrscht und daher in jeder Hinsicht von den Möglichkeiten seines Mediums bestimmt? Und da das hier vorausgesetzte Funktionieren der Mimesis nur eine Art der Figuration unter anderen ist, so fragt sich, ob die Redefigur vom Referenzobjekt bestimmt wird oder ob es sich umgekehrt verhält: Ergibt sich die Illusion der Referenz nicht als Korrelation der Struktur der Figur, so daß das »Referenzobjekt« überhaupt kein klares und einfaches Bezugsobjekt mehr ist, sondern in die Nähe einer Fiktion rückt, die damit ihrerseits ein gewisses Maß an referentieller Produktivität erlangt? Gérard Genette formuliert diese Frage in einer Anmerkung zu seiner Diskussion der figurativen Rede bei Proust sehr präzise. Am Beispiel des in der Beschreibung der Begegnung zwischen Charlus und Jupien verwendeten Bildes von den Blumen und den Insekten erörtert Genette eine besonders geeignete Verknüpfung zweier unterschiedlicher Figurations-Schemata. Ihre Wirkung resultiert aus einer »Konkomitanz«, von der man unmöglich sagen kann, ob sie Tatsache oder Fiktion ist. Denn »es reicht aus«, sagt Genette, »sich selbst ⟨als Leser⟩ außerhalb des Textes *(vor* ihm) zu lokalisieren, um feststellen zu können, daß die Koordinierung manipuliert worden ist, um die *Metapher* hervorzubringen. Nur eine Situation, die dem Autor von außen durch die Geschichte oder die Tradition aufgezwungen und daher (für ihn) nicht fiktional ist, ... läßt im Leser den Eindruck einer *genetischen* Kausalität entstehen, bei der die Metonymie als Ursache und die Metapher als Wirkung fungiert, *nicht* aber den im Falle einer hypothetisch reinen Fiktion stets möglichen Eindruck einer *teleologischen* Kausalität, bei der die Metapher der Zweck und die Metonymie das Mittel zum Zweck ist. Es ist klar, daß bei Proust jedes aus der *Suche nach der verlorenen Zeit* genommene Beispiel auf dieser Ebene eine endlose Diskussion in Gang zu setzen vermag zwischen einer Lektüre des Romans als Fiktion und einer Lektüre desselben Romans als Autobiographie. Es ist vielleicht am besten, gar nicht zu versuchen, aus dieser Drehtür *heraus*zukommen.«[1]

Die Unterscheidung zwischen Fiktion und Autobiographie scheint also keine Frage von Entweder-Oder zu sein, sondern unentscheidbar. Aber ist es wirklich möglich, wie Genette vorschlägt, *innerhalb* einer unentscheidbaren Situation zu verbleiben? Wie jeder bezeugen kann, der einmal in einer Drehtür festgesessen hat, ist dieser Zustand höchst unbehaglich, und das gilt für unseren Fall erst recht, da dieses Karussell in der Lage ist, sich immer schneller zu drehen, und seine Kreise in Wirklichkeit nicht sukzessiv, sondern simultan zieht. Mit einem Unterscheidungssystem, das auf zwei Klassifikationsmöglichkeiten beruht, von denen sowohl keine als auch beide zugleich zutreffen, läßt sich wohl kaum viel anfangen.

Autobiographie ist damit keine Gattung oder Textsorte, sondern eine Lese- oder Verstehensfigur, die in gewissem Maße in allen Texten auftritt. Das autobiographische Moment ist der Prozeß einer wechselseitigen Angleichung der beiden am Leseprozeß beteiligten Subjekte, bei der sie einander gegenseitig durch gemeinsame reflexive Substitution bestimmen. Die Struktur impliziert sowohl Unterschiedlichkeit als auch Ähnlichkeit, da der die Subjekte konstituierende substitutive Austausch beides verlangt. Wenn ein Autor sich selbst zum Gegenstand seines eigenen Verständnisses macht, wird diese Struktur wechselseitiger Reflexion zu einem inneren Textmerkmal, doch dies macht nur den weiter reichenden, mit jeder Autorschaft verbundenen Anspruch explizit, der immer dann vorliegt, wenn von einem Text gesagt wird, er sei *von* jemand und dieser Umstand sei für sein Verständnis von Bedeutung. Das heißt aber letztlich nichts anderes, als daß jedes Buch mit einem lesbaren Titelblatt in gewisser Hinsicht autobiographisch ist.

Wenn wir aber aus diesem Grund behaupten wollen, alle Texte seien autobiographisch, dann müssen wir aufgrund desselben Merkmals auch sagen, kein Text sei autobiographisch. Die Schwierigkeiten der gattungstheoretischen Definition, die jede Beschäftigung mit der Autobiographie infiziert, zeigen sich auch hier wieder als eine immanente Instabilität, die das Modell untergräbt, sobald es entworfen ist. Genettes Drehtür-Metapher hilft uns zu verstehen, warum dies der Fall ist: In ihr wird auch auf die drehende Bewegung der Tropen angespielt, und sie bestätigt, daß das Moment der wechselseitigen Reflexion keine sich ursprünglich geschichtlich ereignende Situation ist, sondern die Manifestation einer sprachlichen Struktur auf der Ebene des Referenten. Das jedem Verstehensprozeß eignende Moment der wechselseitigen Spiegelung offenbart die jeder Erkenntnis, auch der Selbsterkenntnis, zugrundeliegende tropologische Struktur. Die Bedeutung der Autobiographie besteht dann nicht darin, daß sie eine verläßliche Selbsterkenntnis liefert (was sie auch gar nicht tut), sondern darin, daß sie auf schlagende Weise die Unmöglichkeit der Abgeschlossenheit und der Totalisierung aller aus tropologischen Substitutionen bestehenden textuellen Systeme demonstriert (und das heißt, daß es solche Systeme nicht geben kann).

Denn je mehr die Autobiographien durch ihr thematisches Insistieren auf dem Subjekt, dem Eigennamen, der Erinnerung, der Geburt, der Liebe, dem Tod und der Wechselseitigkeit der Spiegelung ihre kognitive und tropologische Konstitution offenlegen, desto mehr sind sie auch darauf aus, den Beschränkungen dieses Systems zu entkommen. Die Autoren *von* Autobiographien wie auch die Autoren, welche *über* Autobiographien schreiben, sind von dem Drang besessen, nicht bei der Erkenntnis stehenzubleiben, sondern Entscheidungen zu treffen und zu handeln und so statt spekulativer auch politische und rechtliche Autorität zu gewinnen. Philippe Lejeune zum Beispiel, dessen Arbeiten alle Ansätze zur theoretischen Bewältigung der Autobiographie mit exemplarischer Gründlichkeit behandeln, besteht eigensinnig darauf (und ich sage eigensinnig, weil seine Hartnäckigkeit offenbar weder durch ein Argument noch durch einen Beweis begründet ist), daß die Identität der Autobiographie nicht durch ihre repräsentationale und kognitive Konstitution bestimmt sei, sondern durch Übereinkunft: ihre Identität gründe sich nicht auf Tropen, sondern auf Sprechakte. Der Name auf dem Titelblatt sei nicht der Eigenname eines der Selbsterkenntnis und der Einsicht fähigen Subjekts, sondern die Unterschrift, welche dem Vertrag rechtliche, jedoch keinesfalls Gültigkeit als Erkenntnis verleihe. Daß Lejeune »Eigenname« und »Unterschrift« als austauschbar betrachtet, ist ein Zeichen für die verwirrende Komplexität des Problems. Denn einerseits ist es ihm unmöglich, innerhalb des tropologischen Systems des Namens zu bleiben, so daß er sich genötigt sieht, statt der ontologischen Identität die vertragliche Vereinbarung ins Spiel zu bringen, andererseits aber gerät er, sobald die performative Funktion geltend gemacht wird, sogleich wieder in die Beschränkungen des Kognitiven. Der Leser wird von einer Figur, in der sich der Autor spiegelt, zu einem mit Polizeigewalt versehenen Richter, der die *Authentizität* der Unterschrift verifiziert und beurteilt, wie es mit der Konsequenz im Verhalten des Unterzeichners bestellt ist, inwiefern er die von ihm unterschriebene vertragliche Übereinkunft respektiert oder verletzt. Hier muß entschieden werden, wer die transzendentale Autorität besitzt, der Autor oder der Leser, beziehungsweise (was auf das gleiche hinausläuft) der Autor *von* dem Text oder der Autor *in* dem Text, der seinen Namen trägt. Dieses sich spiegelnde Paar ist durch die Unterschrift eines einzelnen Subjekts ersetzt worden, das nicht mehr im Prozeß eines durch Spiegelungen sich vollziehenden Selbstverständnisses auf sich selbst zurückverwiesen ist. Doch Lejeunes Art der Lektüre wie auch seine theoretischen Ausführungen zeigen, daß hier die Einstellung des Lesers zu seinem »Vertragspartner« (der in Wirklichkeit gar kein partnerschaftliches »Subjekt« mehr ist) von einer transzendentalen Autorität geprägt ist, die ihm erlaubt, Urteile zu fällen. Die Struktur wechselseitiger Spiegelungen ist nur verdrängt, aber nicht überwunden worden; und in dem Moment, wo wir behaupten, den Tropen entkommen zu sein, befinden wir uns erneut in einem System von Tropen. Jede Beschäftigung mit der Autobiographie sieht sich in dieser Doppelbewegung gefangen: Einerseits besteht die Notwendigkeit, der Tropologie des Subjekts zu entgehen, andererseits ist diese Notwendigkeit unausweichlich selbst wieder einem Spiegelmodell der Erkenntnis einbeschrieben. Diesen abstrakten Sachverhalt möchte ich nun an der Lektüre eines exemplarischen autobiographischen Texts illustrieren, nämlich an Wordsworths *Essays upon Epitaphs.*[2]

Wir betrachten nicht nur den ersten der drei Essays, den Wordsworth auch als Anmerkung zu Buch VII seiner *Excursion* beifügte, sondern alle drei in *The Friend* erschienenen und wahrscheinlich 1810 geschriebenen Essays. Die autobiographischen Komponenten liegen wohl auf der Hand, wenn ein als Essay *über* Epitaphe angelegter Text selbst zu einem Epitaph wird und sich geradezu zwangsläufig als des Autors eigene Grabinschrift oder Autobiographie darstellt. Die Essays zitieren zahlreiche Epitaphe aus den verschiedensten Quellen, von der Kollektanee John Weevers, *Ancient Funerall Monuments* (1631), bis zur Dichtung Grays oder Popes. Aber Wordsworth schließt mit einem Zitat aus seinen eigenen Werken, einer von dem Epitaph und dem Leben eines gewissen Thomas Holme inspirierten Passage aus der *Excursion*. Sie erzählt ganz sachlich die Geschichte eines tauben Mannes, der sein Gebrechen kompensiert, indem er die Klänge der Natur durch das Lesen von Büchern ersetzt.

Der allgemeine Plot der strategisch als exemplarischer Abschluß eines exemplarischen Textes erzählten Geschichte ist Lesern von *The Prelude* sehr vertraut. Sie berichtet von einem Diskurs, der sich über eine *Deprivation* hinwegsetzt und trotz ihr *durchgehalten* wird. Die Deprivation kann, wie in diesem Fall, sich schon in frühster Kindheit ereignet haben oder auch als plötzlicher Schock auftreten. Der manchmal katastrophale, manchmal aber auch anscheinend unbedeutende Schock unterbricht einen relativ stabilen Zustand. Man denkt dabei an so berühmte Passagen in *The Prelude* wie die Hymne auf das neugeborene Kind in Buch II (»Blest the infant babe ...«; II, 232 ff.)[3], die erzählt, wie sich »der erste poetische Geist unsres Menschenlebens« (II, 260 f.) manifestiert. Es wird zuerst ein Zustand des gemeinsamen liebevollen Austauschs und Dialogs etabliert, der abrupt sein Ende findet, wenn es heißt, »die Stützpfeiler meiner Liebe wurden mir genommen«, doch gleich wiederhergestellt wird, wenn es weiter heißt, daß »das Gebäude doch noch stand, als sei's von seinem eignen Geist gestützt« (II, 279 ff.). Oder man denkt an den ertrunkenen Mann in Buch V, der »mitten in der schönen Szenerie von Bäumen, Hügeln, Wasser« plötzlich vom Grunde des Sees »auftaucht, aufrecht, gräßlichen Gesichts, eine Spukgestalt des Schreckens« (V, 448 ff.); Wordsworth berichtet anschließend, daß der Junge von neun Jahren, der er damals gewesen sei, in dem Gedanken Trost gefunden habe, solche Szenen bereits aus Büchern zu kennen. Und man denkt vor allem an die nicht weniger berühmte Episode von dem Jungen aus Winander, welche dieser Szene fast unmittelbar voraufgeht. Zahlreiche wörtliche Anklänge verbinden die am Schluß der *Essays upon Epitaphs* zitierte Passage aus der *Excursion* mit der Geschichte von dem Jungen, der in seinem fröhlichen Nachahmen von einer plötzlichen stillen Ahnung seines Todes und seiner anschließenden Wiedergeburt in der Natur unterbrochen wird. Schon eine frühe Fassung dieser Episode belegt die allgemein akzeptierte Annahme, daß diese in *The Prelude* immer wieder vorkommenden Sinnbilder der Deprivation, die Krüppel, die Ertrunkenen, die blinden Bettler, die vom Tode gezeichneten Kinder, Sinnbilder für Wordsworths eigenes dichterisches Ich sind. In ihnen offenbart sich die all diesen Texten gemeinsame autobiographische Dimension. Es bleibt aber die Frage offen, wie diese nahezu obsessive Beschäftigung mit Verstümmelung und Verkrüppelung, oft in Form des Verlustes eines der Sinne, als Blindheit, Taubheit oder, wie im Schlüsselwort der Episode des Jungen aus

Winander, *Stummheit*, zu verstehen ist und wie tragfähig der sich daraus ergebende Anspruch auf Kompensation und Wiederherstellung überhaupt sein kann. Die Antwort auf diese Frage betrifft auch die Beziehung dieser Geschichten zu anderen Episoden in *The Prelude*, die ebenfalls Schocks und Unterbrechungen beinhalten, jedoch in einer Stimmung der Erhabenheit gehalten sind, wo der Zustand der Deprivation nicht mehr klar ersichtlich ist. Das weist natürlich über den hier gesteckten Rahmen der Untersuchung hinaus, so daß wir uns damit begnügen müssen, die Bedeutung der *Essays upon Epitaphs* für das umfassendere Problem des autobiographischen Diskurses als eines Diskurses der Selbstheilung, des Sich-selbst-Wiederherstellens aufzuzeigen.

Die von Wordsworth in den *Essays upon Epitaphs* angesichts des Todes erhobene Forderung nach Wiederherstellung gründet in einem konsistenten System aus Gedanken, Metaphern und Sprachstil, das zu Beginn des ersten Essays angekündigt und dann konsequent durchgeführt wird. Es ist ein System der Vermittlungen, das die radikale Distanz eines Entweder-Oder-Gegensatzes in einen Prozeß umwandelt, der gestattet, die Bewegung von einem Extrem zum anderen über eine Reihe von Transformationen zu durchlaufen, welche die Negativität der ursprünglichen Beziehung (beziehungsweise das Fehlen einer Beziehung) unversehrt lassen. Man bewegt sich, ohne jedes Zugeständnis, von Tod *oder* Leben zu Leben *und* Tod. Die schmerzliche existentielle Schärfe des Textes resultiert aus dem vollständigen Wissen um die Macht der Sterblichkeit. Bei Wordsworth wird in keiner Weise bei der alles vereinfachenden Formel von der Negation der Negation Zuflucht gesucht. Der Text konstruiert eine Folge von Vermittlungen zwischen Unvereinbarem: Stadt und Natur, Heide und Christ, Besonderheit und Allgemeinheit, Leib und Grab, die unter dem allgemeinen Prinzip zusammengebracht werden, wonach »Ursprung und Zweck in unauflöslicher wechselseitiger Bedingtheit stehende Begriffe« sind (E I, 51). Nietzsche sagte später in *Zur Genealogie der Moral* genau das symmetrische Gegenteil – Ursprung und Zweck seien »zwei Probleme, die auseinanderfallen oder -fallen sollten«[4] –, und es bereitete den Historikern der Romantik und der Nachromantik kaum Schwierigkeiten, das System dieser Symmetrie zu verwenden, um diesen Ursprung (Wordsworth) mit diesem Zweck (Nietzsche) in einer einzigen geschichtlichen Reise zu vereinigen. Der gleiche Reiseweg, das gleiche Bild des Weges, erscheint im Text, wenn Wordsworth von den »lebendigen und anrührenden Analogien« spricht, die möglich seien, wenn man »das Leben als Reise« betrachte, die vom Tod unterbrochen, aber nicht beendet werde (E I, 54). Die alles umspannende Metapher für dieses System ist die Metapher von der sich bewegenden Sonne. »Wenn wir auf einer Reise in die Regionen, wo die Sonne untergeht, um den Erdball segeln, so führt uns diese Reise nach und nach in die Gegend, wo wir gewohnt sind, sie aufgehen zu sehen; und wenn wir nach Osten reisen, wo unsere Einbildungskraft die Geburtsstätte des Morgens sieht, so führt uns diese Reise schließlich in die Gegend, wo die Sonne stets unseren Blicken entschwindet. Ganz ebenso ergeht es der nachdenklichen Seele, die auf ihrer Reise in der durch die Sterblichkeit angegebenen Richtung ins Land des immerwährenden Lebens gelangt und die dann, wenn sie ihre Erkundung dieses fröhlichen Landstrichs fortsetzt, schließlich zu ihrem Vorteil und zu ihrem Segen sich wieder ins Land der vergänglichen Dinge, der Tränen und des Leids, zurückversetzt sieht« (E I, 53). In diesem System von Metaphern ist die Sonne mehr als nur ein Naturgegenstand, wenn sie auch als solcher hinreichend ist, einer Kette von Bildern zu gebieten, in der das Leben eines Menschen als ein Baum mit Stamm und Ästen erscheint und die Sprache als etwas »wie die Macht der Gravitation oder die Luft, die wir atmen« (E III, 85), mit der Parusie des Lichts. Von der Trope des Lichts unterstützt, wird die Sonne zu einem Bild sowohl der Natur als auch der Erkenntnis, zum Emblem dessen, was der dritte Essay den »mit absoluter Souveränität über sich selbst ausgestatteten Geist« nennt (E III, 81). Erkenntnis und Geist implizieren Sprache und begründen die zwischen der Sonne und dem Text des Epitaphs aufgestellte Beziehung: Das Epitaph, sagt Wordsworth, »ist dem Tag ausgesetzt; die Sonne blickt auf den Stein hinunter, und der vom Himmel fallende Regen schlägt gegen ihn« (E I, 59). Die Sonne wird zum Auge, das den Text des Epitaphs *liest*. Und der Essay erzählt uns, woraus dieser Text besteht, indem er ein sich auf Shakespeare beziehendes Gedicht Miltons zitiert: »Was brauchst du solchen schwachen Zeugen deines *Namens*« (E I, 62)? Bei solchen Dichtern wie Shakespeare, Milton oder Wordsworth selbst braucht das Epitaph nur aus dem »nackten Namen« (E I, 61) zu bestehen, der dem Auge der Sonne bekannt ist. Hier kann von der »Sprache des gefühllosen Steins« gesagt werden, ihr würde eine »Stimme« verliehen (E I, 54), der *sprechende* Stein bildet das Gegenstück zur *sehenden* Sonne. Das System geht von der Sonne zum Auge über und von dort zur Sprache als Name und als Stimme. Wir können die Redefigur identifizieren, die hier die zentrale Metapher der Sonne und damit das von der Sonne hervorgerufene tropologische Spektrum vervollständigt: Es ist die Figur der Prosopopöie, die Fiktion der Apostrophierung einer abwesenden, verstorbenen oder stimmlosen Entität, wodurch die Möglichkeit einer Antwort gesetzt und der Entität die Macht der Rede zugesprochen wird. Eine Stimme setzt einen Mund voraus, ein Auge und letztlich ein Gesicht, eine Kette, die sich in der Etymologie des Namens der Trope manifestiert: *prosopon poien*, eine Maske oder ein Gesicht *(prosopon)* geben. Die Prosopopöie ist die Trope der Autobiographie, durch die jemandes Name, wie in dem Gedicht Miltons, so verstehbar und erinnerbar wird wie ein Gesicht. Bei unserem Thema, der Autobiographie, geht es um das Geben und Nehmen von Gesichtern, um Maskierung und Demaskierung, Figur, Figuration und Defiguration.

Aus rhetorischer Sicht gesehen sind die *Essays upon Epitaphs* eine Abhandlung über die Überlegenheit der Prosopopöie (verbunden mit den Namen Miltons und Shakespeares) über die Antithese (verbunden mit dem Namen Popes). Was Fragen des Stils und der Erzählweise angeht, so zeigt sich hier die Prosopopöie auch als Kunst des unmerklichen Überganges (ein Kunststück, das in einer Autobiographie leichter zu bewerkstelligen ist als in einer epischen Erzählung). Die schrittweisen Transformationen geschehen derart, daß die »Gefühle ..., obwohl sie einander entgegengesetzt scheinen, in einer anderen und feineren Beziehung zueinander stehen als der des Kontrastes« (E I, 53). Der Stil des Epitaphs ist von den »nichtssagenden Antithesen« der Satire weit entfernt (E III, 80), ihn kennzeichnen vielmehr »sanfte Abstufungen oder sachte Übergänge zu verwandten Eigenschaften« (E III, 81), gleitende Verschiebungen, die sich allein »innerhalb des Umkreises von ruhig nebeneinander bestehenden Eigenschaften bewegen« (E III, 81). Metapher und Prosopopöie verbinden ein thematisches Pathos mit einem fein differenzierten Stil. Dieser Stil erreicht bei Wordsworth seinen Höhepunkt in einer autobiographischen Erzählung, die sich auf eine echte Dialektik gründet, welche auch das denkbar umfassendste System von Tropen ist.

Doch trotz der vollkommenen Abgeschlossenheit des Systems enthält der Text Elemente, die nicht nur sein Gleichgewicht zerstören, sondern auch sein Produktionsprinzip. Wir haben gesehen, daß der Name, sei es der Eigenname des Autors oder eines Ortes, ein wesentliches Glied in der Kette ist. Aber in der eindrucksvollen Passage, welche die Einheit des Ursprungs und der Bestimmung, von Woher und Wohin durch die Metapher des fließenden Stroms illustriert, beharrt Wordsworth darauf, daß der wörtliche Sinn des toten *Buchstabens* zwar in der Tat, wie in Miltons Gedicht über Shakespeare, ein Name sein kann, »ein aus einer Landkarte oder von dem wirklichen Naturgegenstand her gewonnenes Bild«, daß aber der »*Geist*« der Metapher, so unvermeidlich wie die Frage nach dem Woher die Frage nach dem Wohin mit sich bringt, unvermeidlich auf »einen grenzenlosen Behälter jenseits aller Abmessungen« verweist, auf »nichts weniger als die Unendlichkeit« (E I, 51). Die Entgegensetzung von wörtlichem und figuralem Sinn funktioniert hier mittels einer Analogisierung mit dem Gegensatz zwischen dem Namen und dem Namenlosen, obwohl das ganze Argument gerade diesen Gegensatz überwinden soll.

Das Miltonzitat ist auch noch in anderer Hinsicht bemerkenswert. Es läßt sechs Zeilen des Originals weg, was sicher legitim ist, was aber im Hinblick auf eine andere, verwirrendere Abweichung im Text aufschlußreich ist. Die dominierende rhetorische Figur des epitaphischen oder autobiographischen Diskurses ist, wie wir gesehen haben, die Prosopopöie, die Fiktion der Stimme-von-jenseits-des-Grabes; ein unbeschriebener Stein würde die Existenz der Sonne in der Schwebe lassen. Doch in seinen drei Essays warnt Wordsworth des öfteren nachhaltig vor dem Gebrauch der Prosopopöie, vor der Konvention, dem auf der Straße des Lebens Reisenden von der Stimme des Verstorbenen ein »Sta viator« zurufen zu lassen. Solche chiasmischen[1] Figuren, welche die Zustände des Lebens und des Todes mit den Attributen des Sprechens und des Schweigens überkreuzen, sind, sagt Wordsworth, »von zu konkreter Bitterkeit und zu flüchtig« (E III, 83) – eine merkwürdig formulierte Kritik, da der Trost sich eigentlich aus der Flüchtigkeit speist und die Essays sich gerade um die Konkretheit des trauernden »schweigenden Marmors« bemühen, wie es in Grays Epitaph über Mrs. Clark heißt (E III, 86). Wann immer Wordsworth die Prosopopöie erörtert, und das ist wenigstens dreimal der Fall, zeigt seine Argumentation eine ganz eigentümliche Inkonsequenz. Daß Epitaphe oft so tun, als ob der Verstorbene »von seinem eigenen Grabstein aus spreche«, nennt Wordsworth eine »liebevolle

[1] kreuzweise syntaktische Stellung von aufeinander bezogenen Wörtern (z.B. groß war der Einsatz, der Gewinn war klein)

Fiktion«, eine »unwirkliche Vermittlung«, welche »die beiden Welten der Lebenden und der Toten harmonisch vereint« (E I, 60), der also all das gelingt, worauf Thematik und Stilistik des Autobiographischen letztlich ausgehen. Doch im nächsten Absatz heißt es: »Die andere Art jedoch, daß nämlich die Überlebenden in eigener Person sprechen, scheint mir, alles in allem gesehen, bei weitem wünschenswerter zu sein ..., weil sie durch den Ausschluß jener Fiktion auf einer solideren Basis steht« (E I, 60f.). Gray und Milton werden für Sprachfiguren getadelt, die eigentlich aus der Prosopopöie abgeleitet sind. Der Text argumentiert gegen die Verwendung seiner eigenen hauptsächlichen rhetorischen Figur. Wenn das geschieht, dann ist dies ein Zeichen dafür, daß hier eine tiefer liegende logische Verwirrung droht.

Die ausgelassenen Zeilen des Miltonschen Gedichts bieten eine Möglichkeit, dieser tiefer liegenden Bedrohung nachzuspüren. In den betroffenen sechs Zeilen spricht Milton von der Belastung, die Shakespeares »mühelose Verse« für jene darstellen, die, wie wir alle, nur eine »schwerfällig sich mühende Kunst« zustande bringen (siehe Kommentar zu Essay I, S. 105). Er fährt fort:

> So machst du unsre Phantasie sich ihrer selbst berauben
> Und läßt versteinern uns vor allzuvielem Sinnen.
> (Then thou our fancy of itself bereaving
> Dost make us marble with too much conceiving.)

Isabel MacCaffrey hat den Inhalt der beiden Zeilen so gedeutet, daß unsere hingerissene Einbildungskraft entrückt wird, aus uns heraus gerückt wird, und unsere seelenlosen Körper wie Statuen zurückläßt. Die Rede von der Versteinerung hätte in den *Essays upon Epitaphs* unweigerlich die der Prosopopöie innewohnende latente Bedrohung heraufbeschworen, daß man nämlich, wenn man den Tod sprechen läßt, durch die symmetrische Struktur der Trope zugleich auch impliziert, daß die Lebenden mit Stummheit geschlagen und in die Gefühllosigkeit ihres eigenen Todes eingefroren sind. Die liebevolle Fiktion des »Wanderer, halte ein!« bekommt somit eine finstere Nebenbedeutung, die nicht nur eine Vorahnung der Konsequenzen der eigenen Sterblichkeit beinhaltet, sondern unseren gegenwärtigen Übergang in die gefrorene Welt der Toten meint. Man könnte einwenden, daß Wordsworth sich dieser Bedrohung immerhin so klar bewußt ist, daß er ihr noch innerhalb des den Essays zugrundeliegenden kognitiven, solaren Systems von der Selbsterkenntnis dienenden Spiegelungen einen Platz zukommen läßt und daß die Warnungen vor dem Gebrauch der Prosopopöie eigentlich nur strategisch und didaktisch gemeint sind. Er weiß, daß das Eintreten für einen »Ausschluß« der fiktionalen Stimme und ihre Ersetzung durch die wirkliche Stimme der Lebenden in Wahrheit die Prosopopöie über die Fiktion der *Anrede* sogleich wieder einführt. Trotzdem muß einen die Tatsache mißtrauisch machen, daß sich diese Aussage nur durch Auslassungen und Widersprüche hindurch geltend macht.

Der entscheidende innere Widerspruch des Textes, der zugleich seine beträchtliche theoretische Bedeutung ausmacht, tritt in einem zwar verwandten, aber doch unterschiedlichen Muster auf den Plan. Die *Essays* wenden sich heftig gegen die antithetische Sprache der Satire und der Invektive und plädieren beredt für eine klare Sprache des stillen Friedens und der heiteren Gelassenheit. Doch wenn wir die berechtigte Frage stellen, welche der beiden Sprachen denn nun im Text vorherrschend ist, die der Aggressivität oder die der Friedlichkeit, so ist klar, daß große Teile der Essays ganz offen antithetisch und aggressiv gehalten sind. »⟨S⟩olange ich nicht leichtfertig urteile, brauche ich es nicht zu dulden, daß irgend jemand, wie sehr meine Landsleute ihn auch verdientermaßen verehren mögen, mir ein Dorn im Auge ist« (E III, 80): eine solche sich auf Pope beziehende Bemerkung und viele ähnliche, an dieselbe Adresse gerichtete Äußerungen sind nicht gerade behutsam. Diese Diskrepanz macht Wordsworth auch ziemlich zu schaffen – es *ist* eine Diskrepanz, denn es gibt überhaupt keinen Grund, warum Pope nicht mit derselben dialektischen Generosität behandelt werden sollte, wie er sie dem Tod gegenüber an den Tag legt –, und Wordsworth fühlt sich daher genötigt, sich so reichlich in Selbstrechtfertigungen zu ergehen, daß er dafür noch eines Anhangs bedarf. Am heftigsten äußert er sich jedoch nicht über Alexander Pope, sondern über die Sprache selbst. Ein bestimmter Mißbrauch der Sprache wird in den stärksten Ausdrücken gebrandmarkt: »Wörter sind ein zu scheußliches Instrument, als daß man ihnen erlauben dürfte, mit Gut und Böse ihr Spiel zu treiben. Von allen äußeren Kräften sind vor allem sie es, die eine Herrschaft über die Gedanken ausüben. Wenn Wörter keine ... Verkörperung eines Gedankens sind, sondern nur seine Hülle, dann werden sie sich als unheilvolle Gabe erweisen; als eine Gabe von der Art jener vergifteten Gewänder, von denen die Erzählungen aus den

Zeiten des Aberglaubens berichten, Gewänder, welche die Macht besaßen, ihren Träger zu zerstören und seines Verstandes zu berauben. Wenn sie nicht erhält und nährt und in Frieden läßt, wie die Macht der Gravitation oder Luft, die wir atmen, dann ist die Sprache ein Widergeist ...« (E III, 84f.). Was ist das charakteristische Merkmal der so streng verurteilten Sprache? Der Unterschied zwischen dem absolut Guten und dem radikal Bösen beruht auf dem Unterschied zwischen der Verkörperung eines Gedankens und einer bloßen »Hülle« für ihn, zwei Begriffe, die in der Tat »in einer anderen und feineren Beziehung zueinander stehen als der des Kontrastes«. De Quincey hat diesen Unterschied aufgegriffen und als Möglichkeit interpretiert, notwendige und willkürliche Redefiguren einander entgegenzusetzen. Aber eine Verkörperung »im Fleische« und eine kleidende Hülle haben im Gegensatz zu den Gedanken, die sie beide repräsentieren, wenigstens eine Eigenschaft gemeinsam, nämlich ihre Sichtbarkeit: sie sind den Sinnen zugänglich. Kurz vor der zitierten Textstelle charakterisiert Wordsworth ganz entsprechend die *richtige* Art von Sprache als eine Sprache, die sich zum Gedanken »nicht wie das Gewand zum Körper, sondern wie der Körper zur Seele« verhält (E III, 84). Die Reihe Gewand-Körper-Seele stellt eine vollkommen konsistente metaphorische Kette dar: Das Gewand ist die sichtbare Außenseite des Körpers, wie der Körper die sichtbare Außenseite der Seele ist. Bei der so heftig verurteilten Sprache handelt es sich in Wahrheit um die Sprache der Metapher, der Prosopopöie und der Tropen, um die solare Sprache der Erkenntnis, die das Unbekannte dem Geist und den Sinnen zugänglich macht. Die Sprache der Tropen (welche die in wechselseitigen Spiegelungen sich vollziehende Sprache der Autobiographie ist) ist in der Tat wie das die Seele verschleiernde Gewand des Körpers, ein Schleier wie das Gewand, das der schützende Schleier des Körpers ist. Wie kann dieser harmlose Schleier plötzlich so verletzend und tödlich werden wie das vergiftete Gewand Jasons oder das Nessusgewand, dem Herakles erlegen ist?

Wie Sophokles in seiner Tragödie *Trachiniai* berichtet, gibt Deianeira ihrem Gatten Herakles das mit dem Blut des Kentauren Nessos getränkte Gewand in der Hoffnung, sich damit seine Liebe zu erhalten. Das Gewand, das die verlorene Liebe zurückbringen sollte, bringt aber nur einen noch viel schlimmeren Verlust, den Verlust des Verstandes und des Lebens. Die Passage aus der *Excur-*

sion, womit die *Essays* schließen, erzählt eine ähnliche Geschichte, wenn auch nicht bis zum Ende. Die Taubheit des »gentle Dalesman«, des Protagonisten der Erzählung, findet durch eine ganz folgerichtige Überkreuzstellung ihre äußere Entsprechung in der Stummheit einer Natur, von der es selbst im wütendsten Sturm heißt, sie sei »still wie ein Bild« (E III, 94). In dem Maße, in dem die Sprache eine Figur (oder Metapher oder Prosopopöie) darstellt, ist sie in der Tat nicht der Gegenstand selbst, sondern seine Repräsentation, das Bild des Dinges, und als solche ist sie still und stumm, so stumm, wie Bilder eben sind. Die Sprache ist als Trope immer privativ.[1] Wordsworth sagt von der schlechten Sprache, worunter letztlich alle Sprache einschließlich seiner eigenen Sprache der Wiederherstellung fällt, sie arbeite »lautlos und unablässig« (E III, 85). Insofern wir beim Schreiben auf diese Sprache angewiesen sind, sind wir alle, wie der Talbewohner in der *Excursion*, stumm und taub – nicht schweigend, denn das hieße, wir könnten uns laut äußern, wenn wir wollten, sondern still wie ein Bild, also für alle Zeit der Stimme beraubt und zur Stummheit verdammt. Kein Wunder, daß der Talbewohner so begierig nach Büchern greift und einen solchen Trost in ihnen findet, da für ihn die äußere Welt in Wirklichkeit schon immer ein Buch gewesen ist, eine Folge von stimmlosen Tropen. Sobald wir die rhetorische Funktion der Prosopopöie als eine setzende begreifen, die mittels der Sprache Stimme oder Gesicht verleiht, begreifen wir auch, daß wir nicht des Lebens beraubt sind, sondern der Gestalt und der Empfindung einer Welt, die nur in der privativen Weise des Verstehens zugänglich ist. Tod ist ein verdrängter Name für ein sprachliches Dilemma, und die Wiederherstellung der Sterblichkeit durch die Autobiographie (die Prosopopöie der Stimme und des Namens) beraubt und entstellt genau in dem Maße, wie sie wiederherstellt. Die Autobiographie verschleiert und maskiert eine Entstellung des Geistes, die sie selbst verursacht.

[1] ausschließend

Anmerkungen

1 Gérard Genette, *Figures III*, Paris 1972, S. 50.
2 Die von uns verwendete kritische Ausgabe dieser Essays findet sich in: W.J.B. Owen und J.W. Smyser (Hg.), *The Prose Works of William Wordsworth*, Bd. II, Oxford 1974; aus dieser Ausgabe wird im Text unter der Sigle E mit Angabe der Nummer des Essays und der Seitenzahl zitiert.
3 Wordsworths Dichtung wird zitiert nach: T. Hutchinson u. E. de Selincourt, *Wordsworth. Poetical Works*, Oxford 1969; unter Angabe der dortigen Verszählung.
4 Friedrich Nietzsche, *Werke II*, hg. von Karl Schlechta, München [5]1969, S. 817.

Shelleys Entstellung

> »... während man den Boden für die neuen Fundamente aushob, förderte man die Fragmente einer zerbrochenen Marmorstatue zutage. Man legte sie etlichen Altertumskennern vor, die der Meinung waren, es handele sich bei der Statue, soweit der beschädigte Zustand der Teile einen Schluß zulasse, um einen verstümmelten römischen Satyr oder um eine allegorische Figur des Todes. Nur ein paar alte Dorfbewohner ahnten noch, zu wessen Statue diese Fragmente einmal gehört hatten.«
>
> Thomas Hardy, *Barbara of the House of Grebe*

Wie etliche andere Hauptwerke der englischen Romantiker, so ist auch Shelleys letzte Dichtung, *The Triumph of Life*, bekanntlich ein Fragment, das zutage gefördert, ediert, rekonstruiert und viel diskutiert worden ist. Diese ganze archäologische Arbeit läßt sich als Antwort auf jene Fragen begreifen, in denen eine der wesentlichen Strukturen des Textes zum Ausdruck kommt: »›Und was ist das? / Wessen Gestalt seh' ich in diesem Wagen und warum?‹« (Zeilen 177f.).[1] Diese Fragen werden später in einer mehr auf ein anderes Subjekt ausgehenden Form in der zweiten Person wiederholt: »›Woher kamst du? Und wohin gehst du? / Wie hat dein Weg begonnen‹, sagte ich, ›und warum?‹« (Z. 296f.); um schließlich in der ersten Person noch einmal gestellt zu werden: »›Sag, woher kam ich, wo bin ich und warum –‹« (Z. 398). Diese Fragen können leicht auf den rätselhaften Text bezogen werden, den sie interpunktieren, und sie sind für die mit der Romantik verbundene Interpretationsarbeit charakteristisch. Im Zusammenhang mit der Romantik gewinnen sie eine Dringlichkeit, die ihnen für eine frühere Periode häufig abgeht, es sei denn, diese Perioden werden ihrerseits durch die Brille des im späten 18. und frühen 19. Jahrhundert grassierenden Neohellenismus, Neomediävalismus oder Neobarock gesehen. Das ist nicht weiter überraschend, denn es sind genau jene archäologischen Fragen, die uns dazu treiben, die Gegenwart aus der Identifikation der mehr oder weniger unmittelbar hinter uns liegenden Vergangenheit und dem von ihr zur Gegenwart führenden Prozeß abzuleiten. Eine solche Einstellung deckt sich mit dem Gebrauch der Geschichte als Mittel zum Neuanfang, mit dem »Ausheben des Bodens für neue Fundamente«. Vieles wird in diese Metaphern der Architektur und der Bildhauerkunst gekleidet, von denen unsere Fähigkeit abzuhängen scheint, die Welt zu bewohnen. Aber wenn auch diese sich auf die Vorgeschichte richtende Wißbegierde nennenswerte philologische Resultate gezeitigt und, wie im Falle von *The Triumph of Life*, dazu geführt hat, Textfassungen zu erstellen, deren Unzuverlässigkeit wenigstens durch halbwegs verläßliche Methoden kontrolliert werden kann, dann sind die Fragen, die all diese Geschäftigkeit ausgelöst haben, ihrer Beantwortung keinen Schritt näher gekommen: Was bedeutet *The Triumph of Life*, was bedeuten Shelley und die Romantik? Welche Gestalt hat sie, wie beginnt ihr Weg und warum? Die Schwierigkeit, diese Fragen zu beantworten, liegt vielleicht in der Art des Fragens begründet. Der Status all dieser »woher« und »wohin«, »was«, »wie« und »warum« ist schon problematisch, wie auch das diese Interrogativpronomen und -adverbien verbindende System einerseits hinsichtlich seiner Definition und seiner zeitlichen Situation, andererseits hinsichtlich seiner Form fraglich ist. Solche Fragen legen den Schluß nahe, daß es sich bei *The Triumph of Life* um ein Fragment irgendeiner Ganzheit handelt und daß die Romantik ein Fragment oder ein Moment eines Prozesses ist, der auch uns in seinen Horizont einschließt. Welche Beziehung haben wir zu einem Text, die es erlaubt, ihn als Fragment zu bezeichnen, und uns folglich berechtigt, ihn zu rekonstruieren, zu identifizieren und implizit zu vervollständigen? Ein solches Verhalten setzt unter anderem voraus, daß es sich bei Shelley oder der Romantik um Entitäten handelt, die (um Hardys Alternativen aufzugreifen) wie eine Statue in Stücke gebrochen, verstümmelt oder allegorisiert werden können, nachdem man sie hat einfrieren und erstarren lassen und so der besonderen Starrheit und Festigkeit von Statuen angeglichen hat. Hat ein Text den gleichen Status wie eine Statue? Yeats, einer der besten Kenner Shelleys und als Dichter an ihm geschult, schrieb ein schönes Gedicht über Geschichte und Form mit dem Titel *The Statues*, und es würde sich lohnen, dieses Gedicht in Verbindung mit *The Triumph of Life* zu lesen. Doch es gibt einfachere Wege, sich Shelleys Text zu nähern und die Möglichkeit einer Beziehung zwischen uns und Shelley sowie der Romantik im allgemeinen zu erörtern. Schließlich wird die Verbindung zwischen dem gegenwärtigen Ich und seinen Vorgängern in dem Gedicht selbst thematisiert, und zwar am ausführlichsten und ausdrücklichsten in der Begegnung zwischen dem Erzähler und der mit dem Namen Rousseau bezeichneten Gestalt, die selbst wieder viel über ihre eigenen Vorläufer zu sagen hat.

Die zutage geförderten Fragmente dieses Fragments, die verworfenen frühen Fassungen, lassen erkennen, daß die Beziehung zwischen Shelley und Rousseau oder zwischen Rousseau und seinen Vorläufern im Verlauf der Entstehung des Gedichtes beträchtliche Veränderungen erfuhr. Dies ist zum Beispiel an der Textpassage zu ersehen, in welcher der Dichter, von Rousseau geleitet, über seine Zeitgenossen und seine unmittelbaren Vorgänger, wobei auf Wordsworth etwa ganz offen angespielt wird, vehement urteilt und sie alle der Vergessenheit anheimgibt.[2] Er wird dafür von Rousseau getadelt, der ihn darauf hinweist, daß er wie auch Voltaire zu dem »Tempel« aufgestiegen wären, »wo man die Wahrheit und ihre Verkünder verehrt«, wären sie nicht zu kleinmütig gewesen, um genügend Vertrauen sowohl in ihre eigenen geistigen Bemühungen zu setzen als auch, das wird impliziert, in die ihrer Vorgänger. Als Verkünder der Wahrheit werden »Platon und sein Schüler« (wahrscheinlich Aristoteles) genannt, die »über das gesamte Denken herrschten« und Bacon und der modernen Wissenschaft den Weg bereiteten. Rousseaus und Voltaires Kapitulation ist jedoch nicht ausschließlich ein Verlust, da Rousseau seine Erfahrungen an den jungen Shelley weitergeben kann. Donald Reiman, der Herausgeber von *The Triumph of Life*, kommentiert die Passage folgendermaßen:

Rousseau ... versucht dem Dichter klarzumachen, daß es genau diese Einstellung gegenüber den Bemühungen großer Männer der Vergangenheit ist, die ihn und Voltaire dazu verführt hat, ihren Reformeifer aufzugeben und sich dem Leben zu verschreiben. So wird die verächtliche Anspielung des Dichters auf Wordsworth ⟨»Andere versuchen indessen, unseren Kindern weiszumachen, das Kind sei mannbar.«⟩ gegen ihn gewendet, als Rousseau dem Dichter zu zeigen versucht, wie die Fehler seiner Vorgänger, besonders der genauso idealistisch Denkenden, ihm als Warnung dienen können: Rousseau und Voltaire fehlten, weil sie gegenüber der Geschichte die gleiche geringschätzige Haltung an den Tag legten, die nun der Dichter zeigt; das Kind *ist* der Vater des Mannes, und Shelleys Generation, welche die volle Reife des mit der Französischen Revolution angebrochenen Zeitalters repräsentiert, kann aus den Fehlern früherer Generationen dieses neuen Zeitalters (den Fehlern eines Rousseau, eines Voltaire und eines Wordsworth) nur lernen.

Obwohl dies keineswegs als eine Interpretation des gesamten Textes ausgegeben wird, sondern nur eine Interpretation der verworfenen Textpassage darstellt, ist sie doch typisch für die üblichen Lektüren von *The Triumph of Life*, auch wenn diese sonst weitaus komplizierter ausfallen als diese geradlinige Aussage. Es handelt sich hier um ein eindeutiges Beispiel für den Ausgleich einer fehlinvestierten Energie durch den Gewinn an Kenntnissen: Rousseau hatte nicht Kraft genug, doch da er sich über die Ursachen seiner Schwäche im klaren ist und sie in Worte fassen kann, ist die von ihm aufgewandte Energie nicht verloren, sondern kommt der nächsten Generation zugute. Und dieser Energieausgleich wirkt sich auch noch auf die Fehlinvestoren positiv aus, da die zunächst schlecht beurteilte ältere Generation jetzt ob ihrer negativen, aber lehrreichen Kenntnisse wieder auf den Sockel gehoben wird. Das Kind *ist* der Vater des Mannes, wie Wordsworth so hellsichtig sagte, es erniedrigt und erhebt sich selbst in den Augen seiner Nachkommen. Diese einfache Bewegung kann sich auch als große dialektische Komplexität darstellen, ohne ihr grundlegendes Schema zu verändern. Die ganze Debatte, ob *The Triumph of Life* eine Bewegung des Aufstiegs oder des Niedergangs repräsentiert oder verkündet, ist Teil derselben genetischen und historischen Metapher.[3] Die unstrittige Autorität dieser Metapher ist von viel größerer Bedeutung als die positive oder negative Bewertung der von ihr erzeugten Bewegung.

Die Ausgangssituation Rousseaus – gemeinsam mit Voltaire und Wordsworth auf der Seite der Gescheiterten, im Gegensatz zu Platon, Aristoteles, Bacon und implizit letzlich auch zu Shelley selbst – ist in den späteren Fassungen eine andere. In dem letzten zur Verfügung stehenden Text, der durch Shelleys plötzlichen Unfalltod keine weiteren Veränderungen mehr erfahren konnte, ist die Hierarchie ganz anders: Rousseau wird nun von den Repräsentanten der Aufklärung (zu denen Voltaire, Kant und Friedrich der Große gehören) deutlich abgesetzt. Die Aufklärer werden noch immer mit der ursprünglichen Strenge verurteilt, nun allerdings ohne daß Rousseau dies tadelt. Es findet sich an dieser Stelle keine Anspielung mehr auf Wordsworth, wenn dieser auch an anderen Stellen des Gedichts gewiß präsent ist. Rousseau wird nun derselben Kategorie wie Platon und Aristoteles zugerechnet, doch während diese Philosophen in der frühen Fassung als makellose Bilder der Wahrheit hingestellt wurden, sind sie nun gestürzt und, in der Bildersprache des Gedichts, zusammen mit den »großen Barden der alten Zeiten« (Z. 274) an den Triumphwagen des Lebens gekettet. Die Gründe für ihren Sturz wie auch die Elemente in ihren Werken und in ihrem Leben, die sie mit Rousseau in der gleichen Kategorie vereinigen und sie zugleich von ihm unterscheiden, werden in Textpassagen entfaltet, die in thematischer Hinsicht nicht schwer zu interpretieren sind. Die sich ergebenden Hierarchien sind komplexer geworden: Wir haben nun zuunterst eine Klasse von in Bausch und Bogen verdammten historischen Persönlichkeiten, wozu neben den Repräsentanten der Aufklärung auch die Kaiser und Päpste der Christenheit gehören (Z. 281 ff.); auf einer deutlich höheren Ebene, aber immer noch zu den Gescheiterten und Besiegten gehörend, finden wir Rousseau, Platon, Aristoteles und Homer. Allein Bacon wird im Gedicht als jemand erwähnt, dem möglicherweise das Scheitern erspart geblieben ist. Es handelt sich hier um ein Überbleibsel einer früheren Fassung, das nun viel von seiner Funktion eingebüßt hat, wie etwa auch die Rede von den »wenigen Geheiligten« (Z. 128), die, anders als Keats/Adonais, kein irdisches Verhängnis ereilt hat, weil sie durch Erwählung oder glückliche Fügung zu früh starben oder, wie Christus oder Sokrates, bloße Fiktionen in den Schriften anderer sind. Was Shelley selbst betrifft, so ist nun seine unmittelbare Nähe zu Rousseau stärker betont als in der früheren Fassung; die Möglichkeit, daß er dem Schicksal Rousseaus entgeht, ist nunmehr fraglich geworden und hängt davon ab, wie man Rousseaus eigene Erzählung interpretiert, welche die bedeutendste narrative Sequenz des Gedichtes darstellt.[4]

Lang und komplex wie sie ist, liefert Rousseaus von ihm selbst erzählte Geschichte keine Antwort auf die Frage nach seiner wahren Identität, obwohl er selbst als jemand dargestellt ist, der nach einer solchen Antwort sucht. Fragen nach dem Woher und dem Wohin interpunktieren den Text, ohne jemals eine klare Antwort zu erhalten. Sie zeitigen stets ein neues Fragen, in dem sich die Suche immer nur wiederholt und sich so in einem unendlichen Regreß erschöpft. Der Erzähler fragt sich selbst »Und was ist das?« (Z. 177) und erhält von einer rätselhaften Gestalt eine rätselhafte Antwort (»Leben«, Z. 180). Nachdem die antwortende Gestalt einmal als Rousseau identifiziert ist, verrät sie auch einige andere Namen der vorüberziehenden historischen Persönlichkeiten, doch wird sie bald von dem Dichter aufgefordert, sich in einem tieferen Sinne zu identifizieren als durch einen bloßen Namen: »›Wie hat dein Weg begonnen ... und warum?‹« (Z. 297) Um diesem Verlangen nachzukommen, erzählt Rousseau die Geschichte seines Lebens, die ebenfalls in einer Begegnung mit einer mysteriösen Wesenheit gipfelt, einer »›Gestalt aus lauter Licht‹« (Z. 352), die er seinerseits fragt: »›woher kam ich, wo bin ich und warum‹« (Z. 398). Als Antwort wird ihm eine Vision des gleichen Schauspiels gewährt, das auch schon den Dichter/Erzähler zu seinen Fragen veranlaßt hatte; wir müssen uns eine Folge von Ereignissen vorstellen, die sich für Shelley, für Rousseau und für jeden wiederholt, den Rousseau seinerseits so befragen mag, wie Shelley ihn befragt. Die Struktur des Textes entspricht nicht einer Struktur von Frage und Antwort, sondern einer Frage, deren Bedeutung als Frage in dem Augenblick getilgt ist, wo sie gestellt wird. Die Antwort auf die Frage ist eine andere Frage, die wissen will, was man gefragt hat und warum, und so auf die ursprüngliche Frage nicht nur nicht eingeht, sondern sich von ihr entfernt. Diese Bewegung des Tilgens und des Vergessens wird in dem Text vorherrschend und vertreibt jede Illusion eines dialektischen Fortschritts oder Rückschritts. Die Fragestruktur wird durch einen ganz anders strukturierten Prozeß ersetzt, der alle Erzählebenen durchdringt und sich in den Hauptsequenzen ebenso wie in den Nebenepisoden wiederholt. Was als Quest begann (nach dem Muster von *Alastor*, *Epipsychidion* oder sogar *Prometheus Unbound*) oder vielleicht auch als Elegie (wie *Adonais*), wird in seinem Charakter durch den Prozeß bis zum Verschwinden zersetzt und durch etwas ganz anderes ersetzt, für das das bekannte Arsenal literaturgeschichtlicher Begriffe uns keinen treffenden Namen liefert.

Immer wenn diese sich selbst aufhebende Frageszene vorkommt, verwirren sich Syntax und Bildlichkeit des Gedichts zu einem den Verstehensprozeß zum Stillstand bringenden Knäuel. Der Widerstand, den diese Textpassagen bieten, ist so groß, daß der Leser bald die dramatische Situation vergißt und nur noch von diesen ungelösten Rätseln verfolgt wird: Der Text wird zur sukzessiven und kumulativen Erfahrung dieser verworrenen Knäuel von Bedeutung und figürlicher Rede. Eine solche Verwirrung findet sich gegen Ende der Erzählung Rousseaus von seiner Begegnung mit der »Gestalt aus lauter Licht«, von der er annimmt, sie habe den Schlüssel zu seinem Schicksal (Z. 394-411):[5]

»... so fragt' ich sie, wie hin und her gerissen zwischen Scham und Verlangen: ›... sag, woher kam ich, wo bin ich und warum – zieh nicht vorbei mit diesem ziehenden Strom.‹ ›Erhebe dich und lösche deinen Durst‹, war ihre Antwort. Und der geschloss'nen Lilie gleich, wenn sie berührt wird von des frischen Morgens Zauberstab und seiner Alchimie des Lebens, so sprang ich auf; und mich ihrer süßen Weisung beugend, berührt' mit scheuen Lippen ich den Kelch, den sie mir reichte, und alsogleich ward mir mein Hirn wie Sand, in dem schon gleich die erste Welle die Spur von Hirsch und Reh im öden Labrador mehr als zur Hälfte ausgelöscht, wo doch der grimme Wolf, den überrascht sie flohen, sichtbar dem Ufer seine aufgedrückt, bis dann die zweite Welle brach – und eine neue Vision mir aufging, die ich nie zuvor gesehen. –«

Die Szene dramatisiert die vergeblichen Bemühungen, ein Verlangen nach Selbsterkenntnis zu befriedigen, und kann daher in der Tat als eine Schlüsselszene gelten. Rousseau erhält keine befriedigende Antwort, denn die anschließende Vision ist eine Vision fortgesetzter Täuschung auch über sich selbst. Er erfährt eine Metamorphose, in der sein Gehirn, der Sitz seines Bewußtseins, einer Veränderung unterliegt. Von der Verwandlung wird gesagt, sie sei die Löschung einer Spur, eine passive, mechanische Operation, die nicht mehr unter der Kontrolle des Gehirns steht: Sowohl die Prägung als auch die Löschung der Spur sind keine Tätigkeiten des Gehirns, sondern hier wird dem Gehirn von anderer Seite etwas angetan. Der resultierende »Sand« ist kein Bild der Dürre und Unfruchtbarkeit, wie manche Kommentatoren meinen, denn es handelt sich hier nicht um eine Wüste, sondern um ein von Wellen bespültes Ufer.[6] »Mein Hirn ward wie Sand« deutet an, daß hier eine Erkenntnis zu der Oberfläche umgewandelt wird, auf der diese Erkenntnis festgehalten werden soll. Sie soll festgehalten werden, doch sie wird überspült und »mehr als zur Hälfte ausgelöscht«. Was hier stattfindet, ist ein Ersetzen, ein Substitutionsprozeß, der die Substitution von »Hirn« durch »Sand« weiterführt in der Substitution einer Art von Spur, der Spur des Rotwilds, von Hirsch und Reh, durch eine andere Art von Spur, der eines Wolfs, »den überrascht sie flohen«. Diese Substitutionen kennzeichnen eine Etappe in der Metamorphose Rousseaus, die ihn schließlich in den Zustand versetzt oder die Gestalt annehmen läßt, in der er sich dann befindet, wenn wir ihm zuerst begegnen: » ... das, von dem ich zuerst gedacht, es sei eine alte Wurzel, die seltsam verdreht seitwärts aus dem Hügel wuchs, ... Und ... das Gras, das mir so weiß und buschig schien, das war sein dünnes, ausgebleichtes Haar, und ... die vergebens zu verbergen gesuchten Löcher waren Augen oder waren's doch gewesen« (Z. 182-188).[7]

Die Löschung oder Tilgung ist in der Tat der Verlust eines Gesichts, der Verlust der *figure*, wie das französische Wort für Gesicht lautet. Rousseau hat kein oder besser kaum noch ein Gesicht (die Spuren sind nicht gänzlich gelöscht, sondern nur mehr als zur Hälfte). Wie der Protagonist der Erzählung Hardys, so ist auch er entstellt, *défiguré*. Und wie in Hardys Geschichte, so bedeutet auch hier die Entstellung in erster Linie den Verlust der Augen, die zu »steinernen Augäpfeln« oder leeren Höhlungen werden. Diese vorgezeichnete Bahn von der Tilgung der Selbsterkenntnis zur Entstellung ist die Bahn, welche *The Triumph of Life* beschreibt.

Die Konnotationen das Paares Rotwild/Wolf, das eine Veränderung des auf die Oberfläche des Rousseauschen Geistes Geschriebenen anzeigt, werden erst deutlich, wenn man sich klarmacht, was Rousseaus Anwesenheit, die etlichen Interpreten ein Rätsel war, in dem Gedicht zu bedeuten hat.[8] Der erste und offensichtlichste Kontrast herrscht zwischen einer sanften und idyllischen Friedfertigkeit und der sie verfolgenden gewalttätigen Aggressivität. Shelley, der schon zu einer Zeit ein eifriger Leser Rousseaus war, als er noch genauer las als später, evoziert hier eine Ambivalenz der Struktur und der Stimmung, die allerdings eher dem Denken Rousseaus entspricht und nicht dem eines anderen, auch nicht Wordsworths. Für Rousseaus Werk ist in gewissem Grade eine introspektive, sich selbst reflektierende Schreibweise charakteristisch, die auf literarische Modelle augustinischen und pietistischen Urprungs zurückgreift, angereichert mit literarischen Anspielungen etwa auf Petrarca oder die *Astrea* Honoré d'Urfés wie auch überhaupt mit jenen Elementen, die Schiller veranlaßten, ihn unter die einen verlorenen Zustand betrauernde elegische Spielart der zeitgenössischen Idylle zu rechnen. Daneben aber finden sich Elemente, die eher an Machiavelli als an Petrarca denken lassen und sich mit Fragen politischer Macht wie auch mit ökonomischen und rechtlichen Gegebenheiten auseinandersetzen. Wir haben bei Rousseau also einerseits eine Empfindsamkeit des Gefühls, andererseits aber auch einen merkwürdigen Einschlag von berechnender Schlauheit und Gewalttätigkeit. Diese beunruhigende Mischung ist in der Rousseauinterpretation so allgemein akzeptiert wie problematisch. Sie zeigt sich in allen Dimensionen seiner Schriften, am deutlichsten aber in so weitgespannten Kontrasten wie zwischen dem *Gesellschaftsvertrag* und der *Julie*, die in Geist und Gehalt weit auseinanderklaffen. Ein Thema von *The Triumph of Life* ist denn auch, wie die politischen Passagen des Gedichts zeigen, die Übereinstimmung des Machthandelns mit inneren Bewußtseinszuständen. Im Anschluß an die für sich genommen banale Äußerung über Bonaparte wird der Konflikt offen formuliert: »Und ich hab' heftig drum gerungen, mir klar zu werden, wie der Gegensatz von Macht und Wille das irdische Leben regiert und warum Gott das Gute und die Mittel des Guten so unvereinbar miteinander gemacht hat; ...« (Z. 228-231).[9]

Rousseau ist unter den Vorgängern Shelleys nicht nur insofern einzigartig, als diese Frage der Diskrepanz zwischen der Macht der Worte als Handlungen und ihrer Macht, andere Worte hervorzubringen, sich der Thematik und der Struktur seiner Schriften tief eingeprägt hat, sondern auch hinsichtlich der besonderen Form, die diese Frage bei ihm annimmt. Denn bei Rousseau durchzieht diese Spannung ein Ich, das selbst als ein komplexes Wechselspiel zwischen Trieben und der bewußten Reflexion auf diese Triebe erfahren wird. Daß Shelley diese Konfiguration begreift, wird aus seiner Beschreibung Rousseaus als »hin und her gerissen zwischen Scham und Verlangen« deutlich.

Der Gegensatz zwischen Wille und Macht, zwischen dem intellektuellen Ziel und den praktischen Mitteln, kommt wieder zur Sprache, wenn Shelley Rousseau selbst über sich sagen läßt: »›... meine Worte sind Samen des Elends, bei andern sind's die Taten‹« (Z. 280f.). Die Divergenz zwischen Worten und Taten (als »Samen«) scheint für Rousseaus Werk aufgehoben zu sein, auf Kosten oder vielmehr wegen eines beträchtlichen Maßes an Leiden: »›Ich bin einer von denen, die geschaffen haben, und wenn es nur eine Welt von Schmerzen war‹« (Z. 293-295). Denn was Rousseau von den Vertretern der Aufklärung unterscheidet, ist das Pathos des »Herzens« (»›Nur mein eignes Herz hat mich bezwungen‹«; Z. 240f.). Der Kontrast zwischen dem kalten und skeptischen Voltaire und dem empfindsamen Rousseau ist eine weitere geistesgeschichtliche Binsenweisheit. Doch Shelleys Wort vom »Herzen« Rousseaus meint mehr als nur die bloße Empfindsamkeit. Dies wird an dem Kontrast deutlich, der zwischen Rousseau und

Homer und Vergil besteht, den »›großen Barden der alten Zeiten‹«, die »›in ihrem Innern die von ihnen besungenen Leidenschaften unterdrückt haben‹« (Z. 274f.), wohingegen Rousseau von sich sagen kann: »›Ich hab' erlitten, was ich schrieb, und gräßlichere Leiden noch!‹« (Z. 278f.) Anders als die epischen Erzähler, die über Ereignisse schrieben, an denen sie nicht teilgenommen hatten, spricht Rousseau aus seiner eigenen Selbsterfahrung heraus, nicht nur in seinen *Bekenntnissen* (die Shelley nicht mochte), sondern in jedem seiner Werke, sei es eine politische Abhandlung oder eine literarische Fiktion. In der Tradition von Augustinus, Descartes und Malebranche stehend, ist das Ich für ihn nicht bloß der Sitz der Affekte, sondern das ursprüngliche Zentrum der Erkenntnis. Shelley ist sicher nicht der einzige, der Rousseau auf diese Weise lobend charakterisiert, doch die Konfiguration von Ich, Herz und Handeln erhält eine noch größere Bedeutung, wenn Rousseau sich bei Shelley mit den griechischen Philosophen vergleicht. Aristoteles wird, wie Rousseau, als eine Doppelstruktur begriffen, welche durch das geheime Einverständnis zwischen Worten und Taten zusammengehalten wird; der Grund, warum er von dem erodierenden Prozeß des »Lebens« versklavt wird, liegt darin, daß er nicht vereinzelt existiert, als reiner Geist, sondern es nicht vermeiden kann, mit dem »Leid und den Kriegen« (Z. 266) in Verbindung zu stehen, die sein Schüler Alexander der Große über die Welt brachte. Worte können nicht von den durch sie bewirkten Taten isoliert werden; der Lehrer vollbringt die Taten, die sein Schüler aus seiner überlegenen Wortgewalt ableitet und seinen Worten folgen läßt. Und wie »Taten« das Verderben des Aristoteles bewirken, so bewirkt das »Herz« das Verderben Platons, der, wie Rousseau, ein Theoretiker der Staatskunst und Gesetzgeber war. Wie Aristoteles und wie Rousseau (der wie das Rotwild, aber auch wie der Wolf ist) ist auch Platon wenigstens doppelt; das Leben »eroberte ⟨sein⟩ Herz«, während Rousseau nur von seinem eigenen Herzen bezwungen wurde. Der Bezug auf die apokryphe Geschichte von Platons später Liebe zu dem Jüngling Aster macht deutlich, daß mit »Herz« hier mehr als nur allgemeine Affektivität gemeint ist; Platons Herz wurde von der »Liebe« erobert, und in diesem Kontext entspricht Liebe dem intellektuellen Eros, der Sokrates mit seinen Schülern verbindet. Rousseau wird von Shelley in eine durch »Wörter« hervorgebrachte Konfiguration aus Erkennen, Handeln und erotischem Verlangen gestellt. Diese Elemente sind in der oben zitierten symbolischen Szene präsent, denn die Verfolgung des Rotwilds durch den Wolf und das unterschiedliche Schicksal ihrer Spuren muß in diesem Kontext Ovidscher und Dantesker Metamorphosen ebenso an Apollons Verfolgung der Nymphen gemahnen wie an ein Szenarium von Beschriftung und Tilgung.

Die beschriebene Szene ist eine Szene der Gewalt und des Leids, und das Leid wird erneut thematisiert in der historischen Beschreibung Rousseaus mit ihrer wiederholten Betonung schmerzlichen Leidens wie auch in der dramatischen Handlung von Niederlage und Versklavung. Aber diese Niederlage ist paradox: In gewissem Sinne hat Rousseau die Diskrepanz von Aktion und Intention überwunden, welche die geschichtliche Welt zerreißt, und dies ist ihm gelungen, weil seine Worte zweifache Macht gewonnen haben, nämlich die Macht des Willens und die Macht des Handelns. Und dies nicht nur, weil sie Handlungen repräsentieren oder sie reflektieren, sondern weil sie selbst im wörtlichen Sinne Handlungen sind. Ihr Handlungscharakter besteht unabhängig von ihrem Erkenntnischarakter: Ihre Beherrschung des Geistes verlieh Platon und Aristoteles keine Macht über die Taten der Welt, noch nicht einmal über jene Taten, welche die praktischen Konsequenzen ihrer eigenen Worte darstellten und in die sie daher unmittelbar verstrickt waren. Die Macht, die ihren Worten Kraft verleiht, läßt sie auch die Herrschaft über ihre Worte einbüßen. Rousseau gewinnt Gestalt, Gesicht oder Figur, um sie in dem gleichen Moment, in dem er sie erlangt, wieder zu verlieren. Das Rätsel dieser Macht, mit dem jedes Verständnis von Shelleys Gedicht sich konfrontiert sieht, beruht in erster Linie auf der Lektüre der rekapitulierenden Erzählung Rousseaus von seiner Begegnung mit der »Gestalt aus lauter Licht«, den Zeilen 308 bis 433.

Rousseaus Geschichte, wie sie sich ihm im Rückblick auf sein Leben darstellt, erzählt von einer besonderen Erfahrung, die zwar sicherlich keine einfache ist, aber doch mit einem einzigen Wort bezeichnet werden kann: die Erfahrung ist eine Erfahrung des Vergessens. Von Vergessen ist im Text sowohl wörtlich die Rede (Z. 318) als auch in zahlreichen Umschreibungen (siehe Z. 331) oder in Metaphern mit einem eindeutigen analogischen Zeichenträger wie etwa »ersticken« (Z. 329), »aus der Erinnerung löschen« (Z. 330), »in den Staub treten« (Z. 388), »die Lichter austreten« (Z. 390),

»auslöschen« (Z. 406) etc. Damit verbunden ist eine vertrauter anmutende Metaphorik, die das ganze Gedicht durchzieht, die Metaphorik zunehmenden und abnehmenden Lichts und der Sonne.

Die diesen Text durchziehende Struktur des »Vergessens« wird durch die Anklänge an Platons Anamnesislehre vom Erinnern und Wiedererkennen nicht durchschaubarer gemacht, die das Gedicht zum Teil Shelleys eigener Lektüre Platons und neuplatonischer Schriften verdankt[10], zum Teil Wordsworths *Immortality Ode*, deren deutlich erkennbare Präsenz in diesem Teil des Gedichts selbst die aufmerksamsten Leser von *The Triumph of Life* irregeführt hat. In Platons *Phaidon* (73) wie auch in Wordsworths *Ode* (allerdings mit zahlreichen Einschränkungen, die hier nicht erörtert werden können) ist das, was man vergißt, ein früherer Zustand, den Yeats, der die gleichen Sinnbilder verwendete, mit der ursprünglichen Einheit alles Seienden verglichen hat, die in der Rede des Aristophanes in Platons *Symposion* als Triebkraft des erotischen Verlangens geschildert wird. Im Rahmen der neuplatonisch-christlichen Tradition wird daraus leicht ein geeignetes Symbol für die Inkarnation, für eine Geburt aus einem transzendenten Bereich in eine endliche Welt. Aber genau darum handelt es sich bei der Erfahrung des Vergessens in *The Triumph of Life* nicht. Was hier vergessen wird, ist kein vorhergegangener Zustand, denn die Scheidelinie zwischen den beiden Zuständen ist so undeutlich und der Unterschied zwischen dem Vergessenen und dem Erinnerten dem Unterschied zwischen zwei wohldefinierten Bereichen so unähnlich, daß wir keine irgend geartete Garantie besitzen, daß das Vergessene überhaupt jemals existiert hat: »›Ob mein Leben schon vor jenem Schlaf bestanden hat, ob der Himmel, wie ich ihn mir vorstelle, oder eine Hölle nach Art der rauhen Welt, in der ich wache, um zu weinen – ich weiß es nicht‹« (Z. 332-335).[11] Der Gegensatz von Wachen und Schlafen (oder Erinnern und Vergessen) ist in dieser Passage mit den Gegensätzen von Vergangenheit und Gegenwart, von Vorgestelltem und Wirklichem, von Wissen und Nichtwissen auf merkwürdige Art verquickt. Denn wie aus der vorhergehenden Szene deutlich wird[12], ist die Geburt ins Leben gleichbedeutend damit, in Schlaf zu fallen – wodurch Leben und Schlaf miteinander verknüpft sind. Dann kann ein »Erwachen« aus einem früheren Zustand des Nicht-Schlafens in die »rauhe Welt« des Lebens nur dazu führen, daß man sich seines beständigen Schlummerzustandes bewußt wird, um tiefer als zuvor zu schlafen: Ein tieferer Schlaf tritt an die Stelle eines leichten Schlafs, ein tieferes Vergessen wird durch einen Akt des Erinnerns erreicht, der einen an sein Vergessen erinnert. Und da Himmel und Hölle hier nicht zwei transzendente Bereiche sind, sondern damit bloß der Gegensatz zwischen dem Reich der Einbildung und dem Reich des Wirklichen bedeutet ist, so wissen wir nicht, ob wir wachen oder schlafen, leben oder tot sind, vergessen oder uns erinnern. Wir können den Unterschied zwischen Identität und Differenz nicht ausmachen, und diese Unfähigkeit zur Erkenntnis nimmt die Form einer Pseudoerkenntnis an, die »Vergessen« genannt wird. Es ist nicht bloß deshalb eine Pseudoerkenntnis, weil damit ein untragbarer Zustand der Unbestimmtheit unterdrückt werden soll, sondern vor allem, weil der Zustand selbst, ganz unabhängig davon, in welcher Weise er uns betrifft, notwendigerweise zwischen Wissen und Nichtwissen schwankt – wie bei einem Krankheitssymptom, das genau in dem Moment wiederauftritt, wo einem seine Abwesenheit auffällt. Was vergessen wird, ist abwesend im Modus möglicher Täuschung, was nichts anderes heißt, als daß es nicht in eine symmetrische Struktur von Anwesenheit und Abwesenheit einzupassen ist.

In Übereinstimmung mit dem konsistenten System der Sonnenmetaphorik wird dieser Schwebezustand im Gedicht durch Szenen schimmernden Lichts evoziert. Dieses »Schimmern« des Lichts vereint den Dichter/Erzähler mit Rousseau, wofür die Wiederholung der Bewegung des am Anfang des Gedichts beschriebenen Sonnenaufgangs in Rousseaus Begegnung mit der weiblichen Gestalt zeugt, und es vereint auch das Thema des Vergessens mit den Bewegungen des Lichts. Das Wort »schimmern« taucht bereits in der Anfangsszene auf: »... als ein seltsamer Trancezustand meine Phantasie befiel, der kein Schlummer war, denn der Schatten, den er über alles breitete, war so transparent, daß die Szenerie ⟨der landschaftlichen Umgebung, in der ich mich befand⟩ so klar hindurchdrang, als ob ein Lichtschleier über abendliche Hügel gezogen würde, so daß sie schimmern« (Z. 29-33).[13] Es kehrt später, nachdem Rousseau die Bühne betreten hat, wieder: »›So wußte ich, daß in dem Übermaß des Lichts jene sich mit dem Strom wie ich in der Wildnis bewegende Gestalt anwesend war, verschwommener als ein Tagtraum, der Geist einer vergessenen Form des Schlafes, ein Licht vom Himmel, dessen halb erloschener Strahl durch den fahlen, nur um zu weinen wach erlebten Tag *schimmert*, ewig gesucht, für immer verloren‹« (Z. 424-431; Hervorheb. von mir).[14]

Es ist für beide Textpassagen unmöglich zu sagen, wie der Gegensatz von Licht und Dunkelheit mit dem Gegensatz von Wachen und Schlafen in Übereinstimmung gebracht werden kann. Die Verwirrung ist die gleiche wie bei der davor zitierten Textstelle über Vergessen und Erinnern. In der zweiten Textpassage wird vom Licht gesagt, es sei wie ein Traum oder wie der Schlaf (»der Geist einer vergessenen Form des Schlafes«), doch es scheint, wie schwach auch immer, auf einen Zustand des Wachens (den »nur um zu weinen wach erlebten Tag«) – in diesem Licht ist wach sein, als ob man schlafe. In der ersten Passage wird ausdrücklich festgestellt, daß der Dichter, da er so klar und deutlich wahrnimmt, nicht schlafend sein kann, doch dann wird von der Klarheit gesagt, sie sei wie ein Lichtschleier, der über eine sich verdunkelnde Oberfläche gezogen wird – eine Beschreibung, die zwangsläufig an Verhüllen und Verbergen denken läßt, selbst wenn es von dem Schleier heißt, er sei aus Licht. Licht verhüllt Licht, Trance verdeckt den Schlummer, und so werden Zustände optischer Verwirrung geschaffen, die nur der Erfahrung gleichkommen, die man bei dem Versuch macht, *The Triumph of Life* zu lesen – die Bedeutung des Gedichts schimmert, schwebt, oszilliert und verweigert sich der vom Gedicht selbst doch stets verkündeten Klarheit.

Dieses Spiel von Verschleiern und Entschleiern ist natürlich äußerst quälend. Vergessen ist eine eminent erotische Erfahrung; es ist wie schimmerndes Licht, denn es kann nicht entschieden werden, ob es enthüllt oder verbirgt; es ist wie das Verlangen, denn wie der Wolf das Reh verfolgt, so tut es dem Gewalt an, was ihm Nahrung gibt; es ist wie eine Trance oder ein Traum, denn es schläft in dem Maße, wie es wach und bei Bewußtsein ist, und es ist tot in dem Maße, wie es lebendig ist. Der Text macht aus dieser Verwicklung, die Erkenntnis, Vergessen und Verlangen miteinander verquickt und unentschieden in der Schwebe hängen läßt, eine interpretationsbedürftige Folge von Ereignissen.

Der Weg Rousseaus von der Geburt seines Bewußtseins bis hin zu seinem ihm nunmehr drohenden Tod ist eine Verkettung deutlich voneinander abgegrenzter Wegstrecken. Mit Platon und Wordsworth ist die Verknüpfung von Geburt und Vergessen hergestellt, von der alles seinen Ausgang nimmt. Doch in Shelleys Gedicht erhält dieses Vergessen eine schimmernde Ambivalenz, die es unmöglich macht, dieses Vergessen als einen Akt zu begreifen, der etwas zum Abschluß bringt oder etwas neu beginnt, und dadurch wird jeder weitere Vergleich mit Wordsworth irrelevant. Die Metapher für diesen Prozeß lautet: »›ein sanftes Flüßchen ..., ⟨das⟩ den Hain mit einem Klang erfüllte, der alle, die ihn hörten, jedwede Lust und jedes Leid zwang zu vergessen‹« (Z. 314-319). Im Unterschied zu Yeats fungiert der Fluß bei Shelley nicht als die »erschaffene Seele«, als das Herabsteigen der transzendenten Seele in die irdischen Niederungen von Zeit und Raum. Bei Shelley tritt der Fluß, wie die Textstelle zeigt, in ein System von Beziehungen ein, die eher natürlicher als esoterischer Art sind. Die vom Gedicht besonders hervorgehobene Eigenschaft des Flusses ist sein Klang; der Zauber des Vergessens geht aus von dem sich stets wiederholenden Rhythmus des Wassers, der aus einem zufälligen und ziellosen Geräusch ein bestimmtes Muster knüpft. Das an sich gestaltlose Wasser wird durch seinen Kontakt mit der Erde in eine Form gegossen und gestaltet; wie auch die Szene mit den vom Wasser hinweggespülten Spuren zeigt, schafft das Wasser überhaupt erst die Möglichkeit von Struktur, Muster, Form oder Gestalt, indem es Gestalt im Gestaltlosen aufhebt. Die Wiederholung des Löschens ist eine rhythmische Verknüpfung von Auflösungen, eine Bewegung des Zusammenfügens von Bewegungen des Auseinandergehens, und das Gedicht scheint Form anzunehmen durch die Deformierung von Formen, es scheint durch die Entstellung von Gestalten gestaltet zu sein. Aber da dieses Muster nicht ganz mit dem übereinstimmt, was es überlagert, bleibt noch eine Spur zurück, die gestattet, dieses ambivalente Gestalten ein Vergessen zu nennen. Was ein früheres Gedicht Shelleys, wie etwa *Mont Blanc*, noch als Geburt des Geistes bezeichnet hätte, erscheint hier als das Auftreten einer Entstellung, die gestattet, das Zufällige und Ziellose durch das »Vergessen« der Unterschiede regelmäßig zu machen.

Sobald das Geräusch des Wassers zu einem geordneten Klang wird, kann es mit dem Licht in Kontakt treten. Die Geburt der Form als Interferenz von Licht und Wasser vollzieht sich in der semisynästhetischen Sprache der Textstelle durch die Vermittlung des Klanges; es handelt sich jedoch nur um eine Semi-Synästhesie, denn die optischen und akustischen Wahrnehmungen verlaufen zwar simultan, ihre Opposition bleibt aber trotzdem asymmetrisch: »›... eine Gestalt aus lauter Licht, die aus ihrer Hand Tau auf die Erde strömen ließ, als ob sie die Morgendämmerung sei, deren unsichtbarer Regen für alle Zeit eine silberne Musik auf die moosbedeckte Lichtung zu singen schien, *und doch* war vor ihr auf dem dämmerigen Gras der vielfarbige Schal der Iris aufgezogen‹« (Z. 352-357; Hervorheb. von mir).[15]

Das ursprünglich ein Fluß gewesene Wasser erfüllt hier eine doppelte und nicht unbedingt komplementäre Funktion, indem es sich mit dem Licht einerseits zusammentut, um den Schal der Iris oder den Regenbogen zu formen, andererseits um die »silberne Musik« des Vergessens zu gestalten. Ein traditionelles Symbol der Integration von phänomenaler und transzendenter Welt, die natürliche Synthese von Wasser und Licht im Regenbogen, wird bei Shelley zu dem aus *Adonais* bekannten »Dom aus vielfarbigem Glas«, dessen »Farbigkeit« die Spur des Erdenlebens festhält und zugleich das Versprechen einer Ewigkeit darstellt, in der die Seele Adonais' »wie ein Stern« verweilt (siehe *Adonais*, Z. 462f., 494). Als solcher läßt er Licht auf alle Gefüge und Formen der natürlichen Welt durch den Schleier des »farbigen Abglanzes« der Sonne fallen, und er läßt auch das Licht und die Hitze entstehen, die es per analogiam möglich machen, den Geist des Dichters als »glühende Kohlen« (Z. 387) zu bezeichnen. Die metaphorische Kette, welche die Sonne mit Wasser, Farbe, Hitze, Natur, Geist und Bewußtsein verknüpft, ist in dem Gedicht sicherlich in Funktion, und sie läßt sich in diesem Bild des Regenbogens zusammenfassen. Aber von diesem Symbol wird gesagt, daß es hier nur in einer fragilen Weise Existenz besitzt, insofern es sich nämlich gegen etwas anderes behaupten muß und daher etwas ist, das *doch* existiert, trotz der Bedrängung durch etwas anderes, das ebenfalls aus Wasser und Sonne hervorgeht, mit beiden von Anbeginn an verbunden ist und Musik und Vergessen genannt wird. Dieses andere, von dem man sagen könnte, daß es die am Ende von *Adonais* stehende Aussage so entstellt, daß sie eine andere Form annimmt, steht mit dem Symbol des Regenbogens in einem bestimmten Spannungsverhältnis.

Die ganze Szene mit der Erscheinung der Gestalt und ihrem späteren Schwächerwerden und Verblassen (Z. 412) ist strukturiert als ein ans Wunderbare grenzender Schwebezustand zwischen diesen beiden unterschiedlichen Kräften, deren Wechselspiel der Gestalt ihre ungewisse Bewegtheit verleiht, die möglicherweise die Seinsweise aller Gestalten darstellt. Diese schimmernde Gestalt nimmt die Form des unerreichbaren Spiegelbilds des Narkissos an – eine Gestalt manifestiert sich um den Preis, sie nicht besitzen zu können. Die schwebende Faszination der Haltung des Narkissos wird in dem Moment eingefangen, wo es von der Gestalt heißt, sie habe sich »›auf so zarten Sohlen ⟨bewegt⟩, daß ihr Tritt den Spiegel ihrer Welle nicht zerbrach‹« (Z. 361 f.).[16]

Die Szene ist selbstreflexiv: die Gestalt gewinnt letztlich durch Selbstverdopplung Konturen. Das Licht bringt seine eigene Gestalt mit Hilfe eines Spiegels hervor, einer Oberfläche, die es gestaltet, ohne daß dabei das Innere von dem Äußeren in der Weise klar unterschieden würde, wie das Ich von dem anderen unterschieden ist. Das im Moment der Reflexion entstehende Ich ist in räumlicher Hinsicht eine auf optischer Symmetrie basierende Struktur, deren Strukturprinzip eine optische Wiederholung ist, wodurch den wiederholten Entitäten Gestalt verliehen wird. Eine »Gestalt aus lauter Licht« ist auf referentieller Ebene ohne Bedeutung, da das Licht, die notwendige Bedingung von Gestalt, selbst so gestaltlos ist wie das Wasser. Das Licht kann nur Gestalt annehmen, wenn es sich in dic Illusion einer Duplizität auffaltet, die nichts mit der Zweiheit von Ich und anderem zu tun hat. Die Sonne ist in diesem Text von Anfang an die Figur dieser in sich geschlossenen Spiegelung. Aber das ebenbildliche Gegenstück der Sonne kann nur das als Spiegel des Lichts begriffene Auge sein. »Gestalt« und »Spiegel« sind in dieser Szene nicht voneinander zu trennen, wie die Sonne von den Gestalten nicht zu trennen ist, die sie hervorbringt und die in Wahrheit das Auge darstellen[17], oder wie die Sonne von sich selbst nicht zu trennen ist, da sie die Illusion eines gestalthaften Selbst erzeugt. Von der Sonne kann gesagt werden, sie »stehe« – eine Redefigur, die eine alles umfassende räumliche Organisiertheit voraussetzt, da sie in personifizierter Form »›inmitten des strahlenden Glanzes ihres eigenen Ruhms‹« steht (Z. 349 f.). Die Sonne »sieht«, wie Narkissos, ihr eigenes Licht in einem Born widergespiegelt, der Spiegel und Auge zugleich ist: »›und das Bild der Sonne brannte intensiv strahlend auf dem wie Gold glühenden Wasser der Quelle‹« (Z. 345-347). Weil die Sonne selbst wie ein Spiegel strukturiert ist, kann von dem Auge gesagt werden, es erzeuge eine Welt von natürlichen Formen. Das radikal Andersartige einer Welt, die im Grunde ohne jede Ordnung ist und sich als unwegsamer und undurchdringlicher Urwald darstellt, wird nun von solaren Pfaden durchzogen und für das Auge zugänglich, wenn das Auge sich von dem blinden Strahlenglanz der Sonne abwendet und seinen grünen und blauen Widerschein in der Welt betrachtet – und damit ist es uns möglich, uns in dieser Welt als in einer Landschaft aus Wegen und Zielen zu orientieren. Die Sonne »›durchfädelte den unwegsamen Wald mit gewundenen Pfaden aus smaragdenem Feuer‹« (Z. 347f.).[18] Das kühnste, aber auch das traditionellste Bild in dieser Textpassage ist das Bild vom Sonnenstrahl als Faden, der die Textur der Welt näht und so den notwendigen und komplementären Hintergrund für das Auge des Narkissos bildet. Das Wasser und die Pupille des Auges erzeugen den Regenbogen der natürlichen Formen, die ihm seine Selbstverwirklichung als Sensorium gestatten. Die schon zu Beginn des Gedichtes präsente Figur der Sonne wiederholt sich in der Figur von dem autoerotischen Kontakt des Auges mit seiner eigenen Oberfläche, die zugleich der Spiegel der natürlichen Welt ist. Auch das erotische Element ist von Beginn an präsent, nämlich in der Polarität einer männlichen Sonne und einer weiblichen Gestalt als Quelle und Auge, von der es heißt: »›⟨sie⟩ beugte ihren Kopf unter die dunklen Zweige, bis ihr helles Haar wie eine Weide über den Busen des strömenden Wassers strich, das raunte vor Entzücken, ihr Kissen zu sein‹« (Z. 363-366).[19]

Shelleys häufig für unzusammenhängend und rätselhaft gehaltene Bildlichkeit erweist sich immer dann als außerordentlich systematisch, wenn es um Licht geht. Die Textpassage verdichtet alles, was frühere und spätere Dichter (man denke etwa an Valéry und Gides *Narcisse* wie auch an den *Roman de la Rose* oder an Spenser) jemals mit Licht, Wasser und Spiegeln an Symbolik entwickelt haben. Die Textpassage zeugt auch von der Verwandtschaft seiner Einbildungskraft mit der Phantasie Rousseaus, der dem einer erotischen Quelle ekstatisch entsprungenen Phantasma der Sprache erlaubt, seine Geschichte zu erzählen, bevor er alles wieder zunichte macht. Shelleys Behandlung der Geburt des Lichts offenbart alles, was im Regenbogen als Emblem enthalten ist. Das Licht repräsentiert den Ermöglichungsgrund der Erkenntnis, und zwar auch von Verknüpfungsprozessen, die so elementar sind, daß es nicht möglich ist, sich irgendein Organisationsprinzip für sie vorzustellen, und sei es noch so primitiv, das nicht völlig von der Macht des Lichts abhängig ist. Das Licht zu löschen würde bedeuten, daß man die Sonne wegnähme – und wenn dies zum Beispiel Shelleys Text widerführe, so bliebe nicht mehr viel übrig.

Und doch ist in *The Triumph of Life* diesem Licht eine Existenz nur unter äußerst schwierigen Bedingungen zugestanden.

Die Zerbrechlichkeit seiner labilen Existenz zeigt sich in der übernatürlichen Zartheit der Gestalt, die ihr erlaubt, »den Fluß entlang zu gleiten« (Z. 363), und ihr »so zarte Sohlen« verleiht, »daß ihr Tritt den Spiegel ihrer Welle nicht zerbr⟨icht⟩«. Die ganze Szene ist ein kaum vorstellbares Gleichgewicht zwischen dieser gleitenden, »horizontalen« Bewegung, die auf der Oberseite der Wasserfläche bleibt und die Entstehung des Spiegelbilds ermöglicht, und der konträren, »vertikalen« Bewegung, die, wie Narkissos am Ende der mythischen Erzählung, die Oberfläche des Spiegels durchbricht und den Schwebezustand seiner eigenen Existenz abrupt zu Fall bringt. Wie die Textpassage deutlich macht, muß die Geschichte ihren Gang gehen. Die konträren Bewegungen des »Gleitens« und des »Tretens« heben die Schwerkraft auf und bewirken einen zwischen Aufstieg und Fall in der Schwebe befindlichen Zustand. Dieser Zustand schlägt letztlich aber doch um: Die »durchfädelnden« Sonnenstrahlen werden zum »Tritt« von Füßen auf eine Oberfläche, die in diesem Text keine solide Festigkeit erlangt.[20] Shelleys Gedicht beharrt auf der hyperbolischen Flüchtigkeit und Leichtigkeit des Reflexionskontakts, da hier der reflektierenden Oberfläche niemals gestattet wird, zu der glatten Festigkeit zu kommen, die für eine Verdopplung des Bildes notwendig wäre. Das Wasser bleibt unentwegt in Bewegung: Es wird eine »Welle« genannt, und seine Oberfläche wird, obwohl mit einem Kristall verglichen, von den Winden aufgerauht, die der gleitenden Bewegung der Gestalt eine gewisse Wahrscheinlichkeit verleihen. Der Text spricht erst vom »Durchfädeln«, dann vom »Treten«, und gegen Ende des Abschnitts vom »Trampeln«: eine zunehmende Gewaltsamkeit, welche die ursprüngliche Zartheit auslöscht. Es kann kein Zweifel daran bestehen, daß die Gestalt, wenn wir ihr wiederbegegnen (Z. 425 ff.), nicht mehr den Fluß entlanggleitet, sondern wie Ophelia unter die Oberfläche des Wasser getaucht und ertrunken ist. Die zunehmende Gewaltsamkeit zeigt sich auch in der Wiederkehr des Regenbogens in der anschließenden Vision, wo er zu einem Triumphbogen zur Feier der »leidenschaftlich wild« gepriesenen Niederlage geworden ist, welche die Gestalt durch das erfahren hat, was im Gedicht »Leben« genannt wird (Z. 437-441).

Diese Kette metaphorischer Transformationen läßt sich bis hierher verstehen, ohne in ein Vokabular übersetzt werden zu müssen, das mit den betreffenden Referenten nichts zu tun hat – ganz ähnlich der Bewegung der Figur selbst, insofern sie bestrebt ist, ständig über eine Oberfläche dahinzugleiten und diese dabei unversehrt zu lassen. Besonders bei der Figur des Regenbogens handelt es sich um die Figur einer Einheit von Wahrnehmung und Erkenntnis, die nicht der Gefahr ausgesetzt ist, durch den potentiell disruptiven Charakter ihrer Gestaltung zu zerbrechen. Das ist nicht überraschend, denn eine solche paraphrasierende Lektüre geht davon aus, daß Verstehen ein Prozeß wechselseitiger Spiegelungen ist, in dem der Text als Spiegel unseres eigenen Wissens dient und unser Wissen seinerseits die Bedeutung des Texts widerspiegelt. Doch auf diese Weise können wir nicht angemessen verstehen, warum das gestaltete Licht des Verstehens nach und nach immer schwächer wird, bis es schließlich völlig vergessen ist und nur noch als ein Bauwerk verkleidet präsent ist, das dazu dient, sein Vergessen zu feiern und zu verewigen. Wir können so auch nicht die Macht dessen verstehen, was so schwer auf der verführerischen Anmut der Figuration lastet, daß diese sich schließlich selbst zerstört. Die Figur der Sonne mitsamt der ganzen Reihe ihrer Entsprechungen ist ebenfalls nur auf nichtphänomenale Weise angemessen zu deuten, eine Notwendigkeit, die im Text selbst auf phänomenaler Ebene als dramatische Spannung zugegen ist.

Der Übergang vom »Gleiten« zum »Trampeln« vollzieht sich in der erzählten Handlung durch die Einschaltung eines Zeitmaßes, eines »Takts«. Mit diesem Begriff wird die Musik wieder ins Spiel gebracht, die, nachdem sie in der voraufgegangenen Szene (Z. 354f.) bereits eine wichtige Rolle gespielt hatte, in dieser Phase der Handlung zunächst nur per Analogie präsent war (Z. 359-374).[21] Takt ist gegliederter Klang, und das heißt Sprache; er ist eher Sprache als Musik, wenn Musik im traditionellen Sinne als Harmonie und Melodie verstanden wird. Das »Lied« des Wassers und damit auch die vielfältigen Klänge der Natur bilden als Melodie nur einen Hintergrund, der mit der natürlichen Welt mühelos zu einer verführerischen Einheit verschmilzt: »›der ganze Ort war von vielen Klängen erfüllt, die angesichts der gleitenden Wellen und dunklen Schatten zu einer die Sinne verwirrenden, vergeßlichen Melodie verwoben waren‹« (Z. 339-342).[22] Wie Melodie und Harmonie, so gehört auch das Lied zu der gleichen gleitenden Bewegung, die nur unterbrochen wird, wenn die Füße der Gestalt »›zu dem unaufhörlichen Lied des Windes und der Wellen, der Blätter, Vögel und Bienen und der fallenden Tropfen sich in einem neuen Takt beweg⟨en⟩‹« (Z. 375-377).[23] Der »Tritt« der tanzenden Gestalt, der insofern eines Bodens bedarf, als er an die Schwerkraft gebunden ist, ist nicht mehr melodiös, sondern reduziert die Musik auf den bloßen Takt wiederholter Gliederungen. Der Tritt greift aus der Musik ihre Akzentuiertheit oder tonale Interpunktion heraus, die auch ein Merkmal der gesprochenen Rede ist. Man könnte von der Szene sagen, sie erzähle die Geburt der Musik aus dem Geist der Sprache, da eine deutliche Gliederung des Sprechklangs eine grundlegende Eigenschaft der Sprache ist, die ihrer Bezeichnungsfunktion voraufgeht. Die Thematisierung der Sprache in *The Triumph of Life* kommt genau an dieser Stelle zum Ausdruck, wo der »Takt« aus der Verstrickung in die phänomenalen Aspekte der Bezeichnung als widerspiegelnder Repräsentation gelöst wird und die materiell-buchstäblichen Aspekte der Sprache in den Vordergrund rücken. In der dramatischen Handlung der Erzählung unterbricht der Takt die Symmetrie der Erkenntnis als Repräsentation (die sich in den Figuren des Regenbogens, des Auges und der Sonne darstellt). Aber da Takt als gliederndes Maß überhaupt jedes Prinzip sprachlicher Organisiertheit bezeichnet, nicht nur als Rhythmus und Metrum, sondern als jede Form syntaktischer oder grammatischer Skandierung, läßt sich unter den »Füßen« nicht nur das poetische Versmaß verstehen, das in den Terzinen des Gedichts so auffällig ist, sondern jedes Prinzip der Signifikation. Doch genau diese »Füße« sind es, die das poetische und philosophische Licht auslöschen und begraben.

Man ist versucht, den sicher rätselhaftesten Moment des Gedichts, daß nämlich die Gestalt die Feuer der Gedanken »in den Staub des Todes« »trampelt« (Z. 388), als ein Ereignis zu interpretieren, in dem sich die Eigenschaften der Sprache in semantische Eigenschaften einerseits und nichtbezeichnende, materiale Eigenschaften andererseits aufspalten. Die verschiedenen Möglichkeiten der Gliederung – von Wörtern bis zur Satzbildung (durch grammatische oder syntaktische Verfahren, durch Betonung, Tonfall etc.) –, deren Funktion in der Vermittlung von Bedeutung besteht, stehen nicht notwendigerweise in einer gegenseitigen Abhängigkeit mit denselben Gliederungsmöglichkeiten, wenn sie für sich, das heißt unabhängig von ihren durch die Bezeichnungsfunktion gegebenen Beschränkungen, betrachtet werden. Die in allen klassischen Zeichentheorien latent vorhandene Polarität gestattet dem Bezeichnenden eine relative Unabhängigkeit und läßt ihm hinsichtlich seiner Bezeichnungsfunktion freies Spiel. Wenn zwingende Reimschemata wie etwa »billow«, »willow«, »pillow« oder Transformationen wie die von »thread« zu »tread« oder von »seed« zu »deed« in entscheidenden Momenten des Textes auftauchen, dann stellt sich die Frage, ob sich diese besonders bedeutungsträchtigen Bewegungen oder Ereignisse nicht eher aufgrund von zufälligen und oberflächlichen Eigenschaften des Bezeichnenden ergeben, als daß sie die Folge von Bedeutungszwängen darstellen. Die Auslöschung der Gedanken durch das Maß des »Taktes« wäre dann zu interpretieren als der Verlust semantischer Tiefe und ihre Ersetzung durch das, was Mallarmé in *Igitur* den »unendlichen Zufall der Konjunktionen« nennt.

Das jedoch ist nicht die Geschichte, oder jedenfalls nicht die ganze Geschichte, die *The Triumph of Life* erzählt. Denn das willkürliche Element beim Zusammenfügen von Bedeutung und sprachlicher Gliederung hat nicht von sich aus die Macht, die Struktur wechselseitiger Spiegelungen zu zerbrechen, die der Text erst aufbaut und dann wieder zu vernichten behauptet. Dieses willkürliche Element trägt der Schlußphase der Narkissosgeschichte nicht Rechnung, in der die Gestalt den Spiegel überquert und untergeht, wie zu Beginn des Gedichtes die Sterne von der Sonne überwältigt werden und die Sonne dann ihrerseits von dem Licht des Triumphwagens des Lebens überwältigt wird. Die Zerstörung der repräsentierenden und ikonischen Funktion der figürlichen Rede durch das Spiel des Signifikanten reicht allein nicht hin, um die Defiguration und Entstellung zu bewirken, die *The Triumph of Life* vorführt oder darstellt. Denn die Figur wird konstituiert durch das Zusammenfügen einer Bezeichnung mit irgendeinem Prinzip der sprachlichen Gliederung, sei es sensorisch oder nicht. Das ikonische, sinnliche oder, wenn man will, ästhetische Moment ist nicht konstitutiv für das Vorliegen einer Redefigur. Figuration ist jenes Element der Sprache, das eine Bedeutungswiederholung durch Substitution erlaubt; der Prozeß ist wenigstens doppelläufig, und diese Vielfältigkeit wird durch optische Metaphern der Spiegelbildlichkeit auf natürliche Weise illustriert. Aber die besondere Verführungskraft der Figur liegt nicht unbedingt darin, daß sie die Illusion eines lustvollen sinnlichen Erlebnisses erweckt, sondern darin, daß sie die Illusion von Bedeutung erzeugt. In Shelleys Gedicht ist die Gestalt eine Figur, ob sie nun als eine Figur aus Licht (Regenbogen) erscheint oder als Gliederung im allgemeinen (Musik als Takt und Sprache). Der Übergang von dem Gefühl der Lust zur Bezeichnung, von der ästhetischen zur semiologischen Dimension, findet sich deutlich ausgeprägt in der Textpassage mit dem Übergang von der Figur des Regenbogens zu der des Tanzes, vom Anblick zum Takt. An dieser Stelle kommt zum Ausdruck, daß die Gestalt als Modell für Figuration überhaupt dient. Mit diesem über die traditionellen Vorstellungen von figürlicher Rede als Modus der Repräsentation, als Polarität von Subjekt und Objekt, von Teil und Ganzem, von Notwendigkeit und Zufall oder von Sonne und Auge hinausgehenden Schritt ist der Weg bereitet für die anschließende Aufhebung und Aulöschung der Figur. Aber die Ausweitung über tropologische Modelle wie Metapher, Synekdoche, Metalepsis oder Prosopopöie (bei denen notwendigerweise ein räumliches oder zeitliches Element der Phänomenalität anwesend ist) hinaus zu solchen Tropen wie Grammatik und Syntax (die auf der Ebene des Buchstabens funktionieren, ohne daß dabei ein ikonischer Faktor eine Rolle spielt) ist allein noch nicht in der Lage, die Figur zu löschen oder zu tilgen oder, in dem Darstellungscode des Textes ausgedrückt, die Gestalt zu ertränken oder das Feuer der Gedanken auszutreten. Hierfür muß noch ein anderer Aspekt der Sprache ins Spiel kommen.

Die Erzählung von der Begegnung Rousseaus mit der Gestalt, von der Erscheinung der Gestalt (Z. 343) bis zu ihrer Ersetzung durch eine »neue Vision« (Z. 434), ist in ihrem Ablauf zwischen zwei Ereignisse gestellt. Beide Ereignisse sind Fälle von Machthandeln: Die Sonne überwältigt das Licht der Sterne, das Licht des Lebens überwältigt die Sonne. Der Übergang von einer sich momenthaft zu einem bestimmten Zeitpunkt vollziehenden gewaltsamen Aktion zu der gleitenden, schwebenden Bewegung »›jener Gestalt, die sich auf dem Strom bewegte, wie ich mich entlang der Wildnis bewegte‹« (Z. 425 f.), entspricht der sich im Titel des Gedichts verbergenden Bewegung. Wie von verschiedenen Kommentatoren gezeigt worden ist, bedeutet »triumph« sowohl den im Augenblick errungenen Sieg als auch den *trionfo*, den Triumphzug, der den Ausgang der Schlacht feiert. Für eine allgemeinere Interpretation dieser widersprüchlichen Bewegung bedarf es einer genaueren Lektüre der betreffenden Szene.

Wir begreifen jetzt die Gestalt als Figur der Figuralität aller Bedeutung. Entscheidend ist dabei nicht die sich aus dem visuellen Geschehen zwischen Licht und Wasser ergebende besondere Struktur von wechselseitigen Spiegelungen – diese Struktur ist vielmehr nur die Illustration (Hypotyposis) einer vielschichtigen Struktur, die auf natürliche Entitäten nur als ein Gliederungsprinzip unter anderen zurückgreift. Daraus folgt, daß die Figur nicht von Natur aus gegeben oder hergestellt worden ist, sondern durch einen willkürlichen Akt der Sprache gesetzt wird. Bei dem Erscheinen und dem Schwächerwerden der Licht-Gestalt (trotz ihres solaren Analogons) handelt es sich nicht um ein natürliches Ereignis, das mittelbar aus der Wechselwirkung verschiedener Mächte resultieren würde, sondern um einen einzigen und daher gewaltsamen Machtakt, der der setzenden Macht der Sprache, an sich und für sich allein betrachtet, innewohnt: Die Sonne besiegt die Sterne, weil sie Formen *setzt*, und das »Leben« besiegt in der Folge die Sonne, weil es durch registrierende Festschreibung die »Spur« historischer Ereignisse setzt. Die setzende Macht hat ihren Ursprung nicht in Rousseau als Subjekt; die Herrschaft, welche die Gestalt über Rousseau ausübt, wird niemals in Frage gestellt. Er erhebt sich und beugt sich auf ihren Befehl, und sein Geist erduldet ohne Widerstand, daß er in den Staub getreten wird. Die setzende Macht der Sprache ist zugleich völlig willkürlich, insofern sie eine Stärke besitzt, die nicht auf Notwendigkeit zurückgeführt werden kann, und sie ist völlig unerbittlich, insofern es keine Alternative zu ihr gibt. Sie steht jenseits des Gegensatzes von Zufall und Determination und kann daher nicht Teil einer zeitlichen Abfolge von Ereignissen sein. Eine solche Abfolge muß durch Handlungen punktiert sein, die nicht in sie integriert werden können. Sie kann zum Beispiel nicht damit einsetzen, daß uns von dem Verblassen der Sterne vor der wachsenden Gewalt der Sonne, also von einer sich mittelbar ergebenden natürlichen Bewegung erzählt wird, sondern sie muß das unvermittelt gewaltsame »Hervorspringen« einer jeder Vorgeschichte baren Sonne evozieren. Nur in der Retrospektive kann man in einem solchen Ereignis eine Substitution und einen Anfang sehen und es als dialektische Beziehung zwischen Tag und Nacht oder zwischen zwei transzendentalen Seinsordnungen mißverstehen. Die Sonne erscheint nicht in Verbindung mit der Nacht und den Sternen oder als Reaktion auf sie, sondern aufgrund ihrer eigenen, durch nichts vermittelten und mit nichts in Beziehung stehenden Macht. *The Triumph of Life* unterscheidet sich völlig von prometheischen oder titanischen Mythen wie Keats' *Hyperion* oder sogar Miltons *Paradise Lost*, die von dem agonalen Pathos eines dialektischen Kampfes zehren. Es ist unvorstellbar, daß Shelleys unepisches, unreligiöses Gedicht damit anheben würde, die tragische Niederlage der früheren Götter, der Sterne, die ihnen durch die Sonne zugefügt worden ist, zu beklagen oder sich darüber zu empören. In dem Text ist kein Raum für die Tragödie von Sieg oder Niederlage zwischen Blutsverwandten oder zwischen Göttern und Menschen. Wer oder was zunächst den narrativen Raum einnimmt, wird per Dekret, durch die nackte Gewalt geäußerter Worte, seines Raumes verwiesen und folglich sogleich vergessen. Mit den Worten des Gedichts zu sprechen: Es ergeht eine *Vorschrift* (Z. 20), was nichts anderes ist als eine emphatische Art des Setzens. Dies komprimiert die Prosopopöie der personifizierten Sonne in den ersten Zeilen des Gedichts zu einer merkwürdig absurden Pseudobeschreibung. Das unendlich fein abgestufte Heraufdämmern des Tages, das am kontinuierlichsten und graduellsten verlaufende Ereignis der Natur, kollabiert zu der schroffen Plötzlichkeit eines einzigen Augenblicks: »Rasch wie ein an seine Aufgabe eilender Geist ... sprang die Sonne hervor ..., und die Maske der Dunkelheit fiel von der aufgeweckten Erde ab« (Z. 1-4).[24] Wenn später im Verlauf des Gedichtes der Triumphwagen des Lebens auftaucht, so geschieht dies genauso plötzlich und unmotiviert. Wenn er auftaucht, so nicht als »Abkömmling« der Sonne, nicht als natürliche Fortsetzung der ursprünglichen setzenden Geste, sondern stets als Setzung von eigenen Gnaden. Anders als die auf den Tag folgende Nacht muß jedes plötzliche Erscheinen des Triumphwagens stets von neuem gesetzt werden – und daraus erklärt sich, warum diese Erscheinungen Wiederholungen sind und nicht Anfänge.

Wie kann ein Akt des Setzens, der mit nichts vor oder nach ihm in Beziehung steht, in eine narrative Sequenz eingeschrieben werden? Wie wird ein Sprechakt zu einer Trope, einer Katachrese, die dann ihrerseits die narrative Sequenz einer Allegorie hervorbringt? Dies kann nur der Fall sein, weil wir unsererseits der sinnlosen Macht der setzenden Sprache die Autorität von Sinn und Bedeutung beilegen. Aber das ist grundlegend inkonsistent: Sprache setzt und Sprache bedeutet (da sie etwas zusammenfügt), aber Sprache kann nicht Bedeutung setzen; sie kann Bedeutung nur in ihrer bekräftigten Falschheit wiederholen (oder reflektieren). Und das Wissen um diese Unmöglichkeit macht die Sache nicht weniger unmöglich. Genau diese unmögliche Setzung ist die Figur, die Trope, die Metapher als ein gewaltsames – und nicht etwa dunkles – Licht, ein tödlicher Apollon.

Das Zuschreiben der Bedeutung findet in *The Triumph of Life* in der Form jener Fragen statt, von denen unsere Lektüre ihren Ausgang nahm. Das menschliche Subjekt erscheint im Text, in den Gestalten des Rousseau befragenden Erzählers und des die Gestalt befragenden Rousseau, als ein in Unbestimmtheit gestelltes und darum Fragen stellendes Wesen. Aber diese Gestalten sind nicht mit der Stimme identisch, die das Gedicht erzählt, in dem sie dargestellt werden; diese Stimme fragt nicht und teilt nicht die mißliche Lage der Gestalten. Wir können daher nicht fragen, warum es der Fall ist, daß wir als Subjekte beschließen, Bedeutung zuzuweisen, da es genau diese Frage ist, durch die wir selbst definiert sind. Von dem Augenblick an, wo das Subjekt derart fragt, hat es bereits jede Alternative ausgeschlossen und ist zum figürlichen Beispiel der Bedeutung geworden – »Ein Zeichen sind wir, deutungslos ...« (Hölderlin). Zu fragen bedeutet zu vergessen. In performativer Hinsicht vollzieht die Figuration (als Frage) die Auslöschung der setzenden Macht der Sprache. In *The Triumph of Life* geschieht dies, wenn ein setzender Sprechakt als das dargestellt wird, dem er am wenigsten gleicht, nämlich als Sonnenaufgang.

In diesem Gedicht ist Vergessen keinesfalls ein passiver Prozeß. Der Ablauf der Rousseau-Episode beruht darauf, daß das Subjekt Rousseau unaufhörlich vergißt. Zu Beginn vergißt er die Zusammenhangslosigkeit einer Welt, in der Ereignisse allein durch das Walten einer blinden Macht geschehen, genau wie das Erscheinen der Sonne zu Beginn des Gedichts einfach vorgeschrieben wird. Die Rousseau-Episode beschreibt das Entstehen einer gegliederten Sprache der Erkenntnis durch die Löschung, das Vergessen der Ereignisse, welche diese Sprache vollzog. Sie kulminiert in der Erscheinung der Gestalt, die sowohl eine Figur des Denkens als der sich in Spiegelungen vollziehenden Selbsterkenntnis ist als auch eine Figur der »Herrschaft des Denkens über das Denken« (Z. 211), jenes Bestandteils im Denken, das bei dem Versuch, seine Doppelstruktur zu vergessen, das Denken zerstört. Denn die ursprüngliche Gewalt der Setzung kann nur halbwegs aufgehoben werden, da die Aufhebung durch eine Eigenschaft der Sprache vollzogen wird, die stets noch an der Gewalt partizipiert, gegen die sie gerichtet ist. Dies scheint die momenthafte Plötzlichkeit des setzenden Aktes auf eine Reihe von Transformationen auszudehnen, doch ist dieser Anschein von Dauer ein fiktiver Zustand, in dem »alles ... sch⟨eint⟩, als sei es nicht gewesen« (Z. 385). Die Geste des Tretens und Trampelns setzt die notwendige Wiederkehr der ursprünglichen Gewalt in Szene: Eine Figur des Denkens, das verkörperte Licht der Erkenntnis, löscht das Denken aus. Bei seinem Auftreten und bei seinem Abgang vergißt das Denken (d.h. die Figuration), was es denkt, und es kann dies nicht vermeiden, wenn es sich behaupten will. Jede der Episoden vergißt, was durch ein voraufgegangenes Vergessen an Erkenntnis gewonnen wurde, wie der plötzliche Sonnenaufgang der Eröffnungsszene plötzlich von einer »seltsamen Trance« (Z. 29) überlagert wird, die dem Erzähler gestattet, sich die Szene als etwas vorzustellen, an das man sich erinnert, bevor es überhaupt stattfinden konnte (Z. 33-39). Das Setzen »schimmert« in eine schimmernde Erkenntnis, welche die Aporien der Bedeutung und der Performanz austrägt.

Die sich wiederholenden Tilgungen, durch die die Sprache die Aufhebung ihrer eigenen Setzungen vollzieht, kann man Defiguration, Entstellung nennen. Die Defiguration Rousseaus wird im Text in der Szene mit der Wurzel vollzogen (Z. 182) und wiederholt sich in allgemeinerer Form in der Defiguration der Gestalt: »Und die helle Gestalt verblaßte in dem aufkommenden Licht, als Schleier für Schleier der stille Glanz von Luzifer abfällt, umgeben vom Chrysolith des Sonnenaufgangs, ehe er die Berggipfel entzündet« (Z. 412-415).[25] Luzifer oder die Metapher, der Lichtbringer, der das Licht der Sinne und der Erkenntnis von Ereignissen und Entitäten auf ihre Bedeutung überträgt, verliert unwiderruflich die Konturen seines eigenen Gesichts oder seiner Gestalt. Wir erleben dies, wenn die Figur zuerst als Musik des Wassers erscheint, dann als Regenbogen, dann als Takt, um schließlich unter dem für sie selbst tödlichen Tritt ihrer eigenen Macht unter die Wasseroberfläche zu sinken. Anders als Lycidas wird sie nicht als Stern verkleidet wiederauferstehen, sondern auf einer Ebene des buchstäblichen Sinns wiederholt werden, die nicht die Ebene der Bedeutung ist, sondern die Ebene wirklicher Ereignisse, die in Shelleys Gedicht »Leben« genannt wird. Wie aber der Sonnenaufgang nicht der Anfang der Figuration war, so ist das »Leben« nicht ihr Ende. Denn wie die Sprache entstellt wird, wenn man sie als natürliches

Ereignis versteht, so wird auch das Leben entstellt, wenn man es durch das gleiche Licht darstellt, das von der Sonne ausgeht und seinen eigenen Regenbogen und sein eigenes Maß hervorbringen muß. Es sei denn, dieses Licht zerstört seine frühere Darstellung wie der Wolf das Rotwild. Der Prozeß ist endlos, da das Wissen um die performative Kraft der Sprache selbst eine eigenständige Figur bildet und als solche gezwungen ist, die Defiguration der Metapher ebenso zu wiederholen, wie Shelley gezwungen ist, den Irrweg Rousseaus auf anscheinend gewaltsamere Weise zu wiederholen. Das heißt dann aber letztlich nichts anderes, als daß er gezwungen ist, Rousseau zu vergessen – wie man denn strenggenommen auch sagen kann, der *Gesellschaftsvertrag* tilge die *Julie* aus dem Kanon der Werke Rousseaus oder *The Triumph of Life* mache das gesamte vorherige Werk Shelleys zunichte.

Die Tatsache, daß sich in dem Gedicht die Lichtmetaphorik von dem Sonnenaufgang, mit dem das Gedicht einsetzt, bis zu der Beschreibung des Triumphwagens des Lebens durchhält, läßt die Illusion einer Kontinuität entstehen, und das Wissen um ihre Unterbrechung ist dadurch nur mehr eine List, die es ermöglicht, ihr tatsächliches Vorhandensein vergessen zu können. Das Gedicht ist vor dem Vollzug der Defiguration durch die Macht seiner negativen Erkenntnis geschützt. Aber diese Erkenntnis besitzt nicht die Macht zu verhindern, daß ein bestimmtes Textmerkmal nun entscheidende Bedeutung erlangt: Es handelt sich nämlich um ein Fragment, und zwar infolge des plötzlichen Todes seines Autors, der bei einem Schiffbruch ertrank und dessen Körper anschließend entstellt wurde, da man ihn an der Küste von Lerici verbrannte. Dieser entstellte Körper ist mit der letzten Manuskriptseite präsent und zu einem Bestandteil des Gedichts geworden. An diesem Punkt erfahren Figuration und Erkenntnis eine Unterbrechung durch ein Ereignis, das den Text zwar gestaltet, in ihm jedoch weder auf der Ebene der Darstellung noch der Äußerung auftritt. Es mag wie eine Laune des Zufalls erscheinen, daß dieser Text durch ein derartiges Geschehen geformt ist, doch die Lektüre von *The Triumph of Life* hat bestätigt, daß dieser verstümmelte Text eine Verletzung aufweist, eine Verletzung durch einen Bruch, die in allen Texten verborgen ist und die in diesem durch seine besondere Art der gewaltsamen Beschneidung nur besonders auffällig ist. Die rhythmischen Unterbrechungen, welche die einzelnen Episoden der Erzählung gegeneinander abgrenzen, bedeuten keine neuen Erkenntnismomente, sondern sprachliche Ereignisse, die dem Text durch eine trügerische Figuration oder einen täuschenden Akt des Vergessens wiederholt einbeschrieben werden.

In Abwesenheit von Shelley fällt die Aufgabe, die Defiguration in den Text wieder einzuschreiben, allein dem Leser zu. Der entscheidende Prüfstein einer Lektüre von *The Triumph of Life* ist die Frage, wie man die Textualität des entstellenden Ereignisses liest, wie man über Shelleys Körper verfügt. Die Herausforderung, die alle Texte darstellen und die *The Triumph of Life* identifiziert, thematisiert und dementsprechend auf die erfolgversprechendste Weise zu vermeiden sucht und die sich hier als Abfolge von symbolischen Unterbrechungen darstellt, wird ihrerseits durch ein Ereignis unterbrochen, das nicht mehr bloß imaginär oder symbolisch ist. Daß man sich als Leser von *The Triumph of Life* so leicht über diese Herausforderung hinwegsetzen kann, ist ein Zeichen dafür, wie schief und unangemessen unser Verständnis Shelleys und der Romantik im allgemeinen ist.

Was wir nämlich nicht nur mit dem toten Shelley, sondern auch mit all den anderen toten Körpern getan haben, die in der Literatur der Romantik vorkommen (man denke etwa an den »toten Mann« in Wordsworths *Prelude* V, 448 ff., der »mitten in der schönen Szenerie von Bäumen, Hügeln, Wasser« plötzlich vom Grunde des Sees »auftaucht, aufrecht, gräßlichen Gesichts, eine Spukgestalt des Schreckens«), ist für gewöhnlich folgendes: Wir begraben sie einfach, wir begraben sie in ihren eigenen Texten, aus denen wir Grabinschriften und monumentale Grabstätten gemacht haben. Wir machten sie zu Statuen, zum Nutzen zukünftiger Archäologen, welche »den Boden ausheben«, um neue Fundamente für ihre eigenen Gedenkstätten zu errichten. Wir verwandelten sie zu historischen und ästhetischen Objekten. Und es gibt zahlreiche subtile Verfahren, dies zu bewerkstelligen.

Eine Monumentalisierung ist nicht unbedingt eine naive oder ausweichende Geste, und es ist sicher auch keine Geste, die man überhaupt vermeiden könnte. Sie muß nicht naiv sein, da sie nicht besagen muß, hier werde eine für den Erkennenden selbst bedrohliche Erkenntnis unterdrückt. Wie *The Triumph of Life*, so kann auch sie die volle Macht dieser Bedrohung in all ihrer Negativität darlegen; das Gedicht zeigt, daß dies trotz aller Strenge Shelley nicht daran hindert, seine eigene negative Zuversicht zu allegorisieren und somit den Verdacht zu erwecken, daß die Negation eine »*Verneinung*« ist, ein bewußter Exorzismus. Und man kann diese Geste nicht vermeiden, da das Mißlingen des Versuchs, die Bedrohung zu exorzieren, selbst angesichts einer so radikalen Blockierung, wie sie dem Gedicht widerfährt, zu ebender Herausforderung an das Verstehen wird, die immer wieder eine erneute Lektüre verlangt. Lesen bedeutet zu verstehen, zu fragen, zu wissen, zu vergessen, zu löschen, zu entstellen, zu wiederholen – mit anderen Worten, Lesen ist die endlose Prosopopöie, durch die den Toten Gesicht und Stimme verliehen wird, mit der sie die Allegorie ihres Hinscheidens erzählen und wodurch wir die Möglichkeit haben, sie unsererseits anzusprechen. Keine Erkenntnis kann jemals diese Verrücktheit unterbinden, denn es ist die Verrücktheit der Wörter. Es wäre allerdings naiv zu glauben, daß diese Strategie, die nicht *unsere* Strategie als Subjekte darstellt, da wir eher ihr Produkt als ihre Urheber sind, Werte hervorbringen könnte, die entsprechend gefeiert oder kritisiert werden müßten.

Immer wenn diese Überzeugung besteht – und sie besteht allenthalben –, hat sie eine Fehllektüre zur Folge, die vermieden werden kann und sollte und sich dadurch von dem in Shelleys Gedicht analysierten, jenseits von Gut und Böse befindlichen »Vergessen« unterscheidet. Es hätte wenig Zweck, die zahlreichen Formen und Namen aufzuzählen, unter denen diese Überzeugung in der heutigen literaturwissenschaftlichen Szene firmiert. Die Überzeugung ist von immer dem gleichen Muster geprägt, sie besteht in der Historisierung und Ästhetisierung von Texten, und sie verwendet, wie der vorliegende Essay, die Texte, um methodologische Behauptungen vorzubringen, wobei durch das Leugnen jeder Ehrfurcht erst richtig der Eindruck erweckt wird, man meine es gut. Jeder Versuch, die Romantik in bezug auf uns und andere literarische Bewegungen zu definieren, zu verstehen oder abzugrenzen, ist Teil dieser naiven Überzeugung. *The Triumph of Life* warnt uns, daß nichts, was sich ereignet, weder eine Tat noch ein Wort, weder ein Gedanke noch ein Text, jemals in Relation, sei sie positiv oder negativ, zu etwas anderem sich ereignet, das vor ihm oder nach ihm geschieht oder irgendwo existiert, sondern stets nur ein zufälliges Ereignis ist, dessen Macht sich genau wie die Macht des Todes der Zufälligkeit seines Auftretens verdankt. Das Gedicht sagt uns auch, warum und wie diese Ereignisse in ein historisches und ästhetisches System der Heilung und Wiederherstellung reintegriert werden müssen, das sich ungeachtet seines offensichtlichen Fehlschlagens ständig wiederholt. Dieser Prozeß unterscheidet sich völlig von den restaurativen und nihilistischen Allegorien des Historismus. Wenn es wahr und unvermeidlich ist, daß jede Lektüre die Monumentalisierung des Schicksals ist, dann stellt die Art und Weise, wie Rousseau in *The Triumph of Life* gelesen und entstellt wird, Shelley unter die wenigen Leser, die eine Ahnung davon haben, »zu wessen Statue diese Fragmente einmal gehört hatten«. Lesen als Defiguration, als Entstellung bis zu dem Punkt, wo es sich dem Historismus verweigert, erweist sich in historischer Hinsicht verläßlicher als die Produkte historischer Archäologie. Monumentalisiert man diese Einsicht zu einer Lektüre-*Methode*, so fällt man hinter die von Shelley gezeigte Strenge zurück, die genau darum vorbildlich ist, weil sie sich jeder systematisierenden Verallgemeinerung verweigert.

Anmerkungen

1 Alle Zitate aus *The Triumph of Life* beziehen sich auf die von Donald H. Reiman besorgte kritische Ausgabe, *Shelley's »The Triumph of Life«: A Critical Study*, Urbana 1965. Diese Ausgabe ist verbindlich, gemeinsam mit der von G.M. Matthews besorgten Ausgabe *»The Triumph of Life«: A New Text*; in: *Studia Neophilologica* XXXII/1960, S. 271-309. Zur komplexen Geschichte der Komposition und Publikation des Textes siehe Reiman, S. 119-128. Zu den Zitaten aus anderen Dichtungen Shelleys siehe Percy Bysshe Shelley, *Selected Poetry* (Hg. Neville Rogers), Oxford 1969.

2 Die Passage findet sich bei Reiman in Anhang C, S. 241, der Kommentar S. 241 f.; wir geben hier in der Übersetzung (wie auch sonst, wenn Shelleys Dichtung zitiert wird) eine Prosafassung:
»Auch von den vielen anderen Gestalten, die um Napoleon herum an den Wagen gefesselt waren, noch bleich von der Anstrengung, ihren Lehm in stolze Höhen zu erheben, ... habe ich nicht versucht, mir diejenigen zu merken, welche ihrer fragwürdigen Nachkommenschaft jener neuen Zeit zur Schande oder zur Zier gereicht haben, in der unsere Väter schon lebten und wir noch sterben werden. Andere versuchen indessen, unseren Kindern weiszumachen, das Kind sei mannbar. Doch da sagte mein Führer Rousseau: ›Sieh dir Voltaire und mich an, wir beide wollten bis zu den Höhen steigen, wo Platon und sein Schüler einsam über das

gesamte Denken herrschten, bis der nicht minder große Bacon sich zu diesem Ort erhob und sich von dort noch zu einem höheren Thron aufschwingen wollte. Ich wollte beide Höhen erklimmen, doch nun, o Welt, die du blind aus vollen Urnen Ruhm und Schande austeilst, bedeutet mir das nichts mehr. Ich sehe, welche Namen aus deiner Erinnerung getilgt sind und welche noch in ihr lebendig sind; ich kenne den Platz jener, welche die Schwelle des Tempels fegen, wo man die Wahrheit und ihre Verkünder verehrt. Und wenn ich jene Freuden suchte, die mir nun schmerzlich sind, und mein Genosse nun an den Wagen des Lebens gefesselt ist, so darum, weil wir befürchteten, unser Streben würde vergeblich sein.« (»Nor mid the many shapes around him chained / Pale with the toil of lifting their proud clay / ... should I / Have sought to mark any who may have stained / Or have adorned the doubtful progeny / Of the new birth of this new tide of time / In which our fathers lived & we shall die / Whilst others tell our sons in prose or rhyme / The manhood of the child; unless my guide / Had said, »Behold Voltaire – We two would climb / Where Plato & his pupil, side by side, / Reigned from the centre to the circumference / Of thought; till Bacon, great as either, spied / The spot on which they met and said, ›From hence / I soar into a loftier throne.‹ – But I – / O World, who from full urns dost still dispense, / Blind as thy fortune, fame & infamy – / I who sought both, prize neither now, I find / What names have died within thy memory, / Which ones still live; I know the place assigned / To such as sweep the threshold of the fane / Where truth & its inventors sit enshrined. – / And if I sought those joys which now are pain, / If he is captive to the car of life, / 'Twas that we feared our labour wd be vain.«)

3 Es lassen sich beispielsweise folgende Aussagen miteinander konfrontieren:
»Die nackten Fakten werden jedoch mit der Verve eines Dichters erzählt, der neue Quellen kreativer Kraft erschlossen hat, und Shelleys Traumvision ist in den Rahmen eines fröhlichen Frühlingsmorgens hineingesetzt. Das Gedicht entfaltet sich ganz unvermittelt, es führt auf einmal ein Gleichnis vor, das alles andere als voller Verzweiflung ist.« (Meyer H. Abrams, *Natural Supernaturalism*, 1971, S. 441.)
»... ich halte es für einen großen Fehler, wenn manche Kritiker versuchen, sich den potentiellen Höhepunkt ⟨von *The Triumph of Life*⟩ als freudig und optimistisch vorzustellen und den Titel als Beleg dafür anzusehen.« (Harold Bloom, *Shelley's Mythmaking*, New Haven 1959, S. 223.)

4 Unter den Kritikern von *The Triumph of Life* herrscht beträchtliche Uneinigkeit hinsichtlich Bedeutung und Bewertung dieser Passage, wie auch große Uneinigkeit besteht hinsichtlich der Bedeutung Rousseaus als Quelle des Gedichts – neben Dante, Spencer, Milton *(Comus)*, Wordsworth und anderen. Generell kann man sagen, daß die Interpre-

ten, welche die Bedeutung Rousseaus gering einschätzen, auch dazu neigen, die »Gestalt aus lauter Licht« (Z. 352) als eindeutig böse zu interpretieren; siehe zum Beispiel H. Bloom, *op.cit.*, S. 267-270 oder J. Rieger, *The Mutiny Within: The Heresies of P.B. Shelley*, New York 1967; für die entgegengesetzte Meinung siehe etwa Carlos Baker, *Shelley's Major Poetry*, Princeton 1948, S. 264-268 oder auch, trotz aller Unterschiede, Kenneth Neill Cameron, *Shelley, The Golden Years*, Harvard 1974. Cameron sieht die Szene, in der die Gestalt die feurigen Gedanken Rousseaus in den Staub des Todes trampelt (Z. 387f.), »nicht als Zerstörung, sondern als Wiedergeburt« (S. 467). Reiman betont und dokumentiert die Bedeutung Rousseaus mehr als andere, und seine Überzeugung, bei der Gestalt handele es sich um Julie, ist so stark, daß er sogar ihren Namen in dem Manuskript zu lesen glaubt (siehe Reiman, *op.cit.*, S. 211). Für ihn ist die Gestalt eine Gestalt der Liebe, und er bezieht diese Gestalt auch in seine Behauptung ein, überall in *The Triumph of Life* sei »die dunkle Seite der menschlichen Erfahrung durch positive Alternativen ausgeglichen« (S. 84). Vielleicht ist es naiv, sich angesichts einer so hohen rhetorischen Komplexität auf eine eindeutige Bewertung einzulassen, man müßte vielmehr zunächst bestimmen, für welche Funktion der Sprache die Gestalt steht, um dann die Frage zu stellen, ob eine Alternative zu ihrer Funktion überhaupt denkbar ist.

5 »»... as one between desire and shame
Suspended, I said ...

›Shew whence I came, and where I am, and why –
Pass not away upon the passing stream.‹

›Arise and quench thy thirst,‹ was her reply.
And as a shut lily, stricken by the wand
Of dewy morning's vital alchemy,

I rose; and, bending at her sweet command,
Touched with faint lips the cup she raised,
And suddenly my brain became as sand

Where the first wave had more than half erased
The track of deer on desert Labrador,
Whilst the fierce wolf from which they fled amazed

Leaves his stamp visibly upon the shore
Until the second bursts – so on my sight
Burst a new Vision never seen before. –««

6 Reiman (*op.cit.*, S. 67) spricht zwar zutreffend von einem »sandigen Strand«, aber seine Festgelegtheit auf eine positive Interpretation läßt ihn irrelevante Überlegungen über angeblich alternierende Bewegungen von Gut und Böse anstellen. An eine Wüste (im Unterschied zum »öden

Ufer«, wie es auch in Z. 164 von einem Ufer heißt, über das der wütende Ozean hinweggebraust ist und nur noch seine eigenen Spuren zurückgelassen hat) denken stillschweigend alle Kommentatoren, die Z. 405 (»und alsogleich ward mir mein Hirn wie Sand«) ohne den dazugehörigen Kontext von Ufern und Wellen zitieren.

7 »... what I thought was an old root which grew
To strange distortion out of the hill side ...

And ... the grass which methought hung so wide
And white, was but his thin discoloured hair,
And ... the holes it vainly sought to hide

Were or had been eyes.«

Man vergleiche damit die Landschaft des Alterns in Shelleys *Alastor*, Z. 530-536: »... und nichts als knorrige Stümpfe alter Kiefern, zweiglos und verdorrt, die sich mit ihren Wurzeln in die widerstrebende Erde krallen. Eine entsetzliche Veränderung ging hier vor sich, denn während Jahre schnell dahinfliegen, runzelt sich die glatte Stirn, und das Haar wird dünn und weiß, und wo feuchte, strahlende Augen leuchteten, schimmern nur noch steinerne Augäpfel.«

8 Shelleys durchweg sehr hohe Meinung von Rousseau wird durch seine Schriften und Briefe belegt. Für eine kurze zusammenfassende Darstellung dieser Frage siehe zum Beispiel K. N. Cameron, *op. cit.*, S. 648. Der von Shelley am meisten bewunderte Text Rousseaus ist die *Julie*.

9 »And much I grieved to think how power & will
In opposition rule our mortal day –

And why God made irreconcilable
Good & the means of good; ...«

10 Zu Shelleys Platonismus siehe James A. Notopoulos, *The Platonism of Shelley*, Durham 1949, der die Bedeutung der platonischen Tradition für Shelley gründlich dokumentiert, dem es aber nicht gelingt, damit ein Licht auf die schwierigsten Passagen von *The Triumph of Life* zu werfen. Die ambivalente Behandlung Platons in *The Triumph* wird von Notopoulos als Verurteilung der Homosexualität gedeutet.

11 »›Whether my life had been before that sleep
The Heaven which I imagine, or a Hell

Like this harsh world in which I wake to weep,
I know not.‹«

12 »›In der Frühlingsblüte ... fand ich mich schlafend unter einem Berg ... ‹« (Z. 308-312). Der Zustand, lebendig zu sein, wird auch als »jene Stunde der Ruhe« bezeichnet (Z. 320), und Shelley spricht von einer »schlafenden Mutter« (Z. 321) und davon, daß »kein andrer Schlaf« die Leiden der Existenz ersticken wird (329).

13 »When a strange trance over my fancy grew
Which was not slumber, for the shade it spread

Was so transparent that the scene came through
As clear as when a veil of light is drawn
O'er evening hills they glimmer; ...«

Man ist bei der Lektüre des Originals versucht, das Verb »to glimmer« in »as when a veil of light is drawn / O'er the evening hills they glimmer« gegen die Regel mit voller transitiver Kraft zu versehen: Der Lichtschleier *schimmert* die Hügel.

14 »›The presence of that shape which on the stream
Moved, as I moved along the wilderness,

More dimly than a day appearing dream,
The ghost of a forgotten form of sleep,
A light from Heaven whose half extinguished beam

Through the sick day in which we wake to weep
Glimmers, forever sought, forever lost. –‹«

15 »›A shape all light, which with one hand did fling
Dew on the earth, as if she were the Dawn
Whose invisible rain forever seemed to sing

A silver music on the mossy lawn,
And still before her on the dusky grass
Iris her many coloured scarf had drawn.–‹«

Die gleiche Konstruktion wiederholt sich später mit umgekehrter Betonung, wenn sich der Takt gegen die Melodien der »süßen Weise« behauptet. »Und doch schienen ihre Füße, nicht minder als die süße Weise, nach der sie sich bewegten, indem sie sich bewegten, seine auf sie starrenden Gedanken auszulöschen« (Z. 382-384; »›And still her feet, no less than the sweet tune / To which they moved, seemed as they moved, to blot / The thoughts of him who gazed on them, ... ‹«).

16 »›... with palms so tender / Their tread broke not the mirror of its billow, ... ‹«

17 Siehe auch folgende Stelle aus Shelleys *Hymn of Apollo*: »Ich bin das Auge, mit dem das Universum sich selbst erblickt und sich als göttlich weiß« (Z. 31f.). Der Sonnenaufgang in *The Triumph of Life* und der in der früheren *Hymn of Apollo* (1820) unterscheiden sich genau insofern, als die Identifikation von Sonne und Auge in dem späteren Gedicht nicht mehr absolut ist.

18 »›... threaded all the forest maze / With winding paths of emerald fire ... ‹«

19 »›... bend her / Head under the dark boughs, till like a willow / Her fair hair swept the bosom of the stream / That whispered with delight to be

their pillow.‹«

20 Eine Festigkeit, die im Unterschied hierzu in einer sonst ähnlichen Szene in Mallarmés *Hérodiade* betont wird, wenn vom gefrorenen Wasser die Rede ist und damit die Härte des Spiegels zum Ausdruck gebracht wird: »O miroir! Eau froide par l'ennui dans ton cadre gelée.« (»O Spiegel! Wasser, kalt von der Langeweile in deinem Rahmen aus Frost.«)

21 Zum Beispiel wenn es von dem über den Fluß streichenden Haar der Gestalt heißt: »›Wie wenn ein Liebender im Traum inmitten sibernen Nebels zu Klängen wundersamer Musik über lilienbedeckten Seen schwebt‹« (»›As one enamoured is upborne in dream / O'er lilypaven lakes mid silver mist / To wondrous music, ... ‹«; Z. 367-369).

22 »›... all the place / Was filled with many sounds woven into one / Oblivious melody, confusing sense / Amid the gliding waves & shadows dun; ... ‹«

23 »›... to the ceaseless song / Of leaves & winds & waves & birds & bees / And falling drops moved in a measure new ... ‹«

24 »Swift as a spirit hastening to his task / ... the Sun sprang forth / ..., & the mask / Of darkness fell from the awakened Earth.« »Swift as a spirit ...« ist eine Anspielung auf Shelleys *Epitaph of Plato*, eine Übersetzung aus dem Griechischen, wo es heißt: »Ich bin das Bild vom raschen Geiste Platons, der sich zum Himmel erhebt; Athen bleibt hienieden sein Leichnam.« (»I am the image of swift Plato's spirit, / Ascending heaven; Athens doth inherit / His corpse below.«) Das impliziert die Identifikation der Sonne mit einem nichtnatürlichen, in diesem Falle geistigen Element. Die Dichotomie zwischen einer natürlichen, geschichtlichen Welt und der Welt des Geistes ist in dem Gedicht zwar noch immer von Bedeutung (und daher läßt es auch solche Interpretationen wie die von Bloom oder Rieger zu), doch wird sie hier von einer anderen Dimension der Sprache abgelöst. Diese nicht mehr platonische Vorstellung von Sprache macht sich geltend in der Ähnlichkeit von Rousseaus und Platons Stellung in der Hierarchie der Geschichte. Dabei handelt es sich wohl kaum um eine Verurteilung und Verdammung Platons (oder Rousseaus), sondern eher um ein entwickelteres Verständnis der Kraft, welche der Bildlichkeitscharakter der Sprache zu entfalten vermag.

25 »›And the fair shape waned in the coming light / As veil by veil the silent splendour drops / From Lucifer, amid the chrysolite / Of sunrise ere it strike the mountain tops ... ‹«

Dekonstruktion

Die Rhetorik der Blindheit: Jacques Derridas Rousseauinterpretation

> »...; einen Text *als Text* ablesen können, ohne eine Interpretation dazwischen zu mengen, ist die späteste Form der ›inneren Erfahrung‹ – vielleicht eine kaum mögliche...«
> (Nietzsche, *Aus dem Nachlaß der Achtzigerjahre*; in: *Werke* III, hg. v. Karl Schlechta, München [1]1969, S. 805.)

Man kann aus den Schriften Lukács', Binswangers, Blanchots, Poulets oder der Vertreter des New Criticism viele Einsichten in die spezifische Natur der literarischen Sprache gewinnen[1], wenn man auch diese Einsichten bei ihnen nicht als klare Aussagen, als explizite Formulierungen von Erkenntnissen vorfindet, die aus der Betrachtung oder dem Verständnis literarischer Werke abgeleitet wären. Bei jedem von ihnen ist es nötig, über die mehr oder weniger kategorisch vorgebrachten Behauptungen hinauszugehen und diese gegen andere Äußerungen abzuwägen, die eher tastend vorgebracht werden und manchmal sogar diesen Behauptungen zu widersprechen scheinen. Die Widersprüche heben einander jedoch weder auf, noch treten sie zueinander in ein synthetisierendes dialektisches Verhältnis. Es kann sich aus den Widersprüchen keine dialektische Dynamik entwickeln, weil zwischen beiden Aussageformen ein grundlegender Unterschied im Grad ihrer Explizitheit besteht, der verhindert, daß sie sich auf einer gemeinsamen Diskursebene begegnen. Die eine liegt immer in der anderen verborgen, wie im Schatten die Sonne verborgen liegt oder im Irrtum die Wahrheit. Die Einsichten scheinen sich daher einem negativen Moment zu verdanken, von dem das Denken der Autoren belebt wird, einem unausgesprochenen Prinzip, das die von den Autoren bezogene Stellung durch ihre eigene Sprache so weit untergräbt und aushöhlt, daß ihr explizites Engagement seine Substanz einbüßt – ein Prinzip, das sich so auswirkt, als ob die Möglichkeit von Behauptungen überhaupt in Frage stehe. Doch ist es gerade dieses negative und offenbar destruktive Moment, das zu dem führt, was man legitimerweise als Einsicht bezeichnen könnte.

Selbst unter den wenigen aufgeführten Namen sind die Unterschiede hinsichtlich der Komplexität des angesprochenen Prozesses beträchtlich. Im Falle von Lukács' *Theorie des Romans* kann man fast von offener Widersprüchlichkeit sprechen. Hier stehen sich zwei explizite und unvereinbare Aussagen in einer Pseudo-Dialektik gegenüber. Der Roman wird zunächst als ironische Form definiert, die dazu verdammt ist, unzusammenhängend und kontingent zu sein; der für diese Form reklamierte Typus von Totalität muß sich daher in seinem Wesen und auch in seiner Erscheinung von der organischen Einheit natürlicher Entitäten unterscheiden. Doch ist der Ton der Abhandlung selbst nicht ironisch, sondern elegisch: Der Abhandlung scheint es niemals zu gelingen, einem organischen Geschichtsbegriff zu entkommen, der sich aus dem griechischen Epos herleitet und damit auf eine Quelle zurückgeht, die weder Diskontinuität noch Distanz kennt und in der die gesamte spätere Entwicklung im Keim enthalten ist. Diese Nostalgie führt schließlich im modernen Roman (in Flauberts *Education sentimentale*) zu einer Synthese, in der die Einheit über alle in ihr enthaltenen negativen Momente hinweg zurückgewonnen wird. Die zweite Behauptung, daß »die Zeit ... die planlose Wirrnis der Menschen ordnet und ihr ⟨und damit dem Roman⟩ den Anschein einr blühenden Organik verleiht«[2], steht in direktem Gegensatz zur ersten Behauptung, die keine derartigen scheinbaren oder tatsächlichen Ähnlichkeiten mit organischen Formen zuläßt.

Dabei ist nicht unwichtig, daß es sich bei der vermittelnden Kategorie, welche die Synthese bewerkstelligen soll, gerade um die Zeit handelt. Die Zeit wirkt als wiederherstellende und eine Entfremdung heilende Kraft, eine Entfremdung oder Distanz, die durch den willkürlichen Eingriff einer transzendenten Macht verursacht zu sein scheint. Schaut man sich den Text etwas genauer an, so zeigt sich, daß diese transzendente Macht ihrerseits zeitlicher Natur ist und daß das vorgeschlagene Heilmittel in Wahrheit die Krankheit selbst ist. Eine negative Aussage über die wesentlich problematische und selbstzerstörerische Natur des Romans tritt als positive Theorie verkleidet auf, die dem Roman die Fähigkeit zuspricht, am Ende seiner dialektischen Entwicklung wieder zu einem ursprünglichen Zustand zurückzufinden, der zwar als historische Tatsache präsentiert wird, aber trotzdem nichts als reine Fiktion ist. Hier wird von einem bestimmten Begriff, der Zeit, verlangt, auf zwei miteinander nicht zu vereinbarenden Ebenen zu funktionieren: Auf der organischen Ebene, wo wir Ursprung,

Kontinuität, Wachstum und Ganzheit haben, ist die Aussage explizit und behauptend; auf der Ebene des ironischen Bewußtseins, wo alles diskontinuierlich, entfremdet und fragmentarisch ist, bleibt die Aussage derart implizit, so tief hinter Irrtum und Täuschung verborgen, daß es ihr nicht gelingt, sich zu einer bestimmten Behauptung aufzuschwingen. Daß Ironie und Zeit miteinander verbunden sind, findet in Lukács' Abhandlung keine Erwähnung. Und doch ist es die Existenz dieser Verbindung, die der Text seinem Leser letztlich vermittelt. Die drei entscheidenden Faktoren des Problems werden von dem Text identifiziert und miteinander in Beziehung gebracht: organische Natur, Ironie und Zeit. Es zeugt von einer bedeutenden Einsicht, den Roman als ein Beispiel literarischer Sprache auf das Wechselspiel zwischen diesen drei Faktoren zu reduzieren. Doch wie diese drei Faktoren zueinander in Beziehung gesetzt werden, wie ihr Spiel miteinander strukturiert wird, ist völlig falsch und zeugt von beträchtlicher Verblendung. In der Geschichte, die Lukács erzählt, erscheint der Schurke – die Zeit – als Held, obwohl er de facto der Mörder – des Romans – ist, den er eigentlich retten soll. Der Leser bekommt die Elemente geliefert, mit denen er die hinter der Pseudostruktur verborgene wahre Handlung erschließen kann, der Autor aber bleibt seiner Täuschung verhaftet.

Bei den anderen angeführten Autoren ist es ähnlich, wenn auch vielleicht nicht so offensichtlich. Die Vertreter des New Criticism haben die literarische Sprache als eine Sprache der Ambiguität und der Ironie beschrieben, obwohl sie einem sich Coleridge verdankenden Begriff der organischen Form verhaftet blieben. Sie tarnten ein sich aus hermeneutischer Zirkularität ergebendes Vorwissen durch einen vergegenständlichten Begriff vom literarischen Text als objektivem »Ding«. Bei ihnen ist es der Begriff der Form, der auf eine radikal ambivalente Weise als Schöpfer und Vernichter organischer Ganzheiten funktionieren muß und darin mit der Rolle der Zeit bei Lukács vergleichbar ist. Auch hier hebt die schließlich erreichte Einsicht die zu ihr führenden Prämissen auf, doch es bleibt dem Leser überlassen, einen Schluß zu ziehen, den die Vertreter des New Criticism nicht ziehen können, wenn sie weiter der selbstgestellten Aufgabe nachgehen wollen.

Ähnliche Komplikationen ergeben sich, wenn die Frage nach der Besonderheit der literarischen Sprache aus einem Blickwinkel betrachtet wird, der weder historisch ist, wie bei Lukács, noch formal, wie bei den Vertretern des New Criticism, sondern in einem Ich gründet, in der Subjektivität des Autors oder der Autor-Leser-Beziehung. Die Kategorie des Ichs erweist sich als so doppeldeutig, daß sie den Literaturwissenschaftler, der sie gebraucht, dazu nötigt, seine Behauptungen implizit wieder zurückzunehmen und schließlich das Mysterium dieser paradoxen Bewegung als seine hauptsächlichste Einsicht auszugeben. Binswanger, der sich der Zerbrechlichkeit und Zersplitterung des Ichs in seinem Der-Welt-Ausgesetztsein schmerzlich bewußt ist, versucht die Macht des Kunstwerks als eine Form der Sublimierung zu begreifen, die trotz ihrer ständigen Gefährdung zu einer ausgewogenen Struktur vielfältiger Spannungen und Möglichkeiten innerhalb des Ichs zu führen vermag. Das Kunstwerk wird somit zu einer Entität, in der empirische Erfahrungen und ihre Sublimierungen nebeneinander existieren können, miteinander vermittelt durch ein Ich, das hinreichend elastisch ist, beides zu umfassen. Das heißt letztlich nichts anderes, als daß der Künstler als empirisches Subjekt von einem fiktiven »Ich« durch eine Kluft getrennt ist. Das fiktive Ich scheint im Kunstwerk zu existieren, man kann seiner aber nur auf Kosten der Vernunft habhaft werden. Insofern führt die Einführung eines Ichs in ihren Schlußfolgerungen zu dessen Verschwinden.

Auch für Blanchot, der das Problem allerdings tiefer durchdacht hat, wird das Verschwinden des Ichs zum Hauptthema seiner literaturkritischen Arbeiten. Während es unmöglich zu sein scheint, die Anwesenheit eines Ichs zu behaupten, ohne de facto seine Abwesenheit zu verzeichnen, bringt die Thematisierung dieser Abwesenheit erneut eine Form des Ichs ins Spiel, wenn auch in der äußerst reduzierten und spezialisierten Form eines Ichs als »Lektüre«, als »Mitteilungsbewegung«.[3] Und wenn der Akt des Lesens, potential oder aktual, wirklich ein konstitutiver Bestandteil der literarischen Sprache ist, dann setzt er eine Konfrontation zwischen einem Text und einer anderen Entität voraus, die vorgängig zur Erstellung des Textes existieren muß und bei der man wegen ihrer Unpersönlichkeit und Anonymität immer geneigt ist, sie mit vom Ichbegriff abgeleiteten Metaphern zu bezeichnen. Poulet, der den Anspruch erhebt, für dieses allgemeine, aber streng literarische Subjekt zu sprechen, behauptet, es besäße die Kraft, seine eigene zeitliche und räumliche Welt hervorzubringen. Es stellt sich jedoch heraus, daß das, was hier als Ursprung ausgegeben wird, stets von der vorgängigen Existenz einer Entität abhängig ist, die außer Reichweite des Ichs liegt, nicht jedoch außer Reichweite einer Sprache, welche die Möglichkeit eines Ursprungs zerstört.

Die angeführten Denker scheinen sämtlich dazu verurteilt zu sein, letztlich etwas ganz anderes zu sagen, als sie zu sagen beabsichtigten. Ihr Standpunkt – Lukáks' Prophetentum, Poulets Glaube an die Macht eines ursprünglichen *cogito*, Blanchots Setzung einer metamallarméanischen Unpersönlichkeit – wird von ihren eigenen kritischen Resultaten widerlegt. Eine tiefreichende, aber schwierig dingfest zu machende Einsicht in die Natur der literarischen Sprache resultiert hieraus. Es hat jedoch den Anschein, daß sie zu dieser Einsicht nur gelangen konnten, weil sie mit einer eigentümlichen Blindheit geschlagen waren: Ihre Sprache konnte sich nur deshalb auf einen bestimmten Grad von Einsicht hin vorwärts tasten, weil sich ihre Methode gegenüber dieser Einsicht stets blind zeigte. Die Einsicht gibt es nur für einen Leser, der in der privilegierten Position ist, die Blindheit als eigenständiges Phänomen zu betrachten – wobei er per definitionem nicht in der Lage ist, nach seiner eigenen Blindheit zu fragen –, und der daher in der Lage ist, zwischen Aussage und Bedeutung zu unterscheiden. Der Leser muß die expliziten Resultate eines Sehvermögens beseitigen, das sich dem Licht nur deshalb zuzuwenden vermag, weil es aufgrund seiner bereits bestehenden Blendung die Stärke dieses Lichts nicht mehr zu fürchten braucht. Aber dieses Sehvermögen ist nicht in der Lage, korrekt wiederzugeben, was es bei seiner Hinwendung zum Licht wahrgenommen hat. Kritisch über Kritiker zu schreiben wird daher zu einem Nachdenken über die paradoxe Effektivität eines geblendeten Sehvermögens, das durch Einsichten korrigiert werden muß, die es selbst unwissentlich liefert.

Das wirft sogleich verschiedene Fragen auf. Hat die Blindheit dieser Denker notwendigerweise etwas mit dem Akt des Schreibens zu tun? Und wenn das so ist, welcher charakteristische Aspekt der literarischen Sprache verursacht die Blindheit bei denen, die mit ihr in engen Kontakt kommen? Oder könnte die beträchtliche Kompliziertheit des Prozesses vermieden werden, wenn man direkt über literarische Texte anstatt über diese Kritiker oder über andere, weniger subjektive Denker schriebe? Haben wir es hier vielleicht mit Pseudokomplexitäten zu tun, die aus einem Irrweg resultieren, den nur ein kleiner Teil der heute sich mit der Literatur befassenden Denker eingeschlagen hat?

Der vorliegende Essay sucht eine vorsichtige Antwort auf die erste dieser Fragen zu geben. Was die anderen Fragen angeht, so ist mit ihnen ein akademischer Streit angesprochen, der seit den Anfängen der Literaturwissenschaft in dieser Disziplin herrscht und der sich aus dem Gegensatz von werkimmanenten und werktranszendenten Verfahren der Literaturbetrachtung speist. Der Ansatz aller oben angeführten Denker ist mehr oder weniger werkimmanent. Für jeden von ihnen bedeutet die Begegnung mit der Sprache der Literatur eine geistige Aktivität, die, so problematisch sie auch sein mag, wenigstens bis zu einem gewissen Ausmaß ausschließlich von dieser Sprache bestimmt wird. Jeder von ihnen strebt nach einem so beträchtlichen Grad von Allgemeinheit, daß es nicht falsch ist zu sagen, ihr Thema seien nicht einzelne Werke oder Autoren, sondern die Literatur schlechthin. Aber auch die von ihnen angestrebte Allgemeinheit beruht auf dem ursprünglichen Akt des Lesens. Vor jeder verallgemeinernden Aussage über die Literatur müssen literarische Texte zuerst einmal gelesen werden, und die Möglichkeit des Lesens kann nie als gegeben angenommen werden. Lesen ist ein Akt des Verstehens, der niemals beobachtet werden kann, für den es keine wie immer gearteten Vorschriften gibt und der auch nicht verifizierbar ist. Ein literarischer Text ist kein phänomenales Ereignis, das irgendeine Form von positiver Existenz besäße, weder als natürliches Faktum noch als Tätigkeit des Geistes. Er führt zu keiner ihn transzendierenden Wahrnehmung, Anschauung oder Erkenntnis, sondern bietet sich lediglich einem Verstehen an, das immanent bleiben muß, da der Text das Problem seiner Verständlichkeit allein im Rahmen der vom Text selbst gesteckten Bedingungen aufwirft. In dieser Hinsicht bleibt jeder Diskurs über Literatur notwendigerweise der Immanenz verhaftet. Literaturwissenschaftliche Kritik ist eine Metapher für den Akt des Lesens, und dieser Akt seinerseits ist unerschöpflich.

Eine große Bedeutung für die Entwicklung der modernen Literaturwissenschaft haben die verschiedenen Ansätze erlangt, welche das Problem der Immanenz zu umgehen oder zu lösen versuchten und sich bemühten, eine »wissenschaftlichere« Art des Umgangs mit der Literatur zu etablieren. Die vielleicht interessantesten Versuche in dieser Richtung stammen von solchen Autoren wie Roman Jakobson, Roland Barthes und auch von Northrop Frye, die sich auf der Grenze zwischen beiden Lagern bewegen. Das gleiche gilt für bestimmte strukturalistische Versuche, werktranszendente Methoden auf ein Material anzuwenden, das nach wie vor immanent als literarische Sprache definiert und abgegrenzt ist. Da die Sprache einer strukturalistischen Poetik wissenschaftlicher Natur sein soll, steht sie per definitionem »außerhalb« der Literatur, wäre somit ihrem Gegenstand transzendent, würde aber ein allgemeines und ideales Diskursmodell vorschreiben (statt eines zu beschreiben), das sich selbst zu definieren in der Lage ist, ohne dabei auf irgend etwas jenseits seiner Grenzen Bezug nehmen zu müssen. Diese Methode postuliert damit eine immanente Literarizität der Literatur, die sie der Literatur vorzuschreiben unternimmt.[4] Dabei bleibt aber weiterhin fraglich, ob die dem Akt des Verstehens innewohnenden logischen Schwierigkeiten wirklich zu vermeiden sind, wenn man sich nicht mehr um einen besonderen, wirklich vorliegenden Text bemüht, sondern um einen idealen Text. Das Problem wird nicht immer richtig wahrgenommen, was zum Teil auch daran liegt, daß das Modell für den Akt der Interpretation hartnäckig vereinfacht wird.

Ein Beispiel soll das verdeutlichen. In seinem Plädoyer für eine strukturalistische Poetik verwirft Todorov die werkimmanente Literaturbetrachtung aus folgenden Gründen:

> ... wenn man den Begriff der Immanenz einführt, stößt man sehr schnell an eine Grenze, welche die Prinzipien der Beschreibung selbst in Frage stellt. Ein Werk, sei es literarisch oder nicht, an sich und für sich zu beschreiben, ohne es einen Augenblick zu verlassen, ohne es anderswohin zu projizieren als auf sich selbst, ist in gewissem Sinn unmöglich. Oder besser: eine solche Aufgabe ist zwar möglich, doch dann wäre die Beschreibung nur eine wortwörtliche Wiederholung des Werkes selbst. ... Und in gewissem Sinn ist jedes Werk selbst seine beste Beschreibung.[5]

Die Verwendung des Begriffs »Beschreibung« ist hier selbst dann irreführend, wenn er im strengen phänomenologischen Sinne verstanden wird. Keine Interpretation gibt vor, eine Beschreibung eines Werkes in dem Sinne zu sein, wie man von der Beschreibung eines Gegenstandes oder sogar eines Bewußtseins sprechen kann, da das Werk bestenfalls ein rätselhafter Appell an das Verstehen ist. Man könnte eine Interpretation vielleicht als Beschreibung eines Verständnisses auffassen, doch der Begriff »Beschreibung« wäre wegen seiner Anklänge an die Anschauung und sinnliche Wahrnehmung auch dann nur mit äußerster Vorsicht zu verwenden; der Begriff »Erzählung« wäre hier bei weitem vorzuziehen. Weil man nicht behaupten kann, das literarische Werk verstehe oder erkläre sich selbst, ganz ohne daß dabei eine andere Sprache ins Spiel käme, ist Interpretation niemals eine bloße Verdopplung. Man kann sie zwar mit Recht eine »Wiederholung« nennen, aber dieser Begriff ist selbst so reichhaltig und komplex, daß er sogleich eine Unmenge von theoretischen Problemen aufwirft. Wiederholung ist ein zeitlicher Prozeß, der sowohl Ähnlichkeit als auch Verschiedenheit voraussetzt. Wiederholung funktioniert als regulatives Prinzip einer strengen Regel, behauptet aber zugleich die Unmöglichkeit strikter Identität. Insoweit jede Interpretation eine Wiederholung sein muß, muß sie genau insoweit auch immanent sein.

Todorov sieht sehr wohl die enge Verbindung zwischen Lesen und Interpretieren. Da er jedoch die Interpretation als Verdopplung begreift, verurteilt er den Interpretationsprozeß dafür, daß aus diesem eine Abweichung oder Fehlerquote resultiert, die in Wirklichkeit seine Existenzberechtigung darstellt:

> Was dieser idealen, aber unabsehbaren Beschreibung am nächsten kommt, ist die schlichte Lektüre, ... Dennoch ist bereits der Prozeß des Lesens nicht ohne Folgen: zwei Lektüren eines Buchs sind niemals identisch. Beim Lesen vollzieht man ein passives Schreiben; man fügt dem gelesenen Text hinzu, was man will, und unterschlägt, was man nicht will. ... Wie steht es dann um das aktive und nicht mehr passive Schreiben, nämlich die Kritik, sei sie nun wissenschaftlich oder künstlerisch? Wie kann man einen Text schreiben und dabei einem anderen Text treu bleiben, ihn unversehrt lassen; wie kann man eine Rede artikulieren, die einer anderen Rede immanent ist? Aufgrund der Tatsache, daß es um ein Schreiben und nicht mehr nur um ein Lesen geht, sagt die Kritik etwas, was das untersuchte Werk nicht sagt, selbst wenn sie behauptet, dasselbe zu sagen.[6]

Wir können sogar noch weiter gehen und feststellen, daß die Kritik nicht nur etwas sagt, was das untersuchte Werk nicht sagt, sondern auch etwas sagt, was der Kritiker gar nicht zu sagen meint. Die Semantik der Interpretation besitzt keine erkenntnistheoretische Konsistenz und kann daher nicht wissenschaftlich sein. Aber daraus ergibt sich keineswegs, daß die von der Kritik gemachte Aussage in keiner inneren Verbindung mit dem Werk stünde und eine willkürliche Hinzufügung oder Weglassung wäre oder daß man die Differenz zwischen dem, was der Kritiker sagt, und dem, was er zu sagen meint, als bloßen Irrtum abtun könnte. Am Werk kann man stets von neuem zeigen, wo und wie die Kritik von ihm abweicht, aber in dem Prozeß, dies zu zeigen, verändert sich unser

Verständnis des Werkes, und die abweichende Lesart erweist sich dadurch als produktiv. Die Momente, in denen die Kritik hinsichtlich ihrer eigenen kritischen Voraussetzungen die größte Blindheit entwickelt, sind auch die Momente, in denen sie ihre größten Einsichten gewinnt. Todorov ist zu Recht der Ansicht, daß es sich bei der naiven und bei der kritischen Lektüre eigentlich um aktuale oder potentiale Formen der »écriture« handelt und daß, sobald das Schreiben ins Spiel kommt, der neu hervorgebrachte Text den Originaltext nicht unversehrt läßt. Beide Texte können sogar in Konflikt miteinander treten. Und man könnte auch sagen, daß der interpretierende Text mit dem Originaltext um so heftiger in Konflikt tritt, je weiter er zu dessen Verständnis vordringt – bis zu dem Punkt, wo der Konflikt beide Texte zu zerstören droht. Todorov greift bei seiner Beschreibung der Begegnung von Text und Interpretation bezeichnenderweise auf eine Metaphorik von Leben und Sterben zurück.[7] Man könnte die Metaphorik sogar noch weiter beanspruchen und sagen, daß der Mord zum Selbstmord wird, wenn der Interpret in seiner Blindheit die Waffen seiner Sprache gegen sich selbst wendet und dabei meint, er wende sie gegen jemand anderen. Das alles liefert jedoch kein Argument gegen die Gültigkeit einer immanenten Interpretation; im Gegenteil, die Diskrepanz zwischen dem Originaltext und seiner Interpretation wird damit nicht nur anerkannt, sondern dieser Diskrepanz wird, insofern das Verstehen im wesentlichen aus ihr entspringt, auch eine immanente exegetische Kraft zugebilligt. Da sie nicht wissenschaftlicher Natur sind, müssen literaturkritische Texte mit demselben Ambivalenzbewußtsein gelesen werden wie literarische Texte, und da die Rhetorik ihrer Diskursform auf kategorische Aussagen angewiesen ist, ist die Diskrepanz zwischen Bedeutung und behauptender Aussage ein konstitutiver Bestandteil ihrer Logik. In der sich stets wandelnden Welt der Interpretation ist kein Platz für Todorovs Vorstellungen von Exaktheit und Identität. Das notwendige Immanenzverhältnis zwischen Lesen und Text ist ein unumgängliches Problem. Es erweist sich als das nicht vermeidbare philosophische Problem, von dem alle Formen der Auseinandersetzung mit Literatur gezeichnet sind, wie pragmatisch sie sich auch gebärden mögen. Wir begegnen diesem Problem hier in Gestalt einer für den literaturkritischen Diskurs konstitutiven Diskrepanz zwischen der Blindheit der Aussage und der Einsicht der Bedeutung.

Das Problem spielt natürlich in allen Sprachphilosophien eine bedeutende Rolle, aber in dem bescheideneren, eher handwerklichen Rahmen praktischen Interpretierens findet es kaum Beachtung. »Close reading« vermag zwar scharfsinnig zu sein und ein äußerst feines Gespür für die Nuancen eines sich seiner selbst bewußten Sprechens zu entwickeln, aber wenn es darum geht, auf das Bewußtsein zu reflektieren, das es von sich selbst hat, zeigt es eine merkwürdige Scheu. Denker, die wie Blanchot oder Poulet von den Kategorien Gebrauch machen, welche die Philosophie ihnen zur Verfügung stellt, neigen andererseits dazu, das tatsächliche, faktische Lesen zu ignorieren und so zu tun, als ob das Ergebnis dieses Lesens auf das Einverständnis aller literarisch Gebildeten rechnen könnte. In Frankreich bedurfte es der Strenge und der intellektuellen Integrität eines nicht in erster Linie mit Literatur beschäftigten Philosophen, damit die Komplexitäten des Lesens die Würde einer philosophischen Betrachtung erlangten.

Jacques Derrida macht die Bewegungen seines eigenen Lesens zu einem integralen Bestandteil einer weitreichenden Aussage über die Natur der Sprache im allgemeinen. Seine Erkenntnis rührt aus der aktuellen Begegnung mit Texten, wobei er sich stets der Schwierigkeiten voll bewußt ist, die eine solche Begegnung in sich birgt. Die bei den anderen Denkern nur implizite Diskrepanz wird bei ihm ausdrücklich zum Mittelpunkt der Reflexion. Das bedeutet, daß Derridas Werk einer der Orte ist, an denen sich die Zukunft der Literaturwissenschaft entscheidet, obwohl er kein Literaturwissenschaftler von Beruf ist und sich mit hybriden Texten auseinandersetzt – Rousseaus *Essai sur l'origine des langues*, Platons *Phaidros* –, die mit den literaturwissenschaftlichen Texten das Problem gemeinsam haben, daß sie zum Teil erläuternd und zum Teil fiktional sind. Seine Rousseauinterpretation[8] läßt sich als Beispiel für die Interaktion von kritischer Blindheit und kritischer Einsicht verwenden, eine Interaktion, die hier nicht mehr im Gewand einer nur halb bewußten Doppelstruktur auftritt, sondern als eine von der Natur jeder kritischen Sprache selbst diktierte und kontrollierte Notwendigkeit akzeptiert wird.

Rousseau gehört zu jenen Autoren, die immer systematisch falsch gelesen werden. Ich sprach oben von der Blindheit der Kritiker hinsichtlich ihrer eigenen Einsichten, von der ihnen verborgen bleibenden Diskrepanz zwischen ihren proklamierten Methoden und ihren Erkenntnissen. In der Geschichte der Literatur wie auch in der Literaturgeschichtsschreibung kann diese Blindheit die Form eines in die Irre führenden Interpretationsschemas annehmen, mit dem ein bestimmter Autor immer wieder fehlgedeutet wird. Man findet das Schema auf jeder Ebene am Werk, sei es in der Arbeit hochspezialisierter Kommentatoren oder in dem vagen Bereich der gängigen Vorstellungen, durch die in allgemein gehaltenen Darstellungen der Literaturgeschichte jener bestimmte Autor identifiziert und klassifiziert wird. Nur weil sie von ihm beeinflußt worden sind, wird das Schema sogar auch auf andere Autoren übertragen. Je vieldeutiger der Originaltext ist, desto einförmiger und allgemeiner fällt das falsche Schema aus, das ihm die Nachwelt überstülpt. Trotz der offensichtlichen Bereitwilligkeit, mit der man im Prinzip der Aussage zustimmt, jede literarische und manche philosophische Sprache sei in ihrem Wesen vieldeutig, verfolgen die meisten kritischen Kommentare wie auch manche literarische Einflüsse stillschweigend den Zweck, diese Vieldeutigkeit um jeden Preis zu beseitigen, sie auf bloße Widersprüchlichkeit zu reduzieren, die störenden Teile eines Werks auszublenden oder das in einem Text vorliegende Wertsystem zu manipulieren. So etwas geschieht vor allem dann, wenn die Vieldeutigkeit, wie gerade bei Rousseau, selbst Teil der philosophischen Aussage des Textes ist. Die Geschichte der Rousseauinterpretation ist daher in dieser Hinsicht besonders aufschlußreich, sowohl durch die Vielfalt der Praktiken, ihn etwas anderes sagen zu lassen, als er sagt, als auch hinsichtlich der Konvergenz dieser Fehllektüren in Richtung auf eine feststehende Bedeutungskonfiguration. Es hat den Anschein, als ob die Verschwörung, die Rousseaus Paranoia ihm zu seinen Lebzeiten vorgaukelte, nach seinem Tod Wirklichkeit geworden wäre und seine Anhänger und seine Gegner sich darin einig wären, sein Denken falsch darzustellen.

Jeder Erklärungsversuch, warum und wie es zu dieser Entstellung Rousseaus gekommen ist, würde hier zu weit führen. Wir können uns mit einer einfachen Beobachtung begnügen: Im Falle Rousseaus ist die Fehllektüre fast immer von einem Unterton intellektueller und moralischer Überlegenheit begleitet, der im günstigsten Fall den Eindruck erweckt, als ob seine Kommentatoren ihren Autor dafür, daß er vom rechten Wege abgekommen ist, entschuldigen müßten oder seine Irrtümer zu berichtigen hätten. Irgendeine persönliche Schwäche wird dann dafür verantwortlich gemacht, daß Rousseau sich in Widersprüche verwickelt und dabei zu Unredlichkeit und Wortbrüchigkeit neigt. Bei demjenigen, der ein solches Urteil fällt, läßt sich eine gesteigerte Selbstsicherheit feststellen, als ob das Wissen um Rousseaus Schwäche sich irgendwie vorteilhaft auf die Stärke seines Interpreten auswirken würde. Der Interpret weiß genau, was Rousseau fehlt, und kann ihn daher von einer Position unangefochtener Autorität aus beobachten und beurteilen und ihm Hilfestellung leisten, wie ein ethnozentrischer Anthropologe, der einen Eingeborenen beobachtet, oder ein Arzt, der einen Patienten betreut. Die kritische Einstellung ist diagnostisch und geht an Rousseau heran, als ob er nicht seinen Rat angeboten, sondern um Hilfe gebeten hätte. Der Kritiker weiß etwas über Rousseau, das Rousseau nicht wissen wollte. Man vernimmt diesen Ton selbst bei einem so einfühlsamen und tiefschürfenden Interpreten wie Jean Starobinski, der mehr als jeder andere dazu beigetragen hat, die Beschäftigung mit Rousseau von jahrzehntelang mitgeschleppten falschen Stereotypen und Vorurteilen zu befreien. »⟨D⟩ie Kritik muß ..., welchen Pflichten der Sympathie sie auch nachkommen mag, dies Unwissen ⟨des Autors über sich selbst⟩ verstehen, statt es zu teilen«[9], so schreibt er, und obwohl dieser Anspruch legitim ist, besonders da es in der zitierten Passage um Rousseaus Kindheitserfahrungen geht, wird er vielleicht doch mit ein wenig zuviel an professionellem Selbstvertrauen vorgebracht. Starobinski schlägt auch vor, die paradoxeren Aussagen Rousseaus nicht für bare Münze zu nehmen:

... ⟨es kommt⟩ ihm häufig vor, sich Zwang anzutun oder den Sinn zu überschreiten, auf den er abzielte, so daß seine Sätze großartig sind, es aber schwer vertragen, einander konfrontiert zu werden; das erklärt den so häufig wiederholten Vorwurf der Sophisterei. ... Sind seine rigiden Maximen, seine Prinzipienerklärungen wörtlich zu nehmen? Müssen wir uns nicht jenseits der Worte des Jean-Jacques an ein gewisses Erfordernis der Seele, an die Vibration des Gefühls halten? Vielleicht tut man ihm unrecht, wenn man strikte Kohärenz, systematisches Denken von ihm erwartet, während seine wahrhaftige Präsenz doch nicht im Diskurs ist, sondern in der lebendigen und verworrenen Beseelung, die dem Wort vorhergeht ...[10]

Wenn dies auch sehr wohlwollend klingt, so reduziert eine solche Aussage doch Rousseau vom Status eines Philosophen auf den eines interessanten psychologischen Falles; wir werden aufgefordert, seine Sprache als Sprache der »großartigen Sätze« abzutun, die als Ersatz für einen vorsprachlichen emotionalen Zustand fungieren, in den Rousseau keine Einsicht hatte. Der Kritiker kann den Mechanismus der Emotionen detailliert beschreiben, wobei er sich auf die »großartigen Sätze« stützt, hinter denen sich ein alles andere als großartiges persönliches Dilemma verbirgt.

Auf den ersten Blick scheint Derridas Einstellung zu Rousseau kaum anders zu sein. Er folgt Starobinski darin, Rousseaus Entscheidung für das Schreiben als Versuch zur fiktionalen Wiedererlangung einer Vollkommenheit, einer Einheit des Seins zu begreifen, die ihm im Leben versagt blieb (GR 245 ff.). Der Schriftsteller »verzichtet« auf das Leben, aber dieser Verzicht geschieht wohl kaum ehrlichen Herzens, sondern ist vielmehr eine List, durch die ein wirkliches, den Verzicht beim Wort nehmendes Opfer, das den Tod des Subjekts bedeuten würde, durch einen »symbolischen« Tod ersetzt wird, der die Möglichkeit unbeschadet weiterbestehen läßt, sich des Lebens zu erfreuen, und einen zudem in die Lage versetzt, sich in dem Bewußtsein sonnen zu können, eine ethisch wertvolle Handlung des Verzichts begangen zu haben und damit als Person aufgewertet zu sein. Der Anspruch der literarischen Sprache auf Wahrheit und Allgemeingültigkeit ist damit von vornherein suspekt, und zwar wegen der immanenten Gespaltenheit eines Ichs, das vorsätzlich eine Konfusion von wörtlich verstandener und symbolischer Handlung erzeugt, um sich selbst transzendieren und zugleich sich selbst bewahren zu können. Die Blindheit des Subjekts gegenüber seiner eigenen Gespaltenheit hat psychologische Ursachen, da die Abneigung, die Mechanismen der Selbsttäuschung zu durchschauen, eine schützende Funktion hat. Der ganze, von Starobinski in seinem zitierten Essay über Rousseau so treffend beschriebene Mythos von der ursprünglichen Unschuld eines vorreflexiven Stadiums, die später auf einer unpersönlicheren, verallgemeinerten Ebene zurückgewonnen wird, entpuppt sich als Resultat einer psychologischen List. Er bricht, da er aus nichts als hohlen Phrasen oder »großartigen Sätzen« besteht, in sich zusammen, wenn die List bloßgestellt wird – und der Kritiker steht blendend da und genießt mit den anderen vielen unbestechlichen Richtern Rousseaus das Gefühl der Überlegenheit.

Selbst auf dieser Ebene unterscheidet sich Derridas Rousseaulektüre von der traditionellen Interpretation grundsätzlich. Rousseaus Unredlichkeit gegenüber der literarischen Sprache, die Art, wie er einerseits auf sie angewiesen ist, während er andererseits das

Schreiben verdammt, als wäre es eine sündige, triebhafte Angewohnheit, ist für Derrida die persönliche Version eines viel weitreichenderen Problems, das nicht auf psychologische Ursachen reduziert werden kann. In seiner Beziehung zum Schreiben wird Rousseau nicht von seinen eigenen Bedürfnissen und Wünschen regiert, sondern er gehorcht einer Tradition, von der das gesamte abendländische Denken bestimmt wird, nämlich der Vorstellung, alle Negativität (Nichtsein) sei Abwesenheit und daher sei es möglich, sich das Sein als Anwesenheit anzueignen oder wieder anzueignen (in Form von Wahrheit, Authentizität, Natur etc.). Diese ontologische Annahme bedingt einen bestimmten Begriff von Sprache, von dem sie zugleich auch wieder abhängig ist, einen Sprachbegriff, der die gesprochene Sprache oder die Stimme über die geschriebene Sprache *(écriture)* stellt und das mit der Anwesenheit jener und der Distanz dieser begründet: Die unmittelbare Anwesenheit des Ichs in seiner Stimme wird der reflexiven Distanz gegenübergestellt, welche dieses Ich vom geschriebenen Wort trennt. Rousseau wird von Derrida als Glied einer Kette begriffen, mit der die Geschichte der abendländischen Metaphysik zum Abschluß kommt. Von daher kann seine Einstellung zur Sprache nicht mehr bloß als psychologische Idiosynkrasie angesehen werden, sondern muß als fundamentale philosophische Prämisse von exemplarischer Bedeutung gelten. Derrida nimmt Rousseau als Denker ernst und geht über keine seiner Aussagen leichtfertig hinweg. Wenn Rousseau bei ihm trotzdem auf der Anklagebank sitzt oder zu sitzen scheint, dann weil die gesamte abendländische Philosophie aufgrund ihres Charakters einer Ontologie der Anwesenheit als potentielle Selbstanklage definiert wird. Damit kann bei Derrida von keinem Gefühl der Überlegenheit mehr die Rede sein, zumindest nicht im zwischenmenschlichen Sinne des Wortes.

Daß Rousseau das Primat der Stimme über das geschriebene Wort behauptet, daß er an dem Mythos von der ursprünglichen Unschuld festhält, daß er die unmittelbare Anwesenheit höher bewertet als die Reflexion – all dies sind Charakterisierungen, die Derrida mit einer langen Tradition der Rousseauinterpretation teilt. Er möchte sich jedoch von dieser Tradition absetzen, da sie diese Mythen auf egozentrische Strategien der Psyche Rousseaus reduziert, und zieht es statt dessen vor, sich Rousseau als ein Schüler zu nähern, der orthodoxer als sein Lehrer ist, insofern er die Träume von der Unschuld und Integrität der gesprochenen Sprache akzeptiert, wie sie sind. Für Derridas Hauptthema, die das abendländische Denken kennzeichnende Unterdrückung aller geschriebenen Formen der Sprache und ihre Degradierung zu einem bloßen Anhängsel oder einer Ergänzung der lebendigen Anwesenheit des gesprochenen Wortes, bietet das Werk von Lévi-Strauss ein klassisches Beispiel. Das Denkmuster, das sich aus den von Derrida zitierten Textpassagen Lévi-Strauss' ergibt, ist in all seinen Zügen konsequent und widerspruchsfrei – auch darin, daß die Musik höher als die Literatur eingestuft wird, wobei die Literatur definiert ist als Mittel zur Rückgewinnung einer Anwesenheit, von der sie nur ein entferntes und nostalgisches Echo darstellt, nicht ahnend, daß sie selbst Ursache und Symptom des von ihr beklagten Verlustes ist.

Die gleichen Annahmen und Argumente, die bei Lévi-Strauss so naiv wirken, erscheinen bei Rousseau weit vieldeutiger und verschlungener. Eng am Text bleibend, gelingt es Derridas Rousseauinterpretation, folgendes zu zeigen: Wenn Rousseau die Existenz der Einheit am Anbeginn der Dinge bezeichnet, wo das Verlangen mit dem Genuß zusammenfällt, wo das Ich und der andere in der mütterlichen Wärme ihres gemeinsamen Ursprungs vereint sind und wo das Bewußtsein mit der Stimme der Wahrheit spricht, dann ist er genötigt, außer dem so als Augenblick der Anwesenheit Bezeichneten stets noch einen anderen, ihm vorgängigen Augenblick zu setzen, wodurch das als Augenblick der Anwesenheit Bezeichnete seinen Status als Ursprung verliert. Rousseau definiert die Stimme als Ursprung der geschriebenen Sprache, aber seine Beschreibung des Sprechens oder der Musik besitzt, wie man zeigen kann, von Anfang an alle Elemente der Distanz und der Negation, welche die geschriebene Sprache daran hindern, jemals einen Zustand der unmittelbaren Anwesenheit zu erlangen. Alle Versuche, das Schreiben auf eine ursprünglichere Form der stimmlichen Äußerung zurückzuführen, enden in der Wiederholung des Spaltprozesses, der das geschriebene Wort der Erfahrung überhaupt erst entfremdet hat. »*Tatsächlich* hatte Rousseau«, anders als Lévi-Strauss, »den Entzug ⟨der Anwesenheit⟩ im Wort selber, im Spiegel seiner Unmittelbarkeit erfahren und ihn mit unvergleichlicher Schärfe erkannt und analysiert« (GR 244). Aber Rousseau verkündet dies niemals offen; er behauptet niemals den Entzug der Anwesenheit oder stellt sich seinen Konsequenzen. Das seine Schriften dominierende Wertsystem bevorzugt jedoch den gegenteiligen

Trend, es preist Natur und Ursprünglichkeit und die Spontaneität des Aufschreis und wertet sie höher als ihre Gegensätze, und zwar nicht nur in der nostalgischen, elegischen Manier einer keinen Anspruch auf Wahrheit erhebenden poetischen Aussage, sondern in Form eines philosophischen Systems. In dem *Discours sur l'origine de l'inégalité*, in dem *Essai sur l'origine des langues* und auch später im *Émile* und in den *Confessions* entwickelt Rousseau die Philosophie der unmittelbaren Anwesenheit, die von Lévi-Strauss dann unkritisch übernommen wird und die Starobinski im Namen einer späteren, vielleicht weniger aufgeklärten Version der gleichen Philosophie zu entmystifizieren versucht. Derridas bedeutender Beitrag zur Geschichte der Interpretation Rousseaus besteht darin, daß er zeigt, wie Rousseaus eigene Texte die stärksten Argumente gegen die von ihm vertretene Doktrin liefern und dabei weit über die selbst von den Aufmerksamsten seiner modernen Leser erreichten kritischen Einsichten hinausgehen. Damit würde Rousseaus Werk eine Gespaltenheit aufweisen, ähnlich jener, die wir bei den sich mit der Literatur auseinandersetzenden Denkern festgestellt haben: Er »weiß« in gewissem Sinne, daß seine Doktrin seine weitgehend auf deren Gegenteil hinauslaufende Einsicht in die Zusammenhänge verstellt, aber er zieht es vor, diesem Wissen gegenüber blind zu sein. Diese Blindheit, so läßt sich weiter diagnostizieren, ist eine direkte Folge einer Ontologie der unmittelbaren Anwesenheit. Für Derrida ergibt sich aus diesem Resultat die Aufgabe, den »Umkreis« oder die »eingefahrene Bahn« der signifikanten Fehldeutung Rousseaus zu sprengen und das historisch etablierte Interpretationsmuster auch um den Preis einer gewissen Gewaltsamkeit zu zerschlagen – ein Muster, für das sich in Rousseaus Schriften das erste Beispiel findet. Durch diesen Prozeß der »Dekonstruktion« kommt ans Licht, was der Autor Rousseau und seine Nachfolger nicht gesehen haben (siehe GR 279).

Im Umkreis meiner Fragestellung muß sich die Aufmerksamkeit auf den Status dieses ambivalenten »Wissens« konzentrieren, das Derrida bei Rousseau entdeckt. Der Text der *Grammatologie* ist in dieser Frage zwangsläufig unentschlossen und schwankend. Manchmal erweckt er den Eindruck, als ob Rousseau das, was er nicht wissen will, mehr oder weniger absichtlich vor sich verborgen halten würde: »Obgleich Rousseau ... in gewisser Weise diese Macht anerkannte, die die Rede inauguriert und zugleich das von ihr entworfene Subjekt verrückt, es daran hindert, in seinen Zeichen gegenwärtig zu sein, und seine Sprache noch mit einer Schrift belastet, sieht er sich eher gedrängt, diese Macht zu bannen und ihr abzuschwören, als sie in ihrer Notwendigkeit anzuerkennen« (GR 245). »Bannen« und »abschwören« (wie auch das kurz darauf verwendete »auslöschen«) setzen wenigstens einen bestimmten Grad an Bewußtheit voraus und somit auch eine Zwiespältigkeit des Ichs, ein gewisses Maß an vorsätzlicher Selbsttäuschung. Der ethisch negative Beigeschmack von Betrug, der eine Beteiligung des Willens unterstellt, ist in einigen anderen Beschreibungen deutlich zu spüren, die das Vokabular der Übertretung verwenden: »Die Artikulation, welche den Akzent ersetzt, ist der Ursprung der Sprachen. Die durch die Schrift vollzogene Abwandlung ist eine ursprüngliche Exteriorität. Sie ist der Ursprung der gesprochenen Sprache. Rousseau behauptet ihn, ohne ihn zu deklarieren. Heimlich wie ein Schmuggler« (GR 539). Doch hat es manchmal den Anschein, als ob Rousseau Opfer eines über ihn verhängten Schicksals wäre, das dem Einfluß seines Willens entzogen ist: »Trotz der erklärten Absicht ⟨vom Ursprung zu sprechen⟩ gerät der Rousseausche Diskurs jedoch in den Bann einer Komplexität, die immer die Form des Ursprungs-Supplementes hat. Diese macht die erklärte Absicht zwar nicht zunichte, *schreibt* sie aber in ein System *ein*, das nicht mehr von ihr beherrscht wird« (GR 417f.). »In den Bann geraten« stellt im Unterschied zu »bannen« oder »auslöschen« einen passiven Prozeß dar, der Rousseau durch eine von ihm nicht kontrollierbare Macht aufgezwungen wird. Wie das von Derrida hervorgehobene Wort »einschreiben« und auch der nächste Satz deutlich machen (»Der Wunsch nach dem Ursprung wird zu einer unerläßlichen und unzerstörbaren Funktion ⟨der Sprache⟩, die jedoch eingebettet ist in eine Syntax ohne Ursprung«; GR 418), handelt es sich bei dieser Macht um die Macht der geschriebenen Sprache, deren Syntax die explizite Behauptung unterminiert. Doch auch der Akt des »Bannens« geschah mittels der geschriebenen Sprache, so daß es sich hier nicht einfach um einen vorsprachlichen Wunsch handelt, der durch die transzendentale Macht der Sprache zwangsläufig korrumpiert oder hintergangen wird. Die Sprache wird in einen vorgeblich sprachlosen Zustand der Unschuld hineingeschmuggelt, aber durch die Anwendung ebenderselben geschriebenen Sprache wird sie wieder zum Verschwinden gebracht: Der Zauberstab, der das geschriebene Wort »bannen« und »auslöschen« soll, ist selbst aus

Sprache gemacht. Diese doppelte Wertigkeit der Sprache ist der Kern von Derridas Argument: Nur durch die Sprache kann Rousseau der Sprache Herr werden, und dieses Paradox ist verantwortlich für die Ambivalenz seiner Einstellung gegenüber dem Schreiben (siehe GR 248 ff.). Der genaue erkenntnistheoretische Status dieser Ambivalenz kann nicht geklärt werden, denn es ist nicht möglich, daß Rousseau bei seinem Versuch zur Rückgewinnung einer unmittelbaren Anwesenheit zumindest halb bewußt agiert, aber bei seinem Unterminieren dieses Versuchs völlig passiv ist. Eine Terminologie der Halbbewußtheit findet Anwendung, um beide gegensätzlichen Impulse zu erfassen, den Impuls zur Auslöschung des Bewußtseins der Nichtanwesenheit wie auch den Impuls zur Behauptung dieses Bewußtseins. Derridas Text bietet uns nicht die Möglichkeit, die uns hier interessierende Unterscheidung, nämlich zwischen dem Status des die impliziten Aussagen bestimmenden Wissens und dem des die expliziten Aussagen bestimmenden Wissens, einfach durch die Annahme einer unterschiedlichen Gerichtetheit des Denkens (oder der Sprache) zu erklären, das in dem einen Fall auf die Rückgewinnung der Anwesenheit ausgerichtet ist und sich im andern Fall von ihr weg orientiert. Bei Rousseau ist das Bewußtsein der Distanz manchmal in einer blinden, manchmal in einer halbbewußten Sprache ausgesprochen, und das gleiche gilt für das Bewußtsein der Anwesenheit. Rousseau scheint in der Tat beides auf beide Weisen haben zu wollen, und das Paradoxe daran ist, daß er zur gleichen Zeit will und nicht will. Und das setzt in jedem Fall einen gewissen Grad an Bewußtheit voraus, wenn diese Bewußtheit auch gegen sich selbst gerichtet sein mag.

Nicht nur die »Differenz zwischen der Implikation, der nominalen Präsenz und der thematischen Exposition« (GR 366), sondern überhaupt alle derartigen Unterschiede innerhalb des kognitiven Status der Sprache sind in Wahrheit das zentrale Problem Rousseaus, doch es bleibt fraglich, ob er das Problem in den Kategorien von Anwesenheit und Distanz explizit oder implizit angeht. Derrida ist mit dem Problem direkt konfrontiert, aber seine Terminologie bringt ihn nicht weiter. Die Strukturierung des Rousseauschen Texts nach Maßgabe eines Systems von Anwesenheit und Abwesenheit läßt das Problem eines kognitiven Systems, in dem einer bewußten Erkenntnis ein passiver Erkenntnisprozeß gegenübersteht, in der Schwebe und nimmt so diese Unentschiedenheit sowohl in die Bestimmung der Anwesenheit als auch in die Bestimmung der Abwesenheit mit hinein.

Diese Beobachtung ist keinesfalls als Kritik an Derrida zu verstehen, im Gegenteil. Sein Ziel ist ja gerade, durch eine Demonstration ad absurdum zu zeigen, daß ein wichtiger Teil von Rousseaus Aussage nicht mit den Kategorien von Anwesenheit und Abwesenheit erfaßt werden kann. Bei der entscheidenden Frage nach dem kognitiven Status der Sprache von Rousseau versagen diese Kategorien völlig. Derridas Absicht, ihren absoluten Wert als Grundlage metaphysischer Einsichten in Mißkredit zu bringen, ist damit erreicht. Solche Begriffe wie »passiv«, »bewußt«, »absichtlich« etc., die alle ein als Selbstanwesenheit gedachtes Ich voraussetzen, stellen sich als gleichermaßen relevant oder irrelevant heraus, wenn sie auf beiden Seiten der Unterscheidung von Anwesenheit und Abwesenheit Anwendung finden. Dies spricht gegen die Begriffe und nicht gegen den Autor, der sie in einer der Parodie ähnlichen Absicht verwendet, um ihren Anspruch zu widerlegen, eine allgemeine Unterscheidungsfunktion zu besitzen. Der Schlüssel zu dem Status der Sprache Rousseaus ist nicht in seinem Bewußtsein zu suchen, nicht darin, ob ihm sein Wissen mehr oder weniger bewußt war oder wie groß seine Kontrolle über die kognitive Kraft seiner Sprache war. Der Schlüssel kann nur in dem Wissen gefunden werden, das diese Sprache als Sprache über sich selbst mitteilt, womit sie die Priorität der Kategorie der Sprache über die Kategorie der Anwesenheit behauptet – was genau die These Derridas ist. Es bleibt die Frage bestehen, warum er bei Rousseau eine Metaphysik der Anwesenheit in Anschlag bringt, von der man dann zeigen kann, daß sie nicht funktioniert beziehungsweise von der impliziten Macht einer ihre Grundlagen unterminierenden Sprache abhängig ist. Derridas Erzählung, wie Rousseau gewissermaßen einen Blick auf die Wahrheit erhascht, dann aber gegen diese Einsicht angeht und danach trachtet, sie zu bannen und auszulöschen, um sich ihr gleichzeitig heimlich geschlagen zu geben und sie in den Bereich hineinzuschmuggeln, zu dessen Schutz er angetreten war, ist zweifellos eine schöne Geschichte. Sie ist eine Verkehrung des vertrauten Musters vom Bock, den man zum Gärtner gemacht hat, da es hier eher der Gärtner selbst ist, der die von ihm gesetzten Pflanzen räubert. Wir sollten vielleicht nicht einmal fragen, ob die Geschichte auch stimmt, denn sie könnte sehr wohl als Parodie oder Fiktion gedacht sein und auch gar nichts anderes sein wollen. Aber im Unterschied zu erkenntnisvermittelnden Aussagen können Geschichten einander nicht aufheben, und wir sollten nicht zulassen, daß Derridas Geschichte an die Stelle von Rousseaus eigener Geschichte seiner Verwicklung in die Sprache tritt. Die beiden Geschichten sind nicht deckungsgleich; und ihre Unterschiede sind wert, festgehalten zu werden, denn sie sind sehr aufschlußreich hinsichtlich des kognitiven Status nicht nur der Sprache Rousseaus, sondern auch der Sprache Derridas und darüber hinaus der Sprache der Literaturkritik im allgemeinen.

Wir sollten uns nicht zu lange mit unterschiedlichen Betonungen aufhalten, die uns auf umstrittene Bereiche im Gebiet der traditionellen Rousseauinterpretation führen können. Nachdem Derrida absichtlich die Frage nach dem Wissen des Autors um seine eigene Ambivalenz ausgeklammert hat, geht er so vor, als ob Rousseaus Blindheit keiner näheren Bestimmung bedürfe. Das führt zu Vereinfachungen in der Beschreibung von Rousseaus ausdrücklichen Stellungnahmen zu Fragen der Ethik und der Geschichte. In einer an Nietzsche erinnernden Passage, in der er den Anspruch erhebt, er habe die Frage nach der Sprache von jedem ethischen Bewerten befreit (siehe GR 538), impliziert Derrida, es gebe bei Rousseau eine aufrichtige, unveränderliche Instanz moralischen Urteilens – die Vorstellung einer verläßlichen »Stimme« des moralischen Bewußtseins –, der es nicht gelingt, den moralischen Verwicklungen der *Nouvelle Héloïse* und sogar nicht einmal Derridas eigenen erhellenden Kommentaren zur Natur des Mitleids im *Discours sur l'origine de l'inégalité* Gerechtigkeit widerfahren zu lassen. Nachdem er überzeugend gezeigt hat, daß im *Essai sur l'origine des langues* eine willkürliche Dichotomie von Innen und Außen benutzt wird, um den Eindruck zu erzeugen, als ob die Härten der Distanz und der Entfremdung dem Menschen durch eine äußere Katastrophe auferlegt worden wären, erweckt Derrida den Anschein, als ob Rousseau die Rede von der Katastrophe wörtlich gemeint und sie als tatsächliches geschichtliches Ereignis oder als Handlung eines persönlichen Gottes begriffen habe. Immer wenn der Übergang von der literarischen Aussage zu ihrem empirischen Referenzobjekt stattfindet, scheint Derrida die Komplexität von Rousseaus Denken zu umgehen. So schreibt Derrida über die Bewertung des geschichtlichen Wandels oder die Möglichkeit des

Fortschritts: »Er ⟨Rousseau⟩ *möchte sagen*, daß der Fortschritt, so ambivalent er ist, *entweder* zum Schlimmeren *oder* zum Besseren sich wenden kann, sei's zum Guten, sei's zum Bösen.... Aber Rousseau *beschreibt*, *was er nicht sagen möchte*: daß nämlich der ›Fortschritt‹ *sowohl* zum Schlimmeren *als auch* zum Besseren sich wendet. Zugleich. Was die Eschatologie und die Teleologie annulliert, ebenso wie die Differenz – oder die originäre Artikulation – die Archäologie annulliert« (GR 394). In Wirklichkeit wäre es gar nicht einfach, mit der Striktheit zu konkurrieren, mit der Rousseau stets und in einem die hier von Derrida ins Spiel gebrachte simultane Bewegung von Fortschritt und Rückschritt behauptet – und zwar auf der gleichen Ebene von Explizitheit. Das Ende des Naturzustands führt zur Schaffung von Gesellschaften und ihren unendlichen Möglichkeiten der Entartung – aber dieser offensichtliche Rückschritt wird zur gleichen Zeit durch das Ende der Einsamkeit und die Möglichkeit zwischenmenschlicher Liebe aufgewogen. Die Entwicklung der Vernunft und des Bewußtseins bedeutet das Ende der ruhigen Gleichförmigkeit, aber diese Ruhe gilt Rousseau auch als Zustand einer geistigen Beschränktheit ähnlich der eines Schwachsinnigen. In seinen Beschreibungen halten sich fortschrittliche und rückschrittliche Kennzeichnungen die Waage: Ereignisse, »die den menschlichen Verstand vollkommener gemacht haben«, sind zugleich Ereignisse, welche »die Gattung verdarben«, sie haben zwar »sein ⟨des Menschen⟩ Wesen böse gemacht«, ließen ihn aber zugleich »gesellig werden«.[11] Die Evolution der Gesellschaft zur Ungleichheit ist bei weitem nicht etwas durch und durch Böses, wir verdanken ihr alles, »was Gutes oder Schlechtes unter den Menschen zu finden ist«.[12] Das Ende der Geschichte wird als Rückfall in einen Zustand gesehen, der vom Naturzustand nicht zu unterscheiden ist, und damit werden der Ausgangspunkt der Entwicklung, ihr Endpunkt und die vom einen zum anderen führende Bahn alle gleichermaßen ambivalent. Am typischsten dafür ist vielleicht der merkwürdige Weg, den Rousseau in seiner langen Anmerkung IX zu seinem *Discours sur l'origine de l'inégalité* geht, wo er zunächst sehr beredt sämtliche Gefahren der Zivilisation beschreibt (»Dies sind die augenscheinlichen Ursachen des ganzen Elends, in das der Reichtum am Ende die am meisten bewunderten Nationen stürzt«), um anschließend von uns ohne jede Ironie ein Höchstmaß an staatsbürgerlichem Gehorsam zu verlangen, was ihn dann aber nicht daran hindert, eine leider unumgängliche politische Ordnung zu verachten, deren Mißbrauch und Korrumpierung von vornherein ausgemacht sind.[13] Die paradoxe Logik einer zugleich positiven und negativen Bewertung aller geschichtlichen Bewegungen könnte nicht konsequenter durchgehalten sein. Man kann sich darüber streiten, ob die fortschrittlichen und rückschrittlichen Bewegungen einander wirklich aufwiegen, da Rousseau in den weniger beschreibend angelegten Passagen seiner Abhandlung dazu neigt, die Geschichte als Verfall zu betrachten, vor allem dann, wenn er aus der Situation seiner Zeit heraus argumentiert. Doch immer dann, wenn sich bei ihm die doppelte, gegensätzliche Wertigkeit der Geschichte findet, ist ihre Struktur eher simultan als alternierend. Derridas Schlußfolgerung beruht auf einem inadäquaten Beispiel, und auch an anderen Stellen von Rousseaus Werk findet sich kein Beleg für eine Theorie des geschichtlichen Wandels als Alternation.[14]

Aber nichts von alledem ist von entscheidender Bedeutung. Derrida könnte mit Recht behaupten, daß Textpassagen bei Rousseau, in denen von moralischer Ambivalenz die Rede ist oder von der fiktionalen (und daher »inneren«) Eigenschaft der äußeren Ursache für die Aufhebung des Naturzustandes oder von der Simultaneität von geschichtlichem Niedergang und geschichtlichem Fortschritt, seine Lektüre in keiner Weise entkräften. Für ihn sind das *beschreibende* Textpassagen, in denen Rousseau gezwungen ist, das Gegenteil von dem zu sagen, was er sagen möchte. Ebendies gilt auch für einen komplizierteren Aspekt von Derridas Rousseaulektüre. Rousseaus befremdliches Beharren auf dem Begriff des Ursprungs verstrickt ihn in einen infiniten Regreß, da er anstelle des zurückgewiesenen Ursprungs einen »tieferen«, ursprünglicheren Zustand ansetzen muß, hinter den er dann noch weiter zurückzugehen gezwungen ist und so fort. Das gleiche Muster zeigt sich bei Derrida, wenn er weiterhin von Ursprung redet, um das Nichtursprüngliche aller sogenannten Anfänge zu bezeichnen – so etwa wenn er uns sagt, die Artikulation sei der Ursprung der Sprache und Artikulation dabei ebenjene Struktur meint, die jede echte Ursprünglichkeit verhindert. Der Gebrauch eines Vokabulars der Anwesenheit (oder des Ursprungs, der Natur, des Bewußtseins etc.), um die mit diesem Vokabular verbundenen Vorstellungen über den Haufen zu werfen, führt in eine logische Sackgasse. Dabei handelt sich um eine bewußte Strategie Derridas, die er in seiner *Grammatologie* konsequent verfolgt und kontrolliert einsetzt. Wir würden ihm in die Falle gehen, wenn wir zeigen wollten, daß Derrida selbst auf die gleiche Weise verblendet wäre, wie er es von Rousseau behauptet. Unser Problem ist weniger der Grad an Blindheit bei Rousseau oder Derrida, sondern der rhetorische Modus ihrer Diskurse.

Es ist nur zu natürlich, daß Derrida bei der Erörterung der von Rousseau zurückgewiesenen Philosophie der geschriebenen Sprache und der »Differenz« detaillierter und eloquenter vorgeht als bei der Erörterung der von Rousseau verteidigten Philosophie der unversehrten, vollen Präsenz. Schließlich kann er sich in seinem Bemühen, Rousseau als offenen Verfechter einer Philosophie der unmittelbaren Anwesenheit zu begreifen, auf eine massive Tradition der Rousseauinterpretation berufen. In dieser Hinsicht ist sein Bild von Rousseau so traditionell, daß es keiner umfangreichen Neudarstellung bedurfte. Daher ist der größte Teil seiner Analyse damit beschäftigt, zu untersuchen, wie Rousseaus Theorie der Anwesenheit unter dem Druck der eigenen Sprache immer mehr zerbröckelt. An wenigstens zwei Stellen gerät Derrida jedoch bei seinem Vorhaben, die strenge Orthodoxie der Rousseauschen Position in bezug auf die traditionelle Ontologie des abendländischen Denkens aufzuzeigen, aus der Bahn, und zumindest an einer Stelle kann er seine Strategie nur um den Preis einer beträchtlichen und ganz eigenständigen Interpretationsanstrengung durchhalten, die über das, was Rousseaus Text zu besagen scheint, nicht nur hinausgeht, sondern dem sogar widerspricht.[15] Bezeichnenderweise geht es in beiden Fällen darum, wie Rousseau rhetorische Figuren verwendet und wie er sie versteht. Bei Begriffen wie Natur, Ich, Ursprung oder sogar Moralität geht Derrida vom aktuellen Stand der Rousseauinterpretation aus und zeigt, wie Rousseaus eigener Text sein verkündetes philosophisches Glaubensbekenntnis und damit auch die gängige Rousseauinterpretation unterminiert. Aber in den beiden Fällen, wo es um die Rhetorik geht, verfährt Derrida traditioneller als die Interpretationstradition selbst. Für Derrida ist es offenbar sehr wichtig, daß auch die Rhetorik bei Rousseau, in der Theorie und in der Praxis, den Gesetzen einer »logozentrischen« Ontologie gehorcht, die das gesprochene Wort über das geschriebene Wort stellt. Und genau dies ist der Punkt, an dem wir aufgefordert sind, den Interpretationsprozeß umzudrehen, und damit beginnen müssen, Derrida von Rousseau her zu lesen statt umgekehrt.

Die beiden eng miteinander verwandten rhetorischen Figuren, die Derrida erörtert, sind Nachahmung (Mimesis) und Metapher (die beide im *Essai sur l'origine des langues* eine bedeutende Rolle spielen). Um die logozentrische Orthodoxie von Rousseaus Metapherntheorie zu demonstrieren, muß Derrida zeigen, daß für Rousseau alle Repräsentation auf einer Nachahmung beruht, bei der der ontologische Status des Nachgeahmten nicht in Frage gestellt wird. Repräsentation ist ein ambivalenter Prozeß, der die Abwesenheit dessen impliziert, was in ihm wieder anwesend gemacht wird; und diese Abwesenheit kann nicht bloß kontingenter Natur sein. Wenn jedoch die Repräsentation als Nachahmung im klassischen Sinne der ästhetischen Theorie des 18. Jahrhunderts begriffen wird, dann festigt und bestätigt sie eher die vollkommene Präsenz der repräsentierten Entität, als sie zu unterminieren. Sie funktioniert dann als mnemotechnisches Zeichen, das etwas zurückbringt, das im Augenblick zwar gerade nicht da ist, dessen Existenz an einem anderen Ort, zu einer anderen Zeit oder in einem anderen Modus des Bewußtseins aber nicht angezweifelt wird. Das Modell für diese Vorstellung von Repräsentation ist das gemalte Bild, das den Gegenstand wieder vor die Augen bringt, als wäre er anwesend, und damit den Fortbestand seiner Anwesenheit sichert. Die Macht des Bildes geht über die Verdopplung der Sinnesdaten hinaus: Die mimetische Einbildungskraft ist in der Lage, nichtsinnliche, »innere« Erfahrungsmuster (Gefühle, Emotionen, Leidenschaften) zu Gegenständen der Wahrnehmung zu machen, und daher kann sie auch solche Bewußtseinserfahrungen als wirkliche, konkrete Anwesenheiten repräsentieren, denen keine objektive, »äußere« Existenz zukommt. Diese Möglichkeit wird oft als die hauptsächliche Funktion nichtdarstellender Kunstformen wie der Musik angesehen: Sie ahmen durch Zeichen nach, welche von Natur aus mit den Emotionen verbunden sind, die sie bezeichnen. Ein für das 18. Jahrhundert repräsentativer Ästhetiker, der Abbé Du Bos, schreibt:

Wie der Maler die Linien und Farben der Natur nachahmt, so ahmt der Musiker den Ton, die Akzentuierung, die Pausen, die Modulation, kurz: all die Klangformen nach, durch die die Natur ihre Gefühle und Emotionen ausdrückt. All diesen Klangformen ... gelingt es deshalb so gut, Emotionen zu vermitteln, weil sie die von der Natur selbst in ihr Amt eingesetzten Zeichen der Leidenschaften sind. Sie beziehen ihre Kraft unmittelbar aus der Natur, während die Wörter bloß willkürliche Zeichen für die Leidenschaften abgeben.... Die Musik fügt die natürlichen Zeichen der Leidenschaften in eine Ordnung und verwendet sie kunstvoll, um die Macht der von ihr in ein Lied verwandelten Wörter zu steigern. Diese natürlichen Zeichen besitzen eine erstaunliche Macht, in ihren Hörern Emotionen zu erwecken. Diese Macht verleiht ihnen die Natur selbst.[16]

Die klassischen Theorien der Repräsentation des 18. Jahrhunderts versuchen beharrlich, Musik und Dichtkunst auf den Status der Malerei zu reduzieren.[17] »Die Musik malt die Leidenschaften« und »ut pictura poesis« sind die großen Schlagworte eines ästhetischen Glaubensbekenntnisses, das seine Anhänger in eine so interessante wie labyrinthische Vielfalt von Problemen verwickelt, was sie allerdings nicht dazu bringt, jemals ihre Prämissen zu revidieren. Die Möglichkeit, das Unsichtbare sichtbar zu machen, dem Anwesenheit zu verleihen, was nur in der Einbildungskraft vorgestellt werden kann, wird immer wieder als die Hauptfunktion der Kunst ausgegeben. Eine Folge dieser Überzeugung ist, daß der Inhalt des Kunstwerkes als die Grundlage des ästhetischen Urteilens angesehen wird. Der Repräsentation von etwas den Sinnen nicht Zugänglichem fällt die Aufgabe zu, diesem die ontologische Stabilität wahrgenommener Objekte zu verleihen. Der Inhalt des Kunstwerks ist dann vor allem deshalb von theoretischem Interesse, weil er eine Bestätigung dafür liefert, daß das Ungesehene dargestellt werden kann. Die Repräsentation ist die Bedingung der Möglichkeit von Nachahmung als allgemeingültigem Beweis von Anwesenheit. Das Bedürfnis, sich eines solchen Beweises zu versichern, steht hinter vielen charakteristischen Aussgen jener Zeit[18] und bestätigt ihre Orthodoxie hinsichtlich einer Metaphysik der Anwesenheit.

Auf den ersten Blick scheint Rousseau die Tradition fortzusetzen, besonders in den Passagen seines *Essai sur l'origine des langues*, die sich mit der Charakterisierung der Musik befassen und die sich nur wenig von den klassischen Aussagen seiner Vorgänger unterscheiden. Seine Betonung der Innerlichkeit der Musik steht mit seiner proklamierten Theorie der Musik als Nachahmung völlig im Einklang: »Die Laute in einer Melodie wirken auf uns nicht nur als Laute, sondern als Zeichen unserer Eindrücke, unserer Gefühle; nur so rufen sie in uns die Gemütsbewegungen hervor, die sie ausdrücken und deren Abbild wir in ihnen wiedererkennen.«[19] Hinsichtlich der Nachahmung gibt es keinen Unterschied zwischen den äußeren, physikalischen Eindrücken und den

»impressions morales«, den inneren, seelischen Eindrücken. »Leidenschaften« und »Gegenstände« können ohne Unterschied nachgeahmt werden, ohne daß die Natur der Nachahmung davon berührt wird.

Schöne, fein abgestufte Farben bereiten unserem Blick Vergnügen, doch ist dieses Vergnügen reine Sinneswahrnehmung. Es ist die Zeichnung, die Nachahmung, die diesen Farben Leben und Seele verleiht, es sind die in ihnen ausgedrückten Leidenschaften, die die unsrigen bewegen, es sind die Gegenstände, die diese Farben darstellen, die unsere Empfindungen auslösen. Das Interesse und das Gefühl hängt nicht von den Farben ab. Die Linien eines ergreifenden Gemäldes rühren uns auch noch in einem Stich; löscht man diese Linien auf dem Gemälde, werden die Farben nichts mehr bewirken.

Die Melodie bewirkt in der Musik ebendas, was die Zeichnung in der Malerei bewirkt. (ES 204)

Derrida scheint vollauf gerechtfertigt, wenn er in Rousseau einen traditionellen Vertreter einer Theorie der Nachahmung sieht, welche den Unterschied zwischen äußeren und inneren Sujets überbrückt.

Im Sinne einer Tradition, die hier unerschüttert fortbesteht, ist Rousseau davon überzeugt, daß das Wesen der Kunst in der *mimesis* bestehe. Die Imitation verdoppelt die Präsenz, sie fügt sich zu ihr hinzu, indem sie sie äußerlich ergänzt. Damit versetzt sie das Präsente in sein Draußen. In den leblosen Künsten zweiteilt sich das Draußen und stellt die Reproduktion des Draußen im Draußen dar. ... In den lebendigen Künsten, vornehmlich im Gesang, imitiert das Draußen das Drinnen. Der Gesang ist *expressiv*. Er »malt« Leidenschaften. Nur und erst die gemeinsame Autorität des Imitationsbegriffs ermöglicht die Metapher vom Gesang als Malerei, nur und erst sie vermag die Intimität seiner Tugend an sich zu reißen und nach Draußen, in den Raum zu zerren. Bei allen Differenzen sind Malerei und Gesang Reproduktionen; das Drinnen und das Draußen durchteilen das eine wie das andere, der Ausdruck hat schon begonnen, die Leidenschaft aus sich selbst heraustreten zu lassen, hat schon begonnen, sie hinauszustellen und sie zu malen. (GR 348)

Der Rest von Derridas Analyse widmet sich dann der Aufgabe zu zeigen, wie die Nachahmung, in der ein offen eingestandenes Verlangen nach Anwesenheit oder Präsenz zum Ausdruck kommt, in Rousseaus Text untergründig als die Aufhebung dieses Verlangens funktioniert, indem die Nachahmung das Verlangen durch die bloße Tatsache ihrer Existenz zur Absurdität macht: Es würde überhaupt keiner Nachahmung bedürfen, wenn die Anwesenheit nicht a priori ihrer Fülle beraubt wäre, wenn die Anwesenheit nicht immer schon in Frage gestellt wäre.

Geht man mit dieser Lesart an den sich mit der Musik beschäftigenden Abschnitt des *Essai* heran, so kommt man zu einem anderen Ergebnis, vor allem wenn man auch die von Derrida in seinem Kommentar nicht berücksichtigten Passagen in Betracht zieht.[20] In den Kapiteln XIII bis XVI des *Essai* ist Rousseau weniger darauf aus zu zeigen, daß Musik und Malerei, wie die Kunst überhaupt, nicht in Sinnesempfindungen aufgehen (was den Kern seiner Polemik gegen eine sensualistische Ästhetik auszumachen scheint), sondern es geht ihm vor allem darum, daß das sinnliche Element zwar notwendiger Bestandteil des malerischen oder musikalischen Zeichens ist, aber in der ästhetischen Erfahrung keine Rolle spielt. Von daher erklärt sich die Priorität der Zeichnung, der Kontur über die Farbe und der Melodie über den Ton, sind doch beide auf eine Bedeutung hin orientiert und nicht entscheidend davon abhängig, wie verführerisch die sinnlichen Eindrücke sind. Wie Du Bos, so scheint auch Rousseau bestrebt zu sein, den Vorrang des dargestellten Sujets, des Inhalts oder, im Falle der Literatur, der Bedeutung gegenüber dem Zeichen zu sichern. Wenn er gelegentlich auch dem Zeichen seine Aufmerksamkeit widmet, wie etwa in dem Satz »Die Farben und die Töne vermögen viel als Darstellungen und Zeichen, wenig nur als einfache Gegenstände der Sinne« (ES 210), dann ist damit keine Bereitschaft angezeigt, das Zeichen von der Sinnesempfindung zu trennen oder seine Autonomie zu propagieren. Das Zeichen bleibt stets an seine Funktion als Bezeichnendes gebunden und ist immer ganz auf eine Bedeutung hin orientiert.[21] Seine eigene sinnliche Komponente ist kontingent und ablenkend. Das hat jedoch nicht, wie Derrida meint, den Grund, daß Rousseau anstrebt, die Bedeutung des Zeichens, das Bezeichnete, müsse als unversehrte Anwesenheit existent sein. Das Zeichen ermangelt der Substanz, nicht weil es ein transparentes Anzeichen sein muß, das keine Bedeutungsfülle verdecken sollte, sondern weil die Bedeutung selbst leer ist; das Zeichen darf nicht seinen eigenen sinnlichen Reichtum als Ersatz für die von ihm bezeichnete Leere anbieten. Im Gegensatz zu Derridas Behauptung geht Rousseaus Theorie der Repräsentation nicht auf einen Begriff der Bedeutung als Anwesenheit und unversehrte Fülle aus, sondern auf einen Begriff der Bedeutung als Leere.

Die Argumentation des sechzehnten, »Falsche Analogie zwischen den Farben und den Tönen« überschriebenen Kapitels des *Essai* macht dies deutlich. Es kehrt die in der Ästhetik des 18. Jahrhunderts vorherrschende Hierarchie um und gibt der Musik den Vorrang vor der Malerei (und innerhalb der Musik der Melodie den Vorrang vor der Harmonie). Das dabei verwendete Wertsystem ist eher strukturell als substantiell orientiert: Die Musik ist der Malerei nicht nur trotz, sondern sogar wegen ihres Mangels an Substanz überlegen. Mit bemerkenswertem Weitblick beschreibt Rousseau die Musik als ein reines System von Beziehungen, das in keiner Weise von der substantiellen Behauptung einer Anwesenheit, sei es als Sinnesempfindung oder als Bewußtsein, abhängig ist. Musik ist nichts als ein Spiel von Beziehungen:

> Überdies besteht jede Farbe für sich, ist unabhängig, während jeder Ton für uns nur relativ ist und nur im Vergleich sich bestimmen läßt. Ein Ton hat an sich kein für sich bestehendes Merkmal, an dem man ihn erkennen könnte. Er ist tief oder hoch, laut oder leise in bezug auf einen anderen; in sich selbst ist er nichts von alledem. Im harmonischen System ist ein beliebiger Ton ebenfalls nichts von Natur aus: Er ist weder Tonika noch Dominante, weder Nebenton noch Grundton, denn alle diese Eigenschaften sind nichts als Bezüge; und da das gesamte System zwischen Tief und Hoch wechseln kann, verändert jeder Ton seinen Stand und Rang innerhalb des Systems, entsprechend der graduellen Veränderung des Systems. (ES 212)

»Ein Ton ist nichts von Natur aus« – sind wir berechtigt, diese Stelle herauszugreifen und in ihr einen Beweis für die Negation der Substantialität der Bedeutung bei Rousseau zu sehen? Sicher nicht auf der Basis des eben zitierten Satzes allein, doch unsere Interpretation bekommt mehr Plausibilität, wenn wir die benachbarten Stellen mitberücksichtigen, denn Rousseau scheint die Implikationen und Konsequenzen des von ihm Gesagten völlig zu überblikken. Die Musik wird von ihm nicht auf ein System von Beziehungen reduziert, weil sie bloß als Struktur von Tönen, unabhängig von jeder Bedeutung funktionierte oder weil sie in der Lage wäre, durch die Verführung der Sinne die Bedeutung zu verstellen. Rousseau schwankt überhaupt nicht in bezug auf den semiotischen und nichtsinnlichen Status des Zeichens. Die Musik wird als reine Struktur begriffen, weil sie keinen substantiellen Kern besitzt und in ihrem Innersten leer ist, weil sie die Negation aller Anwesenheit »bedeutet«. Daraus folgt, daß die Struktur der Musik einem ganz anderen Prinzip gehorcht als die auf einem »gefüllten« Zeichen basierenden Strukturen, wobei es keine Rolle spielt, ob das Zeichen sich auf eine Sinnesempfindung oder einen Bewußtseinszustand bezieht. Da es auf keiner Substanz gründet, kann das musikalische Zeichen niemals seiner Existenz sicher sein. Es kann niemals mit sich selbst oder mit zukünftigen Wiederholungen seiner selbst identisch sein, sogar wenn diese zukünftigen Töne hinsichtlich Schwingungszahl und Klangfarbe dieselben physikalischen Eigenschaften besitzen wie der gegenwärtige Ton. Die Identitäten der Physik stehen in keinem Zusammenhang mit der Seinsweise eines Zeichens, das per definitionem mit sinnlichen Attributen nichts zu tun hat. »Die Farben sind beständig, die Töne verklingen, und man hat nie die Gewißheit, daß die, die neu entstehen, die gleichen sind wie die, die verklangen« (ES 212).

Im Unterschied zu der stabilen, synchronen Sinnesempfindung, auf die sich die »Malerei« zu stützen vermag[22], kann sich die Musik niemals auch nur für einen Augenblick auf die Stabilität ihrer eigenen Existenz verlassen, sondern muß sich ständig in einer zwangsläufig endlosen Bewegung wiederholen. Diese Bewegung dauert an, ob eine Illusion der Anwesenheit entsteht oder nicht und ohne Rücksicht auf die Art und Weise, wie das Subjekt ihre Intentionalität interpretiert – sie wird bestimmt durch die Natur des Zeichens als Bezeichnendes, durch die Natur der Musik als Sprache. Das resultierende Wiederholungsmuster ist der Grund der Zeitlichkeit: »Der Bereich der Musik ist die Zeit, der der Malerei der Raum« (ES 212). Die Dauer der Farben in der Malerei ist räumlicher Art und daher als Analogie der notwendig diachronen Struktur der Musik ungeeignet. Einerseits ist die Musik dazu verdammt, stets nur als Moment zu existieren, als ständig scheiterndes Streben nach Bedeutung; andererseits schützt sie gerade dieses Scheitern davor, im Moment aufzugehen. Musikalische Zeichen sind keiner Übereinstimmung mit sich selbst fähig: Ihre Dynamik läßt sie immer auf ihre Wiederholung in der Zukunft hin ausgerichtet sein und niemals auf den Gleichklang ihrer Simultaneität. Selbst die offenkundige Harmonie des einzelnen Tons, der »Einstimmigkeit«, muß sich in ein Muster sukzessiver Wiederholung auffächern; als musikalisches Zeichen betrachtet ist der einzelne Ton in Wahrheit die Melodie seiner potentiellen Wiederholung. »⟨D⟩ie Natur zergliedert ihn ⟨den Ton⟩ nicht und sondert auch nicht die harmonischen Töne eigens aus; im Gegenteil, sie versteckt sie unter dem Anschein des Gleichklangs ...« (ES 211).

Musik ist die diachrone Version des Musters der Nichtübereinstimmung innerhalb des Moments. Wenn Rousseau von solchen Klängen wie dem Gesang der Vögel spricht, dann schreibt er der Natur eine zur Erschaffung von Melodien befähigende Einbildungskraft zu, wenn es aber um die Musik geht, so wird diese Einbildungskraft zu einem eindeutig menschlichen Vermögen: »... und wenn sie ⟨die Natur⟩ sie ⟨die harmonischen Teiltöne eines Klanges⟩ gelegentlich aussondert, wie im modulierten Gesang des Menschen und im natürlichen Gesang bestimmter Vögel, dann allmählich und die einen nach den anderen. Die Natur gibt Gesänge und nicht Akkorde ein, sie gibt die Melodien und nicht die Harmonie vor« (ES 211 f. Siehe auch ES 213: »Die Vögel zwitschern, der Mensch allein singt«). Die Harmonie wird verworfen, weil sie die irreführende Illusion erzeugt, es gebe innerhalb der notwendig dissonanten Struktur des Moments einen Gleichklang. Die Melodie ist an dieser Mystifikation nicht beteiligt: Sie sinnt uns keine Auflösung der Dissonanz an, sondern projiziert sie auf eine zeitliche, diachrone Achse.

Die sukzessive Struktur der Musik ist daher eine unmittelbare Folge ihres nichtmimetischen Charakters. Die Musik ahmt nicht nach, denn ihr Referent ist die Negation ihrer eigentlichen Substanz, des Tons. Rousseau sagt dies an einer bemerkenswerten, von Derrida nicht zitierten Stelle: »Es gehört zu den großen Vorzügen des Musikers, Dinge malen zu können, die man sonst nicht hören könnte ⟨und die eigentlich unhörbar sind⟩, während es dem Maler unmöglich ist, jene darzustellen, die man nicht sehen könnte, und das größte Wunder einer Kunst, die allein durch die Bewegung wirkt, ist es, durch diese sogar das Bild der Ruhe hervorbringen zu können. Der Schlaf, die Stille der Nacht, die Einsamkeit und selbst das Schweigen finden in der Musik ihre Darstellung« (ES 213).[23] Die Stelle beginnt mit der erneuten Versicherung, daß die Musik es vermag, die innerlichsten und damit unsichtbarsten und unhörbarsten Gefühle zu »malen« und nachahmend darzustellen; mit diesem Vokabular sind wir noch ganz im Rahmen der orthodoxen Repräsentationstheorie des 18. Jahrhunderts. Aber im Fortgang der Aufzählung dessen, was die Musik im einzelnen nachzuahmen vermag, wird der Inhalt der betreffenden Gefühlsregungen, die bei Du Bos noch mit dem gesamten Reichtum der Erfahrung und deren Reiz angefüllt sind, immer gehaltloser und von allen Spuren einer Substanz entleert. Der idyllische

Beigeschmack von Beschaulichkeit verschwindet nach und nach, wenn man sich vor Augen hält, in welchem Maß die Musik von der Bewegung abhängig ist; die »Ruhe« sollte auch negativ verstanden werden, nämlich als Verlust der Bewegung und daher als erneute Behauptung jenes fragilen, unbeständigen und selbstzerstörerischen Wesenszuges der Musik. Die Einsamkeit ist auch beunruhigend, da in dem Text Rousseaus an anderer Stelle viel Wert darauf gelegt wird, die Musik als das Element zu charakterisieren, das den Menschen von der Natur absetzt und ihn mit anderen Menschen vereint. Und der auf radikale Weise paradoxen Aussage, daß das musikalische Zeichen sich auf die Stille beziehen kann, entspricht bei den anderen Künsten die Aussage, daß die Malerei sich auf die Abwesenheit von Licht und Farbe beziehen kann und die Sprache auf die Abwesenheit von Bedeutung.[24] Die Stelle verweist auf ihre spätere, extremere Version in *La Nouvelle Héloïse*: »... und so vollkommen ist die Nichtigkeit der menschlichen Dinge, daß außer dem Wesen, welches durch sich selbst existirt, nur das, was nicht ist, schön ist.«[25]

Es würde uns nicht weiterbringen, wenn wir diese Aussagen auf der Grundlage einer anderen Phänomenologie der Musik diskutieren wollten: Die explizite These des *Essai* ist gerade die Gleichsetzung von Musik und Sprache, und es ist offenkundig, daß es Rousseau in seinem Text stets um die Natur der Sprache geht. Was hier Sprache genannt wird, ist jedoch etwas ganz anderes als nur ein instrumentelles Kommunikationsmittel – diesen Zweck würde auch eine Geste oder ein Schrei erfüllen. Für Rousseau ist erst in dem Augenblick eine Sprache gegeben, wenn das Sprechen einem Prinzip gemäß strukturiert wird, das dem Strukturprinzip der Musik entspricht. Wie die Musik, so ist auch die Sprache ein diachrones System von Beziehungen, die sukzessive Abfolge einer *Erzählung*. »Die aufeinanderfolgenden Eindrücke einer Rede, die durch wiederholte Bekräftigung ihre Wirkung tun, bereiten euch eine ganz andere Gemütsbewegung als die Anwesenheit des Gegenstandes an sich, den ihr mit einem Blick ganz erfaßt habt. Denkt euch einen allgemein bekannten Zustand des Schmerzes: der bloße Anblick der bekümmerten Person wird euch schwerlich zu Tränen rühren, laßt ihr aber Zeit, euch all das zu sagen, was sie empfindet, und ihr werdet alsbald in Tränen ausbrechen« (ES 167f.). Die strukturellen Merkmale der Sprache sind genau dieselben wie die der Musik zugeschriebenen: Der irreführende Synchronismus der visuellen Wahrnehmung, der eine falsche Illusion von Anwesenheit erzeugt, muß durch eine Sukzession diskontinuierlicher Momente ersetzt werden, welche die Fiktion einer repetitiven Zeitlichkeit erzeugt. Daß diese Diachronie in der Tat eine Fiktion ist, daß sie zur Sprache der Schrift und der Kunst gehört und nicht zu einer Sprache der Bedürfnisse, macht die Wahl eines Beispieles klar, das nicht aus dem Leben, sondern aus der Kunst genommen ist: »Auf diese Weise ⟨nur durch aufeinanderfolgende Diskursivität⟩ erzielen die Auftritte in den Tragödien ihre Wirkung. Die Pantomime allein, ohne eine sie begleitende Rede, wird euch kaum aus der Ruhe bringen, die gebärdelose Rede hingegen wird euch zu Tränen hinreißen« (ES 168). Alle in aufeinanderfolgende Segmente zerlegbare Sprache ist dramatische, erzählende Sprache. Sie ist auch die Sprache der Leidenschaft, denn die Leidenschaft wird von Rousseau präzise als Manifestation eines Willens begriffen, der unabhängig von jeder speziellen Bedeutung oder Absicht existiert und der daher niemals auf eine Ursache oder einen Ursprung zurückgeführt werden kann. »Es schluchzt in der Tragödie, wer zeit seines Lebens keinerlei Mitleid mit einem Unglücklichen hatte« (ES 168; Anmerkung Rousseaus). Aber das Mitleid, für Rousseau die Ur-Leidenschaft, ist, wie Derrida sehr genau gesehen hat, seinem Wesen nach ein fiktionaler Prozeß, der eine wirkliche Situation in eine Welt des Scheins überträgt, des Dramas und der literarischen Sprache: Alles Mitleid ist seinem Wesen nach theatralisch. Daraus folgt, daß das diachrone Muster des narrativen Diskurses, das diesem Diskurs den Anschein eines Anfangs, eines kontinuierlichen Ablaufs und eines Endes verleiht, auf keinen Fall eine Suche nach einem Ursprung impliziert, noch nicht einmal in Form einer metaphorischen Repräsentation eines solchen Strebens. Weder der *Discours sur l'origine de l'inégalité* noch der *Essai sur l'origine des langues* beschreiben die Geschichte einer genetischen Bewegung, eines organischen Prozesses von Geburt und Verfall. Rousseaus berühmter Satz »Beginnen wir damit, alle Tatsachen beiseite zu lassen ...«[26] kann gar nicht radikal genug aufgefaßt werden, und er hat auch für den Modus der in beiden Texten durchweg verwendeten Sprache Gültigkeit. Beide Texte »repräsentieren« nicht ein sukzessives Ereignis, sondern sind die melodische, musikalische, sukzessive Projektion eines einzigen Moments von radikaler Widersprüchlichkeit – des Gegenwärtigen oder Anwesenden – auf die zeitliche Achse einer diachronen Erzählung.

Die beiden Texte haben nur in einer Hinsicht mit empirischer Realität zu tun, nämlich in der ihnen gemeinsamen Ablehnung alles Gegenwärtigen als gänzlich unannehmbar und jeder Bedeutung beraubt.[27] Diachrone Strukturen wie die Musik, die Melodie oder die Allegorie erhalten den Vorzug vor pseudosynchronen Strukturen wie der Malerei, der Harmonie oder der Mimesis, da diese zu dem irrtümlichen Glauben an eine Stabilität der Bedeutung verführen, die es in Wahrheit gar nicht gibt. Der gelegentlich angeschlagene elegische Ton drückt keine nostalgische Sehnsucht nach einer ursprünglichen Anwesenheit aus, sondern ist ein rein dramatischer Kunstgriff, ein Effekt, der durch eine Fiktion sowohl möglich wie nötig wird, die der Nostalgie jede Grundlage entzieht.[28] Es reicht nicht aus zu sagen, in diesen Texten sei der Ursprung bloß eine Metapher, die »für« einen Anfang stehe, selbst wenn man keinen Zweifel daran läßt, daß Rousseaus Theorie der figuralen Sprache mit jeder Vorstellung von Repräsentation bricht. Der Ursprung »geht« hier der Anwesenheit in rein struktureller Hinsicht »voraus« und nicht in chronologischer. Chronologie ist das strukturelle Korrelat der mit Notwendigkeit figuralen Natur der literarischen Sprache.

Genau in diesem Sinne muß die Überschrift des dritten Kapitels des *Essai* verstanden werden: »Daß die erste Sprache bildhaft sein mußte« (ES 171). Die einzige wörtlich zu verstehende Aussage, die sagt, was sie sagen möchte, ist die Behauptung, daß es keine wörtlich zu verstehenden Aussagen gibt. In der narrativen Rhetorik von Rousseaus Text ist genau dies mit der chronologischen Fiktion gemeint, daß die »erste« Sprache eine poetische Sprache sein mußte. Derrida, der Rousseau als Schriftsteller der Repräsentation begreift, ist dadurch hingegen zu zeigen gezwungen, daß Rousseaus Theorie der Metapher von der Priorität der wörtlichen über die metaphorische Bedeutung, der »eigentlichen« über die »übertragene« Bedeutung ausgeht. Und da Rousseau ausdrücklich das Gegenteil sagt, ist Derrida genötigt, das Kapitel über die Metapher als Moment der Blindheit zu interpretieren, in dem Rousseau das Gegenteil von dem sagt, was er zu sagen meint.

Derridas Argumentation wiederholt hier das bei dem Repräsentationsbegriff angewandte Verfahren: Rousseau lokalisiert die wörtliche Bedeutung der Metapher nicht mehr im Referenten als äußerem Gegenstand, sondern siedelt den Gegenstand im Innern an und läßt die Metapher sich auf einen inneren Bewußtseinszustand, ein Gefühl oder eine Leidenschaft beziehen. »Mit einem Wort, er ⟨Rousseau⟩ versieht den *emotionalen Ausdruck* mit einer Eigenschaft ⟨nämlich eine eigentliche Bedeutung zu besitzen⟩, deren Verlust er von Anfang an in der *Bezeichnung der Gegenstände* hinnimmt« (GR 471). In Übereinstimmung mit seiner allgemeinen Vorstellung von Rousseaus Stellung in der Geschichte des abendländischen Denkens bezeichnet Rousseau für Derrida den Augenblick in der Geschichte der Metaphysik der Anwesenheit, wo das Postulat der Anwesenheit aus der äußeren Welt herausgenommen und in die sich selbst reflektierende Innerlichkeit eines Bewußtseins versetzt wird. Derrida zeigt, daß die Rückgewinnung der Anwesenheit in der Polarität von Innen und Außen abläuft. Um dies zu belegen, kann er Rousseaus eigenes Beispiel für eine Metapher verwenden: Der primitive Mensch, der die ersten anderen Menschen, denen er begegnet, mit dem Wort »Riesen« bezeichnet, prägt blind und unbeabsichtigt einen metaphorischen Begriff, um eine eigentliche Bedeutung zur Sprache zu bringen, nämlich die innere Erfahrung der Furcht. Die Aussage »ich sehe einen Riesen« ist eine Metapher für die wörtliche Aussage »ich fürchte mich«, die ein Gefühl in Worte faßt, das nicht durch die Aussage »ich sehe einen Menschen (wie ich einer bin)« ausgedrückt werden kann. Rousseau will mit diesem Beispiel zeigen, daß die übertragene Bedeutung der wörtlichen »voraufgehen« kann. Aber das Beispiel ist schlecht gewählt, es verdankt sich vielleicht, wie Derrida meint[29], dem Einfluß Condillacs (GR 477f.), auf dessen *Essai sur l'origine des connaissances humaines* Rousseau in seinem Kapitel über die Metapher anspielt. Auf den Topos von den in der Wildnis ausgesetzten Kindern greift Condillac zurück, um die Sprache aus einem Gefühl der Furcht entstehen lassen zu können.[30] Für Rousseau ist die Sprache allerdings ein Produkt der Leidenschaft und nicht der Ausdruck eines Bedürfnisses. Die Furcht, die Kehrseite von Gewalt und Aggression, ist aber eindeutig eine nützliche Empfindung und gehört eher zur Welt der »Bedürfnisse« als zur Welt der »Leidenschaften«. Die Furcht bedürfte eigentlich nicht der Sprache, sie ließe sich auch ebensogut, wenn nicht besser, durch eine Pantomime ausdrücken, durch eine bloße Geste. Jede Leidenschaft ist bis zu einem gewissen Grade nutzlos, *passion inutile*, das Nichtvorhandensein eines Objekts oder einer Ursache macht sie überflüssig. Die Möglichkeit zur Empfindung von Leidenschaft unterscheidet den Menschen vom Tier: »Alle Leidenschaften bringen die Menschen einander näher, welche die Notwendigkeit, ihr Leben zu fristen, einander zu fliehen zwingt. Nicht Hunger noch Durst, sondern die Liebe, der Haß, das Mitleid, der Zorn haben ihnen die ersten Stimmen abgetrotzt« (ES 170f.). Die Furcht gehört an die Seite von Hunger und Durst und kann niemals von sich aus zu der zusätzlichen Sprache der Figuration führen. Die Furcht ist viel zu praktisch orientiert, um eine Leidenschaft genannt zu werden. Das dritte Kapitel des *Essai*, der Abschnitt über die Metapher, hätte besser nicht auf die Furcht zurückgegriffen, sondern sich statt dessen mit dem Mitleid oder seiner Erweiterung als Liebe (und Haß) befassen sollen. Wenn später im Text, im 9. Kapitel, die Geschichte von der »Geburt« der figuralen Sprache erzählt wird, dann wird sie direkt mit der Liebe in Verbindung gebracht und nicht mit der Furcht (siehe ES 197f.). Auch hier findet sich die deutlichste Formulierung in der *Nouvelle Héloïse*: »Die Liebe ist nichts anders als Täuschung; sie schafft sich so zu sagen eine andere Welt. Sie sieht sich inmitten von Gegenständen, die gar nicht vorhanden sind, oder denen sie allein Dasein gegeben hat, und da sich alle ihre Empfindungen in Bilder kleiden, so ist auch ihre Sprache stets bilderreich.«[31] Die metaphorische Sprache, die in der fiktionalen Diachronie des *Essai* die »erste« Sprache genannt wird, hat auf der wörtlichen Ebene keinen Referenten. Ihr einziger Referent ist »die Nichtigkeit der menschlichen Dinge«.

Wenn auch Rousseaus Theorie der Rhetorik sowohl hinsichtlich seiner eigenen als auch hinsichtlich Derridas Hauptthese über die Natur der Sprache peripher ist, so ist sie doch von einigem Belang innerhalb des engen Kontextes unserer Fragestellung, wo es um die kognitive Struktur des Interpretationsprozesses geht. Dieses Thema weiter auszuspinnen und damit auf anderen strittigen Gebieten in eine Auseinandersetzung mit Derrida zu treten würde zu weit führen und ist auch nicht nötig. Hinsichtlich der Rhetorik und der Natur der figuralen Sprache ist Rousseau jedenfalls keiner Täuschung erlegen, sondern sagte, was er sagen wollte. Und es ist bezeichnend, daß der Beste seiner modernen Interpreten sich gerade in dieser Frage schon große Mühe geben muß, um ihn *nicht* zu verstehen. Der *Discours sur l'origine de l'inégalité* und der *Essai sur l'origine des langues* sind Texte, deren diskursive Behauptungen ihrem rhetorischen Modus Rechnung tragen. Aufgrund der Aussagen über die Natur der Sprache ist es nicht zu vermeiden, daß diese Texte in Form einer fiktionalen diachronen Erzählung oder, wenn man den Ausdruck vorzieht, in Form einer Allegorie geschrieben sind. Dem allegorischen Modus wird Rechnung getragen in der Beschreibung aller Sprache als figurativ und in der zwangsläufig diachronen Struktur der diese Einsicht enthüllenden Reflexion. Der Text geht jedoch darüber noch hinaus, denn indem er seiner eigenen Schreibweise Rechnung trägt, stellt er gleichzeitig die Notwendigkeit fest, diese Aussage selbst wieder auf eine indirekte, figurative Weise zu machen, die darum weiß, daß sie falsch verstanden wird, indem sie wörtlich verstanden wird. Indem der Text für seinen eigenen notwendig »rhetorischen« Charakter einsteht, postuliert er auch die Notwendigkeit, mißverstanden zu werden. Der Text weiß, daß er mißverstanden werden wird, und sagt es auch. Er erzählt die Geschichte, die Allegorie seiner Fehlinterpretation: die zwangsläufige Erniedrigung der Melodie zur Harmonie, der Sprache zur Malerei, der Sprache der Leidenschaft zur Sprache der Bedürfnisse, der Metapher zur wörtlichen Bedeutung. Seinem ihm notwendigen Sprachgestus gemäß kann der Text diese Geschichte nur als eine Fiktion erzählen, im vollen Bewußtsein, daß die Fiktion als Tatsache aufgefaßt werden wird und die Tatsache als Fiktion; darin besteht die zwangsläufig ambivalente Natur der literarischen Sprache. Dieser Ambivalenz gegenüber ist die Sprache Rousseaus allerdings nicht blind, wie die durchgängige Organisiertheit seines Diskurses und besonders seine Aussagen über Repräsentation und Metapher als Eckpfeiler einer Theorie der Rhetorik beweisen. Die innere Folgerichtigkeit einer Rhetorik, die immer nur unter der Gefahr einer möglichen Fehlinterpretation wirksam werden kann, ist dafür ein weiterer Beleg. Der rhetorische Charakter der literarischen Sprache eröffnet die Möglichkeit des archetypischen Irrtums, nämlich die ständig auftretende Verwechslung von Zeichen und Substanz. Daß Rousseau mißverstanden worden ist, bestätigt seine eigene Theorie des Mißverstehens. Derridas Version dieser Fehlinterpretation kommt dem, was Rousseau wirklich sagt, näher als jede Version seiner Vorgänger, da es ihr gelingt, den Fleck der größten Blindheit als Bereich der größten Helligkeit und Klarheit zu identifizieren: die Theorie der Rhetorik mitsamt ihren unvermeidlichen Konsequenzen.

Inwiefern weicht dann Derridas Text vom Text Rousseaus ab? Um zu einer Definition zu kommen, ist es statthaft, zu verallgemeinern und Rousseaus Texten einen exemplarischen Stellenwert beizumessen: Dann können wir jeden Text »literarisch« im vollen

Sinne des Wortes nennen, der implizit oder explizit seinen eigenen rhetorischen Modus bezeichnet und seine mögliche Fehldeutung als Korrelat seines rhetorischen Charakters, seiner »Rhetorizität«, vorwegnimmt. Der Text kann dies durch explizit feststellende Aussagen tun oder durch poetische Implikation.[32] »Rechnung tragen« oder, wie im letzten Satz, »bezeichnen« verweisen nicht auf einen subjektiven Prozeß: Aus der rhetorischen Natur der literarischen Sprache folgt, daß die kognitive Funktion in der Sprache und nicht im Subjekt beheimatet ist. Die Frage, ob es sich um eine Blindheit des Autors handelt, ist ziemlich irrelevant; es kann ohnehin nur eine heuristische Frage sein, mit deren Hilfe man sich der eigentlichen Frage nähert, der Frage nämlich, ob die Sprache des Autors gegenüber ihren eigenen Aussagen blind ist oder nicht. Richtet man diese Frage an die *Grammatologie*, so läßt sich ein Weg zurück zum Ausgangspunkt unserer Untersuchung finden, nämlich zur Frage nach dem Wechselspiel von kritischer und literarischer Sprache als Verhältnis von Blindheit und Einsicht.

In diesem Zusammenhang scheint es praktisch keine Rolle zu spielen, ob Derrida in bezug auf Rousseau recht hat oder nicht, da sein eigener Text dem *Essai* Rousseaus in seiner Rhetorik und in seinen Aussagen so ähnlich ist. Auch Derridas Text erzählt eine Geschichte: Die Geschichte der Unterdrückung der geschriebenen Sprache infolge des »logozentrischen« Fehlschlusses, der Stimme den Vorzug vor der Schrift zu geben, wird als sich in der Zeit entfaltender historischer Prozeß geschildert. Mit dem Ziel, seiner Argumentation eine dramatische Spannung zu verleihen, greift Derrida durchweg auf Heideggers und Nietzsches Fiktion zurück, die Metaphysik sei eine *Periode* im abendländischen Denken; und er verfährt dabei genauso wie Rousseau, der der Geschichte der Sprache und der Gesellschaft eine dramatische Spannung verleiht, indem er sie in ein pseudohistorisches Gewand kleidet. Auch Derrida fällt seiner eigenen Dramatisierung und der Fiktionalität seiner Erzählung nicht selbst zum Opfer, genausowenig wie Rousseau, der uns indirekt, aber konsequent und unbeirrt deutlich macht, daß wir eine Fiktion lesen und keine Geschichtsschreibung. Derridas nietzscheanische Theorie der Sprache als »Spiel« warnt uns davor, ihn wörtlich zu verstehen, besonders wenn seine Aussagen sich auf konkrete historische Situationen wie die Gegenwart zu beziehen scheinen. Der Gebrauch einer philosophischen Terminologie in der offen eingestandenen Absicht, ebendiese

Terminologie zu diskreditieren, ist ein gängiges philosophisches Verfahren, dessen sich außer Rousseau noch viele andere Denker bedient haben und das Derrida mit seltener Kunstfertigkeit handhabt. Und schließlich stimmt Derridas Theorie der Schrift weitgehend mit Rousseaus Aussagen über die figurale Natur der Sprache der Leidenschaft überein. Macht es dann einen Unterschied, ob wir Rousseau oder ob wir Derrida das letzte Wort zubilligen, wo doch beide dasselbe sagen? Wenn Rousseau allerdings nicht in die logozentrische »Periode« gehört, dann ist natürlich das von Derrida gebrauchte Schema der Periodisierung von offener Willkürlichkeit.[33] Wenn wir zudem der Meinung sind, es gelinge Rousseau, dem logozentrischen Fehlschluß genau in dem Maße zu entgehen, wie seine Sprache *literarisch ist*, dann ist damit impliziert, daß der Mythos von der Priorität des Mündlichen über das Schriftliche immer schon von der Literatur entmystifiziert worden ist, obwohl die Literatur stets mißverstanden werden kann, indem ihr fälschlicherweise die gegenteilige Wirkung unterstellt wird. All dies scheint mir mit der Einsicht Derridas nicht unvereinbar zu sein; es könnte allerdings manche seiner sich an die Buchstaben klammernden Anhänger arg in Verlegenheit bringen: Das historische Schema Derridas ist bloß eine erzählerische Konvention, und der kurze Abschnitt über die Natur der literarischen Sprache in der *Grammatologie* scheint in die angedeutete Richtung zu führen. Doch auch wenn Derrida hinsichtlich der Natur der literarischen Sprache vielleicht »richtig«liegt und diese Einsicht vielleicht auch folgerichtig auf seinen eigenen Text anwendet, er will oder kann Rousseau trotzdem nicht als Literatur lesen. Warum muß er Rousseau für etwas tadeln, das er völlig zu Recht selbst tut? Für Derrida kann Rousseaus Ablehnung einer logozentrischen Theorie der Sprache, der der Autor des *Essai* in dem ästhetischen Sensualismus des 18. Jahrhunderts begegnete, »nicht radikal sein, denn sie bewegt sich innerhalb der von dieser Philosophie übernommenen Begrifflichkeit und innerhalb der metaphysischen Konzeption der Kunst« (GR 357).[34] Ich wollte dagegen zeigen, daß Rousseaus Gebrauch eines traditionellen Vokabulars hinsichtlich der damit verbundenen Strategie und den sich daraus ergebenden Implikationen exakt auf das gleiche hinausläuft wie Derridas bewußter Gebrauch des traditionellen Vokabulars der abendländischen Philosophie. Bei Rousseau geschieht genau das gleiche wie bei Derrida: Ein Vokabular der Substanz und der Anwesenheit wird nicht mehr feststellend, sondern rhetorisch gebraucht, und zwar aus den in ebendiesem Vokabular (in metaphorischer Weise) ausgedrückten Gründen. Rousseaus Text hat keine blinden Flecken:[35] Er trägt zu jeder Zeit seinem eigenen rhetorischen Modus Rechnung. Derrida begeht den Fehler, eine Blindheit zu sehen, wo in Wahrheit eine Übertragung von der wörtlichen auf die figurale Diskursebene vorliegt.

Es gibt zwei mögliche Erklärungen für Derridas Blindheit gegenüber Rousseau: Entweder unterläuft ihm einfach eine falsche Rousseaulektüre (vielleicht weil er ihn durch die Brille seiner Interpreten betrachtet, so daß wir, wenn Derrida »Rousseau« schreibt, statt dessen vielleicht »Starobinski«, »Raymond« oder »Poulet« lesen sollten), oder er liest ihn bewußt falsch, um seine eigenen Ausführungen und deren Rhetorik besser darstellen zu können. Im ersten Fall würde Derridas Blindheit lediglich Rousseaus Vorhersage bestätigen, daß sein Werk falsch interpretiert werden würde. Es läge dann ein klassischer Fall von textkritischer Blindheit vor, der sich nur in nebensächlichen Apekten von der uns etwa bei Lukács, Poulet oder Blanchot begegnenden Blindheit unterschiede, im wesentlichen aber demselben Muster gehorchen würde. Diese Blindheit stellt sich als Glaube an eine den interpretativen Zugriff auf den Text garantierende Methodologie dar, die jedoch durch die Anwendung ihrer eigenen Befunde auf sich selbst »dekonstruiert« werden kann: Poulets »Ich« stellt sich als Sprache heraus, Blanchots Unpersönlichkeit als eine Metapher für das Lektüre-Ich etc. In allen Fällen wird das methodologische Dogma gegen die Einsicht in die Literatur ausgespielt, und aus diesem Wechselspiel zwischen Methodologie und Literatur entwickelt sich dann wieder die eminent literarische Rhetorik einer systematisch zu nennenden Literaturinterpretation. Doch Derridas Fall liegt anders: Seine methodologischen Vorstellungen über Literaturinterpretation als Dekonstruktion sind in sich einwandfrei konstruiert, sie werden nur am falschen Objekt demonstriert. Es ist nicht nötig, Rousseau zu dekonstruieren. Was hingegen dringend einer Dekonstruktion bedarf, das ist die etablierte Tradition der Rousseauinterpretation. Derrida befand sich in der glücklichsten Lage, in der sich ein Kritiker befinden kann: Er hatte es mit einem Autor zu tun, dessen Einsicht so weit reichte, wie die Sprache ihn führte, und der genau aus diesem Grund systematisch falsch gelesen wird; eine neue Lesart hat daher zur Folge, daß sich gerade gegen die

Begabtesten unter seinen verblendeten Interpreten oder Anhängern die Werke des Autors selbst als Instrument zur Kritik der Kritik verwenden lassen. Selbstverständlich wird diese neue Interpretation ihrerseits immer in ihrer eigenen Form von Blindheit befangen sein, was sie nicht daran hindert, ihre eigene Form von Einsicht in die Literatur zu vermitteln. Aber Derrida hat seine glückliche Lage nicht ausgenutzt: Anstatt Rousseau seine Kritiker dekonstruieren zu lassen, dekonstruiert Derrida einen Pseudo-Rousseau und greift dazu auf Einsichten zurück, die er bei dem »echten« Rousseau hätte finden können. Seine Vorgehensweise ist viel zu bedeutsam, um nicht absichtlich gewählt zu sein.

Auf jeden Fall erklärt seine Vorgehensweise die geringfügige thematische Differenz zwischen Derridas Erzählung und der Erzählung Rousseaus. Während Rousseau die Geschichte eines unerbittlichen Rückschritts erzählt, korrigiert Derrida einen immer wieder vorkommenden gängigen Trugschluß. Sein Text ist, wie er selbst so schön sagt, die Aufhebung einer Konstruktion. Eine Dekonstruktion, wie negativ das Wort auch klingen mag, eröffnet aber immer die Möglichkeit einer Neukonstruktion. Derridas dialektische Energie, wie sie sich besonders im ersten, sich nicht unmittelbar mit Rousseau beschäftigenden Teil seines Buches zeigt, bezieht ihren Schwung eindeutig aus der Dekonstruktionsbewegung, wie sie im zweiten Teil an Rousseau exemplarisch vorgeführt wird. Rousseau erfüllt für Derrida etwa die gleiche Funktion, wie Wagner sie in der *Geburt der Tragödie* für Nietzsche erfüllt, einem Text, dem die *Grammatologie* sogar noch näher verwandt ist als dem *Essai sur l'origine des langues*. Daß Wagner im Text Nietzsches offenbar eine positive Rolle spielt, während Rousseau für Derrida eine antithetische Maske darstellt oder einen Phantomgegner abgibt, ist dabei kaum von Belang, entscheidend ist vielmehr, daß die Art der falschen Lektüre in beiden Fällen sehr ähnlich ist. Rousseau hatte in seinem *Essai* keine entsprechende Vermittlungsgestalt nötig; seine kritische Energie speist sich ganz aus seiner radikalen Ablehnung aller Gegenwärtigkeit. Seine Angriffe auf Rameau, auf Condillac, auf Du Bos oder die von diesen repräsentierte Tradition sind kontingente Polemiken und keine wesentlichen Pfeiler im Strukturgebäude seiner Kritik, welche die Sprache selbst unter Anklage stellt und nicht die philosophischen Irrtümer irgendwelcher Personen. Auch hat Rousseau keine Hoffnung, man könne dem von ihm beschriebenen regressiven Prozeß der Fehlinterpretation überhaupt jemals entgehen; er zerschneidet ein für allemal jedes Band zwischen ihm und potentiellen, zukünftigen Jüngern »Rousseaus«. In dieser Hinsicht ist der Text Derridas weniger radikal und ausgereift als der Text Rousseaus, allerdings ist er nicht weniger literarisch. In philosophischer Hinsicht steht er in seiner Bedeutung der *Geburt der Tragödie* in nichts nach. Bekanntlich hat Nietzsche sich später kritisch über die Rolle geäußert, die er Wagner in seiner frühen Schrift spielen ließ, und zwar nicht nur, weil er in bezug auf Wagners Verdienste anderer Meinung wurde – in Wirklichkeit hatte er schon, als er die *Geburt der Tragödie* schrieb, die meisten seiner Illusionen über Wagner eingebüßt –, sondern weil dessen Anwesenheit in dem Text der Musikalität als der Allegorie des von Nietzsche angestrebten rhetorischen Modus im Weg stand: »Sie hätte *singen* sollen, diese ›neue Seele‹ – und nicht reden!«[36] Er schrieb dann den *Zarathustra* und die nachgelassenen Aphorismen über den Willen zur Macht, und es ist noch die Frage, ob er sich jemals ganz von Wagner hat befreien können: Vielleicht hat hier ein zu hoffnungsvoller Blick in die Zukunft die Vergangenheit zu schwarz sehen lassen. Rousseau schrieb anschließend eine »reine« Fiktion, *La Nouvelle Héloïse*, und eine Abhandlung über Verfassungsrecht, *Le Contrat social* – aber das ist eine andere Geschichte, wie auch die Zukunft des Autors Derrida.

Die kritische Lektüre von Derridas kritischer Lektüre Rousseaus zeigt, daß Blindheit das notwendige Korrelat der rhetorischen Natur der literarischen Sprache ist. Innerhalb der Struktur des Systems Text-Leser-Kritiker (in dem der Kritiker als der »zweite« Leser oder die Kritik als die »zweite« Lektüre definiert werden kann) läßt sich das Moment der Blindheit verschiedenen einordnen. Wenn der literarische Text selbst Bereiche hat, wo er mit Blindheit geschlagen ist, dann kann das System binär sein, da in diesem Falle der Leser wie der Kritiker unterschiedlos versuchen, das vom Text Ungesehene sichtbar zu machen. Unsere Lektüre Derridas (wie auch die von Lukács, Blanchot oder Poulet) ist ein komplexerer Fall dieser binären Struktur, denn hier handelt es sich um einen literarischen Text, der zugleich kritischer Text ist und trotzdem mit Blindheit geschlagen. Die kritische Lektüre des literarisch-kritischen Textes versucht in diesem Fall, die Blindheit zu dekonstruieren. »Blindheit«, das sollte mittlerweile deutlich geworden sein, bedeutet kein literarisches Werturteil: Derrida ist im vollen Sinne des Wortes »literarisch« zu nennen, und zwar gerade wegen seiner Blindheit und nicht ihr zum Trotz. Bei dem komplizierteren Fall des nicht mit Blindheit geschlagenen Autors – wie wir es für Rousseau behauptet haben – muß das System triadisch sein: Die Blindheit wird übertragen vom Autor auf die ersten Leser, die »traditionellen« Schüler oder Kommentatoren. Diese blinden ersten Leser – man kann sie sich auch der Einfachheit halber durch die Fiktion eines naiven Lesers ersetzt denken, doch liefert die Tradition Beispiele in Hülle und Fülle – bedürfen dann ihrerseits eines kritischen Lesers, der die Tradition umstößt und uns für einen Augenblick der ursprünglichen Einsicht näherbringt. Es ist daher kein Zufall, daß es gerade bei jenen Autoren eine besonders große Tradition von mit Blindheit geschlagenen Fehlinterpretationen gibt, die man mit Fug und Recht zu den aufgeklärtesten und einsichtigsten aller Autoren rechnen kann. Dieser Umstand ist vielmehr ein konstitutiver Bestandteil von Literatur überhaupt, auf ihm basiert die Literaturgeschichte. Und wenn wir behaupten, ein gewisses Maß an Blindheit sei eines der charakteristischen Merkmale der Besonderheit literarischer Sprache und gehöre somit zum Wesen der Literatur, dann bestätigen wir damit erneut – da Interpretation nichts anderes ist als die Möglichkeit des Irrtums –, daß die Interpretation absolut vom Text abhängt und der Text absolut von der Interpretation.

Anmerkungen

1 Siehe die ersten Essays meines Buches *Blindness and Insight*, Minneapolis ^{2}1983.

2 Georg Lukács, *Die Theorie des Romans*, Darmstadt/Neuwied 1977, S. 111.

3 Siehe Maurice Blanchot, *Der Gesang der Sirenen*, Frankfurt 1988, S. 328.

4 Siehe Tzvetan Todorov, *Poetik*; in: F. Wahl (Hg.), *Einführung in den Strukturalismus*, Frankfurt 1973, S. 108f.

5 *Ibd.*, S. 106.

6 *Ibd.*

7 *Ibd.*, S. 107: »⟨W⟩enn das Werk am Leben bleiben soll, muß der beschreibende Text sterben; wenn er selbst lebt, tötet er das Werk, das er sagt.«

8 Jacques Derrida, *Grammatologie*, Frankfurt 1983, Zweiter Teil, S. 171-541. Auf diesen Text wird im folgenden mit der Sigle GR und anschließender Seitenzahl Bezug genommen.

9 Jean Starobinski, *Jean-Jacques Rousseau und die Gefahren der Reflexion*; in: ders., *Das Leben der Augen*, Frankfurt/Berlin/Wien 1984, S. 71.

10 *Ibd.*, S. 141.

11 Jean-Jacques Rousseau, *Abhandlung über den Ursprung und die Grundlagen der Ungleichheit unter den Menschen*; in: ders., *Sozialphilosophische und Politische Schriften*, München 1981, S. 37-161, hier S. 91.

12 *Ibd.*, S. 119.

13 Siehe *ibd.*, S. 133-141 (Zitat von S. 139).

14 Derrida (GR 394) zitiert den Satz aus dem *Essai sur l'origine des langues*: »›Die auf Vereinbarung beruhende Sprache kommt allein dem Menschen zu. Deshalb macht der Mensch Fortschritte, sei's zum Guten, sei's zum Bösen; und deshalb machen die Tiere keine.‹« Rousseau unterscheidet hier den Menschen vom Tier nach dem Kriterium eines geschichtlichen Wandels. »Sei's zum Guten, sei's zum Bösen« bedeutet aber nur, daß die sich allein beim Menschen einstellenden Veränderungen moralisch ambivalent sind, damit ist nicht gesagt, daß es sich um eine alternierende Bewegung handelt. In dem *Discours sur l'économie politique* oder im zweiten Teil des *Discours sur l'origine de l'inégalité* steht der Auffassung vom notwendigen Verfall jeder politischen Ordnung die Vorstellung einer dialektischen Bewegung zwischen den Prinzipien von Gesetz und Freiheit gegenüber, und auch hier ist nirgendwo von einer alternierenden Bewegung des Umschlagens von Fortschritt zu Rückschritt und umgekehrt die Rede.

15 Ich beziehe mich hier auf den Abschnitt über die Metapher (GR 461-481), den ich weiter unten eingehender diskutiere.

16 Jean Baptiste (abbé) Du Bos, *Réflexions critiques sur la poésie et sur la peinture*, Bd. I, Paris 1740, S. 435 f., 438.

17 Siehe *ibd.*, S. 440: »Es liegt keine Wahrheit in einer Symphonie, die komponiert worden ist, um einen Sturm zu imitieren, wenn ihre Weise und deren Harmonie und Rhythmus uns nicht ein Getöse hören läßt, das dem Brausen des Windes und dem Tosen der gegeneinanderschlagenden oder sich an den Felsen brechenden Wellen ähnlich ist.«

18 Die folgende Passage aus Du Bos, *op.cit.*, S. 69, ist ein typisches Beispiel: »Einem Maler kann also in seiner Eigenschaft als geschickter Zeichner oder mit der Natur rivalisierender Kolorist große Kunstfertigkeit zugesprochen werden, selbst wenn er von seinen Talenten keinen Gebrauch zu machen weiß, um ergreifende Inhalte darzustellen und um seinen Bildern das Leben und die Glaubwürdigkeit zu verleihen, die in den Werken Raffaels und Poussins fühlbar werden. Die Bil-

der der lombardischen Schule werden bewundert, obwohl ihre Maler sich häufig darauf beschränken, den Augen durch den Reichtum und die Wahrheit ihrer Farben zu schmeicheln, und sie anscheinend keinen Gedanken auf das verschwenden, was die Kunst eigentlich befähigt, uns zu rühren. Aber selbst ihre eifrigsten Bewunderer gestehen zu, daß den Bildern dieser Schule eine große Schönheit abgeht und daß die Bilder Tizians zum Beispiel noch viel kostbarer wären, wenn er stets ergreifende und rührende Sujets dargestellt hätte und wenn er häufiger die besonderen Fertigkeiten seiner Schule mit den Fertigkeiten der römischen Schule vereint hätte.«

19 Jean-Jacques Rousseau, *Versuch über den Ursprung der Sprachen, in dem von der Melodie und der musikalischen Nachahmung die Rede ist*; in: ders., *Sozialphilosophische und Politische Schriften*, München 1981, S. 163-221, hier S. 209. Auf diesen Text wird im folgenden mit der Sigle ES und anschließender Seitenzahl Bezug genommen.

20 Von der Logik seines Arguments her gesehen ist Derrida zu diesem Vorgehen vollkommen berechtigt, da in diesem Licht die betreffenden Passagen als redundant gelten müssen oder eine als hinreichend anzusehende Berücksichtigung an anderer Stelle des Kommentars finden.

21 Was Derrida ausdrücklich feststellt, siehe GR 356f.

22 »Malerei« bezeichnet hier die allgemeine Voreingenommenheit in der Ästhetik des 18. Jahrhunderts zugunsten einer Vorstellung vom Bild als Anwesenheit. Was die Malerei als Kunstform angeht, so ist klar, daß die Illusion der Fülle sowohl in der bildenden Kunst als auch in der Dichtkunst oder der Musik unterminiert werden kann; das Problem spielt, wie man weiß, in den Diskussionen um eine ihrer Funktion als Repräsentation enthobene »abstrakte« Malerei stets eine entscheidende Rolle.

23 Vgl. die Passage über die Stille in Du Bos, *op.cit.*, S. 447f. Rousseaus Anspielung darauf, daß man bei einem »gleichmäßigen und monotonen Vortrag einschläft« (ES 150), hat bei Du Bos ihre Parallele: »Ein Mensch, der lange in derselben Tonlage spricht, ermüdet die anderen ...«. Vielleicht leitet sich Rousseaus Anspielung direkt von diesem Satz bei Du Bos her, als Ausgangspunkt besteht zwischen beiden Stellen jedenfalls eine große Ähnlichkeit. Aber Rousseau nimmt hier nicht einfach Bezug auf einen mechanischen Effekt, der eine musikalische »Nachahmung« der Stille und des Schweigens erlauben würde. Er unterscheidet zugleich zwischen dieser automatischen Handlung und einer viel engeren Affinität zwischen Musik und Stille: »Die Musik wirkt jedoch noch viel tiefer auf uns ein, ...« (ES 150). Der Rest des Abschnittes kompliziert die Sache noch weiter, indem er die Vorstellung einer irreversiblen Synästhesie zwischen Musik und Malerei ins Spiel bringt, aber das gerade aufgestellte Paradox einer »Musik des Schweigens« nicht weiter verfolgt.

24 »Musiker der Stille ...« ist eine berühmte Zeile Mallarmés *(Sainte)*. Ob Mallarmé allerdings so weit ging wie Rousseau und die Implikationen dieser Zeile für eine Repräsentationstheorie der Dichtung gesehen hat, ist wohl fraglich.

25 J.J. Rousseau, *Julie oder Die neue Heloise. Briefe zweier Liebenden*, Leipzig o.J., Zweiter Band, S. 405 f. (sechste Abteilung, achter Brief).

26 Jean-Jacques Rousseau, *Abhandlung über den Ursprung und die Grundlagen der Ungleichheit unter den Menschen*; in: ders., *Sozialphilosophische und Politische Schriften*, l.c., S. 61.

27 Dies kommt in dem letzten Kapitel des *Essai* deutlich zum Ausdruck, welches das »Verhältnis der Sprachen zu den Staatsformen« behandelt (ES 219) und den eigentlichen Ausgangspunkt des Textes darstellt. Das gleiche Verhältnis läßt sich auch für den *Discours sur l'origine de l'inégalité* feststellen, dort ist es allerdings nicht so deutlich.

28 Man könnte diesen Gesichtspunkt anhand der *Abhandlung über den Ursprung der Ungleichheit* entfalten, indem man zeigt, daß die elegischen Passagen mit einem illusionären Primitivismus einhergehen, der in dem Text, als Ganzes gesehen, unmißverständlich verurteilt wird. (Siehe zum Beispiel den Abschnitt auf S. 61 f., beginnend mit »Ich werde von Zeiten reden, die weit zurück liegen.«)

29 Derrida versucht in diesem Zusammenhang (GR 476) auch zu zeigen, daß der Furcht die Priorität gegenüber dem Mitleid zukomme, da sie die frühere Leidenschaft sei. Dies Argument gibt aber seine tiefen Einsichten in die Natur des Mitleids als Element der Distanz und der Differenz wieder preis (siehe GR 324 ff.). Die Unterscheidung zwischen »Leidenschaft« und »Bedürfnis« ist nicht hinsichtlich ihrer Ursprünglichkeit zu treffen, sondern nur durch Bezug auf die Substanz: Das Bedürfnis hat ein substantielles Bezugsobjekt, die Leidenschaft nicht.

30 Condillac schreibt in seinem *Essai sur l'origine des connaissances humaines*, Teil II, Abschnitt I (»De l'origine et des progrès du langage«): »Das eine ⟨der beiden in der Wildnis ausgesetzten Kinder⟩, das einen Ort sah, an dem es schon einmal in Schrecken versetzt worden war, ahmte die Schreie und die Bewegungen nach, die damals die Zeichen seines Schreckens gewesen waren, um das andere zu warnen, sich nicht der von ihm bereits durchlebten Gefahr auszusetzen.« *(Œuvres* Bd. I, Paris 1798, S. 263.)

31 J.J. Rousseau, *Julie oder Die neue Heloise. Briefe zweier Liebenden*, Leipzig o.J., Erster Band, S. 13 (zweite Vorrede).

32 Ein diskursiver, kritischer oder philosophischer Text, der dies durch explizite Aussagen tut, ist darum weder mehr noch weniger literarisch als ein poetischer Text, der direkte Aussagen vermeidet. In der Praxis werden die Unterschiede häufig verwischt: Die Logik vieler philosophischer Texte bräche ohne ihre narrative Kohärenz und die Verwendung von Redefiguren zusammen, und in der Dichtung wimmelt es nur

so von allgemeinen Aussagen. Die Literarizität eines Textes hängt nicht davon ab, ob sein Sprachgestus mehr oder weniger diskursiv ist, sondern davon, wie konsequent die »Rhetorizität« seiner Sprache ist.

33 Es ist eine offene Frage, ob Derrida alle sich aus einer solchen Änderung in der historischen Periodisierung ergebenden Konsequenzen akzeptieren würde. Eine Konsequenz wäre zum Beispiel, daß seine in bezug auf Lévi-Strauss gestellte Frage möglicherweise entschieden bejaht werden müßte: »Rousseau, Marx und Freud an sich miteinander in Einklang zu bringen, ist ein schwieriges Unterfangen. Sie jedoch in der systematischen Strenge des Begriffs miteinander in Einklang zu bringen, ist das möglich?« (GR 207; Übersetzung verändert.)

34 »Metaphysisch« bezeichnet hier, im Rahmen von Heideggers post-nietzscheanischer Terminologie, die Ära, in der die ontologische Differenz zwischen Sein und Seiendem ungedacht bleibt. Derrida radikalisiert die ontologische Differenz, indem er die differentielle Spannung als Differenz von Stimme und Zeichen innerhalb der Sprache ansiedelt.

35 Die Wahl des falschen Beispiels zur Illustration der Metapher (Furcht statt Mitleid) ist ein Fehler, kein blinder Fleck.

36 Friedrich Nietzsche, *Die Geburt der Tragödie oder Griechentum und Pessimismus*; in: ders., *Werke* I, hg. v. Karl Schlechta, München [6]1969, S. 12.

Metapher

Es ist nach wie vor eine offene Frage, wo die *Abhandlung über den Ursprung und die Grundlagen der Ungleichheit unter den Menschen* (1754) innerhalb des Rousseauschen Gesamtwerks anzusiedeln ist. Die offensichtliche Zweiteilung dieses Gesamtwerks, das einerseits aus politischer Theorie, andererseits aus Literatur (Fiktion und Autobiographie) besteht, hat unvermeidlich eine Arbeitsteilung unter den Interpreten Rousseaus zur Folge gehabt, wobei sich herausgestellt hat, daß die Auffassungen der Politikwissenschaftler, der Kulturhistoriker und der Literaturwissenschaftler in gewisser Hinsicht nicht miteinander vereinbar sind. Ihre Spezialisierung hat die Interpreten oft daran gehindert, die Beziehungen zwischen den literarischen und den politischen Aspekten des Rousseauschen Denkens richtig zu verstehen. Als offenkundig politische Schrift hat die *Abhandlung über die Ungleichheit* in erster Linie die Historiker und Sozialwissenschaftler interessiert.[1] Die *Abhandlung* bereitet ihnen nicht solche Ungelegenheiten wie die *Julie*, deren literarische Dimensionen nur schwer zu übergehen sind und wo schon ein gewisses Maß an Böswilligkeit dazu gehört, den Text auf »ein intellektuelles Experiment« zu reduzieren, das die »Techniken und Konsequenzen eines Human engineering« durchspielt.[2] In der *Abhandlung* ist die Ebene der sprachlichen Vermittlung hingegen mit Leichtigkeit zu ignorieren, obwohl sich in ihr wenigstens eine Stelle findet, die sich ganz ausdrücklich mit der Sprache auseinandersetzt. Der Abschnitt über den Ursprung der Sprache[3] ist eindeutig eine polemische Abschweifung, die mit dem Hauptargument nicht organisch verknüpft ist, und es ist daher möglich, die *Abhandlung* als wörtliches Modell einer Theorie der Geschichte und der Gesellschaft auffassen, das heißt: als ein Modell, das ohne irgendeine Änderung vom Text auf die von ihm dargestellte oder vorweggenommene politische oder soziale Situation übertragen werden kann. Geht man von dieser Annahme aus, so läßt sich gegen die *Abhandlung über die Ungleichheit* eine ganze Reihe von Einwänden vorbringen, die denn auch mit bemerkenswerter Hartnäckigkeit in allen Rousseau gewidmeten Untersuchungen zu finden sind und die zu erheben sich jeder Leser des Textes selbst gedrängt fühlen wird.

Es ist keinesfalls meine Absicht, diese Einwände für unbegründet zu erklären oder zu behaupten, sie speisten sich aus einer vorsätzlichen Böswilligkeit, der man am besten mit einer entsprechenden bösen Absicht entgegentreten sollte. Ein Interpret Rousseaus sollte vielmehr tunlichst vermeiden, die paranoide Geste seines Interpretationsgegenstandes zu wiederholen. Seine erste Aufgabe ist, zu diagnostizieren, was – wenn überhaupt – von anderen Lesern systematisch übersehen worden ist. Dann erst kann er fragen, warum diesem besonderen Gebiet des Rousseauschen Denkens das merkwürdige Privileg zukommt, sich unsichtbar machen zu können, als ob es den Ring des Gyges besäße, auf den im sechsten *Spaziergang* angespielt wird. Die wörtliche Lektüre der *Abhandlung*, die es versäumt, die figuralen Dimensionen der Sprache in Betracht zu ziehen (obwohl gerade dieser Text die Aufmerksamkeit ausdrücklich auf diese Dimensionen lenkt), läßt sich nicht einfach als irrig oder böswillig verwerfen. Dies geht schon darum nicht, weil die politische Terminologie und die politischen Themen der *Abhandlung über die Ungleichheit* die Existenz eines sich außerhalb des Textes befindenden Bezugsgegenstands voraussetzen und daher die Frage nach der Beziehung des Textes zu diesem Gegenstand aufwerfen. Wir können auch nicht davon ausgehen, daß diese Beziehung eine Beziehung der wörtlichen Entsprechung ist.

Als Beispiel wollen wir einmal den Status eines Sachverhalts etwas näher betrachten, der ein unvermeidliches Apriori des Textes zu sein scheint, nämlich des von Rousseau so genannten »Naturzustands«. Nur sehr wenige in der Sache bewanderte Leser würden heute noch immer behaupten wollen, Rousseaus Naturzustand sei eine gegenwärtige, vergangene oder zukünftige empirische Realität.[4] Die meisten Kommentatoren würden darin übereinstimmen, daß der Naturzustand, wenigstens bis zu einem gewissen Grad, ein Zustand ist, »der nicht mehr zu finden, der vielleicht niemals dagewesen ist und künftig auch, aller Wahrscheinlichkeit nach, nie vorkommen wird« (A 53). Er ist eine Fiktion; aber indem man dies feststellt, hat man das Problem nur verschoben, denn nun stellt sich die Frage, welche Bedeutung dieser Fiktion in bezug auf die empirische Welt zukommt. Wenn man davon ausgeht, daß die Autorität des Naturzustands, der Einfluß, den er auf unser heutiges Denken ausübt, nicht mehr Autorität und Einfluß von etwas anderenorts und zu anderer Zeit Existierendem sind und daß unsere Beziehung zu diesem Naturzustand daher nicht mehr als von Nostalgie und Sehnsucht geprägt zu beschreiben ist; und wenn man zugibt, daß die Seinsweise des Naturzustands und die Seinsweise des gegenwärtigen, entfremdeten Zustands des Menschen vielleicht grundsätzlich nicht miteinander zu vereinen sind und kein Weg von einer zur anderen führt – dann erhebt sich die Frage, warum diese radikale Fiktion (»Beginnen wir damit, alle Tatsachen beiseite zu lassen«; A 61) auch weiterhin für ein Verständnis der Gegenwart unverzichtbar ist, ganz so, als ob ihr Schatten für alle Zeit darüber zu bestimmen hätte, wieviel Licht uns zugebilligt wird. Der Naturzustand ist ein Zustand, den es »zu ergründen« gilt und von dem man »richtige Begriffe« haben muß, »wenn man über unsern gegenwärtigen Zustand richtig urteilen will« (A 53). Welche Art von Erkenntnis kann hoffen, einen radikal fiktionalen Zustand zu ergründen? Die *Abhandlung über die Ungleichheit* scheint kaum in der Lage zu sein, darauf eine verläßliche Antwort zu geben. Als eine Entwicklungsgeschichte, in der der Naturzustand zumindest als Ausgangspunkt oder als Bezugspunkt[5] funktioniert (wenn schon nicht notwendigerweise mehr als Endpunkt), scheint die *Abhandlung* der radikalen Abkehr von aller Wirklichkeit zu widersprechen, auf der sie ihren Anspruch gründet, von allen Beschränkungen durch Tatsachen frei zu sein. Rousseau scheint beides haben zu wollen: Einerseits reklamiert er für sich die Freiheit des Fabeldichters, andererseits beansprucht er gleichzeitig für sich die Autorität des zuverlässigen Historikers. Seitens der Historiker ist daher sicher eine gewisse Unduldsamkeit einem Manne gegenüber gerechtfertigt, der selbst zugibt, sich in Spekulationen zu verlieren, aber andererseits behauptet, gerade dadurch »allen Staub und Sand, mit welchem das Gebäude ⟨der von den Menschen geschaffenen Einrichtungen⟩ umgeben ist«, beiseite zu räumen und es so erst zu ermöglichen, »den festen Grund« zu sehen, »auf den es gebaut ist«, und damit »seine Grundmauern mit Ehrfurcht zu betrachten« (A 57). Wie können eine reine Fiktion und eine sich mit so konkreten politischen Realitäten wie Eigentum, Vertragsrecht und Regierungsformen befassende Erzählung zu einer Entwicklungsgeschichte verschmelzen, die den Anspruch erhebt, die Grundlagen der menschlichen Gesellschaft freizulegen?

Es läßt sich kaum umgehen, eine Inkonsistenz zu diagnostizieren, die zwangsläufig in einem Auseinanderklaffen der theoretischen und literarischen Aspekte des Rousseauschen Denkens einerseits und seiner praktischen und politischen Aspekte andererseits enden muß. Die literarische Einbildungskraft, die in der *Abhandlung über die Ungleichheit* die Fiktion eines menschlichen Naturzustands erfindet, wird so durch die Unterdrückung der politischen Fähigkeit zur Ideologie. Eine klare und prägnante Formulierung dieser immer wieder vorgebrachten Rousseaukritik – die wenigstens bis auf Schiller zurückgeht – findet sich in einer Arbeit Louis Althussers über Rousseaus *Gesellschaftsvertrag*. Althusser analysiert sich ständig wiederholende Verschiebungen in den Schlüsselbegriffen Rousseaus und kommt zu dem Schluß, daß genau diese Verschiebungen oder Verlagerungsprozesse für die Diskrepanz verantwortlich sind,

> welche die Konsequenzen der Theorie von der Realität trennt und die eine Diskrepanz zwischen zwei gleichermaßen unmöglichen Formen der Praxis ist. Da wir nun ⟨im Text des *Gesellschaftsvertrags*⟩ die Ebene der Realität erreicht haben und wir uns nur im Kreis bewegen können (Ideologie-Ökonomie-Ideologie-...), so bleibt uns keine Möglichkeit, aus diesem Kreis zu entkommen und zur eigentlichen Wirklichkeit zu gelangen. Die Bewegung der Verschiebung kommt an ihr Ende.
>
> Wenn uns keine Bewegung des Verschiebens mehr möglich ist ..., dann bleibt uns nur noch ein ganz anders gearteter Weg offen: der Weg der *Übertragung* der unmöglichen theoretischen Lösung in das Andere der Theorie, nämlich in die Literatur. Dies bedeutet den fiktionalen Triumph eines bewunderungswürdigen und beispiellosen literarischen Werkes.[6]

Wenn es sich bei der politischen Seite des Rousseauschen Werkes tatsächlich um eine mittels der literarischen Sprache entfaltete reduktive Ideologie handeln würde, dann wäre das theoretische Interesse eines Textes wie der *Abhandlung über die Ungleichheit* in erster Linie ein psychologisches. Umgekehrt würden die politischen Schriften dann zu einer zuverlässigen Quelle, die einen Zugang zum problematischen Ich Rousseaus ermöglichte. Besonders die *Abhandlung* würde sich in dieser Hinsicht als aufschlußreich erweisen, und zwar nicht nur, weil in ihr, im Unterschied zum *Gesellschaftsvertrag*, explizit eine Übertragung in literarische Fiktion vorliegt, sondern vor allem, weil sie, anders als die autobiographischen Schriften Rousseaus, ihre Besessenheit vom Ich und seinen Zwangsvorstellungen hinter einer Sprache der begrifflichen Allgemeinheit verbirgt. Rousseaus Ambivalenz hinsichtlich solcher Schlüsselbegriffe wie Eigentum oder bürgerliche Gewalt oder sogar Technologie[7] vermöchte dann als Modell zu dienen, an dem ein Verständnis seiner psychologischen Selbstmystifikationen gewonnen werden könnte. Auf der Ebene des Textes würde sich dieses Problem als Inkonsistenz zwischen dem ersten und dem zweiten Teil des Textes darstellen: Zwischen der reinen Fiktion des ersten Teils, der sich mit methodologischen Problemen und theoretischen Erörterungen über den Menschen und die Natur befaßt, und der im zweiten Teil überwiegend verwendeten Sprache einer Betrachtung von historischen und institutionellen Themen würde eine unüberbrückbare Lücke klaffen, die Rousseau selbst am wenigsten von allen wahrzunehmen in der Lage ist, da er sich fälschlicherweise einbildet, über eine authentische Selbsterkenntnis zu verfügen. Die folgende Lektüre stellt dieses gängige Schema in Frage.

In der *Abhandlung über die Ungleichheit* ist der Naturzustand zwar fiktional, aber darum noch nicht statisch. Er wird als synchroner *Zustand* beschrieben, in den Veränderungsmöglichkeiten eingebaut sind. Die potentiell dynamischen Eigenschaften des natürlichen Menschen sind erstens »die aller Vernunft vorausgehen⟨de⟩« Mitleidigkeit, die »macht, daß wir kein empfindendes Wesen und vornehmlich keines unseresgleichen ohne Widerwillen umkommen oder leiden sehen können« (A 55), und zweitens die Freiheit: »Bei den Verrichtungen der Tiere muß die Natur alles bewirken, während der Mensch als ein frei handelndes Wesen zu den seinigen vieles beiträgt« (A 70). Der Begriff des Mitleids ist von Derrida einer erschöpfenden Untersuchung unterzogen worden.[8] Wir können daher bei dem Begriff der Freiheit ansetzen.

Die ambivalente Natur des Rousseauschen Freiheitsbegriffs ist von zahlreichen Interpreten bemerkt worden. Die Freiheit ist für Rousseau keinesfalls ein stiller und harmonischer Ort der Ruhe innerhalb der dem Menschen gesetzten Grenzen, keine Belohnung für eine im kantischen Sinne rationale Einsicht in Beschränkungen. Für Rousseau ist Freiheit von Anfang an ein Willensakt (»der Wille redet noch, wenn die Natur schon schweigt«, A 70), der einer stets gegenwärtigen Behinderung durch Beschränkungen ausgesetzt ist, die er zu überwinden sucht.[9] Dies ist nur die Folge oder eine andere Version der zu Beginn der *Abhandlung über die Ungleichheit* getroffenen Aussage, daß sich das natürliche Wesen des Menschen prinzipiell unserer Erkenntnis entzieht: »Je fleißiger wir den Menschen studieren, desto weniger sind wir imstande, ihn zu erkennen« (A 52). Jede Eingrenzung in den Rahmen einer anthropologischen Selbstdefinition wird daher als eine Beschränkung empfunden, die der Mensch als ein von einer natürlichen Spezifikation freies Wesen zu überschreiten suchen muß. Dieser Wille zur Überschreitung macht für Rousseau in einem Nietzsche vorwegnehmenden Schritt die eigentliche Definition des Geistigen aus: »das Vermögen, zu wollen oder vielmehr zu wählen, und das Bewußtsein dieses Vermögens ⟨le sentiment de cette puissance⟩ sind rein geistige Akte« (A 71). Der Unterschied zwischen der Macht zu wollen, der »puissance de vouloir«, und dem »Willen zur Macht« ist sehr gering, denn die Macht zu wählen ist genau die Macht, alles zu überschreiten, was in der Natur das Ende der menschlichen Macht zur Folge haben würde.

Der aus einer so begriffenen Freiheit unmittelbar hervorgehende Begriff wird von Rousseau in dem auf diese Definition folgenden Absatz eingeführt, wenn auch der beide Begriffe verbindende Gedanke nicht ausgeführt wird: Freiheit ist der Wille des Menschen zur Veränderung, den Rousseau etwas irreführend »perfectibilité« nennt (»sein Vermögen, sich vollkommener zu machen«, A 71).[10] Die potentielle Überschreitung kommt bei Rousseau immer dann ins Spiel, wenn der Begriff der Natur und der Begriff des Menschen miteinander in Verbindung gebracht werden (so sind in Rousseaus *Versuch über den Ursprung der Sprachen* alle zur Veranschaulichung der »natürlichen« Sprache des Menschen gewählten Beispiele Akte der Gewalt)[11]. Diese potentielle Überschreitung oder Überschreitungspotenz bewirkt eine Umgestaltung aller Attribute des Menschen, die keine bestimmten, in sich geschlossenen und ein Ganzes ausmachenden Handlungen mehr sind, sondern zu offenen Strukturen werden: Die Wahrnehmung wird zur Einbildungskraft, natürliche Bedürfnisse werden zu unerfüllbaren Leidenschaften, einfache Sinnesempfindungen werden zu einem unaufhörlichen Streben nach Erkenntnis (»Je mehr man ... nachdenkt, desto weiter scheinen uns die allereinfachsten Erkenntnisse von den bloßen Wahrnehmungen entfernt zu sein«, A 73) – all das beraubt den Menschen für alle Zeit einer zentralen Identität. Ganz demselben Muster gehorchend, erwächst aus den Handlungen einer grenzüberschreitenden Freiheit auch die Entdeckung der Zeitlichkeit: Die Zeit verhält sich zum Raum wie die Einbildungskraft zur Wahrnehmung, das Bedürfnis zur Leidenschaft usw. Die Vorstellung einer Zukunft ist an die Möglichkeit einer freien Einbildungskraft geknüpft; die Seele des noch versklavten primitiven Menschen ist »ohne den mindesten Begriff von dem Zukünftigen ..., es mag noch so nahe bevorstehen. Seine Pläne, die ebenso beschränkt sind wie seine Ansichten, erstrecken sich kaum bis an das Ende eines einzigen Tages« (A 73). Ebenfalls an die den Menschen vom Tier unterscheidende Freiheit geknüpft ist das Bewußtsein der Sterblichkeit: »Die Kenntnis des Todes und der Schrekken, die ihn begleiten, gehören zu den ersten Dingen, die der Mensch erlangt, nachdem er sich von seinem tierischen Stande entfernt hat« (A 72).

Dieser existentielle Begriff der Freiheit ist an sich zwar eindrucksvoll genug, doch ist er allein nicht ausreichend, um die Verbindung zu den politischen Teilen der *Abhandlung über die Ungleichheit* herzustellen. Er begründet die ambivalente Bewertung einer jeden historischen Veränderung, da jegliche Veränderung stets das sie ermöglichende Wertsystem in Frage stellt: Jede positive Bewertung als Fortschritt impliziert stets auch einen Rückschritt, und Rousseaus Text ist um die Aufrechterhaltung dieses Gleichgewichts auf das peinlichste bemüht.[12] Die Unmöglichkeit einer rationalistisch aufgeklärten Anthropologie begründet auch die Notwendigkeit des Sprungs in die Fiktion, da keine vergangene oder gegenwärtige menschliche Handlung mit der Natur des Menschen übereinstimmen oder zu ihr hinführen kann. Daher bleibt weiterhin ungeklärt, wieso die *Abhandlung über die Ungleichheit* in ihrem zweiten Teil von den konkreten Realitäten des politischen Lebens wieder auf eine normative Weise spricht. Anders ausgedrückt: Warum bewahrt das zu Beginn formulierte methodologische Paradox (daß es gerade der Versuch ist, den Menschen zu erkennen, der diese Erkenntnis unmöglich macht) den Text nicht davor, letztendlich doch geschrieben zu werden (wenn auch nach vielen Verzögerungen, geht doch einem ersten Teil ein Vorwort voraus, das eine methodologische Einführung ist und das selbst wieder durch ein anderes Vorwort eingeleitet wird)? Welche aus dem ersten Teil zu gewinnenden charakteristischen Strukturen der Freiheit und der Perfektibilität ermöglichen uns ein Verständnis der politischen Strukturen des zweiten Teils? Und wie gelangen wir zu einer Beschreibung der Perfektibilität als offene Struktur, wenn wir einen Text vor uns haben, der eine in sich geschlossene Entwicklung zu nehmen scheint, in der die Perfektibilität nur das

Leitmotiv abgibt?

Der Abschnitt über die Sprache (A 75-80) tritt als Abschweifung auf und soll die Unmöglichkeit demonstrieren, allein auf natürlichem Wege vom Naturzustand zum Kulturzustand überzugehen. Parallel dazu entfaltet Rousseau ein entsprechendes Argument hinsichtlich der Entwicklung einer Technologie. Diese Argumentation Rousseaus hat in der Tat eine sekundäre, polemische Funktion und dient nicht unmittelbar den systematischen Aspekten der *Abhandlung*. Starobinski betont in seinen Anmerkungen zur Pléiaden-Ausgabe (S. 1322) zu Recht, daß diese Textpassage weniger als Theorie über den Ursprung der Sprache gedacht ist, sondern mehr die Schwierigkeiten vorführen will, welche eine solche Frage aufwirft. Die ganze Passage ist im Ton eines Scheinarguments gehalten, das sich gegen jeden Versuch richtet, den Ursprung der Sprache mittels kausaler Kategorien zu erklären, die ihrerseits von der Wirkkraft des Ursprungs abhängig sind, für den sie angeblich verantwortlich sein sollen.[13] Die ständige Warnung, sich nicht einzubilden, man könne einen privilegierten Standpunkt einnehmen, da man damit einer Mystifikation aufsitzt, die ihre eigene Entstehung nicht zu begreifen in der Lage ist, ist ein methodologisches Generalthema der *Abhandlung über die Ungleichheit*, das hier auf die Sprachtheorie Anwendung findet. Aber die Sprachwissenschaft ist nur eines der Gebiete, wo diese Art von Fetischismus (die Reduzierung von Geschichte auf Natur) auftritt. Andere Themenbereiche, in denen der gleiche Irrtum vorherrscht, sind das moralische Urteil (Hobbes) und die Technologie. So gesehen, scheint der Abschnitt über die Sprache in erster Linie eine kritische Funktion zu haben und zur Erhellung des zentralen Problems des ganzen Textes nichts beitragen zu können, nämlich wie es um die erkenntnistheoretische Autorität seines normativen zweiten Teils bestellt ist.

Der Abschnitt über die Sprache enthält jedoch auch eine eigene Theorie über die Struktur der Sprache, wenn auch in äußerst fragmentarischer und indirekter Form. Vor allem aber ist von Bedeutung, daß Rousseau die Sprache ausdrücklich mit dem Begriff der Perfektibilität verknüpft, der von den elementaren Kategorien der Freiheit und des Willens abgeleitet ist. »Im übrigen«, schreibt er, »können sich die allgemeinen Begriffe nicht anders als vermittelst der Worte in unseren Geist eingepflanzt haben, und der Verstand begreift sie nicht anders als durch Sätze. Dies ist eine der Ursachen, warum sich die Tiere keine solchen Begriffe machen und niemals das Vermögen, sich vollkommener zu machen, erlangen können, das von den allgemeinen Begriffen abhängt ⟨C'est une des raisons pourquoi les animaux ne sauroient se former de telles idées, ni jamais acquérir la perfectibilité qui en dépend⟩« (A 79). Die Perfektibilität entwickelt sich in der gleichen Weise wie die Sprache, die von besonderen Namen zu Allgemeinbegriffen übergeht: Der Text stellt eine explizite Verbindung zwischen zwei unterschiedlichen begrifflichen Bereichen her, von denen der eine die Begriffe der Perfektibilität und der Freiheit sowie eine Reihe von Allgemeinbegriffen umfaßt, die zwar alle narrativ und thematisch miteinander verbunden sind, deren innere Struktur aber niemals beschrieben wird, während der andere die strukturellen und erkenntnistheoretischen Eigenschaften der Sprache beinhaltet. Zudem fungieren Freiheit und Perfektibilität als Relaisstationen, durch die der Text von der methodologischen Sprache des ersten Teils zu der politischen Sprache des zweiten überwechseln kann. Daher läßt sich Rousseaus Satz über die Verknüpfung von Sprache und Perfektibilität folgendermaßen interpretieren: Er besagt, daß das in den politischen Partien der *Abhandlung über die Ungleichheit* wirksame Begriffssystem in der gleichen Weise wie das in der Abschweifung über den Ursprung der Sprache beschriebene Sprachmodell strukturiert ist. Damit wird die zitierte Passage zu einer Schlüsselstelle für das Verständnis des ganzen Textes. Denn nirgendwo sonst findet sich eine so detaillierte strukturelle Analyse der in der anschließenden Erzählung eine Rolle spielenden Begriffe.

Jedoch wird diese Textstelle in den meisten Interpretationen der *Abhandlung* eher umgangen als hervorgehoben. In seinen Anmerkungen zur Pléiaden-Ausgabe scheint sich Jean Starobinski einiger ihrer Implikationen klar bewußt zu sein, doch bringt er sie durch eine die entscheidende Frage ihrer Interpretation betreffende Argumentation sogleich um ihre volle Bedeutung. In seinem Kommentar zu Rousseaus Satz »C'est une des raisons pourquoi les animaux ne sauroient se former de telles idées, ni jamais acquérir la perfectibilité qui en dépend« schreibt er: »Der Relativsatz ⟨qui en dépend⟩ hat hier eine bestimmende und keine erklärende Funktion. Rousseau bezieht sich hier auf eine besondere Art der Perfektibilität, die von der Sprache abhängig ist. Betrachtet man hingegen die von Rousseau zu einer wesentlichen und ursprünglichen Eigenschaft des Menschen erklärte Perfektibilität im allgemeinen, so ist sie nicht das Resultat der Sprache, sondern weit eher ihre Ursache« (S. 1327). Die französische Sprache gibt uns keine Möglichkeit an die Hand, um allein mit Hilfe der Grammatik zu entscheiden, ob der Satz zu lesen ist als: »Tiere können niemals das Vermögen erlangen, sich vollkommener zu machen, da dieses Vermögen von der Sprache abhängig ist«; oder, wie Starobinski meint, als: »Tiere können niemals die von der Sprache abhängige Art des Vermögens, sich vollkommener zu machen, erlangen.« Das rechte Verständnis dieser Textstelle hängt davon ab, ob man die fragwürdige Behauptung akzeptiert, das von Starobinski hier eingeführte Prinzip der genetischen Kausalität, bei dem chronologische, logische und ontologische Priorität zusammenfallen[14], sei das Rousseaus Text zugrundeliegende System. Läßt sich wirklich von der Perfektibilität sagen, sie sei eine »wesentliche und ursprüngliche Eigenschaft des Menschen«, wie es Starobinski tut, wo doch Rousseau nur sagt, sie sei »eine besondere Eigenschaft, wodurch sich diese Arten ⟨Mensch und Tier⟩ unterscheiden« (A 71)? Sowohl der Begriff des Wesentlichen als auch der Begriff des Ursprünglichen (Starobinski verwendet die Vokabel »primitif«) sind problematisch, und ihre Kombination, als ob sie beliebig untereinander austauschbar wären, ist am problematischsten. Starobinskis Formulierung geht nicht nur davon aus, daß das (zeitlich) Ursprüngliche auch das (ontologisch) Wesentliche sein müsse, sie setzt auch voraus, daß eine Eigenschaft von etwas, das vermutlich eine Substanz ist (Mensch), eine Essenz sein kann. Da sich zudem die Substanz »Mensch« in diesem Text als äußerst flüchtiger und schwer festzulegender Begriff darstellt, der sich logisch weit mehr wie eine Eigenschaft als wie eine Substanz verhält, wäre die Essenz Perfektibilität dann die Eigenschaft einer Eigenschaft. Rousseaus methodologisches Hauptargument, sein ständiges Warnen vor der Gefahr, die Wirkung durch die Ursache zu ersetzen[15], offenbart zumindest ein gewisses Mißtrauen gegenüber kontinuierlichen genetischen Abfolgen, da diese Ersetzung nur dann ein Irrweg ist, wenn eine solche Kontinuität in Frage steht. Dies sollte uns vorsichtig machen, den gesunden Menschenverstand und die eindrucksvolle Vernünftigkeit der von Starobinski vorgetragenen Interpretation unkritisch zu akzeptieren.

Aber auch wenn man die Textstelle so versteht, daß die Perfektibilität schon in dem allgemeinen Sinne mit der Sprache verknüpft ist, in dem sie zum erstenmal in der *Abhandlung über die Ungleichheit* auftaucht (A 71), scheint darum die Aussage auf den ersten Blick noch immer nicht so gravierend zu sein, daß sich daraus ihre Unterdrückung erklären ließe. Warum also wird sie übersehen oder übergangen? Es ist doch sehr merkwürdig, daß man sich weigert, einem Hinweis zu folgen, den ein Text selbst gibt, indem er eine Gelegenheit bietet, einen nichtsprachlichen historischen Begriff wie die Perfektibilität mit der Sprache zu verknüpfen. Besonders merkwürdig ist das bei einem Text, dessen Verständlichkeit abhängig ist von der Existenz oder Nichtexistenz einer solchen Verbindung zwischen einer »literarischen«, sprachorientierten Untersuchungsmethode und den praktischen Resultaten, zu denen die Methode zu führen behauptet. Und doch weicht selbst ein Kritiker von Starobinskis Intelligenz und Einfühlungsvermögen den Zeichen aus, die Rousseau uns gegeben hat, und zieht eine glatte, eingängige Interpretation vor, obwohl dies nicht ohne eine gewisse Gewaltsamkeit möglich ist. Denn in Rousseaus Werk findet sich keine Spur von einer besonderen, sprachlichen Perfektibilität, die sich von der historischen Perfektibilität im allgemeinen unterscheiden würde. In dem *Versuch über den Ursprung der Sprachen* entwickelt sich die Perfektibilität der Sprache, die in Wirklichkeit eine Entartung ist, exakt genauso, wie sich in der *Abhandlung über die Ungleichheit* die Perfektibilität der Gesellschaft entwickelt. Es muß eine ungeahnte Gefahr in einem Satz verborgen sein, wenn man so ängstlich darauf bedacht ist, ihn zu entschärfen.

Tiere haben keine Geschichte, weil sie nicht in der Lage sind, die eigentümlich sprachliche Handlung der Bildung von Allgemeinbegriffen auszuführen. Aber wie kommt diese Bildung der Allgemeinbegriffe nach Rousseaus Auffassung zustande? Der Text gibt darüber einigen Aufschluß, wenn auch nicht auf einfache und geradlinige Weise. Er beschreibt die Bildung der Allgemeinbegriffe als die Ersetzung einer verbalen Äußerung (auf der einfachsten Ebene als Ersetzung eines Eigennamens) durch eine andere, und zwar auf der Grundlage einer Ähnlichkeit, welche die Unterschiede verdeckt, die die Existenz von Entitäten überhaupt erst garantieren. Die natürliche Welt ist eine Welt der reinen Kontiguität: »Ein jeder Gegenstand zeigte sich ihnen ⟨den ersten Spracherfindern⟩ unter einer eigenen abgesonderten Gestalt, unter welcher er in dem Gemälde der Natur wirklich angetroffen wird. Wenn dieser Eichbaum A benannt wurde, so mußte jener schon mit dem Namen B belegt werden ...« (A 78). Innerhalb dieser Kontiguität treten gewisse Ähnlichkeiten auf. Indem man aufgrund bestimmter Eigenschaften, die sie gemeinsam haben, A und B durch das Wort »Baum« ersetzt, erfindet man eine Abstraktion, unter der die unaufhebbaren Unterschiede subsumiert werden, die A von B trennen. Die Wahrnehmung der Ähnlichkeiten allein ist noch keine Begriffsbildung: Bei den Tieren ermöglicht sie zwar ein bedürfnisbefriedigendes Handeln, dieses Handeln erschöpft sich jedoch in der Ausführung der jeweiligen besonderen Handlung. »Glaubt man, daß ein Affe, wenn er ohne zu zögern von einer Nuß zur andern geht, von dieser Art Früchte einen allgemeinen Begriff habe, und daß er ihr Urbild mit den einzelnen Gegenständen vergleiche? Gewiß nicht, ...« (A 79). Die Bildung von Allgemeinbegriffen geschieht nicht auf der Grundlage bloßer Wahrnehmung: Wahrnehmung und Einbildungskraft (als Gedächtnis)[16] sind zwar an der Erkennung bestimmter Ähnlichkeiten beteiligt – eine Handlung, von der gesagt wird, zu ihr seien Tier und Mensch gleichermaßen fähig –, doch der eigentliche Prozeß der Begriffsbildung ist sprachlicher Natur: »Will man also allgemeine Begriffe haben, so muß man sie in Sätzen ausdrücken, so muß man reden. Denn sobald die Einbildungskraft innehält, so kann sich der Geist nur mittels der Rede weiterhelfen« (A 79).

Diese Beschreibung scheint innerhalb eines binären Systems zu verbleiben, in dem Tier und Mensch, Natur und Kultur, Handlungen (oder Dinge) und Worte, Besonderheit (oder Differenz) und Allgemeinheit, Konkretheit und Abstraktion zueinander in polarer Opposition stehen. Derartige Antithesen gestatten ein dialektisches Bewerten, und obwohl diese Passage der *Abhandlung über die Ungleichheit* von Werturteilen relativ frei ist (hier wird keine prinzipielle Überlegenheit der Natur gegenüber allem Artifiziellen oder des praktischen Handelns gegenüber spekulativem Abstrahieren behauptet), so lädt sie doch ihren Interpreten zu Werturteilen geradezu ein. Die Bewertung dieser und ähnlicher Textstellen ist dann von besonders einschneidender Wirkung, wenn man die binäre Spannung innerhalb der Sprache selbst ansiedelt: Die Polarität wird dann in der Struktur des sprachlichen Zeichens ausgemacht, in der von Rousseau getroffenen Unterscheidung zwischen der benennenden und der begrifflichen Funktion der Sprache. In der Tat unterscheidet der Text zwei Handlungen, nämlich die Namengebung (Baum A und Baum B), die zur wörtlichen Benennung mittels des Eigennamens führt, von der Begriffsbildung. Und eine Bildung von Allgemeinbegriffen, die als Austausch oder Ersetzung von Eigenschaften auf der Grundlage von Ähnlichkeiten aufgefaßt wird, entspricht haargenau dem klassischen Verständnis der Metapher, wie sie in den Theorien der Rhetorik von Aristoteles bis Roman Jakobson definiert ist.[17] Der Text würde damit in einem gewissen Sinne zwischen figurativer, konnotativer und metaphorischer Sprache einerseits und benennender, bezugnehmender und wörtlicher Sprache andererseits unterscheiden und beide Sprachweisen einander antithetisch gegenüberstellen. Damit wäre eine Bewertung möglich, welche einen Sprachmodus über den anderen stellte. Da Rousseau die zeitliche Priorität des Eigennamens vor dem Begriff behauptet (»Ein jeder Gegenstand wurde zunächst mit einem besonderen Namen belegt«, A 78; »die ersten Substantive ⟨können⟩ nie etwas anderes als Eigennamen gewesen sein«, A 79), so würde daraus in der Tat folgen, daß er gemäß der Entwicklungslogik der Erzählung die wörtlichen von den metaphorischen Sprachformen trennt und die ersteren höher einstuft als die letzteren. Diese nahezu einmütig von allen Interpreten geteilte Deutung ist von Alain Grosrichard unter Hinweis auf Michel Foucault auf den Punkt gebracht worden: »Die ganze Geschichte des Rousseauschen Werkes, der Übergang von der ›Theorie‹ zur ›Literatur‹, ist die Geschichte des Übergangs von der Notwendigkeit, die Welt zu benennen, zu der vorgängigen Notwendigkeit, sich selbst zu benennen. Die Welt zu benennen bedeutet, die Darstellung der Welt mit der Welt selbst zur Deckung zu bringen; sich selbst zu benennen bedeutet, meine Darstellung der Welt mit dem, wie ich mich darstelle, übereinstimmen zu lassen.«[18] Rousseaus immer subjektiver und immer autobiographischer werdender Diskurs wäre dann bloß eine versuchte Ausweitung der sein Denken beherrschenden referentiellen Sprachauffassung auf den Bereich des Ichs. Und das Fehlschlagen dieses Versuchs, das Subjekt zu »benennen«, die Entdeckung, daß das Subjekt, wie Grosrichard es ausdrückt, »unbenennbar« *ist*[19], würde dann die Autorität des Rousseauschen Sprechens untergraben. Damit wäre sein Sprechen auch, mit Condillac und allen Nachfolgern Lockes, eine Form des Diskurses, den Foucault als »klassisch« denunziert. Was die *Abhandlung über die Ungleichheit* angeht, so muß dieser Text einer solchen Interpretation als zutiefst inkohärent erscheinen, da er die von ihm selbst behauptete Opposition zwischen der Metaphorizität des Begriffs »Naturzustand« und der Wörtlichkeit des Bezugs auf die Realität der bürgerlichen Gesellschaft nicht unter Kontrolle bringt. Zudem kehrt der Text, indem er im Metaphorischen seinen Ausgang nimmt, die von ihm verfochtene Priorität der Benennung über die Konnotation um. In den sich ausdrücklich um das Ich drehenden Texten wie den *Confessions* oder den *Dialogues* träte dann diese Inkohärenz offen zutage, während sie von der pseudobegrifflichen Sprache der *Abhandlung* verdrängt würde.

Bevor man sich jedoch diesem verführerisch klingenden Schema überläßt, sollte man sich die betreffende Textstelle und den entsprechenden Abschnitt in dem *Versuch über den Ursprung der Sprachen* genauer ansehen.[20] Trennt Rousseau wirklich die figurale von der wörtlichen Sprache, und privilegiert er wirklich die eine Diskursform vor der anderen? Darauf gibt es keine einfache Antwort, denn während es in der *Abhandlung* heißt, »die ersten Substantive können nie etwas anderes als Eigennamen gewesen sein«, so behauptet der *Versuch* mit gleicher Entschiedenheit, »die erste Sprache des Menschen« habe »bildhaft« sein müssen: »Die bildhafte Sprache entstand zuerst, die eigentliche Bedeutung fand man zuletzt« (V 171). Und wenn wir das Benennen bei Rousseau als einen Akt zu verstehen versuchen, der, in Foucaults Worten, bedeutet, »durch die Sprache bis zu jenem Ort zu gehen, an dem die Sachen und die Wörter sich in ihrem gemeinsamen Wesen verknüpfen«[21], so finden wir, daß in der *Abhandlung* die Benennung eher mit Differenz als mit Identität assoziiert ist. Die Ausgabe von 1782 ergänzt die Beschreibung der Benennung (»Wenn dieser Eichbaum A benannt wurde, so mußte jener schon mit dem Namen B belegt werden ...«) um folgende Bemerkung: »... denn die erste Vorstellung, die man sich von zwei Dingen macht, ist die, daß sie nicht dasselbe Ding sind; und es erfordert oft viel Zeit, zu beobachten, was ihnen gemein ist« (A 78). Das würde dann bedeuten, daß ein Beobachter, der so auf die Wahrnehmung von Differenz konzentriert ist, daß er die Ähnlichkeit zwischen einem Eichbaum und einem anderen nicht bemerkt, nicht in der Lage wäre, den Unterschied zwischen dem Wort a und dem Baum A zu erkennen, und beide letztlich in einem »gemeinsamen Wesen« identisch werden läßt. Wenn man der traditionellen, hier am Beispiel Grosrichards vorgeführten Rousseauinterpretation folgt, so erhebt sich noch die weitere Schwierigkeit, daß wir den Akt der Benennung bei Rousseau nicht so verstehen können, wie es seinem auf die Dinge ausgehenden Charakter als nichtbegriffliche Wörtlichkeit eigentlich gemäß wäre. Denn bei Rousseau heißt es, daß die »ersten Spracherfinder nur den Begriffen haben Namen geben können, die sie bereits hatten« (A 79) – »... n'ont pu donner des noms qu'aux idées qu'ils avoient déjà«. In diesem Satz bedeutet das Wort »idée«, trotz aller vorkantianischen empiristischen Konkretheit als »Vorstellung«, daß im Akt der Benennung stets eine begriffliche Komponente beteiligt ist, daß die Benennung immer in gewissem Maße metaphorischen Charakter besitzt. Zudem wissen wir aus dem davor zitierten Satz, um was es sich bei der »ersten Vorstellung« handeln muß, nämlich um die Vorstellung der Differenz (»die erste Vorstellung, die man sich von zwei Dingen macht, ist die, daß sie nicht dasselbe Ding sind«). Aber wenn alle Dinge dasselbe sind, nämlich Dinge, und zwar so sehr, daß sie voneinander verschieden sind, dann ist die Ersetzung der Differenz durch die Gleichheit, die für Rousseau das Kennzeichen der begrifflichen Sprache ist, ein integraler Bestandteil jeden Benennens, einer jeden »Erfindung« eines Eigennamens. Es kann nicht gesagt werden, ob das Benennen wörtlich oder figural ist: Immer wenn etwas benannt wird, ist die begriffliche Metapher des Etwas als Differenz notwendigerweise im Spiel; und immer wenn eine Metapher vorliegt, ist die wörtliche Benennung einer besonderen Entität unumgänglich: »Man versuche, ob man sich ein Bild von einem Baum im allgemeinen machen könne; man wird es niemals dahin bringen; man wird gezwungen sein, sich einen großen oder kleinen, einen dichten oder kahlen, einen hellen oder dunklen Baum vorzustellen; ... Sobald sich unser Geist ein Bild ⟨von einem Dreieck⟩ macht, so wird es dieses und kein anderes Dreieck vorstellen, und wir können nicht umhin, die Linien sichtbar oder die Fläche farbig zu machen« (A 79). Sind wir gezwungen, daraus zu schließen, daß es sich bei den Rousseauschen Paradoxa um echte Widersprüche handelt, daß er in der *Abhandlung über die Ungleichheit* nicht wußte, was er im *Versuch über den Ursprung der Sprachen* behauptete, und umgekehrt? Vielleicht täten wir gut daran, Rousseaus Mahnung zu beachten: »Um nicht in Widerspruch zu mir selbst zu geraten, muß man mir die Zeit lassen, mich zu erklären« (V 192).

Im dritten Kapitel des *Versuchs* bietet Rousseau uns ein »Beispiel« in Form einer Parabel, einer kurzen Allegorie. Hier wird erzählt, wie der Eigenname *Mensch*, der gleich zu Beginn der *Abhandlung* eine so bedeutende Rolle spielt[22], entstanden ist:

Ein Wilder wäre, wenn er anderen begegnete, zunächst erschrocken. Seine Furcht hätte ihn diese Menschen größer und stärker als sich selbst sehen lassen; er hätte ihnen den Namen *Riesen* gegeben. Nach etlichen Erfahrungen würde er erkannt haben, daß, da diese vermeintlichen Riesen weder größer noch stärker waren als er, ihre Leibesgröße keineswegs mit der Vorstellung übereinstimmte, die er zuvor mit dem Wort Riese verknüpft hatte. Er würde also einen anderen Namen ersonnen haben, der ihnen und ihm gemein wäre, wie zum Beispiel den Namen *Mensch*, und er würde den des *Riesen* bei dem falschen Gegenstand belassen, der sich ihm während seiner Täuschung eingeprägt hatte. (V 171 f.)

Dies ist eine allgemeine und rein sprachliche Version dessen, was Grosrichard »sich selbst benennen« nennt. Hier wird der Ursprung der Ungleichheit im wörtlichsten Sinne des Begriffs beschrieben. Man hat darauf hingewiesen[23], daß sich diese Stelle möglicherweise Condillac verdankt, allerdings mit dem Unterschied, daß Rousseau sich auf erwachsene Menschen bezieht und nicht auf Kinder. Der Unterschied ist wichtig, da die gesamte Textstelle ein komplexes Spiel mit qualitativen und quantitativen Begriffen der Ähnlichkeit, Gleichheit und Differenz spielt.

Bei der Begegnung mit anderen Menschen, so wird hier behauptet, sei die erste Reaktion des Wilden Furcht. Die Reaktion ist nicht naheliegend, zumindest ist sie nicht auf objektive Daten gegründet, denn Rousseau läßt keinen Zweifel daran, daß die Menschen, von denen hier erzählt wird, von gleicher Größe und Stärke sind. Es handelt sich auch nicht um die Furcht eines einzelnen Individuums, das sich mit einer Überzahl konfrontiert sieht, da die primitiven Menschen über keinen Begriff von Zahlen oder Mengen verfügen. Die Ähnlichkeit hinsichtlich der Größe und aller sichtbaren Attribute der Stärke sollte auf den ersten Blick eigentlich eher beruhigend wirken und die Reaktion weniger ängstlich ausfallen lassen als bei einer Begegnung mit einem Bären oder einem Löwen. Doch Rousseau betont ausdrücklich die Furcht, und Derrida hat sicherlich recht mit seiner Feststellung, daß der auf die furchtsame Reaktion folgende Akt der Benennung, bei dem der andere Mensch ein Riese genannt wird (ein von Rousseau als figurales Sprechen beschriebener Vorgang), die referentielle Bedeutung von einer äußeren, sichtbaren Eigenschaft auf ein »inneres« Gefühl überträgt.[24] Die Wortschöpfung »Riese« bedeutet einfach

»Ich fürchte mich«. Aber was ist der Grund für diese Furcht, wenn keine objektiven Instanzen für sie sprechen? Sie kann nur aus einem grundlegenden Gefühl des Mißtrauens resultieren, aus dem Verdacht, daß das entgegentretende Geschöpf zwar nicht wie ein Bär oder ein Löwe aussieht, sich aber im Gegensatz zu seiner äußeren Erscheinung sehr wohl wie ein solcher verhalten könnte. Das beruhigend vertraut und ähnlich wirkende Äußere könnte eine Falle sein. Die Furcht ist das Resultat einer möglichen Diskrepanz zwischen den äußeren und den inneren Eigenschaften eines Gegenstandes. Es läßt sich zeigen, daß für Rousseau alle Leidenschaften – ob Liebe, Mitleid, Zorn oder sogar ein solcher Grenzfall zwischen Leidenschaft und Bedürfnis wie Furcht – durch eine solche Diskrepanz charakterisiert sind; sie gründen nicht auf der Erkenntnis, daß eine solche Diskrepanz existiert, sondern auf der Hypothese, daß sie existieren könnte: eine Möglichkeit, die niemals auf empirischem oder analytischem Wege erwiesen oder widerlegt werden kann.[25] Eine Aussage, die ein Mißtrauen ausdrückt, ist weder wahr noch falsch, sie hat eher den Charakter einer permanenten Hypothese.

Die Tatsache, daß Rousseau die Furcht als Beispiel gewählt hat, um die Priorität der Metapher über die Benennung zu demonstrieren, macht das Schema beträchtlich komplizierter und reichhaltiger, denn die Metapher ist genau die rhetorische Figur, die zu einem gewissen Grad von der wechselseitigen Entsprechung zwischen »inneren« und »äußeren« Eigenschaften abhängt. Das Wort »Riese«, erfunden von einem furchtsamen primitiven Menschen, um seinen Mitmenschen zu bezeichnen, ist in der Tat eine Metapher, insofern es nämlich auf einer Entsprechung zwischen den inneren Gefühlen der Furcht und den äußeren Eigenschaften der Größe beruht. Es mag objektiv falsch sein (der andere Mensch ist in Wirklichkeit überhaupt nicht größer), aber es ist subjektiv ehrlich (der andere Mensch scheint dem sich fürchtenden Subjekt größer zu sein). Die Aussage mag ein Irrtum sein, sie ist aber keine Lüge. Sie »drückt« die innere Erfahrung richtig aus. Die Metapher ist blind, aber nicht etwa, weil sie objektive Daten nicht richtig wiedergäbe, sondern weil sie etwas als Gewißheit hinstellt, was in Wirklichkeit eine bloße Möglichkeit ist. Die Furcht zu fallen ist »wahr«, weil die Möglichkeit einer zerstörerischen Wirkung der Schwerkraft eine verifizierbare Tatsache ist, aber die Furcht vor einem anderen Menschen ist hypothetisch: Niemand kann einem

Abgrund trauen, aber ob man einem Mitmenschen trauen kann, bleibt immer eine offene Frage, wenn man nicht gerade an Verfolgungswahn leidet oder ein Narr ist. Indem man seinen Mitmenschen einen »Riesen« nennt, läßt man die Hypothese oder die Fiktion zu einer Tatsache erstarren und macht die Furcht, die ihrerseits ein figuraler Zustand mit offener Bedeutung ist, zu einem Zustand mit einer bestimmten, eigentlichen Bedeutung ohne Alternativen. Die Metapher »Riese«, die gebraucht wird, um Mensch zu konnotieren, hat zwar eine eigentliche Bedeutung (Furcht), aber diese Bedeutung ist nicht wirklich eigentlich: Sie bezieht sich auf einen permanenten Schwebezustand zwischen einer Welt der Wörtlichkeit, in der Wesen und Erscheinung übereinstimmen, und einer Welt der Figuralität, in der diese wechselseitige Entsprechung nicht mehr a priori gesetzt ist. Die Metapher ist ein Irrtum, weil sie an ihre eigene referentielle Bedeutung glaubt oder zu glauben vorgibt. Dieser Glaube ist nur innerhalb der Grenzen eines gegebenen Texts gerechtfertigt: Die Metapher, die den Mut Achills konnotiert, indem sie ihn einen Löwen nennt, ist innerhalb der Texttradition der *Ilias* korrekt, da sie sich auf einen Charakter innerhalb einer Fiktion bezieht, dessen Funktion es ist, gemäß den referentiellen Implikationen der Metapher zu leben. Sobald man den Rahmen des Texts verläßt, wird sie zu einem Irrtum – zum Beispiel wenn man seinen Sohn Achill nennt, in der Hoffnung, dies würde aus ihm einen Helden machen. Rousseaus Beispiel von einem Menschen, der einem anderen Menschen begegnet, ist in textlicher Hinsicht mehrdeutig, wie alle Situationen, in denen kategoriale Beziehungen zwischen Mensch und Sprache eine Rolle spielen. Was bei einer solchen Begegnung geschieht, ist komplex: Der empirischen Situation, die offen und hypothetisch ist, wird eine Konsistenz verliehen, die nur in einem Text existieren kann. Dies wird durch eine Metapher bewerkstelligt (indem man den anderen Menschen einen Riesen nennt), eine substitutive Redefigur (»Er ist ein Riese« ersetzt »Ich fürchte mich«), die eine zwischen Fiktion und Tatsache in der Schwebe befindliche referentielle Situation zu einer wörtlichen Tatsache werden läßt. Paradoxerweise verleiht diese rhetorische Figur dem Referenzobjekt eine wörtliche Bedeutung und beraubt es seines parafiguralen Charakters. Die Redefigur defiguriert, das heißt, sie macht die Furcht, die an sich eine parafigurale Fiktion ist, zu einer Realität, die ebenso unausweichlich ist wie die Realität der eigentlichen Begegnung zwischen den beiden Menschen. Die Metapher übersieht das fiktionale, textliche Element in der Natur des von ihr Konnotierten. Sie setzt eine Welt voraus, in der inner- und außertextliche Ereignisse, wörtliche und figurale Sprachformen unterschieden werden können, eine Welt, in der das Wörtliche und das Figurale isolierbare Eigenschaften sind, die daher auch untereinander ausgetauscht und füreinander eingesetzt werden können. Dies ist ein Irrtum, obwohl man sagen kann, daß ohne diesen Irrtum keine Sprache möglich wäre.

Die Kompliziertheit der Situation hängt offenbar mit dem gewählten Beispiel zusammen. Das in der Begegnung von zwei Menschen als Menschen enthaltene Wechselspiel von Unterschiedlichkeit und Ähnlichkeit ist komplexerer Natur als das Wechselspiel, das sich bei der Begegnung von zwei potentiell antithetischen Wesen wie etwa Mann und Frau entfaltet (wie in der *Julie* oder in Teilen des *Émile*) oder bei der Begegnung von Mensch und Ding (wie im Beispiel der *Abhandlung*, wo ein Mensch einen Baum benennt). Es scheint verwunderlich, daß Rousseau ein Beispiel wählt, das auf einer komplexeren Situation beruht, als vom Thema her eigentlich nötig wäre. Sollten wir gemeinsam mit seinen traditionellen Interpreten daraus schließen, daß die intersubjektive, reflexive Situation der Selbstbegegnung, wie sie der von seinem Spiegelbild faszinierte Narziß repräsentiert, für Rousseau wirklich die paradigmatische Erfahrung darstellt, von der alle anderen Erfahrungen abgeleitet sind? Hier gilt es sich daran zu erinnern, daß es sich bei dem Element der reflexiven Ähnlichkeit, wie es sich in dem Beispiel der Begegnung des Menschen mit dem Menschen spiegelt, nicht um die Repräsentation einer paradigmatischen empirischen Situation handelt (wie im Falle von Descartes' *cogito* oder im Falle jeder phänomenologischen Reduktion), sondern um die metaphorische Illustration einer sprachlichen Tatsache. Bei dem Beispiel geht es nicht um den genetischen Prozeß der »Geburt« der Sprache (der später im Text erzählt wird), sondern um den Sprachprozeß der Begriffsbildung. Der Erzählgestus der Passage ist selbst eine Metapher, die uns nicht dazu verleiten sollte, aus einer synchronen Sprachstruktur ein diachrones, historisches Ereignis zu machen. Und die Begriffsbildung ist, wie die Stelle in der *Abhandlung* über das Benennen der Bäume klarmacht, ein innersprachlicher Prozeß, nämlich die Erfindung einer figuralen Metasprache, welche die unendlich fragmentierte und amorphe Sprache der reinen Benennung gestaltet und organisiert. Insofern jede Sprache begrifflich ist, spricht sie immer schon über Sprache und nicht über Dinge. Die bloß metonymische Aufzählung von Dingen, die Rousseau in der *Abhandlung* beschreibt (»Wenn dieser Eichbaum A benannt wurde, so mußte jener schon mit dem Namen B belegt werden ...«), ist ein gänzlich negatives Moment, das weder die Sprache beschreibt, wie sie jetzt ist, noch, wie sie in ihren Anfängen war, sondern das auf dialektische Weise die wörtliche Benennung als Negation der Sprache ausweist. Die Benennung könnte niemals für sich allein existieren, obwohl sie ein konstitutiver Bestandteil aller Sprachereignisse ist. Jede Sprache ist eine Sprache über Benennen, das heißt eine begriffliche, figurale, metaphorische Metasprache. Als solche partizipiert sie an der Blindheit der Metapher, die ihre referentielle Unbestimmtheit auf eine spezifische Bedeutungseinheit wörtlich festlegt. Diese Aussage über die metasprachliche (oder begriffliche) Natur der Sprache ist das Äquivalent zu der früher getroffenen, unmittelbar aus Rousseau abgeleiteten Aussage, daß die Benennung den Begriff (oder die Vorstellung) der Differenz voraussetzen muß, um überhaupt stattfinden zu können.

Wenn jede Sprache über Sprache spricht, dann ist ihr paradigmatisches Modell eine sich selbst gegenübertretende Entität.[26] Daraus folgt, daß die exemplarische Situation, die im *Versuch* beschrieben wird (der Mensch tritt dem Menschen gegenüber), das korrekte Paradigma der Sprache darstellt, während die in der *Abhandlung* beschriebene Situation (der Mensch tritt einem Baum gegenüber) eine dialektische Abweichung von diesem Paradigma darstellt, die sich nicht mehr mit dem Modell der Sprache, sondern mit Problemen der Wahrnehmung, des Bewußtseins, der Reflexion etc. beschäftigt. In einem Text, der das Spezifikum des Menschen mit der Sprache und, innerhalb der Sprache, mit dem Vermögen zur Begriffsbildung verknüpft, gehört dem Beispiel, das der *Versuch über den Ursprung der Sprachen* anführt, die Priorität. Die Aussage der *Abhandlung über die Ungleichheit*, daß »die ersten Substantive nie etwas anderes als Eigennamen gewesen sein können«, ist daher als von der logisch vorgängigen Aussage abgeleitet zu betrachten, daß »die erste Sprache bildhaft sein mußte«. Wenn man einmal begriffen hat, daß für Rousseau im Benennen eine verborgene, blinde Metaphorik am Werk ist, dann ist daran nichts Widersprüchliches mehr zu finden.

Aber das ist noch nicht das Ende der Parabel. Die heutige Sprache verwendet nicht mehr die imaginäre Bezeichnung »Riese«[27], sondern hat an deren Stelle den Begriff »Mensch« geprägt. Die Begriffsbildung ist ein zweifacher Prozeß, und genau diese Doppelstruktur ermöglicht das sukzessive Erzählmuster der Allegorie. Der Prozeß besteht zunächst aus einer wilden, spontanen Metapher, die in bestimmter Hinsicht ein Irrtum ist. Diese erste Abweichung ist jedoch nicht intentional, da die Interessen des Subjekts hier noch in keiner Weise im Spiel sind. Rousseaus Mensch hat nichts dabei zu gewinnen, wenn er das Wort »Riese« erfindet. Die von dem Wort bewirkte Verschiebung resultiert ausschließlich aus einem formalen, rhetorischen Potential der Sprache. Auf der zweiten Ebene liegt die Sache anders. Das Wort »Mensch«, sagt Rousseau, wird erst »⟨n⟩ach etlichen Erfahrungen« erfunden, wenn der primitive Mensch erkannt hat, daß »diese vermeintlichen Riesen weder größer noch stärker waren als er« (V 171). Das Wort »Mensch« ist das Resultat eines quantitativen, auf Messung basierenden Vergleichsprozesses, der die Kategorie der Zahl bewußt gebraucht, um zu einer beruhigenden Schlußfolgerung zu kommen: Wenn die Größe des anderen Menschen zahlenmäßig der meinen entspricht, dann ist er nicht mehr gefährlich. Der Schluß ist von einem Wunschdenken beseelt und kann sich natürlich als Irrtum herausstellen – wie etwa Goliath und Polyphem frühzeitig genug bemerken sollten. Die zweite Ebene der Abweichung hat ihre Ursache darin, daß die Zahl gebraucht wird, als sei sie eine wörtliche Eigenschaft von Dingen, die ihnen quasi von Natur aus zukomme, obwohl sie in Wirklichkeit nur eine weitere begriffliche Metapher ohne objektive Gültigkeit ist und daher der Blindheit und der entstellenden Verschiebung unterliegt, die alle Metaphern konstituiert. Für Rousseau ist, wie für Nietzsche, die Zahl das Musterbeispiel eines Begriffs, der die ontische Differenz hinter einer Illusion von Identität verbirgt. Der Begriff der Zahl ist ebenso abgeleitet und suspekt wie der Begriff des Menschen:

> Ein Wilder konnte sein rechtes und sein linkes Bein einzeln betrachten oder zusammen unter dem unteilbaren Begriff eines Paars, ohne je daran zu denken, daß es ihrer zwei sind. Denn etwas anderes ist der vorstellbare Begriff, der uns einen Gegenstand wiedergibt, und wieder etwas anderes ist der numerische Begriff, der ihn determiniert. Noch weniger konnte er bis fünf zählen, und wenn er auch, so er die eine Hand auf die andere legte, hätte bemerken können, daß die Finger sich genau entsprachen, so war er immer noch weit davon entfernt, an ihre numerische Gleichheit zu denken. (A 156, Anm. XIV)

Der Begriff des Menschen ist daher zweifach metaphorisch: Er besteht erstens aus dem blinden Moment des leidenschaftlichen Irrtums, das zu dem Wort »Riese« führt, und zweitens aus dem Moment des vorsätzlichen Irrtums, der die Zahl verwendet, um die ursprüngliche wilde Metapher zu zähmen und harmlos zu machen (dabei ist zu beachten, daß die hier gebrauchte numerische Terminologie von »erstens«, »zweifach«, »ursprünglich« etc. selbst metaphorisch ist und lediglich um der größeren Klarheit der Darstellung willen gebraucht wird). Der Mensch erfindet den Begriff Mensch mittels eines anderen Begriffs, der seinerseits illusionär ist. Die »zweite« Metapher, die Rousseau mit der wörtlichen, absichtlichen und rhetorischen Verwendung der spontanen Figur gleichsetzt[28], ist nicht mehr unschuldig: Die Erfindung des Wortes Mensch ermöglicht es den »Menschen«, zu existieren, und zwar indem das Wort die Gleichheit innerhalb der Ungleichheit, die Identität innerhalb der Differenz der bürgerlichen Gesellschaft setzt, einer bürgerlichen Gesellschaft, in der die in der Schwebe befindliche potentielle Wahrheit der ursprünglichen Furcht von der Illusion der Gleichheit im Zaum gehalten wird. Der Begriff interpretiert die Metapher der numerischen Gleichheit als wörtlich zu nehmende Tatsachenaussage. Ohne diese Wörtlichkeit könnte es keine Gesellschaft geben. Der Leser Rousseaus muß sich stets vor Augen halten, daß diese Wörtlichkeit das trügerische, falsche Bild einer ursprünglichen Blindheit darstellt. Die begriffliche Sprache, die Grundlage der bürgerlichen Gesellschaft, ist also, so scheint es, eine Lüge, die einem Irrtum aufgepfropft ist. Wir können daher auch kaum erwarten, daß die Wissenschaft der Wissenschaften vom Menschen ehrlich ist.

Der Übergang von der Struktur der begrifflichen Sprache zur Gesellschaft ist bereits in dem im *Versuch* gegebenen Beispiel impliziert, das die Genealogie des Wortes »Mensch« beschreibt. Er wird explizit vollzogen, wenn Rousseau zu Beginn des zweiten Teils der *Abhandlung* den Ursprung der Gesellschaft in exakt parallelen Begriffen beschreibt – nur daß es sich diesmal nicht um ein marginales Beispiel handelt, sondern um die zentrale Aussage der *Abhandlung über die Ungleichheit*, welche die Achse des Textes bildet, die in der ungebrochenen Bewegung von der Freiheit zur Perfektibilität, von der Perfektibilität zur Sprache, von der Sprache zum Menschen und vom Menschen zur politischen Gesellschaft besteht. Weder die Entdeckung des Feuers und der Technologie noch der enge Kontakt der Menschen untereinander erklären den Ursprung der Gesellschaft. Die Gesellschaft entspringt aus dem quantitativen Vergleich begrifflicher Beziehungen:

Sowie der Mensch diese Geschöpfe ⟨die anderen Menschen⟩, welche von ihm selbst und eines vom andern verschieden waren, wiederholt bestimmte Tätigkeiten ⟨der Lebensfristung⟩ ausführen sah, mußte dies im Geist des Menschen notwendigerweise die Wahrnehmung von gewissen Beziehungen hervorrufen, Beziehungen, die wir durch Worte wie groß, klein, stark, schwach, behende, langsam, zaghaft und kühn und andere ähnliche Begriffe auszudrücken pflegen. Und wenn der Mensch diese Begriffe nach Bedarf und fast ohne nachzudenken miteinander verglich, so mußte er auf eine Art von Überlegung oder vielmehr von mechanischer Klugheit verfallen, welche ihm die Vorsichtsmaßregeln anzeigte, die zu seiner Sicherheit am nötigsten waren.... Die Gleichförmigkeit, die er zwischen ihnen ⟨seinen Mitmenschen⟩, zwischen seinem Weibe und sich selbst mit der Zeit wahrnahm, ließ ihn auf Gleichförmigkeiten schließen, die er nicht zu sehen bekam; und da er sah, daß ein jeder das tat, was er in ähnlichen Fällen gleichfalls getan hätte, so schloß er, daß deren Art zu denken und zu empfinden der seinen vollkommen gleich sei« (A 94f.; Übersetzung verändert).[29]

Diese Textstelle beschreibt genau dasselbe Wechselspiel zwischen Leidenschaft (Furcht), Messung und Metapher (das einen Analogieschluß von sichtbaren auf unsichtbare Eigenschaften zur Folge hat) wie die Parabel aus dem *Versuch über den Ursprung der Sprachen*. Im nächsten Satz nennt Rousseau das Konformitätsprinzip, auf dem der Begriff des Menschen und die Möglichkeit der bürgerlichen Regierung beruht, eine »wichtige Wahrheit« (A 95). Wir sollten uns nunmehr darüber im klaren sein, daß mit dem, was Rousseau hier »Wahrheit« nennt, weder die Übereinstimmung von Sprache und Realität noch das durch die Trübe der Wörter hindurchscheinende Wesen der Dinge gemeint ist, sondern daß damit der Verdacht bezeichnet ist, das Spezifikum des Menschen gründe vielleicht in einer Sprachtäuschung.

Diese negative Einsicht hat weitreichende Folgen für Rousseaus politische Theorie. Was uns die *Abhandlung über die Ungleichheit* mitteilt und was die klassische Rousseauinterpretation sich hartnäckig zu vernehmen weigert, ist die Botschaft, daß das politische Geschick des Menschen einem sprachlichen Modell entsprechend strukturiert ist bzw. sich von einem solchen herleitet, das unabhängig von der Natur und unabhängig vom Subjekt existiert: Diese Struktur deckt sich mit der »Leidenschaft« genannten blinden Metaphorisierung, und diese Metaphorisierung ist kein intentionaler Akt. Im Gegensatz zu dem, was man vielleicht erwarten könnte, hat dies für alle Formen der menschlichen Sprache die zwingende Folge, daß sie unweigerlich »politischer« Natur sind, oder besser (da man hier von »Natur« kaum sprechen kann): daher rührt die zwangsläufige »Politizität« aller menschlichen Sprachformen, besonders aber der rhetorisch selbstbewußten oder literarischen Sprache – was keineswegs in dem mimetischen, psychologischen oder ethischen Sinn zu verstehen ist, in dem die Beziehung zwischen Literatur und Politik im allgemeinen verstanden wird. Wenn die Gesellschaft und die Regierung sich aus einer Spannung herleiten, die zwischen dem Menschen und seiner Sprache besteht, dann sind sie weder natürlich (von einer Beziehung zwischen Menschen und Dingen abhängig) noch ethisch (von einer Beziehung zwischen Menschen abhängig), noch theologisch, denn die Sprache wird nicht als transzendentales Prinzip begriffen, sondern als Möglichkeit kontingenten Irrtums. Das Politische wird somit eher zu einer Last für den Menschen als zu einer glücklich sich bietenden Chance, und diese Erkenntnis, die sich auf unendlich variierbare Weise ausdrücken läßt, sei es zynisch oder pathetisch, könnte der Grund sein, warum eine geradezu chronische Abneigung dagegen besteht, die Verknüpfung von Sprache und Gesellschaft im Werk Rousseaus wahrzunehmen, geschweige denn, sie zu akzeptieren. Die Literatur unterdrückt keineswegs, wie Althusser meint, das Politische, sie ist vielmehr dazu verdammt, die eigentlich politische Diskursform zu sein. Die Beziehung dieser Diskursform zur politischen Praxis kann nicht in psychologischen oder psycholinguistischen Begriffen beschrieben werden, sondern nur in den innerhalb des rhetorischen Modells angesiedelten Begriffen der Beziehung zwischen den semantischen Feldern der Referentialität einerseits und der Figuralität andererseits.

Um die Implikationen dieser Schlußfolgerung herauszuarbeiten, bedürfte es einer detaillierten Interpretation des zweiten Teiles der *Abhandlung über die Ungleichheit*, in Verbindung mit dem *Gesellschaftsvertrag*, der *Julie* und Rousseaus anderen politischen Schriften. Ich habe versucht, die Bedeutung und die Komplexität des Überganges herauszustellen, die eine solche Lektüre erforderlich macht. Wir können nur dann zu sehen beginnen, wie sich Rousseaus Theorie der Literatur und seine Theorie der Regierung in praktische Begriffe übersetzen lassen, wenn wir uns der beträchtlichen Ambivalenz bewußt sind, welche einen theoretischen Diskurs belastet, der sich mit der Beziehung des Menschen zum Menschen beschäftigt – ein Mensch, der vom Menschen zu Menschen spricht, wie es die *Abhandlung* ausdrückt (siehe A 59). Die hierfür den Weg bereitende Analyse gestattet wenigstens die schematische Formulierung einiger Richtlinien.

Zunächst einmal impliziert der Übergang von einer Sprache der Fiktion zu einer auf politische Praxis ausgerichteten Sprache einen Übergang von qualitativen Begriffen wie Bedürfnis, Leidenschaft, Vermögen etc. auf quantitative, zahlenmäßig erfaßbare Begriffe wie reich, arm etc.[30] Die im Titel der *Abhandlung* angesprochene Ungleichheit, die zunächst auf so allgemeine Weise wie nur möglich als Unterschied zu verstehen ist, wird im zweiten Teil zur Ungleichheit hinsichtlich der quantitativen Verteilung des Eigentums. Die Grundlage des politischen Denkens ist bei Rousseau eher ökonomischer als ethischer Natur, wie aus der lapidaren Aussage klar hervorgeht, mit der der zweite Teil der *Abhandlung* anhebt: »Der erste, welcher ein Stück Landes umzäunte, es sich in den Sinn kommen ließ zu sagen: *Dieses ist mein*, und einfältige Leute fand, die es ihm glaubten, der war der wahre Stifter der bürgerlichen Gesellschaft« (A 93). Der Übergang von buchstäblicher Habgier zum institutionellen, begrifflich fixierten Gesetz, welches das Recht auf Eigentum schützt, verläuft parallel zum Übergang von der spontanen zur begrifflichen Metapher.[31] Aber die ökonomische Fundierung der politischen Theorie wurzelt bei Rousseau nicht in einer Theorie der Bedürfnisse, Begierden und Interessen, die zu ethischen Prinzipien von Recht und Unrecht führen könnte. Die Ökonomie ist bei Rousseau vielmehr das Gegenstück zum sprachlichen Phänomen der Begriffsbildung, und daher ist sein »Ökonomismus« weder materialistisch noch idealistisch, noch einfach dialektisch, denn die Sprache entbehrt jeder mimetischen und jeder transzendentalen Autorität.[32] Die komplexe Beziehung zwischen dem ökonomischen Determinismus bei Rousseau und bei Marx kann und sollte nur von diesem Gesichtspunkt aus betrachtet werden.[33]

Zweitens läßt sich so begreifen, warum bürgerliche Ordnung und

Regierung bei Rousseau so zerbrechliche und bedrohte Konstruktionen sind, sind sie doch auf dem trügerischen Sand des Irrtums erbaut.[34] »Denn dieselben Laster, um deretwillen gesellschaftliche Einrichtungen nötig sind, machen auch ihren Mißbrauch unvermeidlich« (A 117). Dieses zirkuläre, selbstzerstörerische Muster, dem alle bürgerlichen Institutionen gehorchen, spiegelt die selbstzerstörerische Erkenntnistheorie der begrifflichen Sprache wider, die sich in ihrer Unfähigkeit zeigt, die wörtliche Denotation und die übertragene Konnotation auseinanderzuhalten. Die Wörtlichkeit, welche die Sprache überhaupt erst möglich macht, macht auch den Mißbrauch der Sprache unvermeidlich. Daher erklärt sich die fundamentale Ambivalenz in der Bewertung der wörtlichen Bezugnahme, die in der *Abhandlung über die Ungleichheit* durchgängig zu finden ist. Die »reine« Fiktion des Naturzustandes liegt im Prinzip allem Bewerten voraus, doch nichts kann zerstörerischer sein als die unausweichliche Übertragung dieses fiktionalen Modells auf die gegenwärtige empirische Welt, in der »man ... die Untertanen getrennt halten ⟨muß⟩« (V 220) und in der man »die letzte Stufe der Ungleichheit« erreicht und damit den »äußerste⟨n⟩ Punkt, der den Zirkel schließt und an den Punkt grenzt, von dem wir ausgegangen sind«, nämlich den Naturzustand: »Hier werden alle wieder gleich, weil sie nichts sind« (A 121).

Und schließlich läßt sich der *vertragliche* Charakter der bürgerlichen Regierung nur vor dem Hintergrund dieser permanenten Bedrohung begreifen. Der Gesellschaftsvertrag ist alles andere als der Ausdruck eines transzendentalen Gesetzes: Er ist eine komplexe und rein defensive sprachliche Strategie, mit deren Hilfe der wörtlich genommenen Welt etwas von der Konsistenz der Fiktion verliehen wird; er ist ein kompliziertes Gewebe von Finten und Listen[35], durch die der Augenblick vorübergehend hinausgezögert wird, wo man den Verlockungen der Fiktion nicht länger widerstehen kann und man sie als Handlungen in die Welt der Wörtlichkeit umzusetzen trachtet. Das begriffliche Sprachspiel des Gesellschaftsvertrages ähnelt dem subtilen Wechselspiel zwischen figuralem und referentiellem Diskurs in einem Roman. Man hat oft bemerkt, daß Rousseaus Roman *Julie* auch seine beste politikwissenschaftliche Abhandlung sei; dies wäre um die Feststellung zu ergänzen, daß der *Gesellschaftsvertrag* auch sein bester Roman ist. Beiden gemeinsam aber ist ihre methodologische Präambel, von der beide gleichermaßen abhängen: die Theorie der Rhetorik, welche die Grundlage der *Abhandlung über den Ursprung und die Grundlagen der Ungleichheit unter den Menschen* bildet.

Anmerkungen

1 Die Bibliographie der Arbeiten, die sich ausschließlich oder unter anderem mit der *Abhandlung über die Ungleichheit* (im Text auch einfach als *Abhandlung* bezeichnet) beschäftigen, ist außerordentlich umfangreich, so daß ein auf den neuesten Stand gebrachter Forschungsbericht not täte. In seinen Anmerkungen zu der Pléiade-Ausgabe des Werkes von 1964 (auf die immer Bezug genommen wird, wenn von der Pléiade-Ausgabe die Rede ist) gibt Jean Starobinski verschiedene nützliche Hinweise (so auf den Seiten 1297, 1299, 1305, 1315, 1317, 1319, 1334, 1339, 1359, 1370, 1372, 1377). In der Zwischenzeit sind noch zahlreiche Anmerkungen hinzugekommen.

2 Lester Crocker, *J.J. Rousseau*, New York 1963, S. 20.

3 Siehe Jean-Jacques Rousseau, *Abhandlung über den Ursprung und die Grundlagen der Ungleichheit unter den Menschen*; in: ders., *Sozialphilosophische und Politische Schriften*, München 1981, S. 75-80. Auf diese Ausgabe wird im Text fortan unter der Sigle A und Angabe der Seitenzahl Bezug genommen. Gelegentlich wird zur Verdeutlichung der französische Originaltext eingefügt. Siehe dazu auch die zweisprachige, von Heinrich Meier besorgte Ausgabe des *Diskurs über die Ungleichheit*, Paderborn 1984.

4 Eine neuere Aussage in diesem Sinne macht Henri Gouhier, *Les méditations métaphysiques de J.J. Rousseau*, Paris 1970, S. 23. Ein klares Bekenntnis zum fiktionalen Charakter des Naturzustands findet sich in Herbert Dieckmanns Ausgabe von Diderots *Supplément au voyage de Bougainville*, Genf 1965, S. lxxiii-xciv.

5 Zu diesem Punkt siehe Starobinskis Vorwort zu Band 3 der Pléiaden-Ausgabe von Rousseaus Werken, Paris 1964, S. lvii. Er bezieht sich hier vor allem auf einen Aufsatz Eric Weils, *J.J. Rousseau et sa politique*, in: *Critique* 56 (Jan. 1952), S. 3-28.

6 Louis Althusser, *Sur le Contrat Social (Les décalages)*, in: *Cahiers pour l'Analyse* 8, *L'impensé de J.J. Rousseau*, Paris 1970, S. 5-42.

7 Die Ambivalenz von Rousseaus Einstellung gegenüber dem Eigentum ist nur *ein* Beispiel: Einerseits klingt es so, als ob Eigentum Diebstahl wäre, andererseits wird das Gesetz manchmal in fast übertriebener Weise als Verteidiger des Eigentums gepriesen (siehe etwa Jean-Jacques Rousseau, *Abhandlung über die politische Ökonomie*; in: ders., *Sozialphilosophische und Politische Schriften*, l.c., S. 249f. u. 256). Man ist ver-

sucht, die Inkonsistenz psychologisch zu interpretieren, Rousseaus niedrige Geburt ins Spiel zu bringen und ihn als sozialen Außenseiter zu sehen, der das von ihm aussichtslos begehrte Eigentum verherrlicht und zugleich die Armut als von allem Übel erlösende moralische Tugend preist. Hinsichtlich des Begriffs der bürgerlichen Gewalt beachte man die Diskrepanz zwischen der Glorifizierung der Genfer Ratsherren wie auch seines eigenen Vaters in der Widmungsepistel, welche die *Abhandlung über die Ungleichheit* einleitet (A 47ff.), und der Karikatur des Magistrats im Text selbst (A 116f.).

8 Siehe Jacques Derrida, *Grammatologie*, Frankfurt 1983, S. 293-328.

9 Jean Starobinski hat dies in dem bewunderungswürdigen Titel seines Buches *Jean-Jacques Rousseau: La transparance et l'obstacle*, Paris 1957, auf einen Nenner gebracht. Rousseaus Äußerung über die polnische Nation ist wohlbekannt: »Die Ruhe und die Freiheit scheinen mir unvereinbar; man muß sich für eines entscheiden« (Jean-Jacques Rousseau, *Betrachtungen über die Regierung Polens und über deren vorgeschlagene Reform*; in: ders., *Sozialphilosophische und Politische Schriften*, l.c., S. 566). Dieser Aspekt des Rousseauschen Denkens wird mittlerweile allgemein anerkannt.

10 Irreführend, da die »perfectibilité« sowohl regressiv wie progressiv ist. Starobinski vertritt in einer längeren Anmerkung zur Pléiade-Ausgabe (S. 1317) die Meinung, die »perfectibilité« sei ein »gelehrter Neologismus«; der Begriff, wenn schon nicht das Wort, erscheint in Fontenelles *Digression sur les anciens et les modernes* von 1688. Fontenelle spricht vom »Fortschritt der Dinge«.

11 Siehe Jean-Jacques Rousseau, *Versuch über den Ursprung der Sprachen, in dem von der Melodie und der musikalischen Nachahmung die Rede ist*; in: ders., *Sozialphilosophische und Politische Schriften*, l.c., S. 166f. (Hierauf wird fortan unter der Sigle V und Angabe der Seitenzahl Bezug genommen.) Rousseau führt die bedrohlichen Geschenke an, welche der Skythenkönig dem Darius übersenden ließ, und bezieht sich besonders auf die alttestamentarische Erzählung von dem Leviten aus Ephraim (siehe *Richter* 19), welcher den Körper seiner ermordeten Frau in zwölf Teile zerstückelte und den Stämmen Israels übersandte, um sie zur Rache aufzustacheln. Das gleiche Thema nahm Rousseau später (1762) in einem Prosagedicht *Le lévite d'Ephraim* wieder auf.

12 Siehe A 71, 91, 110f., 117 und besonders die Anmerkung IX (A 133-141).

13 »Denn wollte man sagen, die Mütter könnten ihre Kinder die Worte lehren ..., so zeigt das trefflich, wie man bereits eingeführte Sprachen unterrichtet, aber es erklärt durchaus nicht, wie sich die Sprachen selbst bilden« (A 76); »Denn haben die Menschen eine Sprache nötig gehabt, um denken zu lernen, so wird es um soviel mehr vonnöten gewesen sein, denken zu können, um eine Sprache zu erfinden« (A 76). Die

Schlußfolgerungen werden hier durch die Vertauschung von Ursache und Wirkung gezogen (Metalepsis).

14 In seinen Anmerkungen schreibt Starobinski (S. 1285): »Rousseau ist streng der Methode ⟨des Aristoteles⟩ gefolgt und hat das Wort Ursprung so verwendet, daß das logisch Vorgängige notwendigerweise stets auch das *historisch* Vorgängige ist.«

15 Siehe die Anmerkungen 13 und 14.

16 »... der Anblick der einen Nuß bringt ihm ⟨dem Affen⟩ die Empfindungen, welche die andere in ihm verursacht hat, in sein Gedächtnis zurück, ... » (A 79).

17 Die Definition, die Aristoteles in seiner *Poetik* gibt, ist wohlbekannt (1457 b; Übers. Olof Gigon): »Metapher ist die Übertragung eines fremden Nomens, entweder von der Gattung auf die Art oder von der Art auf die Gattung oder von einer Art auf die andere oder gemäß der Analogie.« Jakobson definiert die Metapher als Substitution auf der Basis von Ähnlichkeit.

18 Alain Grosrichard, *Gravité de Rousseau*, in: *Cahiers pour l'Analyse* 8, *L'impensé de J. J. Rousseau*, Paris 1970, S. 64: »Toute l'histoire de l'œuvre de Rousseau, le passage de la ›théorie‹ à la ›littérature‹, c'est le passage d'une exigence qui est de faire se recouvrir la représentation du monde et le monde même, bref de le *nommer*, à l'exigence préalable de faire coincider la représentation que j'en donne à la représentation que j'en ai, bref de *me nommer*.«

19 *Ibd.*

20 Zur Debatte über die chronologischen und thematischen Beziehungen zwischen der *Abhandlung* und dem *Versuch* siehe J. Derrida, *Grammatologie*, l. c., S. 328-334. Man kann den *Versuch* als ausgedehnte Anmerkung zur *Abhandlung* auffassen. Was den hier speziell interessierenden Punkt angeht (Tiere haben keine Perfektibilität, weil sie keine begriffliche Sprache haben), so gebraucht Rousseau im *Versuch* Formulierungen, die denen der *Abhandlung* völlig entsprechen. Die Parallele ist so eindeutig, daß sie wenigstens in diesem Punkt die Einbeziehung des *Versuchs* in die *Abhandlung* rechtfertigt. »... die Tiere, die sie sprechen ⟨eine natürliche Sprache⟩, haben sie von Geburt an, sie verfügen alle über sie, und sie ist überall die gleiche, so wie sie auch nichts an ihr ändern und keinerlei Fortschritt darin machen. Die aus Übereinkunft entstandene Sprache gebührt allein dem Menschen. Aus diesem Grund macht der Mensch, im guten wie im schlechten, Fortschritte, die Tiere hingegen überhaupt keine« (V 169). Daß hier mit der »aus Übereinkunft entstandenen Sprache«, der »langue de convention«, die begriffliche Sprache gemeint ist, ist Teil unseres Arguments. Starobinski hat sicher recht damit, daß es zwischen der Stelle aus der *Abhandlung* und der Passage aus dem *Versuch* keinen Widerspruch gibt (Pléiade-Ausgabe, S. 1327). Eine abweichende Ansicht zum Verhältnis der beiden

Texte vertreten zum Beispiel Michèle Duchet und Michel Launay, *Synchronie et diachronie; l'*Essai sur l'origine des langues *et le second Discours*; in: *Revue internationale de Philosophie* 82 (1967), S. 421-442.

21 Michel Foucault, *Die Ordnung der Dinge*, Frankfurt 1971, S. 161. Grosrichard zitiert in seinem Aufsatz diese Stelle.

22 »Die Kenntnis vom Menschen hat unter allen seinen Wissenschaften den größten Nutzen und scheint mir noch am wenigsten fortgeschritten« (A 52). Zum Begriff »Mensch« bei Rousseau siehe besonders Martin Rang, *J.J. Rousseaus Lehre vom Menschen*, Göttingen 1959.

23 So etwa Starobinski in der Anmerkung 3, S. 1323 der Pléiade-Ausgabe.

24 Siehe Jacques Derrida, *Grammatologie*, l.c., S. 472f.

25 Diese Behauptung müßte durch eine allgemeine Interpretation der »Leidenschaften« im Werk Rousseaus belegt werden. Um wenigstens die Richtung des Arguments anzudeuten, ist das folgende Zitat aus der *Julie* geeignet. Die Geschichte ihrer Leidenschaft zu Saint-Preux rekapitulierend, schreibt Julie: »Ich glaubte auf Ihrem Gesichte die Züge der Seele zu sehen, deren die meine bedurfte. Mich dünkte, meine Sinne dienten als Organe nur edlern Empfindungen; und ich liebte an Ihnen weniger, was ich sah, als das, was ich in mir selbst zu empfinden glaubte.« (Jean-Jacques Rousseau, *Julie oder Die neue Heloïse*, München 1978, S. 354.)

26 Dies impliziert, daß es sich bei dem selbstreflexiven Moment des *cogito*, bei der Selbstreflexion des »Narcisse exhaucé«, wie es Rilke nennt, nicht um ein ursprüngliches Ereignis handelt, sondern um eine allegorische (oder metaphorische) Version einer innersprachlichen Struktur – mit all den negativen erkenntnistheoretischen Konsequenzen, die das mit sich bringt. Entsprechend ist die Tatsache, daß Rousseau als die zur figuralen Sprache führende paradigmatische Leidenschaft (oder Bedürfnis) die »Furcht« anführt, nicht in psychologischen, sondern in sprachtheoretischen Begriffen zu erklären. Die »Furcht« ist exemplarisch, weil sie dem rhetorischen Modell der Metapher strukturell entspricht.

27 Das Wort »Riese«, wie wir es aus dem alltäglichen Gebrauch kennen, setzt das Wort »Mensch« voraus und ist keineswegs die metaphorische Figur, die Rousseau in Ermangelung eines existierenden Worts »Riese« genannt hat. Rousseaus »Riese« ist eher ein mythologisches Monster; man könnte dabei etwa an Goliath oder an Polyphem denken (ganz abgesehen von der Versuchung, die in der Strategie des Odysseus beschlossenen Implikationen herauszuarbeiten, der gegenüber Polyphem seinen Namen mit Niemand, mit Nicht-Mensch angibt).

28 »Da das von der Leidenschaft erzeugte Trugbild sich zuerst zeigte, war die Sprache, die ihm antwortete, ebenfalls die, die zuerst erfunden wurde. Diese wurde in der Folge metaphorisch, als der aufgeklärte

Geist, in Erkenntnis seines anfänglichen Irrtums, diese Ausdrücke nur noch im Fall jener Leidenschaften anwandte, die diese Sprache hervorgebracht hatten« (V 172).

29 Die Übersetzung vereinfacht die Anfangszeilen des zitierten Abschnitts, die im französischen Original recht dunkel klingen (»Cette application reitérée des êtres divers à lui-même, et des uns aux autres, ...«). Doch der unmittelbar voraufgehende Abschnitt macht eindeutig klar, worauf sich Rousseau hier bezieht, nämlich auf das Wechselspiel zwischen Mensch und Natur in bestimmten technologischen Erfindungen wie Pfeil und Bogen oder der Bewahrung des Feuers.

30 Rousseau hält die von ihm angegebene Ursache der Gesellschaft auch darum für die natürlichste, weil »die Worte *stark* und *schwach* ... doppeldeutig sind ⟨wenn man den Ursprung der Gesellschaft mit dem Zusammenschluß der Schwachen erklärt⟩. In der Zeit, die zwischen der Einführung des Eigentumsrechts oder des Rechts des ersten Besitzenden und der Einrichtung der Regierung liegt, wird der Sinn dieser Worte besser durch *arm* und *reich* wiedergegeben. Denn bevor es Gesetze gab, hatte ein Mensch tatsächlich kein anderes Mittel seinesgleichen zu unterwerfen, als entweder ihre Habe anzugreifen, oder ihnen von dem Seinigen etwas abzutreten« (A 109).

31 Dies bestätigt die semantische Gültigkeit des Wortspiels von »eigentlicher« Bedeutung und »Eigentum«.

32 Dies bedeutet natürlich nicht, daß die Tugend, das Ich und Gott von Rousseau nicht bedacht würden; natürlich werden sie es. Was hier aber in Frage steht, ist nicht die Existenz eines ethischen, psychologischen oder theologischen Diskurses, sondern seine Autorität hinsichtlich Wahrheit oder Falschheit.

33 Ansätze in diese Richtung zeigt das Buch von Lucien Sebag, *Marxismus und Strukturalismus*, Frankfurt 1967, während Althusser noch hinter Engels und seiner Behandlung Rousseaus im *Anti-Dühring* (Erster Abschnitt, Kapitel XIII: Dialektik. Negation der Negation) zurückbleibt. Über den Stand der Rousseau-Forschung außerhalb Westeuropas und der Vereinigten Staaten bin ich nicht informiert.

34 »Nichts ist bleibend als das Elend, das aus all diesen Wechselfällen hervorgeht. Selbst wenn seine ⟨des Menschen⟩ Gefühle und Ideen sich bis zur Liebe zur Weltordnung und zu den erhabenen Begriffen der Tugend aufschwingen könnten, so bliebe es ihm unmöglich, jemals eine sichere Anwendung seiner Prinzipien bei einem Stand der Dinge zu machen, der ihn weder gut noch böse, weder den anständigen noch den schlechten Menschen unterscheiden ließe.« J.-J. Rousseau, *Vom Geselligkeitszustand des Menschengeschlechts überhaupt*; in: ders., *Schriften zur Kulturkritik* (Hg. Kurt Weinand), Hamburg 1971, S. 287. (Es handelt sich bei diesem Text um das später weggefallene 2. Kapitel der ersten Fassung des *Contrat social*.)

35 Die weitreichendste dieser Listen ist vielleicht die, daß der Gesetzgeber vorgeben muß, mit der Stimme Gottes zu sprechen, um gehört zu werden: »Dies ist es, was zu allen Zeiten die Väter der Nationen zwang, in der Vermittlung des Himmels ihre Zuflucht zu suchen und die Götter mit ihrer eignen Weisheit zu beehren, damit die Völker sich den Gesetzen des Staates wie denen der Natur unterwarfen, dieselbe Macht in der Erschaffung des Menschen wie in der Erschaffung der Polis anerkannten und somit freiwillig gehorchten und das Joch des öffentlichen Glücks gelehrig trugen.« (Jean-Jacques Rousseau, *Vom Gesellschaftsvertrag oder Grundsätze des Staatsrechts*; in: ders., *Sozialphilosophische und Politische Schriften*, l.c., S. 303.) Das Beispiel des wahren Gesetzgebers ist Moses; in diesem Zusammenhang zitiert Rousseau in einer Anmerkung Machiavelli.

Nachwort

Christoph Menke
»Unglückliches Bewußtsein« Literatur und Kritik bei Paul de Man

1. Kollaboration und Dekonstruktion

Als Paul de Man 1983 starb, war er der wohl bekannteste und einflußreichste Vertreter einer vor allem in den Vereinigten Staaten verbreiteten Richtung der Literaturtheorie und -kritik, die – nach dem Titel jenes Buches[1], das ihre wichtigsten Vertreter zusammenführte und deshalb, trotz aller Dementis, Manifestcharakter erlangte –, allgemein als »dekonstruktiv« bezeichnet wird. De Man, belgischer Herkunft und aus dem zerstörten Nachkriegseuropa in die Vereinigten Staaten emigriert, hat allerdings erst spät, und im Umweg über Zürich, in Amerika akademische Karriere gemacht. Seine Veröffentlichungen der fünfziger und sechziger Jahre gelten vorwiegend der romantischen Dichtung (1984 zum Teil veröffentlicht in *Rhetoric of Romanticism*), behandeln jedoch von dort aus bereits poetologische und literaturtheoretische Fragen. Erste breitere Wirkung erzielte er mit einer Sammlung von Aufsätzen zu Begrifflichkeit und Status der Literaturkritik (von Georg Lukács bis Jacques Derrida), die 1971 unter dem Titel *Blindness and Insight* erschien. Ihr folgte rasch eine Fülle von bedeutenden Aufsätzen (teilweise veröffentlicht in de Mans bekanntestem Band, den *Allegories of Reading* von 1979[2]), die ein theoretisches Modell der Literatur, und generell der Sprache, von ebenso beeindruckender Stringenz der Argumentation, Breite der Anwendung wie Intensität der Wirkung entwickeln.

Zu dieser Wirkung de Mans gehört freilich von Anfang an ein ›schriller ideologischer Ton‹ (de Man) seiner Kritiker.[3] Das teilen die amerikanischen Auseinandersetzungen um die Literaturkritik der siebziger mit den Debatten um die »neue Kritik« im Frankreich der sechziger Jahre. Verständlich wird die Schrillheit dieser Auseinandersetzungen nur daraus, daß sie seit Beginn nicht auf Probleme der akademischen Disziplinen der Literatur- und Kunstwissenschaften beschränkt waren. Vielmehr hat die Frage nach der Logik des literarischen Lesens Auswirkungen zugleich für die Bestimmung von Struktur und Verfaßtheit des Verstehens schlechthin – und damit derjenigen Aktivität, durch die die Werte und Praktiken einer Kultur angewendet und fortentwickelt werden, ja überhaupt erst Existenz gewinnen. In den französischen und amerikanischen Auseinandersetzungen um die Literatur stand daher stets zugleich das Verhältnis zur Debatte, das die Subjekte der Lektüre nicht nur zu ihren literarischen Gegenständen, sondern zu ihrer Gesellschaft und Kultur einnehmen. Deshalb reproduzieren diese Auseinandersetzungen in ihren Grundlinien einen Konflikt, der den Diskurs der Moderne seit seinen Anfängen prägt: den Konflikt zwischen dem Verständnis von Modernität als reflexiver Teilhabe und ironischer Distanzierung.[4]

In diese Debatte, die das normative Selbstverständnis der gegenwärtigen Kultur und Gesellschaft betraf, kam ein neuer Ton – ebenso triumphierender Rechthaberei wie verzweifelten Rechtbehaltenwollens –, als im Dezember 1987 Paul de Mans Mitarbeit an der belgischen, französischsprachigen Kollaborationszeitung *Le Soir* (und in geringerem Umfang an der flämischen *Het Vlaamsche Land*) entdeckt wurde.[5] Diese Mitarbeit beginnt – nach de Mans an der spanischen Grenze gescheitertem Versuch, vor den deutschen Besatzungstruppen zu fliehen – im Dezember 1940 und endet im November 1942; sie umfaßt nahezu 170 Artikel. Während die Mehrzahl dieser Texte sich allein mit kulturellen Ereignissen – Lesungen, Konzerten, Ausstellungen, Publikationen – befaßt, enthält eine Reihe von ihnen ausdrücklich politische Stellungnahmen. Besonders berüchtigt geworden ist der zumindest in seinem letzten Abschnitt bestürzend eindeutig antisemitische Artikel vom 4. März 1941 über *Les Juifs dans la littérature actuelle*. Darin distanziert sich de Man zwar zunächst vom »antisémitisme vulgaire« – worunter man auch den der nationalsozialistischen Besatzer verstehen kann –, aber nur, um am Schluß zu versichern, daß gegen »une solution du problème juif qui viserait à la création d'une colonie juive isolée de l'Europe«, daß also gegen die Deportation der Juden aus der Sicht der Literatur und ihres Gedeihens kein Einwand bestehe.

Die Debatte, die das Bekanntwerden von Paul de Mans kollaborationistischer Publizistik auslöste, ist sowohl in ihrer amerikanischen Erst- wie in ihrer deutschen Zweitfassung ein nahezu unauflösbares Gewirr von Argumenten, Vorurteilen, Tatsachen und, nicht zuletzt, privaten Abrechnungen. Läßt sich die Vehemenz und Schärfe der amerikanischen Diskussion angesichts der dortigen großen Resonanz des literaturtheoretischen Dekonstruktivismus noch verstehen, so drängt sich im Blick auf die deutsche Diskussion und die nahezu völlige Unbekanntheit des verhandelten Autors die Frage auf, ob hier nicht ersatzweise, an einem belgisch-amerikanischen Fall, diskutiert wurde, was man an sehr viel näher liegenden deutschen Fällen *nicht* diskutieren wollte.[6] Gleichwohl ist die Dringlichkeit der in dieser Diskussion verhandelten Sache unabweisbar. Es geht darin um das Verhältnis, in dem de Mans späte (literaturtheoretische und -kritische) Dekonstruktion zu seiner frühen (politischen) Ideologie steht.

Zwei extreme Deutungen dieses Verhältnisses sind vorgeschlagen worden; sie treffen sich in der Konstruktion einer mehr denn nur biographischen, nämlich sachlichen Kontinuität zwischen politischer Kollaboration und literarischer Dekonstruktion. So sehen die radikalsten Kritiker de Mans in seiner späten Dekonstruktion nichts anderes als den Versuch, eine Theorie auszuarbeiten, die es ihm erlauben soll, die drückende Last der moralischen und politischen Schuld seiner kollaborationistischen, ja antisemitischen Publizistik abzuschütteln. Diese Verdächtigung der literaturtheoretischen Dekonstruktion als ein einziges großes Unternehmen zur Selbstentlastung ist tatsächlich in de Mans Texten nicht ohne jeden Anhalt. Schon vor der Entdeckung von de Mans früher Publizistik sah sich sein dekonstruktives Programm dem Vorwurf ausgesetzt, einen politischen Quietismus zu propagieren.[7] Im Wissen um seine frühe Publizistik gewinnen nun in seinem späteren Werk diejenigen Stellen zusätzliches Gewicht, vor allem aber neue Bedeutung, an denen de Man etwa Heideggers politische Option für den Nationalsozialismus als »a side issue that would take us away from our topic« erklärt; an denen er mit Nietzsche gegen das geschichtliche Erinnern ein posthistorisches »absolutes Vergessen« zu setzen scheint; an denen er aller Rede über Verantwortung und Schuld die Grundlage zu entziehen scheint, indem er erklärt: »ethics (or, one should say, ethicity) is a discursive mode among others«, ja mehr noch, die Unentscheidbarkeit aller Fiktion mache es möglich, »to excuse the bleakest of crimes because, as a fiction, it escapes from the constraints of guilt and innocence«.[8]

Sehen die Kritiker de Mans sein späteres Werk, weil es solche Feststellungen hervorbringt, durch das Wissen um seine frühe Publizistik endgültig diskreditiert, so reklamieren die radikalsten

Apologeten de Mans den umgekehrten Zusammenhang: De Mans dekonstruktive Einsicht, alle Sprache stehe unentscheidbar zwischen Fiktion und Referenz, entzieht nicht nur dem politisch-moralischen Diskurs seiner Kritiker die Grundlage, sie entzieht ihm vor allem den Gegenstand. Denn es lasse sich gar nicht entscheiden, wie denn die frühen Texte *gemeint* sind. Aus der Perspektive der späteren Dekonstruktion treten dabei vor allem diejenigen Züge der frühen Publizistik in den Vordergrund, in denen sie weniger behauptend als zitierend, mehr Abwehr von Vereinfachungen denn deren Anerkennung, eher ein verwirrendes Durchkreuzen als ein planes Durchführen bestimmter kultureller Strategien und politischer Rhetoriken ist. Diese Züge von de Mans früher Publizistik, die einer nüchternen Betrachtung unübersehbar sind[9], lesen die Apologeten de Mans als Vorform jenes ironischen Spiels des Aufnehmens und Auflösens von Textmustern, das de Mans spätere dekonstruktive Theorie und Praxis explizit mache – und bestätigen damit den Verdacht der Kritiker de Mans, die Dekonstruktion sei nichts als eine Strategie der Immunisierung gegen den moralisch-politischen Diskurs mit seinen Kategorien der Verantwortung und Schuld.

Zwei Weisen also, zwischen de Mans früher Publizistik und seiner späteren Dekonstruktion Kontinuität herzustellen. Und ein doppelter Reduktionismus: Wer die Dekonstruktion als den Versuch versteht, die politische Ideologie der frühen Publizistik zwar nicht nachträglich zu rechtfertigen, aber doch jeder moralischen Beurteilung zu entziehen und insofern von ihrer Schuld zu entlasten, verkürzt diese Theorie auf den Status eines bloßen Symptoms. Wer auf der anderen Seite die Auffassung der frühen Publizistik als unerhört subversiven Versuch einer dekonstruktiven Textpraxis avant la lettre versteht, verflüchtigt jeden semantischen Gehalt im Spiel der Sprachen und Texte. Zwei Weisen auch, die frontale Auseinandersetzung mit ihrem Gegenstand zu vermeiden: Der psychologische Reduktionismus der Kritiker de Mans entzieht sich der stets mühseligen, weil auf Argumentation verpflichteten direkten Konfrontation (mit de Mans später Dekonstruktion) in die bequeme Überlegenheit genetischer Ableitungen; umgekehrt flieht die ludistische Auflösung aller Bedeutung durch die Verteidiger de Mans vor der stets schwierigen, weil auf Beurteilung verpflichteten direkten Konfrontation (mit de Mans früher Ideologie) in die bequeme Überlegenheit der Untersuchung von

Textstrategien.

Das Wort, dessen Befolgung aus diesem Gegensatz herauszuführen vermag, hat Jacques Derrida mit seiner Aufforderung geprägt, »den Mut [zu] haben, der Ungerechtigkeit mit Gerechtigkeit zu antworten«.[10] Eine Betrachtung und Haltung, die dem genügt, vermeidet jeglichen Reduktionismus; sie verweigert sich der Preisgabe moralischen Beurteilens – denn sie redet ohne Ausflüchte von de Mans »Ungerechtigkeit«, von der »unverzeihlichen Gewalt« seiner Sätze, die »nach einem gewissen Verfahren die Allianz mit dem zu bekunden [scheinen], was für mich immer das Schlimmste gewesen ist«.[11] Eine Betrachtung, die de Mans Ungerechtigkeit mit Gerechtigkeit antwortet, verweigert sich aber auch der sich überhebenden Verurteilung – denn sie verpflichtet sich selbst auf eine »Gerechtigkeit«, die alle Umstände mit einbezieht. »Und wenn man diese Sätze verurteilen muß, wie ich es eben getan habe, so darf man es nicht tun, ohne all das zu untersuchen, was in einem Text, den man für verheerend halten kann, lesbar bleibt. Man muß auch, wenn man diesen Akt, diesen Text (ich sage nicht, das Werk und das Leben seines Unterzeichners, die sich nie darauf reduzieren werden) abschätzt, ›eine gewisse Kälte‹ bewahren und sich die Mühe dieser ›hellsichtigen Analysearbeit‹ machen, die de Man mit jener assoziiert, während er sie zugleich *in diesem Text* [es handelt sich um den oben angeführten über »Les Juifs dans la littérature actuelle«] selbst den Juden zuschreibt.«[12] Derridas Aufforderung, de Mans Unrecht mit Gerechtigkeit zu vergelten, ist deshalb nicht nur eine moralische, sondern auch eine methodische Maxime; der emphatische Sinn der ethischen Verpflichtung, seinem Gegenstand als Gegenüber gerecht zu werden, hat auch eine epistemologische Implikation. Und zwar läßt sie sich zunächst gegenüber de Mans früher Publizistik als Leitwort einer ebenso biographischen wie historischen Untersuchung verstehen; sie hätte die unverzichtbare Eindeutigkeit des Urteils mit der ebenso unverzichtbaren Einsichtigkeit des Erklärens zu verknüpfen.

Dringlicher noch scheint mir, diese Aufforderung gegenüber de Mans dekonstruktiven Texten zur methodischen Maxime einer theoretischen Untersuchung zu machen. Sie widerstreitet einer Einstellung, die sich durch die Ungerechtigkeit seiner frühen Publizistik dazu berechtigt, ja genötigt glaubt, seinen dekonstruktiven Texten die Gerechtigkeit sachlicher Lektüre zu verweigern. Eine solche Einstellung begründet sich in dem Verdacht, daß diese

Gerechtigkeit jene Ungerechtigkeit entschuldige (oder doch relativiere). Und sie stützt diesen Verdacht auf die beunruhigenden Äußerungen in de Mans späteren dekonstruktiven Schriften – von denen einige oben angeführt wurden –, in denen er einen Begriff literarischen Lesens umreißt, *in* dem und *für* den die Kategorien des ethisch-politischen Diskurses keine Geltung beanspruchen können. Denn dadurch scheint de Man auch seine eigene Kollaboration nicht nur aus vielfältigen Gründen persönlichen Vorteils dem öffentlichen Diskurs entziehen zu wollen, sondern diesem Diskurs selbst sein Recht zu bestreiten: das Schweigen nicht als Zeichen der Scham, sondern des Hochmuts.

Die erste Aufgabe einer theoretischen Rekonstruktion von de Mans später Dekonstruktion besteht demgegenüber in dem Nachweis, inwiefern sie ihrer Sache angemessen ist (siehe dazu unten, Abs. 3). Der Begriff der »Dekonstruktion« meint bei de Man, vor aller weiteren theoretischen Ausarbeitung, nichts anderes als das konsequente Bewußtsein der literarischen oder »rhetorischen« Verfaßtheit von Texten (S. 220ff.).[13] Die dekonstruktive »Disartikulation« ethischer (und kognitiver) Diskurse als sachangemessen aufzuweisen heißt deshalb, sie der Sache der literarischen Fiktion als angemessen zu erweisen. Und sofern die Dekonstruktion gerade auch in ihrer Disartikulation des Ethischen eine angemessene Erläuterung der literarischen Fiktionalität bildet, ist der Versuch einer Erklärung solcher Disartikulation als Symptom eines unbewältigten Fortwirkens der unabgegoltenen Schuld von de Mans früher Publizistik hinfällig. Ja, es drängt sich der Verdacht auf, daß dieser ethisch-politische Einspruch gegen die Dekonstruktion in Wahrheit nur die Folge eines fiktionsblinden Literaturbegriffs ist, der allein kognitive und ethische Weisen der Sprache kennt.

Eine Betrachtung, die der späten Dekonstruktion de Mans sachliche Gerechtigkeit widerfahren läßt, korrigiert deshalb das Bild einer Kontinuität zwischen früher Publizistik und später Dekonstruktion, indem sie de Mans ausgearbeitete Theorie nach ihrem eigenen, immanenten Wahrheitsanspruch beurteilt. Diese Ersetzung von Kontinuität durch Diskontinuität bildet jedoch nur ihren ersten, wiewohl unumgehbaren Schritt. Denn die spätere Dekonstruktion steht nicht nur auf eigenen Füßen und damit de Mans früher politischer Ideologie *gegenüber*, sie steht ihr auch *entgegen*. Es ist nicht nur so, daß die Dekonstruktion als sachangemessenes Bewußtsein der Literarizität durch de Mans politische Publizistik nicht kompromittiert wird, sie opponiert ihr auch. Geoffrey Hartman hat das in aller Entschiedenheit zum Ausdruck gebracht:

In the light of what we now know his work appears more and more as a deepening reflection on the rhetoric of totalitarianism. His turn from the politics of culture to the language of art was not an escape into, but an escape out of, aestheticism: a disenchantment with that fatal aestheticizing of politics, blatant in his own early writings, that gave fascism its false brillance. De Man's critique of every tendency to totalize literature or language, to see unity where there is no unity, looks like a belated, but still powerful, act of conscience.[14]

Die späte Dekonstruktion bricht nicht nur mit de Mans eigener früher politischer Publizistik, sondern opponiert ihr zudem, weil sie nicht nur *etwas* anderes sagt, sondern weil sie eben *das* andere sagt, dessen Ausschluß und Verdrängung de Mans frühe Texte als ideologische kennzeichnet. Der Punkt, an dem de Mans Publizistik »ideologisch« wird, läßt sich, trotz ihrer zu Recht festgehaltenen Zweideutigkeit, recht genau benennen. Gründet doch diese Zweideutigkeit gerade darin, daß diese Texte nicht durchweg ideologisch *sind* – »Immer die Zweideutigkeit«, heißt es bei Derrida –, sondern stets erst in ihrem Verlauf in Ideologie *umschlagen*. Dieser Umschlagspunkt ist die Artikulation der Modernität, ihrer Differenzierungen, Entzweiungen und Aufschübe.

In keinem der frühen Artikel de Mans wird das so deutlich wie in dem, der zugleich ihr schlimmster ist: In *Les Juifs dans la littérature actuelle* stehen sich auf engstem Raum gegenüber die positive Würdigung gerade der radikalsten literarischen Moderne – »Gide, Kafka, Hemingway, Lawrence«, »le surréalisme ou le futurisme« – und jene Strategie des gewaltsamen Ausschlusses des Fremden, d.h. auch *ihrer* Fremdheit, die den Antisemitismus kennzeichnet. Diesem Schema folgt de Man immer wieder: Artikulation der Differenz von Traditionen, Diskursen und Erfahrungen[15] und Proklamation einer Versöhnung, die gar nicht anders denn durch gewaltsame Verkürzung, ja Unterdrückung gedacht und gemacht werden kann. Und es ist dieses Schema, in dem Paul de Man, hierin Neffe seines Onkels Hendrik, seine kollaborationistische Haltung begründet: Die deutsche Besatzung ist ihm der erste Schritt dazu, diejenige Einheit auch auf europäischem Niveau zu verwirklichen, die der Nationalsozialismus innerhalb Deutschlands zwischen den Klassen und Kulturen bereits erfolgreich eingeführt habe. Ist de

Mans frühe Publizistik »ideologisch«, ja *zeigt* sie geradezu ihren ideologischen Charakter, sofern sie »a far from admirable compromise between ideology and non-identity«[16] darstellt, so opponiert ihr de Mans gesamte spätere literaturkritische und -theoretische Arbeit ausdrücklich darin, daß sie sich auf die Artikulation eines Bewußtseins verpflichtet, das de Man, in seinen noch von existentialistischer Sprache durchtränkten Texten der sechziger Jahre, als »unglückliches«, gar »tragisches« bezeichnet. Das gilt ebenso noch für seine sich »dekonstruktiv« nennende Reflexion der siebziger und achtziger Jahre. Denn auch sie ist nichts als »a conception of poetic consciousness as an essentially divided, sorrowful, and tragic consciousness«[17], die präzise und ungeschminkte Benennung der »tiefen Entzweiung« in den unlösbaren »Konflikten« der Literatur. Wie auch immer das im einzelnen zu verstehen ist – ich komme unten darauf zurück –, Paul de Man macht sich damit in seinen dekonstruktiven Texten zum Anwalt ebender Entzweiung, *gegen* die seine frühe Publizistik ihre ideologischen Rezepte verordnet.

Aber de Mans spätere Dekonstruktion bricht nicht nur mit seiner frühen Publizistik – sofern sie eine allein in der Sache begründete Theorie literarischer Fiktion ist – oder opponiert ihr – sofern sie eine Artikulation des Bewußtseins ist, vor dem seine frühen Texte in Ideologie zurückschrecken. De Mans Dekonstruktion steht nicht nur in dem doppelten Verhältnis des Bruchs und der Opposition zu seiner frühen Publizistik – sie läßt sich überdies so lesen, daß sie dieses Verhältnis *reflektiert*. Deshalb gewinnt, verstärkt in de Mans letzten Schriften der achtziger Jahre, der *Begriff* der Ideologie eine zentrale Rolle. Der »dekonstruktive« Hinweis, es sei »verhängnisvoll, die Materialität des Bezeichnenden mit der Materialität dessen, was es bezeichnet, zu verwechseln«,

bedeutet nicht, daß fiktionale Erzählungen kein Teil der Welt und der Wirklichkeit sind; ihre Auswirkungen auf die Welt mögen sogar zu stark sein, um erfreulich zu sein. Was wir Ideologie nennen, ist genau die Verwechslung von Sprache mit natürlicher Realität, von Bezugnahme auf ein Phänomen mit diesem selbst. Daraus folgt, daß die Linguistik der Literarizität, mehr als alle anderen Untersuchungsmethoden, einschließlich derer der ökonomischen Wissenschaften, ein wirkungsvolles und unentbehrliches Instrument zur Entlarvung ideologischer Irrwege ist und daß ihr ein maßgeblicher Anteil bei der Erklärung ihres Auftretens zukommt. Jene, die der Literaturtheorie vorwerfen, blind zu sein für die soziale und geschichtliche (das heißt ideologische) Wirklichkeit, drücken nur ihre Furcht aus, ihre eigenen ideologischen Mystifikationen durch das Instrument, das sie zu diskreditieren suchen, bloßgestellt zu sehen. Sie sind, kurz gesagt, sehr armselige Leser von Marxens *Deutscher Ideologie*.[18]

In der Linie dieser Programmatik läßt sich de Mans spätere Dekonstruktion selbst dazu verwenden, um die Frage zu beantworten, die durch die Entdeckung seiner frühen Schriften aufgeworfen wird – die Frage nach dem Verhältnis zwischen Ideologie und Dekonstruktion. Da aber »Dekonstruktion«, wie angedeutet, nichts anderes als Bewußtsein der Literarizität meint, ist dies zugleich die Frage nach dem Verhältnis von Ideologie und Literatur. Die Relevanz der beiden oben genannten extremen Positionen zum »Fall de Man« – die seiner entschiedensten Kritiker und seiner entschiedensten Apologeten – besteht darin, daß sie implizit auch dieses Verhältnis von Ideologie und Literatur je einseitig auflösen. Streichen die Apologeten de Mans mit dem Ideologiebegriff zugleich den der Wahrheit zugunsten eines Textbegriffs, dessen Panfiktionalismus nur mehr geltungsindifferente sprachliche Ereignisse kennt, so totalisieren die Kritiker de Mans die Unterscheidung von Ideologie und Wahrheit zugunsten eines Literaturbegriffs, dessen Fiktionsblindheit nur mehr wahrheitsverpflichtete Weisen der Sprache kennt. Gegenüber diesen beiden ebenso konträren wie komplementären Vereinfachungen entwickelt de Man unter dem Titel der »Dekonstruktion« eine Kritik der Ideologie, die ausschließlich auf den literarisch-rhetorischen Potentialen der Sprache beruht: Gegen seine eilfertigen Apologeten hält er daran fest, daß die Unterscheidung von wahrem und falschem Bewußtsein für das Verständnis von Literatur unabdingbar ist – die Literatur (und ihr Selbstbewußtsein, die Dekonstruktion) ist »politisch«, sofern sie zur Operationsbasis einer Kritik der Ideologie wird; gegen seine übereilten Kritiker vermeidet er dabei jedoch die Erhebung der Literatur zum Medium des Wahren und Richtigen – die Literatur (und ihr Selbstbewußtsein, die Dekonstruktion) ist »politisch«, sofern sie die Möglichkeit von Wahrheit und Richtigkeit in Frage stellt.

Eine Lektüre von de Mans dekonstruktiver Theorie und Kritik gerade im Lichte seiner kollaborationistischen Publizistik stößt damit in ihr selbst auf den Begriff der Ideologie, der für die Analyse dieser Publizistik unerläßlich ist. Das bedeutet weder, daß de

Mans Ansätze zu einer Ideologiekritik als eine versteckte Selbstkritik *gemeint* sind, noch gar, daß sie eine Wiedergutmachung seiner Ungerechtigkeit darstellen. Sie bieten aber *ein* Instrument zur Analyse seiner frühen politischen Ideologie, das zu nutzen nichts von ihrer Ungerechtigkeit leugnet, das *nicht* zu nutzen aber die Gefahr birgt, etwas verurteilt zu haben, was man nicht verstanden hat, und es damit gerade nicht verurteilt zu haben.

2. *Ästhetische Ideologie*

Am Schluß seines Aufsatzes *Hegel über das Erhabene* konfrontiert de Man die Dekonstruktion solchen Konzeptionen, die »der kritischen Potenz des ästhetischen Urteils« mit allen Mitteln zu entgehen suchen (S. 79). Die Dekonstruktion dagegen *ist* Kritik. Diese Gleichsetzung aber löst sich sogleich wieder in eine Zweideutigkeit auf. Kritik nämlich kann zweierlei sein: literarische und philosophische bzw. politische. Kritik kann jedoch nicht nur zweierlei sein, sie muß nach de Man beides sein, um nur eines sein zu können: Literaturkritik wird politisch oder epistemologisch, philosophische und politische Kritik vollzieht sich als Literaturkritik. Deshalb stehen die dekonstruktiven Texte de Mans unter einem doppelten Gesetz: Sie proklamieren eine »Rückkehr zur Philologie«[19] und polemisieren zugleich, in Orientierung ebenso an Nietzsche und Derrida wie an Lukács, Benjamin und Adorno, gegen »das Ausschließungsprinzip, das angeblich zwischen der ästhetischen Theorie und der erkenntnistheoretischen Spekulation oder, auf ganz entsprechende Weise, zwischen der Behandlung ästhetischer und politischer Fragen herrschen soll« (S. 59).[20]

Dieses Ausschließungsprinzip zwischen literarischer und politisch-philosophischer Kritik durchbrechen zu wollen ist ein Programm, das so alt ist wie die Einsicht in ihre Scheidung. Der Preis, den alle Versuche, ihre Entzweiung zu überwinden, zu entrichten hatten, war stets noch eine Unterbestimmung entweder des Literarischen oder des Politischen bzw. Epistemologischen – zumeist aller drei. Denn die Durchbrechung ihres Ausschließungsprinzips erfolgte stets unter dem Anspruch, in der Kunst als *einer* der entzweiten Seiten das »Modell« auch der anderen und damit der Einheit *beider* gefunden zu haben. In einer Vorlesung mit dem Titel *Kant and Schiller* verfolgt de Man diese Hypostasierung des Ästhetischen – vom entzweiten Moment zum Modell der Einheit – zurück auf die »romantische« Verzerrung der Kantischen Ästhetik, eine Verzerrung, die mit Schiller beginnt.[21] In ihrem Zentrum steht die Intention »of setting up the aesthetic as exemplary, as an exemplary category, as a unifying category, as a model for education, as a model even for state«. Ihre verräterische Einlösung findet diese romantische Konzeption nach de Man in der Ästhetisierung der Politik, die der Faschismus betreibt; Goebbels, aus dessen *Michael. Ein deutsches Schicksal in Tagebuchblättern* de Man die Deutung des politischen Führers als Künstler zitiert, spricht die Wahrheit über die romantische Idee einer Ästhetisierung von Politik und Wissen aus.

Indem de Man das romantische Ästhetisierungsprojekt sich in der faschistischen Ideologie erfüllen sieht – auch seine eigene frühe Publizistik ist bei aller Zweideutigkeit ein Symptom dafür –, hat er selbst also schon das beste Argument für die Errichtung jenes »Ausschließungsprinzips« zwischen ästhetischen und politischen sowie epistemologischen Fragen angeführt, das er zugleich doch durchbrechen möchte. Daß es der Errichtung und Erhaltung dieses Ausschließungsprinzips bedarf, ist dagegen der Schluß, den Hegel gezogen hat – ernüchtert durch die Einsicht in die Gewaltsamkeit, die einer jeden totalitären Ästhetisierungsutopie eignet, wie er sie selbst noch im sogenannten *Ältesten Systemprogramm* vertreten hatte:

> Die höchste ästhetische Vollkommenheit – wie sie sich in einer bestimmten Religion formt, in welcher der Mensch sich über alle Entzweiung erhebt und im Reich der Gnade die Freiheit des Subjekts und die Notwendigkeit des Objekts verschwinden sieht – hat nur bis auf eine gewisse Stufe der Bildung und in allgemeiner oder in Pöbelbarbarei energisch sein können. Die fortschreitende Kultur hat sich mit ihr entzweit und sie neben sich oder sich neben sie gestellt, und weil der Verstand seiner sicher geworden ist, sind beide zu einer gewissen Ruhe nebeneinander gediehen, dadurch daß sie sich in ganz abgesonderte Gebiete trennen, für deren jedes dasjenige keine Bedeutung hat, was auf dem andern vorgeht.[22]

Daß die Preisgabe des Anspruchs, ein Modell zu finden, in dem sich Politik und Erkenntnis nach dem Vorbild der Kunst organisieren, um damit ihre Entzweiung zu überwinden, identisch mit der Anerkennung ihres Nebeneinanders in abgesonderten und sich abschließenden Sphären sei – das ist die Folgerung, mit der Hegel auf das Scheitern seines eigenen romantischen Projektes reagiert.

Und zugleich ist das die Schlußfolgerung, die de Man zurückweist, wenn er auf die epistemologischen und politischen Implikationen der Literatur, ihrer Lektüre, Kritik und Theorie hinweist. De Mans Einspruch gegen Hegels Schluß betrifft nicht dessen Prämisse. Er stimmt nicht nur Hegels Kritik des romantischen Kunstbegriffs zu, sondern verallgemeinert sie noch, indem er Hegels Satz vom Vergangenheitscharakter der klassischen Kunst seines geschichtsphilosophischen Sinnes entkleidet. Dieser Satz ist nach de Man keine »historische Diagnose« (S. 55), sondern besagt, »in radikalem Sinne«, daß die Schönheit der Kunst nicht erst jetzt, sondern »stets ›ein Vergangenes‹ und nicht ein uns innerlich Gegenwärtiges ist« (S. 56). Die Kunst als Ort der versöhnenden Aufhebung der Gegensätze ist nicht erst jetzt, sondern war immer schon vergangen, denn sie war niemals ›wirklich‹, d.h. scheinlos gegenwärtig. De Man bestreitet jedoch die Konsequenz, die Hegel in der *Differenzschrift* aus diesem richtigen Einwand gegen die Ästhetisierung des Wissens und der Politik zieht: Daß die Kunst nicht zum Modell von Politik wie Erkenntnis und damit nicht zum Medium der Versöhnung der Entzweiung werden kann, bedeutet nicht, daß Kunst und Politik wie Erkenntnis ein befriedetes Verhältnis erreichen könnten, in dem sie »beide zu einer gewissen Ruhe nebeneinander gedeihen« (Hegel), weil sie auf wechselseitige Übergriffe definitiv Verzicht geleistet haben. Die Idee einer Einordnung der Kunst in die säuberliche Scheidung von Sphären und damit in die Alternative romantischer Versöhnung der Entzweiung oder nachromantischer Einfügung in die Differenzierung ist trügerisch. Denn gerade in den Bestimmungen, die die Kunst in einer solchen nachromantischen Verortung gewinnt, lebt – so lautet de Mans zentrale These – verborgen noch ein Stück der romantischen Ideologie fort, zu deren Überwindung sie entworfen wurde. Die »romantische« Ideologie des Ästhetischen ist nicht beschränkt auf das Projekt einer versöhnenden Ästhetisierung von Politik und Erkennen; selbst Konzeptionen wie die Hegels, die dieses utopische Projekt verabschiedet haben, denken die Kunst nach dem romantischen Muster ästhetischer Versöhnung.

De Man erläutert diesen kritischen Einwand, indem er den Hegelschen Satz vom Vergangenheitscharakter der Kunst über den angeführten zeitlichen Sinn hinaus noch in einer zweiten sachlichen Dimension radikalisiert. »Vergangen« ist die Kunst als »symbolische«.[23] In ihrer radikalisierten Version formuliert nun diese

These Hegels, in de Mans Deutung, nicht nur einen einfachen, sondern einen doppelten Ideologieverdacht gegen die Verwendung einer Kategorie des »Ästhetischen«, die an Status wie Verfassung der symbolischen Kunst abgelesen ist, unter Bedingungen moderner Entzweiung. Daß die Kategorie des Ästhetischen ideologisch ist, scheint sich mit Hegel zunächst allein in dem bereits erwähnten Sinne verstehen zu lassen, daß dem Ästhetischen die Funktion zugesprochen wird, die Entzweiungen in Politik wie Erkenntnis und damit auch zwischen Kunst, Politik und Erkenntnis zu überwinden; als »ästhetische« ist die Kunst nicht nur *ein* Moment in dieser Differenzierung, sondern durch ihren Modellcharakter als Teil zugleich das Ganze. De Man bezieht jedoch Hegels These vom Ende der »ästhetischen« als »symbolischer« Kunst nicht nur auf ihre externe Symbolfunktion für Politik und Erkenntnis, sondern auch auf ihre interne Symbolstruktur: Wird sie unter der Kategorie des »Ästhetischen« gedacht, so vollbringt die Kunst nicht nur eine äußere Versöhnung mit bzw. in Politik wie Erkenntnis; das kann sie allein, wenn sie auch eine innere Versöhnung von Gehalt und Gestalt, Bedeutung und Signifikation, Sagen und Art des Sagens vollbringt. Die »symbolische« oder »ästhetische« Kunst soll somit in einem doppelten Sinne eine Überwindung von Entzweiung leisten: der äußeren und der inneren Entzweiung der Kunst – ihrer Entzweiung *von* Politik wie Erkenntnis (sowie dadurch der Entzweiungen in Politik wie Erkenntnis) und ihrer Entzweiung *in* Bedeutung und Signifikation.

Der Einwand der Hegelschen *Differenzschrift* mit ihrer Idee einer friedlichen Koexistenz der Sphären richtet sich vorrangig gegen den externen Versöhnungsanspruch »ästhetischer« Kunst; die »Ideologie« des Ästhetischen besteht darin, die Erfahrung der Entzweiung – von Kunst und Politik wie Wissen – nicht aushalten zu können, sondern durch die Konstruktion scheinhafter Einheiten zu verdrängen. Zu der Behauptung »ästhetischer« Kunst, auch intern symbolisch verfaßt und darin eine Versöhnung auch ihrer inneren Entzweiung zu sein, nimmt die Theorie Hegels, ähnlich wie die Kants, jedoch eine weit weniger eindeutige Haltung ein. Nach ihrer »kanonischen« Lesart – der de Man so weit wie möglich folgen zu wollen erklärt[24], nicht zuletzt, weil die »meisten von uns« genau im Sinne dieser Lesart Hegelianer sind, »und orthodoxe noch dazu« (S. 40) – ist die Behauptung »ästhetischer« Kunst, ihre innere Entzweiung überwinden zu können, von der Kritik der ästhetischen Ideologie zunächst unberührt. Es ist diese Trennung der beiden Ebenen im Versöhnungsversprechen der ästhetischen Ideologie, die der oben betrachteten Strategie Hegels zugrunde liegt, durch Errichtung eines »Ausschließungsprinzips« zwischen ästhetischen und politischen wie epistemologischen Fragen zwar die äußere, utopische Ästhetisierung zurückzuweisen, die Kunst *intern* jedoch weiterhin als »ästhetische«, »symbolische« zu verstehen. Und es ist zugleich diese Trennung, von der de Man zu zeigen versucht, daß sie nicht strikt ist: Die »Ideologie des Ästhetischen« ist *eine*; die Kunst intern als Versöhnung aufzufassen heißt stets schon, auf ihre Versöhnungsfunktion für Politik und Wissen zu schielen.

De Man zeigt das in einer Lektüre ausgewählter Theoriestücke Kants und Hegels, die ihre kanonische Lesart gegen den Strich bürstet. Darin erweist sich, daß schon Kant (S. 9ff.) und Hegel (S. 39ff., 59ff.) selbst, in ihrer kunsttheoretischen Reflexion, der Unüberwindbarkeit der internen Entzweiung der Kunst Rechnung tragen. Kants Theorie des Erhabenen und des Scheins, Hegels Theorie des Erhabenen, der Allegorie und der Prosa – dies alles sind deutliche Hinweise auf ein »nicht symbolische[s] Symbol« und die »Theorie einer Ästhetik, die nicht mehr ästhetisch ist« (S. 55). »Ist sie ursprünglich bemüht, die klassische Kunst zu bewahren und zu verewigen, so enthält sie [sc. Hegels Ästhetik; das gilt aber genauso für Kant] doch alle Elemente, ein solches Vorhaben von Anfang an unmöglich zu machen.« (S. 54) Kant und Hegel stellen selbst die Einsichten bereit, um die Kategorie des Ästhetischen nicht nur in dem von ihnen kritisierten externen, sondern auch in dem von ihnen verteidigten internen Versöhnungsanspruch als eine ideologische »Abwehr« der Entzweiung zu durchschauen. Und gegenüber dieser rückhaltlosen Einsicht in die Unversöhnbarkeit der internen Entzweiung der Kunst, die Kant und Hegel selbst artikulieren, ist die behauptete »ästhetische« Auflösbarkeit solcher Entzweiung ein Stück »ästhetischer Ideologie«. Aber nur *ein* Stück; denn die »ästhetische« Abwehr der internen Entzweiung der Kunst als »ideologisch« zu bezeichnen heißt zugleich, sie auf eine außerkünstlerische Funktion zu beziehen: Die ästhetische Versöhnung der internen Entzweiung der Kunst geschieht bei Kant und Hegel zum ›Schutze‹ von Wissen und Politik vor ihrer »Selbsttilgung« (S. 50). Auch wenn sie damit die ästhetisch oder symbolisch verstandene Kunst nicht mehr, wie das romantische Ästhetisierungsprojekt, direkt zum Modell eines versöhnten Ganzen machen, läßt sich doch – so de Mans These – die »ästhetische« Versöhnung der internen Entzweiung der Kunst nur als motiviert aus der Abwehr externer Entzweiung verstehen. Es ist dieser Motivationszusammenhang zwischen den beiden Versöhnungsversprechen, der den Begriff der ästhetischen Ideologie definiert.

Soweit bewegt sich de Mans kritische Analyse der »Ideologie des Ästhetischen« aber nur auf der Ebene eines metasprachlichen Textes oder Textsystems; sie ist, ganz traditionell, Aufdeckung dessen innerer Widersprüche. Mehr wird sie allein durch die Annahme, daß Kants und Hegels »antiästhetische« Thesen und Begriffe zugleich zutreffende Einsichten in ihren Gegenstand formulieren. Ob sie das tatsächlich tun, läßt sich nur im Blick auf de Mans literaturkritische Texte und die an sie anschließenden theoretischen Überlegungen zum Begriff der literarischen Lektüre feststellen; das soll im folgenden 3. Abschnitt geschehen.

De Mans kritische Analyse der »Ideologie des Ästhetischen«, soweit wir sie bisher betrachtet haben, ist aber auch noch in einem zweiten Sinne beschränkt; sie ist, ganz traditionell, Aufdeckung einer falschen Konzeption der Kunst. Mehr wird sie allein durch die Annahme, daß ihre Herausbildung nicht zufällig erfolgt; Begriffe wie »Abwehr« und »Verdrängung« haben das bereits angedeutet. Sie legen nahe, daß die Behauptung einer intern symbolischen Verfassung der Kunst nicht eine kontingente, sondern eine motivierte Verstellung ihrer internen Entzweiung ist: Die Kategorie des Ästhetischen dient dem »Schutz« vor der Bedrohung, die diese Entzweiung darstellt – und zwar für die Ordnungen des Wissens und der Politik. Deshalb durchbricht bereits die Ideologie des Ästhetischen selbst, durch ihre bloße Existenz, das Ausschließungsprinzip zwischen ästhetischer Theorie und politischem wie epistemologischem Diskurs: Die Ideologie des Ästhetischen wehrt im Dienste epistemologischer und politischer Stabilität die Bedrohung ab, die von der Kunst ausgeht, und ist damit nicht nur eine Bekräftigung dieser Bedrohung, sondern dadurch auch der politischen und epistemologischen Dimension der Kunst und ihrer Theorie. Das soll der 4. und letzte Abschnitt etwas genauer erläutern.

Die Dekonstruktion entbindet in der Literatur ein – epistemologisch oder politisch – bedrohliches Potential »by reading texts closely as texts«: als Literaturkritik oder Philologie.[25] Daß literarisches oder rhetorisches Lesen ein unzuverlässiges und destabilisierendes Geschehen sei, war schon die implizite These in de Mans Wahl des Titels »Allegorien des Lesens« zur Kennzeichnung seiner eigenen literaturkritischen Texte. Denn Allegorien sind dadurch gekennzeichnet, »daß ein einzelnes Ikon zwei Bedeutungen erzeugt, deren eine gegenständlich und wörtlich, deren andere allegorisch und ›eigentlich‹ ist, und daß die beiden Bedeutungen einander mit der blinden Macht der Dummheit bekämpfen« (*AL*, S. 109f.).[26] Ein solches »Überkreuzen« einander ausschließender Lesarten gilt nun nicht nur für einzelne Allegorien im literarischen Text, sondern bestimmt auch den literatur*kritischen* Text. Darin erzählt der Kritiker von seinem Lesen des literarischen Textes. Seine Erzählung ist seinem Lesen aber nur angemessen, wenn sie von seinem Lesen als unerzählbarem Chiasmus zweier sich bekämpfender Lektüren erzählt. Dadurch wird sie zu einer »Allegorie des Lesens«, die »von der Unmöglichkeit des Lesens« (*AL*, S. 111) erzählt: Lesen ist unmöglich, weil es »das unwiderrufliche Eintreten zweier sich einander gegenseitig ausschließender Lektüren« bedeutet. Damit wird es zugleich unmöglich, »die Widersprüche der Lektüre in eine Erzählung einzuschließen, die fähig wäre, sie zu ertragen«. Diese Unmöglichkeit ratifiziert die Allegorie; anstatt die Lektüren narrativ zu integrieren, entfaltet sie ihren unversöhnlichen Konflikt.

In dieser Reflexion auf Möglichkeit und Unmöglichkeit des Lesens erhält die Rede von der literarischen Kritik eine andere als die gewöhnliche Bedeutung. Meint sie darin eine kritische Beurteilung ihres *Gegenstandes*, der Werke und Texte, so gewinnt sie bei de Man den Sinn einer *Selbst*kritik, einer kritischen Reflexion der Literaturkritik zurück, den sie in der Romantik, aber auch bereits bei Kant hatte. Ihrem Gegenstand, dem literarischen Text, werden die literaturkritischen Texte angemessen nur als Kritik der Literaturkritik. »Kritisch über Kritiker zu schreiben« – so resümiert de Man die Aufsätze seines Bandes *Blindness and Insight* – »wird daher zu einem Nachdenken über die paradoxe Effektivität eines geblendeten Sehvermögens, das durch Einsichten korrigiert werden muß, die es selbst unwissentlich liefert.« (S. 189) Die Literaturkritik gewinnt Einsicht in die literarischen Texte nur, indem sie in einer unendlichen Bewegung der Selbstkritik die unvermeidliche Blindheit jeder ihrer Einsichten aufweist.

Unvermeidlich ist die Blindheit literaturkritischer Einsicht, weil es bereits die Blindheit literarischer Lektüren ist. Ihre Blindheit ist keine Verfehlung des Textes, sondern ein »notwendige[s] Korrelat« (S. 225) der spezifischen Verfaßtheit seiner Sprache. De Man bestimmt sie als »Rhetorizität«: »Indem der Text für seinen eigenen notwendig ›rhetorischen‹ Charakter einsteht, postuliert er auch die Notwendigkeit, mißverstanden zu werden.« (S. 220) Es kennzeichnet die Rhetorizität literarischer Texte, daß sie ihre rhetorische Verfaßtheit »implizit oder explizit« (S. 221) anzeigen. Rhetorisch verfaßt aber sind sie insofern, als ihre Sprache Bedeutung allein im Bezug auf andere Sprache bildet; literarische Texte gewinnen Bedeutung nur in der Ersetzung von Ausdrücken durch Ausdrücke. Diese rhetorischen Ersetzungen nun können, ja müssen stets zum Gegenstand zweier Lektüren werden, die »gleichermaßen zwingend« und »einander gegenseitig ausschließend« (*AL*, S. 105) sind: einer »figurativen« Lektüre – sie motiviert die Ersetzung in der Einheit einer Bedeutung – und einer »defigurativen« Lektüre – sie entdeckt in der Ersetzung ein irreduzibel arbiträres und kontingentes Moment.

Die *Allegories of Reading* – vor allem in ihrem ersten Teil – entfalten diesen Gegensatz von Figuration und Defiguration in der rhetorischen Lektüre unter dem Titel »Metapher« und »Metonymie«. Metaphern generieren Bedeutung, indem sie einen Ausdruck – im am häufigsten traktierten aller Beispiele: »Achill« – durch einen anderen – »Löwe« – ersetzen und diesen Austausch als »motiviert« durch beiden gemeinsame Attribute – Mut und Stärke – behaupten. Die Metapher wird damit regiert von der Annahme einer »strengen Kohärenz von Bedeutung und Struktur« (*AL*, S. 102): Ihre grammatische Struktur – die Vertauschung zweier Ausdrücke – erscheint als bloße Realisierung ihrer semantischen Komplementarität; imaginierter Sinn und wahrgenommene Sinneseigenschaften verknüpft ein »notwendiges Band«. Voraussetzung dieses Einklangs von Struktur und Sinn ist jedoch die »Totalisierbarkeit« des Spiels zwischen an- und abwesendem Ausdruck (»Achill« und »Löwe«), das die Metapher um ihres Bedeutens willen in Gang bringt. Da die Metapher über ihre Bedeutung nicht vorweg schon verfügt, kann sie sie nur gewinnen, indem sie sich auf dieses Spiel einläßt. Damit liefert sie sich aber zugleich einer Bewegung aus, die keiner semantischen Teleologie mehr folgt. Denn darin ist sie angewiesen auf eine »buchstäbliche« Lektüre der Elemente der Metapher, die von sich aus niemals zu einer Synthese führt. Hier herrschen nicht Notwendigkeit und Einklang, sondern Willkür und Dissonanz; die Metapher erweist sich als Metonymie, die semantische Ähnlichkeit zweier Ausdrücke als ihr zufälliges Nebeneinander und Berühren.

In dieser Gegeneinanderführung sind Metapher und Metonymie nicht Beispiele aus dem Figurenkatalog der traditionellen Rhetorik, sondern erhalten einen »metafigurativen« Sinn (*AL*, S. 44).[27] Metapher und Metonymie sind Grundmodelle zweier Typen der Lektüre, der »ästhetisch empfänglichen« und der »rhetorisch aufmerksamen«. Ihr Verhältnis scheint zunächst den Gegensatz von Ideologie und Wahrheit abzubilden; so »täuscht« die Metapher etwas »vor«, was die Metonymie der »Wahrheitsprüfung« unterzieht (*AL*, S. 104). Die Metonymie wäre damit die metaphernauflösende »dekonstruktive« Wahrheit über den Text im Text – und der literarische Text selbst »die allegorische Erzählung seiner eigenen Dekonstruktion« (*AL*, S. 105). Von dieser naheliegenden Reduktion heißt es bei de Man jedoch, daß sie gegenüber dem »unwiderrufliche[n] Eintreten zumindest zweier sich einander gegenseitig ausschließender Lektüren« (ebd.) in jeder Lektüre zu kurz greift. Die Metapher – und das metaphorische Lesen – ist nicht einfach ideologisch, denn sie ist in jedem literarischen Text gänzlich unvermeidlich; zwar ist die »Beziehung zwischen dem buchstäblichen und dem figuralen Sinn einer Metapher [...] stets metonymisch«, zugleich aber ist sie »von einer konstitutiven Tendenz angetrieben, das Gegenteil vorzutäuschen« (*AL*, S. 104).

Um die Unterscheidung Metapher-Metonymie aus dem Gegensatz von Ideologie und Wahrheit herauszulösen, muß die metapherngenerierende »Tendenz« zur Täuschung so fundamental sein, daß sie schlechthin unvermeidlich ist. Das bezeichnet die Grenze der Aufsätze des ersten Teils der *Allegories of Reading*, die ihr theoretisches Fundament legen (für die Aufsätze über Nietzsche und Rousseau, etwa Rousseaus Theorie der Metapher [S. 231 ff.], gilt das nicht im gleichen Maße): Ebensowenig wie Derridas sprachphilosophische Dekonstruktion zu einer überzeugenden Begründung ihrer grundlegenden These gelangt, daß metaphysische Annahmen den »notwendigen Schein« eines jeden Bedeutungsbegriffs bilden, kommt de Man hier zu einer schlüssigen Einsicht in die Unvermeidbarkeit der metaphorischen Lektüre.[28]

Diese Lücke zu füllen ist eines der Anliegen von de Mans Interpretationen zu Wordsworth (S. 131 ff.) und Shelley (S. 147 ff.) sowie deren Profilierung in der Auseinandersetzung mit Hegel (S. 39 ff.). So sehr in den ersten dieser Aufsätze gattungstheoretische Fragen – der Autobiographie und der Lyrik – im Vordergrund zu stehen scheinen[29], so sehr zielen sie darüber hinaus auf eine genauere Erläuterung jenes Aspektes aller literarischen Lektüren, den die Allegorien des Lesens als metaphorisch – im Gegensatz zu metonymisch – oder als figurativ – im Gegensatz zu defigurativ – bezeichnet haben. Das zeigt insbesondere die Erörterung derjenigen Figur, die nun die der Metapher ablöst, der Prosopopeia. De Man erläutert sie zunächst von ihrer Etymologie her als die Figur, in der stummen Dingen Ausdruck und Sprache, und darin ein Gesicht, eine Maske verliehen wird (S. 140 f.). Damit bezeichnet sie den Grundzug einer Lyrik, die Dinge zur Sprache bringt, um durch sie hindurch zur Artikulation eines Selbst zu gelangen – eine Struktur also, die auch der verbreiteten symbolischen Deutung der Naturlyrik und -beschreibung seit dem 18. Jahrhundert zugrunde liegt (S. 89 ff.). Darauf aber ist diese Figur nicht beschränkt; die Prosopopeia ist überdies »die Trope der Autobiographie« (S. 140), ja sie ist – weil die »Autobiographie ... keine Gattung oder Textsorte, sondern eine Lese- oder Verstehensfigur [ist], die in gewissem Maße in allen Texten auftritt« (S. 134) – »the very figure of the reader and of reading«.[30] Denn in allem Lesen geht es um den Prozeß »der wechselseitigen Spiegelung« zwischen Text und Leser (S. 134). In der Figur der Prosopopeia, in der Struktur der Autobiographie und im Thema der Selbstkonstitution reflektiert de Man auf die Rolle des Subjekts in Lektüre und Text; denn nur so läßt sich das Moment metaphorischer Täuschung in seinem Grund durchsichtig machen.[31]

Damit nimmt de Man zugleich eine These wieder auf, durch die er von Anfang an seinen Abstand zum Strukturalismus markiert hat: »Keine Interpretation gibt vor, eine Beschreibung eines Werkes in dem Sinne zu sein, wie man von der Beschreibung eines Gegenstandes oder sogar eines Bewußtseins sprechen kann, da das Werk bestenfalls ein rätselhafter Appell an das Verstehen ist.« (S. 191)

Wird aber dem Text gerade in seiner Rätselhaftigkeit nur ein Zugang gerecht, der auf ein Verstehen seiner Bedeutung zielt, so ist er immer schon bezogen auf ein Subjekt, das sich im Lesen des Textes über sich zu verständigen sucht. Es ist in diesem Sinne – im Bezug auf den Subjektbezug der Lektüre – zu verstehen, daß de Man allen Texten ein autobiographisches Moment zuschreibt: Sie verstehend zu lesen heißt, zwischen »beiden am Leseprozeß beteiligten Subjekte[n]« eine Verbindung herzustellen, »bei der sie einander gegenseitig durch gemeinsame reflexive Substitution bestimmen« (S. 134). Die Aufnahme der Subjektkategorie in diesen späteren Texten de Mans bedeutet eine Wiederaufnahme seines früheren und durchgehenden Themas des Verstehens, das de Man nun durch ein Verhältnis doppelter Spiegelung beschreibt (S. 134ff.): Jedes Verstehen von literarischen Texten ist ihre (quasi-autobiographische) Zuschreibung an ein Subjekt, dessen Erfahrungs- und Sichtweise es zu erfassen gilt; darin besteht die erste Spiegelung, die zwischen dem Subjekt (vor dem Text) und (dem Subjekt in) dem Text. In diesem Verstehen vollzieht sich zugleich die (lesende) Selbstverständigung eines Subjekts; darin besteht die zweite Spiegelung, die zwischen (dem Subjekt in) dem Text und dem Subjekt (nach dem Text).

Für de Mans Begriff literarischer Lektüre ist noch ein weiterer Aspekt dieser Analyse des Verstehens wichtig: Das »jedem Verstehensprozeß eignende Moment der wechselseitigen Spiegelung« (S. 134) ist seinem Sinn nach kognitiv. Alle »paraphrasierende Lektüre geht davon aus« – und Paraphrase ist für de Man »ein Synonym für Verstehen«[32] –, »daß Verstehen ein Prozeß wechselseitiger Spiegelungen ist, in dem der Text als Spiegel unseres eigenen Wissens dient und unser Wissen seinerseits die Bedeutung des Texts widerspiegelt« (S. 166). Das Verstehen richtet sich auf den Text als die Artikulation eines Subjektes, seiner Erfahrungs- oder Sichtweise, die aus dem Text gewußt werden kann; und da Wissen stets Geltung beansprucht, ist die wissende Aneignung dieses Sichwissens eines Subjekts zugleich das Medium, in dem ein anderes Subjekt Wissen von sich selbst gewinnt. Kognitiv ist die Selbstdarstellung im Text, und kognitiv ist die Selbstverständigung durch den Text.

Mit diesem Subjektbezug literarischer Texte als Medien autobiographischer Selbstverständigung und -konstitution hat de Man den Grund benannt, der für das »Bedürfnis nach einer Bedeutung« (*AL*, S. 103) verantwortlich ist. Dadurch aber hat er zugleich das

Moment ›ästhetischer‹ Verstellung ebenso präzisiert wie generalisiert, das in den theoretischen Grundlagentexten der *Allegories of Reading* durch den Begriff der Metapher bezeichnet wird. Dieser Begriff zielt nicht auf eine spezielle Ideologie metaphorischer Totalisierung – wie etwa in den romantischen Symbolkonzeptionen (S. 95 ff.); das notwendig metaphorische Moment alles Lesens behauptet nicht die bruchlose Integration solcher Oppositionen wie Subjekt-Natur, Innen-Außen, Teil-Ganzes, sondern der ihnen zugrundeliegenden von Bedeutungsträger und Bedeutung. Deshalb überführt de Man den Begriff der Metapher nun in den der »Figuration« oder, noch allgemeiner, der »Bezeichnung« (S. 168 f.) – der Spiegelung des Wissens in einem Zeichen, das dadurch als Element eines kognitiven Geschehens erscheint.

Mit dieser generalisierenden Neubeschreibung der einen Dimension jedes Textes, der Metapher, wird jedoch eine Neubeschreibung auch ihrer Rückseite, der sie dekonstruierenden Dimension der Metonymie, notwendig. Schon in den *Allegories of Reading* stellt sich de Man die Frage, wodurch die literarische Sprache die Kraft zur Defiguration (oder »Disartikulation«, »De-Signifikation«) gewinnt. De Man betrachtet zunächst zwei mögliche Kandidaten für diese Rolle: erstens die »relative« Freisetzung der Signifikanten in ihr »freies Spiel« (S. 168), deren zweideutige Valenz de Man in seiner Kritik an Jauß diskutiert.[33] Und zweitens die »Ausweitung über tropologische Modelle wie Metapher, Synekdoche, Metalepsis oder Prosopopöie (bei denen notwendigerweise ein räumliches oder zeitliches Element der Phänomenalität anwesend ist) hinaus zu solchen Tropen wie Grammatik und Syntax (die auf der Ebene des Buchstabens funktionieren, ohne daß dabei ein ikonischer Faktor eine Rolle spielt)« (S. 169) – ein Übergang, der, zumindest in einer einfachen Lektüre, im Zentrum der *Allegories of Reading* zu stehen scheint. Beide Kandidaten für die Rolle der Defiguration brechen zwar mit der »repräsentierenden und ikonischen Funktion« der Figuration, wie sie traditionalistische Ästhetiken betonen; beide sind aber allein noch »nicht in der Lage, die Figur zu löschen oder zu tilgen«, und reichen »allein nicht hin, um die Defiguration [...] zu bewirken« (S. 168 f.). »Hierfür muß noch ein anderer Aspekt der Sprache ins Spiel kommen.« (S. 169)

Diesen anderen, erst wahrhaft dekonstruierenden Aspekt der Sprache beschreibt de Man nun – im Anschluß an einige Überlegungen in den *Allegories of Reading* (v. a. *AL*, S. 164 ff.)[34] – als ihre

»Performanz« (S. 36) oder, genauer, ihre »setzende Macht« (S. 170): Die Figur wird durch die Tatsache aufgelöst, daß sie »durch einen willkürlichen Akt der Sprache gesetzt wird«, einen »einzigen und daher gewaltsamen Machtakt, der der setzenden Macht der Sprache, an sich und für sich allein betrachtet, innewohnt« (S. 170). Aus der Perspektive dieser Macht erscheint die Figur und generell jedes sprachliche Zeichen nicht als Ausdruck eines in ihnen artikulierten Wissens, auf das das Verstehen eines Subjekts sich richtet, sondern als bloßes Gesetztsein, das ebenso »völlig willkürlich« wie »völlig unerbittlich« ist (S. 170). In dieser doppelten Kennzeichnung ist der positionale Charakter der »Sprachfakten« (*AL*, S. 166) bei de Man Gegenstand zweier verschiedener Beschreibungen: In der Unvermeidlich- und Alternativlosigkeit ihrer puren Setzung eignet ihnen eine undurchdringliche Materialität; in der Unmotiviertheit und Arbitrarität ihrer puren Setzung sind sie dagegen der Effekt einer unfeststellbaren Freiheit.

De Man bezeichnet die Ausdrucksebene literarischer Texte als »materiell«, um sie der »Phänomenalität« entgegenzusetzen, die die Sprache in Prozessen der Figuration und Signifikation, und damit letztlich im Bezug auf die »Phänomenalität« der Wirklichkeit, gewinnt: Sind Phänomene Erscheinungen, deren Sinnlichkeit auf ihren Sinn hin durchsichtig ist, so die Materialität die Verfassung eines Scheins, in dem nichts mehr erscheint. Wo die Sprache solcherart eine »prosaische Materialität« gewinnt, bricht sie mit ihrer Figuralität; der »Materialismus« der literarischen Lektüre impliziert eine »Zergliederung« ihres Zusammenhangs mit Bedeutung (S. 35 ff.). Deshalb ist die Materialität eine Bestimmung der Allegorie – versteht doch de Man im Anschluß an Benjamin unter Allegorie, im Gegensatz zum Symbol, ein Auseinandertreten der Momente des Zeichens.[34] Darin gewinnt die Ausdrucksebene eine »Autonomie« gegenüber ihrem Bedeuten, und darin auch, mit den Worten Prousts, eine »eigenartige Schönheit« (S. 55).

Die Verführung durch diese Schönheit bedeutet für das lesende Subjekt aber die gewaltsame Entführung aus seiner Spiegelung im Text. Denn dem Subjekt, dem die Sprache von einem Werkzeug zum Material wird, widerfährt zugleich eine radikale Distanzierung von seinen kognitiven Bezügen zur Welt und sich selbst. Für sie gilt, was de Man über die Ironie schreibt: »Die reflexive Disjunktion tritt nicht nur *mittels* der Sprache in ihr Recht als privilegierte Kategorie, sie befördert das Ich auch aus der empirischen

Welt in eine aus Sprache gebildete und aus Sprache bestehende Welt« (S. 111). Das Setzen dieser Sprachwelt ist nun nicht das einer neuen Bedeutung, einer neuen Sinnwelt – denn »Sprache setzt und Sprache bedeutet (da sie etwas zusammenfügt), aber Sprache kann nicht Bedeutung setzen; sie kann Bedeutung nur in ihrer bekräftigten Falschheit wiederholen (oder reflektieren)« (S. 171 f.). Sprache zu setzen, d.h. in ihre Materialität freizusetzen, ist deshalb der Vollzug einer Freiheit, die nicht die des seiner selbst bewußten, sondern des sprachlichen Subjekts ist; sie ist die selbst sprachermöglichte, deshalb »sprachliche« Freiheit der Distanzierung von derjenigen Ordnung, in der das Subjekt Sprache in und zu seinem wissenden Selbst- wie Weltbezug gebraucht. In der Setzungsmacht der Sprache erscheint deshalb für de Man ein grundlegender Zug menschlicher »Autonomie« (S. 73): Es definiert die Freiheit sprachlicher Wesen, den Zwang vorgegebener Bedeutung – und Bedeutung ohne jede Vorgabe, ohne Fortsetzung und Wiederholung kann es nicht geben – abschütteln und in der Hervorbringung sprachlicher Gestalten von reiner Materialität stets wieder überschreiten zu können.[36]

Weit davon entfernt, dem Subjekt einen Platz in seiner Theorie der Sprache und Literatur zu verweigern, gewinnt es somit bei de Man einen derart zentralen Stellenwert, daß es statt keinmal gleich zweimal vorkommt: als verstehendes *und* als ironisch distanzierendes, unablösbar in seine kognitiven und instrumentellen Sprach- und Weltverhältnisse eingebunden *und* davon durch Freisetzung der Materialität der Sprache befreit. Der metaphorischen und der metonymischen Seite der Literatur entsprechen die beiden Seiten des Verhältnisses, das Subjekte literarisch lesend zur Sprache gewinnen: ein verstehendes, in dem sie den literarischen »Sprachfakten« die Bedeutung verleihen, als Artikulationen der Sicht- und Erfahrungsweisen von Subjekten zugleich der Selbstverständigung von Subjekten zu dienen; und ein distanzierendes, in dem sie sich auf die literarischen »Sprachfakten« in ihrer puren Gesetztheit beziehen, die sie den Gebrauchszusammenhängen der sprachlichen Praxis uneinholbar entzieht. Diese Doppelung zweier sich bekämpfender Lesarten, zweier Verhältnisse zur Sprache, *im* literarischen Lesen, ist irreduzibel. Die Literatur ist nicht der Ort der Utopie, sondern eines »unglücklichen Bewußtseins« (S. 121), nicht der Ort einer gelingenden Versöhnung, sondern einer unheilbaren ›tragischen‹ Entzweiung des Subjekts.

Die Literatur und ihre Lektüre ist aber nicht nur der Ort der Entzweiung zwischen dem verstehenden und dem ironisch distanzierenden Subjekt, zwischen der signifikativen und der positionalen Macht der Sprache, zwischen Figuration und Defiguration. De Man begreift die Literatur und ihre Lektüre zugleich als den Ort einer »Dialektik« (S. 118) der Entzweiung. Aufgrund der tragischen Struktur der Entzweiung ist ihre Dialektik eine konsequent negative: sie hat einen ideologiekritischen Sinn, aber sie führt nicht zu einer Perspektive täuschungsfreier Wahrheit. Kritisch ist die Dialektik, die die Literatur zwischen den beiden Seiten der Entzweiung in Gang setzt, indem sie in einer endlosen Bewegung jede Verabsolutierung einer der beiden durchschlägt. Eine solche Verabsolutierung nennt de Man »ideologisch« – sofern sie die »Negativität« der Entzweiung, den »Konflikt« ihrer Momente verdrängt – oder »fetischistisch« – sofern sie das Gewordene, das Moment einer Bewegung, als unmittelbar Seiendes darstellt, »die Reduzierung von Geschichte auf Natur« (S. 238). Die ideologiekritische Kraft der Literatur beruht darauf, daß sie das eine als eines von zweien, als Moment *in* einer Entzweiung darstellt.

Das Modell für diese ideologiekritische, negative Dialektik der Literatur sieht de Man in der Dialektik der Vernunft mit ihrer Destruktion prätendierter Unmittelbarkeit und Absolutheit, wie sie Kant und Hegel entfalten.[37] Dieser Rückbezug auf Kant und Hegel hat aber selbst einen ideologiekritischen Sinn: De Man unterscheidet zwischen dem kritischen und dem ideologischen – d.h. metaphysischen und systematischen – Moment ihrer Dialektik der Entzweiung. Damit benennt er zugleich seinen Unterschied zu solchen z. B. marxistischen Formen der Ideologiekritik, die ihren Einspruch gegen das Falsche durch einen – sei's politisch, sei's epistemologisch formulierten – utopischen Vorgriff auf eine unverstellte Wahrheit begründet haben. Sie folgen einem dialektischen Optimismus, wie ihn Hegel in der *Differenzschrift* emphatisch formuliert hat: Das ideologiekritische Programm, die »festgewordene[n] Gegensätze aufzuheben«, in dem Hegel »das einzige Interesse der Vernunft« sieht, resultiert notwendig im Entwurf einer »aufhebenden«, neuen Integration des Entgegengesetzten. Wenn Hegel *wie* de Man die Entzweiung gegen die ideologische Verabsolutierung ihrer Seiten ins Spiel bringt, dann tut er dies zugleich doch *anders* als de Man nicht mit einem »unglücklichen«, »tragischen« Bewußtsein, sondern in der Erwartung, daß sich ihre »Trennung« und »Zerrissenheit« überwinden läßt.[38]

Es ist diese Erwartung, die de Man aufgibt, ohne jedoch defätistisch die Möglichkeit der Kritik preiszugeben: Die Kritik der ideologisch verabsolutierten *einen* Seite entfaltet eine Dialektik zwischen dem Entzweiten, die an die Existenz der *anderen* Seite erinnert, ohne diese beiden Seiten jemals zusammenbringen zu können. Denn die Artikulation je beider Seiten unterliegt dem Gesetz einer unvermeidbaren Verstellung: Die beiden Seiten der Entzweiung können nicht zugleich und zusammen gedacht werden, weil die eine zu denken notwendig heißt, die andere zu verstellen. Und zwar nicht aus dem trivialen Grund, daß sich nicht beides *auf einmal* denken läßt, sondern daß es sich nicht *zusammen* denken läßt. Es kennzeichnet die Entzweiung des Lesens, der Sprache und des Subjekts, die de Man an literarischen Texten aufweist, daß ihre beiden Seiten in einem Verhältnis der »wechselseitigen ... Tilgung« (S. 50) stehen; gegen eine verabsolutierte Lesart an die andere zu erinnern heißt, die erste wiederum zu »vergessen«. Kein Subjekt kann seine Entzweiung in Verstehen und ironische Distanzierung und keine Sprache ihre Gegenläufigkeit von Bedeuten und Setzen aufheben, weil sich die Bewegung der literarischen Lektüre nicht in der erinnernden Zurückbeugung auf sich selbst und ihre Stationen zu *einer* erzählbaren Geschichte zu integrieren vermag. Deshalb verweigert de Man der literarischen Lektüre auch den Titel eines Erfahrungsprozesses: Ihr Durchgang durch die einander wechselseitig auslöschenden Arten der Lektüre führt nicht zu einem Wissen, das die Blindheit ihrer Stationen überwindet. Denn die Behauptung, lesend ein solches Wissen zu gewinnen, befindet sich nicht schon jenseits, sondern, als eine Seite, noch in der Entzweiung von Wissen und Setzung, die die Literatur definiert; die literarische Lektüre erreicht kein blindheitsfreies Wissen, und die Behauptung eines solchen Wissens ist eine ihrer blinden Stationen.

Die Unvermeidbarkeit von Verstellung und Blindheit bedeutet für de Man aber nicht die Unvermeidbarkeit von Ideologie und damit die Preisgabe des Gegensatzes von Ideologie und Wahrheit. Vielmehr wird gerade die literarische Lektüre mit ihrer *doppelten* Verstellung zur Einspruchsinstanz gegen die verabsolutierten *Einseitigkeiten* von Ideologien. Schon in seiner Kritik an Derridas

Rousseaulektüre im zweiten Teil der *Grammatologie* legt de Man seine ganze Emphase in die Feststellung, daß literarische Texte nicht im selben Sinne »dekonstruiert« werden müssen wie andere, ideologische. Das führt ihn in seiner Kritik an Derrida sogar bis an die Schwelle der Gleichsetzung von Literatur mit unverstellter Einsicht: »Rousseaus Text hat keine blinden Flecken«, und »[es] ist nicht nötig, Rousseau zu dekonstruieren« (S. 223); eine Gleichsetzung, die de Man jedoch durch den erläuternden Zusatz einschränkt, daß Rousseaus »Einsicht so weit reichte, wie die Sprache ihn führte« (S. 223). Darin deutet sich bereits eine Unterscheidung zwischen zwei verschiedenen Ebenen der Verstellung und des »Fehllesens« an, die de Man an anderen Stellen ausdrücklich hervorhebt: zwischen der – notwendigen – Verstellung *im* Lesen und der – vermeidbaren – Verfälschung *des* Lesens (vgl. S. 174ff.). Und zwar besteht die vermeidbare, ideologische Verfälschung des Lesens gerade darin, die notwendige Verstellung in der wechselseitigen Auslöschung der beiden Seiten des Lesens zu bestreiten, d.h., dem literarischen Lesen im ganzen den Gewinn einer Bedeutung, eines Wissens zuzutrauen. Die ideologische Verdrängung der Verstellung geschieht immer im Namen des Wissens; Ideologie ist nach de Man nicht Verstellung eines Wissens, sondern ein Wissen, das seine Verstellung verstellt.

Ist die Sicherheit gelingenden Wissens der Kern aller Ideologie, so eignet der Literatur ein ideologiekritisches Potential nicht durch das ebenso selbstgewisse und damit selbstwidersprüchliche Bestreiten seiner Möglichkeit. Die ›Wahrheit‹ der Literatur besteht nicht darin, daß sie die Unmöglichkeit von Wissen feststellt. Die Literatur ist nicht die Allegorisierung einer »negative[n] Zuversicht« (S. 175)[39], sondern sie erweist sich als einseitige Position *in* einem Spiel ebenso unvereinbarer wie unhintergehbarer Alternativen, was jene Ideologie *aus* ihm herauslöst. Der Eintrag des Wissens in die Unentscheidbarkeit literarischer Lektüre produziert nicht eine neue (»negative«, »dekonstruktive«) Sicherheit, sondern praktiziert eine Verunsicherung. Für alles Wissen, sofern es literarisch gelesen wird, gilt, daß niemals gesagt werden kann, »ob [es ...] wörtlich oder figural« (S. 245), ob es referentiell oder fiktional, ob es kognitiv gültig oder frei gesetzt ist.[40] Die Literatur setzt zwischen ihren ebenso unvereinbaren wie unhintergehbaren Lesarten eine Dialektik in Gang, die sie weder integriert noch entscheidet. Jede ihrer Positionen wird damit selbst Moment in einer

Situation der Unentscheidbarkeit, einem endlosen Hin und Her zwischen zwei irreduziblen, sich ausschließenden Möglichkeiten. Die Wahrheit der Literatur liegt im Eingestehen ihres Nicht-Wissens – ein Eingestehen aber, das selbst nicht wieder ein Wissen ist. Die Literatur verfügt so wenig über die Gewißheit eines Wissens, daß sie nicht einmal ihrer Ungewißheit gewiß sein kann.

Aus dieser vorrangig epistemologischen Kennzeichnung der Literatur – als Konfrontation mit einer Unentscheidbarkeit zwischen Geltung und Fiktionalität – und der Ideologie – als Abwehr solcher Unentscheidbarkeit um der Sicherheit beanspruchten Wissens willen – will de Man nun auch politische Konsequenzen ziehen. Im Gegensatz zur Denunziation der Dekonstruktion als ideologischer Verdrängung aller politisch-ethischen Fragen erklärt de Man die Literatur zur »eigentlich politische[n] Diskursform« (S. 254), weil sie durch ihr ideologiekritisches Potential zugleich eine radikale Kritik der Macht leiste. Demnach ist die Aufgabe politischer Reflexion – die de Man an Hegel glaubt ablesen zu können – »nicht die Setzung einer Autorität, sondern die Erschütterung einer sich als ungesetzlich erweisenden Autorität«. Diese »kritische Aufhebung« kann sich aber nur als Operation an der Sprache vollziehen; denn die »Monarchin, die vor allen anderen Herrschern dabei entthront oder entheiligt wird, ist die Sprache, die in ihrem Anspruch, die absolute Macht der Setzung zu besitzen, den Mutterboden aller Wertsysteme darstellt. Setzen wird zum Gesetz als der kritischen Macht zur Aufhebung jeden Machtanspruchs« (S. 74). Die Literatur, und ihre Theorie und Kritik, ist somit »die Erschütterung einer sich als ungesetzlich erweisenden Autorität« (S. 73). Diese Zerstörung der Autorität erreicht sie jedoch »nicht im Namen einer absoluten oder relativen Gerechtigkeit, sondern gerade ob [ihrer] Namenlosigkeit, [ihrer] Gewöhnlichkeit« (S. 74). Die »kritisch[e] Potenz des ästhetischen Urteils« (S. 79) zersetzt die Autorität, weil dieses Urteil die Eindeutigkeit ihres Status in Unentscheidbarkeit auflöst. Alle (politische) Autorität beruht auf der (epistemologischen) Ideologie der Entscheidbarkeit im Streit über Wissensanspruch und Setzungsmacht der Sprache; umgekehrt sind »alle Formen der menschlichen Sprache« politisch (S. 254), sofern sie immer schon – affirmativ oder kritisch – zu einer (epistemologischen) Ideologie Stellung nehmen, die in der angemaßten (politischen) Autorität zur Entscheidung gründet.

Mit dieser Erläuterung der »politischen« Implikationen des ideologiekritischen Potentials der Literatur ist nun aber ein grundlegendes Problem verbunden, das bereits die ganze Zeit untergründig wirkte und das wir nun direkt formulieren müssen. Dieses Problem betrifft das Verhältnis von de Mans eigener Ideologiekritik *als* Literaturkritik zu ihrem zentralen Gegenstand, der ästhetischen Ideologie. Dieses Verhältnis scheint mehr Verwandtschaft zu enthalten, als de Man zuzugeben bereit wäre. Das betrifft den Gestus der »Ästhetisierung«, der Formung von Wissen und Politik nach dem Modell einer ästhetisch-symbolisch verstandenen Kunst. Sicherlich, de Man unternimmt keine Ästhetisierung im Dienste der Versöhnung von Entzweiung, und er ist immer wieder darauf bedacht, die literarische Lektüre, auch ihr dekonstruktives Moment, nicht als Gewinn einer für die Erkenntnis und Gestaltung von Politik und Wissen brauchbaren »Gewißheit« darzustellen.

Zugleich aber beschreibt de Man auf der anderen Seite das Entzweiungsbewußtsein – besser: das Entzweiungsgeschehen – in der literarischen Lektüre im Anschluß an Baudelaires Theorie absoluter Ironie und zeichnet es darin als einen »Fortschritt in der Selbsterkenntnis« aus, durch den der Ironiker etwas »weiser« werde als das »empirisch[e], in einem nicht-authentischen Zustand lebend[e] Ich« (S. 111 f.). Für de Mans Begriff der Dekonstruktion ist nicht nur die methodisch gefaßte Unterscheidung zwischen Theorie und Lektüre zentral, sondern auch die normativ gehaltvolle Unterscheidung zwischen empirischem und literarischem Selbst. An dieser »Privilegierung der Literatur«[41] hält de Man auch weiterhin fest: Die philosophische Reflexion, die im Überstieg über die »normal[e] Unterhaltung« die »Frage nach dem Subjekt« stellt (S. 46), gründet ebenso wie diejenige, die den »Glauben« an die Autorität im Hinweis auf ihre bloße »Setzung« auflöst (S. 71 ff.), in der Perspektive, die durch die literarische Lektüre und ihre Reflexion eröffnet wird. Ohne den Anspruch auf einen »Fortschritt an Selbsterkenntnis« durch die literarische Lektüre wird auch ihr ideologiekritischer Anspruch hinfällig. Denn wenn die literarische Lektüre keine der Ideologie überlegene Perspektive erlangt, ist auch die Verwendung des Begriffs der »Ideologie« nicht mehr zu rechtfertigen. Damit scheint de Mans Programm einer Ideologiekritik durch Literaturkritik zwischen zwei Extremen zerrieben zu werden: Hält sie daran fest, mit der Literatur eine Kritik der Ideologie sicheren Wissens und beglaubigter Autorität zu leisten, so muß sie der Literatur direkte Wirkung auf Wissen und Politik zutrauen. Tut sie das aber nicht, weil das wieder eine »Ästhetisierung« von Politik und Wissen bedeutete, und beschreibt sie die literarische als bloß *eine* Form der Lektüre, so können andere Formen auch nicht mehr unter Hinweis auf sie als »ideologisch« oder »autoritär« kritisiert werden.

Wie sich dieses Dilemma auflöst, läßt sich angeben, wenn man einsieht, wodurch es entsteht. De Man sieht in der literarisch gewonnenen Selbsterkenntnis eine der gewöhnlichen überlegene, weil er fälschlich *in* die Literatur verlegt, was sich recht besehen *zwischen* Literatur und Politik oder Wissen zuträgt. Indem er das literarische als tragisches Bewußtsein unentscheidbarer Perspektiven beschreibt, macht er *einen* der drei Diskurse, die er kantianisierend unterscheidet – Wissen, Politik, Literatur –, zum alleinigen Medium für die Artikulation des Verhältnisses, das zwischen ihnen als irreduziblen Lesarten besteht. Diese exklusive Identifikation der literarischen Lektüre mit einem tragischen Bewußtsein, das um die Unentscheidbarkeit ihrer Perspektiven weiß, ist aber in mehrfacher Hinsicht nicht überzeugend. Erstens scheint mir schon die heideggerianisierende Beschreibung der literarischen Lektüre im Bild eines tragisch unauflösbaren »Streites« (s.o., Abs. 3) nicht überzeugend. Ihr Motiv ist es, auch noch der literarisch lesend vollzogenen Dekonstruktion den Anspruch auf ein überlegenes, ja prinzipiell theoriefähiges Wissen zu bestreiten. Dieses Motiv muß aber nicht zwangsläufig im Sinne unentscheidbarer Lesarten verstanden werden; es kann auch im Sinne spezifisch künstlerischer Unmittelbarkeitserfahrungen verstanden werden, die als ästhetische Wert-, d.h. Schönheits- oder Erhabenheitserfahrungen erläutert werden müßten.[42] Zweitens ist die exklusive Identifikation der literarischen Lektüre mit einem tragischen Bewußtsein nicht überzeugend, weil es tragische Situationen und Erfahrungen der Unentscheidbarkeit auch in Wissen und Politik gibt. Die unterscheiden sich jedoch strukturell von der zwischen literarischen Lesarten. Denn Unentscheidbarkeit herrscht nach de Man in der Literatur zwischen zwei Lesarten, von denen zugleich die eine die andere »dekonstruiert«. Das gilt für die unentscheidbaren Perspektiven *in* Wissen und Politik nicht. Es gilt aber sehr wohl für das Verhältnis *zwischen* literarischer Lektüre und der Weise des Verstehens, die den Feldern der Politik und des

Wissens immanent ist. Das bezeichnet den dritten und entscheidenden Punkt, der gegen die exklusive Identifikation der literarischen Lektüre mit einem tragischen Bewußtsein der Unentscheidbarkeit spricht.

Nimmt man das bisher Gesagte zusammen, so begründet es den Vorschlag, de Mans Analyse einer Unentscheidbarkeit von Lesarten, in der zugleich die eine die andere »dekonstruiert«, nicht so sehr auf das immanente Geschehen der literarischen Lektüre zu beziehen, sondern auf die »Entzweiung« zwischen Literatur und Politik bzw. Wissen. Es ist diese Entzweiung, in deren »unglücklichem Bewußtsein« sich ebenso die oben beschriebene ideologische Verabsolutierung wie ihre ideologiekritische, negative Dialektik zuträgt. Das läßt sich genauer angeben unter Verwendung der ebenfalls bereits erwähnten Unterscheidung zwischen zwei verschiedenen Ebenen der Verstellung: einer »ursprünglichen Blindheit« und einem »vorsätzlichem Irrtum« (S. 252). Diese Unterscheidung impliziert zugleich die zweier Verhältnisse der Literatur zu dem, was sie als »Verstellung« kennzeichnet. Das was sich gegenüber dem literarisch eröffneten Streit irreduzibler Perspektiven als »ursprüngliche Blindheit« darstellt, ist die Behauptung, zu verstehen, zu wissen, als gültig zu erkennen. Diese Behauptung ist *in* einer literarischen Lektüre verstellend, aber sie ist nicht ideologisch, d.h., sie kann nicht durch die literarische Lektüre kritisiert werden. Denn gegenüber der Perspektive, aus der diese Behauptung erfolgt, kann die literarische Lektüre keine Überlegenheit beanspruchen. Das gilt jedoch nicht für das, was sich gegenüber dem literarisch eröffneten Streit irreduzibler Perspektiven als »vorsätzlicher Irrtum« darstellt; denn dies ist die Behauptung, daß unserem Verstehen, Wissen und als gültig Akzeptiertem eine Autorität eigne, die es gegenüber der literarischen Konfrontation mit Unentscheidbarkeit resistent mache. Diese Behauptung ist *gegenüber* einer literarischen Lektüre blind; sie kann deshalb »ideologisch« genannt werden, weil sie durch die literarische Lektüre kritisierbar wird. Denn gegenüber der Perspektive, aus der diese Behauptung erfolgt, kann die literarische Lektüre sehr wohl Überlegenheit beanspruchen. Dies ist die Überlegenheit des Wissens *um* die literarische Lektüre und ihre Unentscheidbarkeit, nicht die *der* literarischen Lektüre und ihrer Unentscheidbarkeit.

Zu wissen, zu verstehen, Sprache kommunikativ zu verwenden

etc. ist nicht schon ideologisch; es ist vielmehr gänzlich unvermeidbar, auch wenn es sich *in* einer literarischen Lektüre als blind erweist. Von Ideologie kann erst gesprochen werden, wenn dies alles so getan wird, daß in das Selbstverständnis und die Art dieses Tuns nicht mehr das Wissen eingeht, daß dieses Tun zugleich Gegenstand einer literarischen Lektüre werden kann. Und: »Whenever this happens, what originally appeared to be a document or an instrument becomes a text and, as a consequence, its readability is put in question.«[43] Das »Wissen«, das die Literatur als »Wahrheit« gegen die Ideologie ins Feld führt, ist nicht die Gewißheit, sondern der »Verdacht« oder die »Möglichkeit« (S. 247, 254), daß die Sprache in ihrer kommunikativen, kognitiven oder politischen Verwendung verstellend ist. Deshalb besteht umgekehrt das Ideologische der zentralen Konzepte der Philosophie – wie de Man beispielhaft an ihrem Begriff des Begriffs (S. 241 ff.), des Wissens (S. 47 ff.) und der Vernunft (S. 31 ff.) zeigt – nicht darin, daß sie die Praxis des Begreifens, Wissens und Verstehens nicht als intern unentscheidbar darstellen, sondern daß sie ihr eine gegenüber der Möglichkeit der Unentscheidbarkeit, d.h. gegenüber der Möglichkeit, auch literarisch gelesen zu werden, resistente Stabilität oder »Autorität« zuschreiben. Diese Autorität zu sichern ist die Aufgabe der »ästhetischen Ideologie« selbst noch in ihrer nachromantischen Schwundstufe, in der sie ihre großen Ästhetisierungs- und Versöhnungsprojekte aufgegeben hat. Denn ideologisch ist auch noch die ästhetisch-symbolische Auffassung der Kunst: Sie versöhnt die interne Entzweiung der Kunst, um das »unglückliche Bewußtsein« zu vermeiden, daß die Kunst in ihrer unversöhnbar externen Entzweiung von Politik und Wissen deren Autorität und Gewißheit verstört.

Anmerkungen

1 H. Bloom, J. Derrida, G. Hartman, P. de Man, H. Miller, *Deconstruction and Criticism*, New York: Seabury 1979.

2 P. de Man, *Allegories of Reading. Figural Language in Rousseau, Nietzsche, Rilke, and Proust*, New Haven/London: Yale University Press 1979. Eine deutsche Übersetzung des ersten Teils, ergänzt um einige

weitere Aufsätze de Mans, erschien mit einer Einleitung von W. Hamacher unter dem Titel *Allegorien des Lesens*, Frankfurt am Main: Suhrkamp 1988 (im folgenden zitiert im Text als *AL*).

3 Vgl. dazu J. Derrida, *Mémoires. Für Paul de Man*, Wien: Passagen 1988, S. 205 ff.

4 Vgl. dazu J. Habermas, *Der philosophische Diskurs der Moderne*, Frankfurt am Main: Suhrkamp 1985, und den Gegenentwurf von K.H. Bohrer, *Die Kritik der Romantik. Der Verdacht der Philosophie gegen die literarische Moderne*, Frankfurt am Main: Suhrkamp 1989.

5 Diese Artikel sind jetzt gesammelt in P. de Man, *Wartime Journalism: 1939-1943*, Lincoln: University of Nebraska Press 1989; dazu W. Hamacher, N. Hertz, Th. Keenan (Hg.), *Responses: On Paul de Man's Wartime Journalism*, Lincoln: University of Nebraska Press 1989.

6 Vgl. zur deutschen Diskussion J. Hörisch, »Erledigungen. Anmerkungen zur deutschen Aufarbeitung des ›Falles Paul de Man‹«; *Fragmente*, Bd. 32/33 (1990), S. 277 ff. Siehe auch A. Haverkamp, »Einerseits/Andererseits im ›Fall de Man‹«, Ms. New York 1988, S. 3: »[Es] bedarf schon eines gehörigen Zynismus, die sprichwörtliche ›Unfähigkeit‹ der Deutschen, mit ihrer Vergangenheit zurecht zu kommen (›Unfähigkeit zu trauern‹, wie Mitscherlich sagte), am problematischen Beispiel belgischer Kollaboration profilieren zu wollen, an Umständen, deren Zwangscharakter durch eine deutsche Invasion und deutsche Militärverwaltung man sich als Deutscher schlechterdings nicht überheben sollte.«

7 Vgl. Ch. Norris, *Paul de Man. Deconstruction and the Critique of Aesthetic Ideology*, London/New York: Routledge 1988, Kap. 1.

8 Die ersten beiden Stellen aus P. de Man, *Blindness and Insight. Essays in the Rhetoric of Contemporary Criticism*, Minneapolis: University of Minnesota Press ²1983, S. 254, 149 f.; die letzten beiden Stellen aus Paul de Man, *Allegories of Reading*, a.a.O., S. 206, 293.

9 Das zeigen in akribischen Untersuchungen ebenso J. Derrida (*Wie Meeresrauschen auf dem Grund einer Muschel ... Paul de Mans Krieg. Mémoires II*, Wien: Passagen 1988) wie R. Fellinger, »De Manologie«; *Literaturmagazin*, Bd. 26 (1990), S. 168 ff.

10 J. Derrida, *Wie Meeresrauschen ...*, a.a.O., S. 64.

11 J. Derrida, a.a.O., S. 29.

12 J. Derrida, a.a.O., S. 64 f.

13 Einfache Seitenangaben verweisen im folgenden auf Paul de Mans Aufsätze in diesem Band.

14 G. Hartman, »Blindness and Insight«, S. 31; *The New Republic*, 7. März 1988, S. 26 ff. Hier zitiert nach Ch. Norris, *Paul de Man*, a.a.O., S. 190. Vgl. auch G. Hartman, »History and Judgement: The Case of Paul de Man«; *History and Memory*, Vol. 1, No. 1, Spring/Summer 1989, S. 55 ff.

15 Zum Beispiel die Literatur als »ein unabhängiger Bereich mit einem in ihm gültigen Leben, Gesetzen, Verpflichtungen, die in keiner Weise von den philosophischen oder ethischen Zufälligkeiten abhängt, die sich an ihrer Seite entwickeln« (*Le Soir*, 2. 12. 1941). Hier zitiert nach der Übersetzung bei R. Fellinger, »De Manologie«, a.a.O., S. 178.

16 G. Hartman, »History and Judgement«, a.a.O., S. 68.

17 P. de Man, »The Dead-End of Formalist Criticism«, S. 241; *Blindness and Insight*, a.a.O., S. 229ff.

18 P. de Man, »Der Widerstand gegen die Theorie«, S. 92f.; V. Bohn (Hg.), *Romantik: Literatur und Philosophie*, Frankfurt am Main: Suhrkamp 1987, S. 80ff.

19 P. de Man, »The Return to Philology«; *The Resistance to Theory*, University of Minnesota Press: Minneapolis 1986, S. 21ff. Zur Doppelung der Dekonstruktion in Philologie und Philosophie siehe den Titelaufsatz »The Resistance to Theory« (deutsche Übersetzung als »Der Widerstand gegen die Theorie«, a.a.O.).

20 Unter den Autoren, deren Programm de Man sich hiermit verpflichtet erklärt, fehlen die, deren argumentative Durchführung dieses Programms der seinen am nächsten verwandt ist – v.a. R. Barthes und J. Kristeva. Zum Verhältnis von literarischer Lektüre und ethischer Haltung siehe J.H. Miller, *The Ethics of Reading. Kant, de Man, Eliot, Trollope, James and Benjamin*, New York: Columbia University Press 1987.

21 P. de Man, »Kant and Schiller«, unv. Ms. 1983 (dieser Text ist vorgesehen für die seit geraumer Zeit angekündigte Sammlung von Aufsätzen de Mans unter dem Titel *Aesthetic Ideology*, Hg. A. Warminski); vgl. *AL*, S. 205ff.

22 G.W.F. Hegel, *Differenz des Fichteschen und Schellingschen Systems*, S. 23; Theorie Werkausgabe Bd. 2, Frankfurt am Main: Suhrkamp 1970, S. 7ff.

23 De Man verwendet in seiner Hegeldeutung den Ausdruck »symbolisch« nicht im Sinn der Hegelschen *Ästhetik*, sondern der *Enzyklopädie*; siehe dazu die Debatte, die R. Geuss (»A Response to Paul de Man«) und P. de Man (»Reply to Raymond Geuss«) im *Critical Inquiry* (Bd. 10, H. 2, Dezember 1983, S. 375ff., 383ff.) über de Mans Aufsatz »Zeichen und Symbol in Hegels *Ästhetik*« (S. 39ff.) geführt haben.

24 P. de Man, »Reply to Raymond Geuss«, a.a.O., S. 384.

25 P. de Man, »The Return to Philology«, a.a.O., S. 23.

26 Vgl. W. Hamacher, »Unlesbarkeit« (*AL*, S. 7ff.); B. Menke, »Dekonstruktion – Lektüre: Derrida literaturtheoretisch«, in: K.-M. Bogdal (Hg.), *Neue Literaturtheorien: Eine Einführung*, Opladen: Westdeutscher Verlag 1990, S. 235ff.; J.H. Miller, *The Ethics of Reading*, a.a.O., Kap. 3: »Reading Unreadability: de Man«.

27 Siehe dazu die im Kapitel »Das strukturalistische Paradigma« versam-

melten Aufsätze in A. Haverkamp (Hg.), *Theorie der Metapher*, Darmstadt: Wissenschaftliche Buchgesellschaft 1983, S. 163ff., sowie die »Einleitung« des Herausgebers, ebd., S. 13ff.

28 Zu Derrida siehe Ch. Menke, »›Absolute Interrogation‹ – Metaphysikkritik und Sinnsubversion bei Jacques Derrida«; *Philosophisches Jahrbuch*, Bd. 97 (1990), S. 351ff.

29 Vgl. M. Riffaterre, »Prosopopeia«; *Yale French Studies*, Bd. 69 (1985), S. 107ff. Zu den generellen Implikationen dieser Texte siehe C. Chase, »Giving a Face to a Name: De Man's Figures«; *Decomposing Figures*; Baltimore/London: Johns Hopkins University Press 1986, S. 82ff.

30 P. de Man, »Lyrical Voice in Contemporary Theory: Riffaterre and Jauss«, S. 58; Ch. Hasek/P. Parker (Hg.), *Lyric Poetry: Beyond New Criticism*, Ithaka: Cornell University Press 1985, S. 55ff.

31 Vgl. auch bereits den knappen Hinweis *AL*, S. 49f.

32 P. de Man, »Foreword«, S. IXf.; C. Jacobs, *The Dissimulating Harmony*, Baltimore: Johns Hopkins University Press 1978, S. VIIff.

33 P. de Man, »Reading and History«, S. 65f.; *The Resistance to Theory*, a. a. O., S. 54ff.

34 Vgl. R. Gasché, »›Setzung‹ und ›Übersetzung‹: Notes on Paul de Man«, S. 49ff.; *Diacritics*, Bd. 11 (1981), S. 36ff.

35 Zum Zusammenhang von Allegorie und »Materialismus« bei Benjamin siehe P. de Man, »Reading and History«, a. a. O., S. 68. Dazu B. Menke, *Sprachfiguren. Name, Allegorie, Bild nach Benjamin*, München: Fink 1991.

36 Zur Freiheit als Pointe der Dekonstruktion vgl. Ch. Menke, »Wandernde Bedeutung – Zu zwei Büchern von Harold Bloom und Paul de Man«; *Merkur* 502, Januar 1991, S. 50ff.

37 Vgl. S. 56ff. und 78f. – In »Kant and Schiller« (a. a. O., S. 32f.) deutet de Man Schiller als Rückfall hinter Kant in einen unkritischen Idealismus, Fichte und Hegel dagegen als wahre Erben der kritischen Dialektik Kants.

38 Hegel, *Differenz des Fichteschen und Schellingschen Systems*, a. a. O., S. 20-22.

39 Zur Kritik eines solchen verkürzten Verständnisses von Dekonstruktion vgl. R. Gasché, »Deconstruction as Criticism«; *Glyph*, Bd. 6 (1979), S. 177ff. Siehe auch Ch. Menke, »›Deconstruction and Criticism‹ – Zweideutigkeiten eines Programms«; W. Barner (Hg.), *Literaturkritik: Anspruch und Wirklichkeit*, Stuttgart: Metzler 1990, S. 351ff.

40 De Man interpretiert und verwendet die irreführende Feststellung, daß alle Sprache immer schon figural ist, häufig im Sinne dieser Unmöglichkeit der Feststellung, ob sie figural *oder* literal ist. Vgl. P. de Man, »Die Epistemologie der Metapher«; A. Haverkamp (Hg.), *Die Metapher*, a. a. O., S. 414ff. Dazu H.-J. Frey, »Undecidability«; *Yale French Studies*, Bd. 69 (1985), S. 124ff.

41 So S. Gearhart, »Philosophy *before* Literature: Deconstruction, Historicity, and the Work of Paul de Man«, S. 71 (*Diacritics*, Bd. 11, Winter 1983, S. 63 ff.). – mit Blick auf P. de Man, »Heidegger's Exegeses of Hölderlin«; *Blindness and Insight*, a. a. O., S. 246 ff.

42 Das hier im Stil bloßer Behauptung Vorgetragene habe ich ausführlicher zu begründen versucht in: Ch. Menke, »Umrisse einer Ästhetik der Negativität«; F. Koppe (Hg.), *Perspektiven der Kunstphilosophie*, Frankfurt am Main: Suhrkamp 1991, S. 191 ff.

43 P. de Man, »Allegory (*Julie*)«, S. 204; *Allegories of Reading*, a. a. O., S. 118 ff.

Drucknachweise

Phänomenalität und Materialität bei Kant erschien unter dem Titel *Phenomenality and Materiality in Kant*, in: Gary Shapiro und Alan Sica (Hg.), *Hermeneutics: Questions and Prospects*, Amherst: University of Massachusetts Press, 1984, S. 121-144.

Zeichen und Symbol in Hegels Ästhetik erschien unter dem Titel *Sign and Symbol in Hegels' Aesthetics*, in: *Critical Inquiry*, Bd. 8, Heft 4, Sommer 1982, S. 761-775.

Hegel über das Erhabene erschien unter dem Titel *Hegel on the Sublime*, in: Mark Krupnik (Hg.), *Displacement: Derrida and After*, Bloomington: Indiana University Press, 1983, S. 139-153.

Die Rhetorik der Zeitlichkeit erschien unter dem Titel *The Rhetoric of Temporality*, in: Charles S. Singleton (Hg.), *Interpretation: Theory and Practice*, Baltimore: Johns Hopkins University Press, 1969, S. 173-209. Teil I ist zuerst erschienen in der Übersetzung von Peter Grotzer unter dem Titel *Allegorie und Symbol in der Europäischen Frühromantik*, in: S. Sonderegger, A. Haas, H. Burger (Hg.), *Typologica Litterarum* (Festschrift für Max Wehrli), Zürich: Atlantis, 1969, S. 403-425. Hier nach Paul de Man, *Blindness and Insight: Essays in the Rhetoric of Contemporary Criticism*, 2. Auflage, Minneapolis: University of Minnesota Press, 1983, S. 187-228.

Autobiographie als Maskenspiel erschien unter dem Titel *Autobiography as De-facement*, in: *Modern Language Notes*, Bd. 94, Heft 5, Dezember 1979, S. 919-930. Hier nach Paul de Man, *The Rhetoric of Romanticism*, New York: Columbia University Press, 1984, S. 67-81.

Shelleys Entstellung erschien unter dem Titel *Shelley Disfigured*, in: Harold Bloom et al., *Deconstruction and Criticism*. New York: Seabury Press, 1979, S. 39-73. Hier nach *The Rhetoric of Romanticism*, S. 93-123.

Die Rhetorik der Blindheit: Jacques Derridas Rousseauinterpretation erschien unter dem Titel *The Rhetoric of Blindness: Jacques Derrida's Reading of Rousseau*. Hier nach *Blindness and Insight*, S. 102-141.

Metapher erschien unter dem Titel *Theory of Metaphor in Rousseau's Second Discourse*, in: *Studies in Romanticism*, Bd. 12, Heft 2, Frühjahr 1973, S. 475-498. Hier nach *Metaphor (Second Discourse)*, in: Paul de Man, *Allegories of Reading: Figural Language in Rousseau, Nietzsche, Rilke, and Proust*, New Haven: Yale University Press, 1979, S. 135-159.

AESTHETICA
in der edition suhrkamp

Ästhetik und Rhetorik. Lektüren von Paul de Man. Herausgegeben von Karl Heinz Bohrer. es 1681

Deleuze, Gilles
Die Logik des Sinns. Aus dem Französischen von Bernhard Dieckmann. es 1707

Genette, Gérard
Palimpsest. Die Literatur auf zweiter Stufe. Aus dem Französischen von Dieter Hornig. es 1683

Kristeva, Julia
Mächte des Grauens. Ein Versuch über den Abscheu. Aus dem Französischen von Xenia Rajewski. es 1684

Lacoue-Labarthe, Philippe
Die Nachahmung der Modernen. Aus dem Französischen von Thomas Schestag. es 1708

de Man, Paul
Die Ideologie des Ästhetischen. Herausgegeben von Christoph Menke. es 1682

317/1/2.92